Ullstein

ÜBER DAS BUCH:

Seit einem halben Jahrhundert sorgen sie in aller Welt für heftige Emotionen unter den Menschen: rätselhafte Erscheinungen am Firmament. Bisher ist es nicht gelungen, den Mythos der unidentifizierbaren fliegenden Objekte, kurz Ufos genannt, in den Griff zu bekommen. Sind es bloß Sinnestäuschungen? Unbekannte Naturphänomene? Oder doch Besucher aus dem All? Kommen E.T.s aus der Zukunft oder anderen Dimensionen? Steht ein Kontakt mit fremden Intelligenzen unmittelbar bevor? Der bekannte Erfolgsautor Reinhard Habeck unternimmt in diesem Buch den Versuch, dem Phänomen auf die Spur zu kommen. Nicht durch dogmatische Behauptungen oder scheinbar »vernünftige« Gegenargumente, sondern durch wertfreie Befragung prominenter Augenzeugen, die selbst von ihren Erfahrungen mit dem Jahrhunderträtsel berichten. Ebenso kommen Persönlichkeiten des öffentlichen Lebens zu Wort, namhafte Wissenschaftler, Regisseure, Künstler und Forscher mit ungewöhnlichen Ansichten. Habecks Gesprächspartner haben ihre positive Einstellung zu den Ufos oder ihren Zweifel daran freimütig offengelegt und vermitteln somit ein repräsentatives Stimmungsbild über eines der letzten noch ungelösten Geheimnisse dieser Welt.

DER AUTOR:

Reinhard Habeck, Jahrgang 1962, wurde in Wien geboren. Er ist ausgebildeter Vermessungstechniker und seit 1987 freiberuflich als Schriftsteller und Illustrator tätig. Er ist Verfasser von Artikeln und Büchern, die in mehrere Sprachen übersetzt wurden und das Thema »rätselhafte Phänomene« zum Inhalt haben. Die wichtigsten Publikationen: *Das Unerklärliche* (1997) und zusammen mit Peter Krassa *Die Palmblattbibliothek* (1993). Beide veröffentlichten in der Reihe der Ullstein Bücher *Das Licht der Pharaonen*.

Reinhard Habeck

Ufo

Das Jahrhundertphänomen

Ullstein

Ullstein Buchverlage GmbH & Co. KG,
Berlin
Taschenbuchnummer: 35787

Ungekürzte Ausgabe

Mit 50 Abbildungen und Zeichnungen
September 1998

Umschlagentwurf:
Hansbernd Lindemann
Unter Verwendung einer Abbildung von
Bavaria

Printed in Germany 1998
Gesamtherstellung:
Ebner Ulm
ISBN 3 548 35787 3

Die Deutsche Bibliothek –
CIP-Einheitsaufnahme

Habeck, Reinhard:
Ufo : das Jahrhundertphänomen /
Reinhard Habeck. –
Ungekürzte Ausg. –
Berlin : Ullstein, 1998
(Ullstein-Buch : Nr. 35787)
ISBN 3-548-35787-3

Inhalt

Dem unvergeßlichen und
unvergessenen väterlichen Freund
Kommerzialrat **Willy Herzog**
alias »Bücher Herzog«,
der auch mit 82 Lenzen
gewohnheitsgemäß
nicht an Ufos glauben will,
aber Bücher dieser Thematik
immer gerne verkaufte

Holzschnitt von Carry Hauser:
Buchhändler Wilhelm Herzog
im Arbeitszimmer

Vorwort

»Nicht die Tatsachen selbst beunruhigen die Menschen, sondern die Meinungen darüber.«

Epiktet (um 50–138), Philosoph in Rom

Wie immer man zum Ufo-Phänomen stehen mag: Es ist aus der Welt, in der wir leben, nicht mehr wegzudenken. Kaum ein Tag vergeht, an dem nicht neue Beobachtungen rätselhafter Himmelserscheinungen gesichtet werden. Millionen Menschen wollen nicht nur Ufos am Firmament gesehen haben, viele von ihnen schwören sogar, sie hätten auch Kontakte mit fremden Wesen aus einer anderen Welt gehabt. Alles bloß Hirngespinste oder etwa doch fantastische Wirklichkeit? Ufos sorgen jedenfalls für Panik und Verwirrung, sie irritieren die Geheimdienste, liefern den Anlaß für militärische Manöver, beflügeln die Fantasie der Erdenmenschen, verhelfen den Filmproduzenten zu unglaublichen Kassenrekorden. Sie teilen eine große Anzahl von Menschen in Ufo-Befürworter und -Gegner.

Und Sie? Haben auch Sie schon ein Ufo gesehen? Eine Frage, die seit der ersten spektakulären Sichtung solcher mysteriöser Himmelsfahrzeuge immer populärer wurde und heute nicht mehr so ausgefallen erscheint wie vor 50 Jahren. Damals, am 24. Juni 1947, begann das moderne Ufo-Zeitalter. Der amerikanische Privatpilot *Kenneth Arnold* war mit seinem einmotorigen Flugzeug im Bundesstaat Washington unterwegs, als er über dem *Mount Rainier* plötzlich neun unbekannte riesige, bumerangähnliche Flugobjekte erblickte, die so flogen *»wie* eine über eine Wasseroberfläche hüpfende *Untertasse*«. Ein leider auch vielfach irreführender Begriff war damit geboren. Eindrücke seiner ungewöhnlichen Beobachtung hatte Arnold einem Lokalreporter in den Notizblock diktiert. Dieser schickte dann die berühmt-berüchtigten, oft geschmähten »fliegenden Untertassen« kurzerhand in die Umlaufbahn, wo sie heute medienwirksamer denn je zu heftigen Kontroversen Anlaß geben. Was aber ist nun von Berichten über solche Erscheinungen zu halten? Sind die Ufo-Erlebnisse glaubhaft? Skeptiker bezweifeln das und weisen das Phänomen als Halluzination, Geschäftemacherei oder Hysterie weit von sich. Ufos gäbe es nicht, entsprächen nur unserem Wunschdenken, behaupten sie.

Die Frage »Hatten Sie schon ein Ufo-Erlebnis?« sorgt auch heute noch bei vielen Augenzeugen für gemischte Gefühle zwischen Peinlichkeit und Vorsicht. »Sie meinen, ob ich ein außerirdisches Raumschiff gesehen habe?« Ufos wurden für viele Zeitgenossen auch deshalb zu einem Reizwort, weil diese rätselhaften Flugobjekte gerne automatisch mit Luftschiffen außerirdischer Besucher gleichgesetzt werden. Vieles mag dafür sprechen, aber wirklich greifbare Beweise für die Richtigkeit solcher und ähnlich klingender Behauptungen gibt es bis heute noch nicht. Rund 95 Prozent der Sichtungen finden eine plausible »irdische« Erklärung. Der Rest entzieht sich aber weiterhin hartnäckig jeder vernünftigen Deutung. Selbst nach einem halben Jahrhundert reger Ufo-Aktivität, in denen eine Vielzahl gut dokumentierter Beobachtungen auch vieler wissenschaftlich geschulter Zeugen vorliegen, weiß niemand, *was* Ufos eigentlich sind. Welches Geheimnis verbirgt sich tatsächlich dahinter? Handelt es sich um eine Massenpsychose? Oder um eine Verschwörung? Existieren da irgendwelche noch unbekannte Naturphänomene? Erwartet uns eine Invasion aus dem All? Landeten schon vor Jahrtausenden außerirdische »Götter« auf der Erde? Kommen diese E.T.s aus der Zukunft oder einer anderen Dimension? Wurden und werden Menschen durch Ufonauten entführt? Stürzte 1947 bei Roswell im US-Bundesstaat New Mexico tatsächlich ein Raumschiff ab, oder handelte es sich dabei lediglich um einen Spionageballon? Konstruieren Wissenschaftler in geheimen Militärbasen Flugkörper mit Ufo-Technologie? Steuert unsere Evolution hinaus ins Weltall? Was erwartet uns dort draußen, in den Tiefen des Alls? Steht eine Begegnung mit fremden Intelligenzen unmittelbar bevor?

An solche uns bedrängenden Fragen möchte dieses Buch anknüpfen und das Für und Wider der leider oft nur von Emotionen getragenen »Untertassen«-Debatte abwägen. Es möchte aber auch verschiedene Denkmodelle sowie neue Wege zur Lösung dieses »Jahrhundertphänomens« aufzeigen. Nicht durch dogmatische Behauptungen oder scheinbar »vernünftige« Gegenargumente, sondern durch wertfreie Befragungen von prominenten Augenzeugen, die *selbst* von ihren Erfahrungen mit diesem Phänomen berichten.

Ebenso kommen Persönlichkeiten des öffentlichen Lebens zu Wort, namhafte Wissenschaftler, erfolgreiche Schriftsteller, bekannte Politiker, beliebte Schauspieler, Regisseure, Künstler sowie Menschen mit ungewöhnlichen Ansichten. In 42 Kapiteln haben mehr als fünfzig integre Zeitgenossen ihre persönliche Überzeugung – das heißt ihre positive Einstellung zu den Ufos oder ihre Zweifel daran – freimütig offengelegt und geduldig meine bohrenden Fragen beantwortet. Das Ergebnis ist eine breite Stimmungspalette mit unterschiedlichen Denkmodellen, Argumenten und Schlußfolgerungen. Es zeigt einerseits die Problematik um das Ufo-Geschehen auf, das viel zu facettenhaft ist, als daß man es oberflächlich generalisieren könnte. Andererseits wird mit den prominenten Wortmeldungen auch die Faszination an rätselhaften und unerforschten Geschehnissen deutlich, die nicht erst seit gestern die Menschheit zutiefst bewegen. Jeder von uns könnte eines Tages plötzlich in die Lage versetzt werden, ein Ufo vor Augen zu haben und selbst vor bisher ungedachten Fragen zu stehen: Ist es bloß eine Sinnestäuschung? Sah ich lediglich einen Kugelblitz? Oder wurde ich doch Zeuge eines Besuches aus einer fremden Wirklichkeit? Gibt es wundersame Dinge am Himmel? Was ist daran wirklich *real*? Meine kompetenten Gesprächspartner versuchen auf den folgenden Seiten darauf eine Antwort zu finden . . .

Wien, im Dezember 1996 Reinhard Habeck

E. T., bitte melden!

Weltraumexperte Prof. Dr.-Ing. Harry O. Ruppe und unser Vorstoß ins All

> *»Während ich da oben kreiste, war für mich das Verrückteste die Vorstellung, daß es eine Kleinigkeit gewesen wäre, die Manövrier-Triebwerke zu zünden – und dann bin ich völlig weg von der Erde!* Leben auf anderen Planeten? *Natürlich gibt's das. Warum sollte es das nicht geben? Neben dieser unheimlich schönen Erde, von der ich gekommen bin, die ich da herumhängen gesehen habe, gibt es noch Milliarden anderer Sterne. Ist doch ganz logisch, daß der eine oder andere genauso schön ist wie der, von dem ich komme.«*

Prof. Reinhard Furrer, deutscher Spaceshuttle-Astronaut, im *Stern*, Ausgabe 47/1985, kam 1995 bei einem Flugzeugabsturz ums Leben

Der Gedanke an riesige Raumstationen und Kolonien auf fernen Planeten ist nicht neu. Erinnern wir uns an *Stanley Kubricks* filmisches Meisterwerk *»2001: Odyssee im Weltraum«*. Fasziniert von der ersten bemannten Mondlandung träumten Weltraumbesessene von riesigen bewohnbaren Raumstationen und regelmäßigen Linienflügen ins All. Jetzt, bald dreißig Jahre danach, scheint die Realität die Science Fiction fast eingeholt zu haben. Denn das Tor zum Weltall steht derzeit so weit offen wie nie zuvor. Durch jüngste sensationelle Entdeckungen ist die Bereitschaft der amerikanischen Bevölkerung und damit auch der Regierung deutlich gestiegen, sich an teuren Weltraumprojekten zu beteiligen. So entdeckten Forscher in einem 2,5 Kilo schweren Stein vom *Mars*, der vor 13 000 Jahren am Südpol einschlug, zum ersten Mal Hinweise auf früheres Leben auf dem Roten Planeten! Ebenso fanden Astronomen unter der arktisähnlichen Eisdecke des Jupitermondes »Europa« starke Indizien für flüssiges Wasser – und damit die Grundlage für Leben! Schon zuvor wurden Planeten außerhalb unseres Sonnensystems ausfindig gemacht, die vermutlich erdähnliche Klimaverhältnisse aufweisen. Verständlich, daß die amerikanische Weltraumbehörde NASA jetzt wieder verstärkt zu den Sternen greift.

Dieses Jahr werden die ersten Bauteile der *Internationalen Space Station* (ISS) in eine erdnahe Umlaufbahn gebracht. Damit wird der Grundstein für bemannte Raumflüge zu entfernten Planeten gelegt. Ebenso wird an der Entwicklung eines neuen Raumtransporters gebaut, der Flüge ins All um vieles preisgünstiger machen soll. Die bemannte Landung auf dem Mars ist damit von der Vision zur nahen Wirklichkeit geworden. Gleiches gilt für die Errichtung einer ständig bewohnten Mondstation und die Gewinnung von Bodenschätzen.

Mit der Erschließung und Nutzbarmachung des Weltraums stellt sich die Frage nach Brüdern im All. Ist der Mensch einzigartig? Oder gibt es dort draußen, irgendwo in der Unendlichkeit des Raumes, andere Lebensformen? Um Gewißheit zu erlangen, wurde zu diesem Zweck schon vor Jahren von der NASA das *SETI-Programm* (Search for Extraterrestrial Intelligence-Suche nach außerirdischen Intelligenzen) gestartet. Mit Teleskopen auf der ganzen Welt wird seitdem der Himmel nach Signalen fremder Wesen abgesucht. Bisher blieb der große Lauschangriff erfolglos. E.T. antwortete nicht. Sind die Teleskope nicht korrekt ausgerichtet worden? Wurde die falsche Frequenz angezapft? Sollte der Mensch doch das einzig denkende Geschöpf im Universum sein? Wie können wir es wissen und wie mit ihnen Kontakt aufnehmen?

Ich fand einen kompetenten Gesprächspartner für diese Fragen: Professor **Dr.-Ing. Harry O. Ruppe.** Der bekannte deutsche Raumfahrtexperte arbeitete unter *Wernher von Braun* für die amerikanische Weltraumbehörde NASA. Ruppe war Projektingenieur beim ersten erfolgreichen amerikanischen Mondschuß »Pioneer 4«, war an der Vorbereitung und Durchführung der »Apollo-Projekte« beteiligt und Direktor des Planungsbüros für zukünftige Projekte, das die Raumstation »Skylab« und den Raumtransporter Spaceshuttle vorschlug. Zuletzt leitete er den renommierten *Lehrstuhl für Raumfahrttechnik* an der Technischen Universität in München. Harry O. Ruppe hat sich in vielen wissenschaftlichen Lehrbüchern der Raumfahrtgeschichte und den Möglichkeiten für interstellare Reisen gewidmet. Viele seiner Bücher, darunter *»Die grenzenlose Dimension Raumfahrt«*, wurden Standardwerke für weltraumbegeisterte Leser und zukünftige Astronauten.

Herr Professor, warum dringt der Mensch in den Weltraum vor? Wozu bemannte Raketen ins All schicken? Haben sich Raumfahrer nicht als fehleranfälliger erwiesen? Man denke etwa an die Katastrophe der »Challenger«-Explosion? Wie löst man technische Probleme bei »Fernreisen«?
Jede Generation verbraucht Energien und Ressourcen ihrer Kinder. Nur *Forschung* kann neue Ressourcen schaffen. Daraus erfolgt der moralische Zwang zur Forschung. Und Raumfahrt ist ein Teil davon, um die Grenzen des Wissens ein wenig hinauszuschieben ins heute noch Unbekannte. *Alle* irdischen Rohstoffe sind endlich, weil unsere Erde endlich ist. Mit der Raumfahrt gewinnen wir Anschluß ins praktisch unendliche Weltall. Ob dabei Ro-

botersonden oder menschliche Forscher zum Einsatz kommen, hängt von der Zweckmäßigkeit der jeweiligen Aufgabe ab. Dort, wo gezieltes Auswählen und Entscheidung gefragt sind, sollte der Mensch eingreifen. Freilich, die Explosion des Raumgleiters »Challenger« und der Tod der sieben Astronauten war ein Rückschlag für die bemannte Raumfahrt. Aber bedenken Sie: Wir fliegen, fahren Auto, treiben Hochleistungssport, klettern auf Berge – und das alles, obwohl immer wieder Unfälle geschehen. Derzeit wird an einem neuen, leistungsstärkeren und kostengünstigeren Shuttle gearbeitet und geforscht. Aber all diese Raumtransporter sind *nicht* für »Fernreisen« gedacht und können interstellare Entfernungen raumfahrttechnisch nicht überbrücken. Die Entwicklung einer Raumfahrttechnologie, die interstellare »Fernreisen« vielleicht eines Tages ermöglichen könnte, scheitert gegenwärtig an Geldmangel.

Wenn man an Weltraumreisen denkt, stellt sich die Frage nach der Existenz anderer Lebensformen. Sind wir allein im Kosmos?

Das ist keine leichte Frage, man könnte einen ganzen Vortrag darüber halten. Ich will versuchen, es in Kürze abzufassen: Nach unserem heutigen Wissensstand ist die Lebensentstehung auf der Erde ein *natürlicher* Prozeß. Er ist in die Naturgesetze des gesamten Universums eingeordnet, die alle homogen sind, da gibt es keine Unterschiede. Aus dieser Schlußfolgerung heraus möchte man annehmen, daß auch an anderen Stellen im All, auf die gleiche Art – wie bei uns – Leben entstanden ist und sich manchmal weiterentwickelt hat, was letztlich zu intelligenten Lebensformen führt. Alles spricht dafür, daß der Mensch im Kosmos *nicht alleine* ist. Das ist wegen der ungeheuren Vielzahl der sonnenähnlichen Sterne im Kosmos eine durchaus plausible Annahme. Sie müssen sich die geschätzte Zahl der Sterne mit einer Eins und 22 Nullen vorstellen!

Wenn Sie aber ganz hartnäckig fragen, muß man zugeben, daß ein solcher echter Beweis noch fehlt. Lassen Sie sich ein einfaches Beispiel geben: Sie spielen Lotterie, erfahren aber nicht, was alles in der Welt passiert. Es gibt keine Zeitung, kein Fernsehen oder andere Informationsquellen. Sie bekommen nun das große Los, nehmen aber an, daß dies fast jeder, der mitgespielt hat, erhält. Unter den gegebenen Umständen wäre das eine durchaus sinnvolle Annahme. Wir wissen natürlich, daß keinesfalls jeder einen Millionentreffer bekommt. Leider. Vielleicht ist es im Kosmos ähnlich, mit Sicherheit läßt sich das aber auch nicht sagen. Möglicherweise ist die Entstehung von Leben und Entwicklung ein ungeheuer seltener Vorgang, der nur auf der Erde stattgefunden hat. Eine Reihe meiner Kollegen ist dieser Ansicht. Ich persönlich glaube es nicht, aber als Wissenschaftler muß man Glauben und Wissen unterscheiden. Ich neige eher zur Auffassung, daß einiges *für* die Existenz außerirdischer Zivilisationen spricht. Es gibt begründete Hoffnung, daß wir im kommenden Jahrhundert mehr darüber erfahren werden. Astronomen haben Planeten bei einigen nahen Fixsternen wahrscheinlich gemacht. Und durch die vermuteten Lebensspuren, die kürzlich in einem wahrscheinlich vom Mars stammenden Meteorstückchen entdeckt wurden, ist vielleicht erstmals ein Beweis für extraterrestrisches Leben gefunden. Wichtiger noch halte ich die Erforschung des berühmten »Marsgesichts«, einer Gesteinsformation, die kühne Denker für ein künstliches Gebilde halten, obwohl diese Interpretation eines von der »Viking«-Sonde aufgenommenen Bildes natürlich spekulativ ist. Dank Raumfahrt und moderner Beobachtungstechnik wird die Frage nach außerirdischen Spuren bald endgültig geklärt sein.

Und die Ufos? Was steckt dahinter? Das Phänomen wird meist mit Besuchern aus fernen Planetensystemen in Verbindung gebracht. Was halten Sie davon?
Auch hier muß ich leider feststellen, daß ich weder das eine noch das andere weiß. Zweifellos gibt es zahlreiche Beobachtungen von sogenannten Ufos. Aber sind das wirklich Produkte außerirdischer Zivilisationen? Ich kenne keinen naturwissenschaftlichen Beweis dafür. Andererseits muß ich eingestehen, daß ich von der Naturwissenschaft her auch keinen Beweis aufzeigen könnte, der die Ufo-Existenz im genannten Sinne ausschließt. Trotz intensiver Beschäftigung mit dieser Thematik – in Amerika arbeitete ich bei dem Ufo-Untersuchungsprojekt »Blue Book« der Luftwaffe mit – fehlen exakte, handfeste Daten. Ich muß Ufos in die Rubrik einordnen, wo ich mich offen halte und keine feste Meinung in die eine oder andere Richtung beziehe, weil die Grundlage dafür in rationaler Weise nicht verfügbar ist.

Sollte in der Ufo-Frage weitergeforscht werden?
Ich halte es für wichtig und sinnvoll, daß sich vor allem Wissenschaftler um die Klärung dieser rätselhaften Erscheinungen – was immer sie sind – bemühen.

Ist es denkbar, daß unsere Vorfahren Kontakt mit außerirdischen Besuchern hatten? Waren die »Götter« Astronauten? Erich von Däniken hat darüber geschrieben.
Ich kenne die Theorie. *Erich von Däniken* ist ein guter Freund. In der Entwicklung des Universums haben ein paar Millionen Jahre hin oder her keine große Bedeutung. Schon deshalb wäre es vorstellbar, daß die Erde vor

einigen Millionen Jahren – vielleicht auch früher oder später – Besuch von Vertretern einer extraterrestrischen Intelligenz bekommen hat. Auch ein Eingriff in unsere Entwicklung ist, rein theoretisch betrachtet, durchaus denkbar. Trotzdem stehen wir hier vor der gleichen Problematik wie bei den Ufos. Däniken hat zwar jede Menge Hinweise erarbeitet, es fehlt aber auch hier der ausschlaggebende Beweis, der jeden Zweifel aus dem Weg räumt. Ich kann nur sagen, daß ich die Beweissuche mit Interesse verfolge. Als Raumfahrtbegeisterter wünsche ich Erich natürlich Erfolg!

Was sind die nächsten großen Weltraumprojekte? Wird es eine bemannte Marslandung geben?
Mit Hilfe der erfolgreichen Raumtransporter Spaceshuttle und weitgehender internationaler Zusammenarbeit plant die NASA den Bau einer bemannten Station im All. Vor der Jahrtausendwende soll die Raumstation auf ihre Umlaufbahn um die Erde gebracht und die Arbeit aufgenommen werden. Die Besiedlung des Mondes ist ein weiteres kühnes Projekt der Amerikaner. Die Raumstation kann dabei als Nachschubbasis dienen. Derzeit läuft noch das Shuttle-Programm. Die Hauptaufgabe liegt darin, eine wirtschaftlich sinnvolle Nutzung des erdnahen Weltraums aufzubauen.

Ein besserer Weltraumpendler wird eifrig gesucht. Was die Marslandung betrifft, so steht der Termin für einen bemannten Besuch noch nicht fest. Mit den jetzt zur Verfügung stehenden technischen Mitteln wäre er bereits in den nächsten fünfzehn bis zwanzig Jahren möglich. Vorausgesetzt, eine Entscheidung für die Marslandung würde gefällt. Die Gesamtkosten eines etwa dreißigjährigen Programms würde rund 170 Milliarden Dollar (Wert 1992) betragen.

Der Kontakt mit einer fremden, außerirdischen Zivilisation ist ein alter Menschheitstraum. Wie kann man mit fremden Intelligenzen in Verbindung treten? Welche Möglichkeiten eröffnen sich durch die Raumfahrt?

Wer kann wirklich sagen, ob wir E.T.s jemals kennenlernen werden? Das weiß ich auch nicht. Aber eines ist klar: Wenn wir uns nicht darum bemühen, sinkt die – zugegeben geringe – Wahrscheinlichkeit weiter ab. Gegenwärtig gibt es nur einen Weg, von dem wir wissen, daß er zu verwirklichen ist. Gemeint sind große und empfindliche Antennen für Radiosendungen. Sie müßten im Weltraum oder auf der Mondoberfläche angebracht werden, an Stellen also, wo sie den elektromagnetischen Erdstörungen entzogen sind. Nachweislich lassen sich dort wesentlich schwächere Signale empfangen, verstärken und aufzeichnen. Die ersten Lauschversuche wurden im Rahmen des SETI-Programms begonnen, bisher ohne Erfolg. Vielleicht stimmt die Frequenz nicht, um fremde Signale zu empfangen. Oder die »Anderen« senden gar nicht. Natürlich müßten wir auch selbst »herumsuchen«. Laser wäre vielleicht eine Möglichkeit! Die wenige und lange Datenübertragung ist lästig, reduziert aber den Kulturschock, der bei einer möglichen Kontaktaufnahme entstehen könnte. Zur Überbrückung der Entfernungen wären auch interstellare Reisen, zunächst mit unbemannten Geräten, vorstellbar. Die Entwicklung dazu liegt aber mindestens noch hundert Jahre vor uns. Dennoch meine ich: *Die Raumfahrt ist eine Chance.* Wir sollten sie nutzen!

Und ewig lockt das Unbekannte

Gerald Mosbleck und die Arbeit der deutschen
Ufo-Forschungsgruppe GEP e.V.

»Was man auch immer von Ufos denken mag, über ihre physische Realität und über ihren Ursprung, eine Tatsache ist in den letzten Jahrzehnten über jeden Verdacht erhaben: In der ganzen Welt wird immer wieder von neuem über das Erscheinen von Ufos berichtet. Und sogar die absoluten Skeptiker können nicht umhin, die Dramatik in diesen gut dokumentierten, viel bezeugten Berichten zu spüren.«

Prof. Dr. J. Allen Hynek, Astronom und Physiker († 1986)

Kaum ein Tag vergeht, an dem nicht neue Beobachtungen unbekannter Flugobjekte rund um unseren Globus gemeldet werden. Wie immer man zu diesen rätselhaften Himmelserscheinungen stehen mag: Sie sind in der Welt, in der wir leben, nicht mehr wegzudenken. Sie beflügeln unsere Fantasie, irritieren die Wissenschaft, sorgen für Panik und Verwirrung, entzweien die Erdenbürger in Ufo-Gläubige und Ufo-Negierer. Viele Ufologen versuchen seit Jahrzehnten Beweise für außerirdische Besucher zu liefern. Trotzdem, es glaubt meist nur der an Ufos, der selbst mit eigenen Augen eines gesehen hat. Fotos sind heutzutage zu leicht zu fälschen. Mit einer in die Luft geworfenen Radkappe läßt sich schon ein ganz passables Untertassenfoto herstellen.

Aber Ufos sind durchaus nicht einfach mit Raumschiffen gleichzusetzen. Auch nach 50 Jahren reger Ufo-Aktivitäten, in denen eine Vielzahl von Sichtungen auch wissenschaftlich geschulter Zeugen gesammelt und ausgewertet wurden, vermag noch niemand mit hunderprozentiger Sicherheit zu sagen, was Ufos wirklich sind. »*Ufo*« heißt ja auch: »*Unidentifiziertes fliegendes Objekt*«. Der Großteil der Ufo-Meldungen läßt sich als Trugbild oder Manipulation erkennen. Was aber ist mit dem Rest unaufgeklärter Beobachtungen? Welche Untersuchungsmethoden werden angewandt, um eine rätselhafte Erscheinung zu identifizieren? Wie kann man herausfinden, ob ein Ufo-Zeuge nur Satellitentrümmer beobachtet hat oder doch ein »*echtes*« unbekanntes Flugobjekt, das wegen seiner mysteriösen Eigenschaften allen bekannten physikalischen Gesetzen widerspricht? Wie arbeiten die Ufo-Fahnder?

In der Bundesrepublik gibt es derzeit etwa 40 private Gruppen, die bemüht sind, dem Phänomen auf die Schliche zu kommen. Deutschlands größte gemeinnützig anerkannte Vereinigung ist die *Gesellschaft zur Erforschung des Ufo-Phänomens,* kurz GEP e. V. genannt. Die Mitgliederzahl beträgt zur Zeit etwa 150, und rund 250 Abonnenten beziehen regelmäßig die Vereinszeitschrift »*Journal für Ufo-Forschung*« (JUFOF). Der Verein wurde im Jahre 1972 gegründet und erlangte im Jahre 1987 die staatliche Anerkennung als gemeinnützige Gesellschaft. Die Arbeit wird in der Hauptsache von den beiden Vorsitzenden **Hans-Werner Peiniger** (Sichtungsbearbeitung und JUFOF-Redaktion) und **Gerald Mosbleck** (Geschäftsführung, Computertechnik und Medienarbeit) geleistet und ist ehrenamtlich. Für ihre Untersuchungen stehen modernste Computer, Meßgeräte unterschiedlichster Art und ein riesiges Archiv zur Verfügung. Sichtungsermittler Gerald Mosbleck, gelernter Buchhändler mit Abitur und Studium der Naturwissenschaften an der Universität Dortmund, machte mich mit den Aufklärungsarbeiten seiner Ufo-Gruppe vertraut. Er selbst hat

Bild 1: Das »Fehrenbach-Ufo« sorgte 1994 in den deutschen Medien für Aufregung.

sich in zahlreichen Fachveröffentlichungen zur Ufo-Thematik in in- und ausländischen Zeitschriften und Büchern bereits einen Namen gemacht. Zur Zeit ist Gerald Mosbleck als Qualitätsassistent in der Leuchtenindustrie tätig und nebenbei begeisterter Amateurfotograf.

Herr Mosbleck, vorweg gleich die Gretchenfrage: Wissen Sie, was ein Ufo ist? Wie definiert GEP den Begriff?
GEP benutzt als Ufo-Definition den aus der amerikanischen Luftfahrtterminologie stammenden Begriff »Ufo« (UNIDENTIFIED FLYING OBJECT = *unidentifiziertes Flugobjekt*). Diese Beschreibung findet in der Ufo-Forschung zweierlei Anwendung. Einmal zum Zeitpunkt der Sich-

tung, das sind **Ufos im weiteren Sinn** *(Ufo i. w. S.)*, und dann nach erfolgter Untersuchung, den sogenannten **Ufos im engeren Sinn** *(Ufo i. e. S.)*. Flugobjekte, die man auf eine natürliche Erklärung zurückführen kann, bezeichnet man als »Ifos« (IDENTIFIED FLYING OBJECTs = *identifizierte Flugobjekte*).

Ufos im weiteren Sinn sind also noch keine »echten« Ufos? Genau. Ufos i. w. S. sind nämlich grundsätzlich *alle* gemeldeten, von den Zeugen zur Zeit der Beobachtung nicht zu erklärenden Phänomene, die allgemein als Ufos im Sinne von »fliegenden Untertassen« bezeichnet werden. Hierunter fallen auch alle möglichen von den Zeugen fehlinterpretierten *natürlichen* Erscheinungen wie beispielsweise Modell-Heißluftballone, Wetterballone, Flugzeug- und Hubschrauberlichter, Lichter von Großscheinwerfern, Effekte von Lasergeräten, Meteore, ferner Sinnestäuschungen, psychologische Fälle und Schwindel.

Anders bei den Ufos i. e. S. Hier handelt es sich um untersuchte Beobachtungsfälle, bei denen sich trotz ausreichender Daten und gründlicher Untersuchung keine hinreichende Erklärung finden läßt, etwa weil augenscheinlich Naturgesetze verletzt werden, sie gelten als »Ufos im engeren Sinn« und entziehen sich der wissenschaftlichen Forschung. Die Fälle werden dokumentiert, in geeigneten Fachzeitschriften veröffentlicht und die gesammelten Daten EDV-mäßig aufbereitet und gespeichert. »Ufos i. e. S.« sind Ziel einer protowissenschaftlichen Forschung.

Ist es für die Untersuchung wichtig zu wissen, ob jemand in der Nacht ein seltsames Licht gesehen oder am Mittagshimmel eine fliegende Scheibe beobachtet hat?
Natürlich ist eine Klassifikation der Ufo-Meldungen not-

wendig. Die GEP verwendet zur besseren internationalen Vergleichbarkeit die von *Prof. Dr. J. Allen Hynek* entwickelten Klassen. Die Einteilung erfolgt nach Beurteilung des ersten, groben Materials und *vor der eigentlichen Untersuchung.* Sie gibt also nur Aufschluß über die gemeldeten Beobachtungstatsachen und läßt alle späteren Erklärungen zu. Die Klassen nach Hynek teilen sich folgendermaßen auf:

Erstens: **Nächtliche Lichter** (NL = Nocturnal Light)

Das sind die am häufigsten gesichteten Ufo-Phänomene; leuchtende Objekte, die aus großer Entfernung bei Nacht beobachtet werden. Sie sind auch gleichzeitig die am leichtesten zu erklärenden Vorgänge am nächtlichen Himmel. Meistens werden nur helle Lichter beobachtet, die den Zeugen aufgrund fehlender Kenntnisse des optischen Erscheinungsbildes und dynamischen Flugverhaltens herkömmlicher Flugkörper rätselhaft erscheinen. Erfahrene Ufo-Forscher erkennen oft auf Anhieb die zutreffenden Ursachen wie z. B. Satelliten, Ballone, Flugzeuge, Lichter von Großscheinwerfern und ähnliches.

Zweitens: **Tageslichtscheiben** (DD = Daylight Disc)

Hierbei sind bei Tag, aus großer Entfernung (> 150 Meter) beobachtete Ufo-Phänomene gemeint (leuchtend oder dunkel), die überwiegend als oval, zigarren- oder scheibenförmig beschrieben werden. Verursacher sind hier oft Solar-Zeppeline, Wetter- und andere Forschungsballone.

Und drittens: **Radar/Visuell** (RV = Radar/Visual)

Das sind Radarbeobachtungen von Ufos, die durch Sichtwahrnehmungen bestätigt werden konnten, oder umgekehrt. Ufos, die nur durch Radar gemeldet wurden, werden von der GEP nur am Rande in das Ufo-Phänomen eingezogen, da hierbei zahlreiche natürliche Erscheinungen wie seltene meteorologische Bedingungen, Vogel-

Bild 2: Die Ufo-Entlarver der Studiengruppe GEP e. V. kamen dem vermeintlichen Besuch aus dem All auf die Schliche: Es wurde ein Modell, wie hier nachgestellt, einfach in die Luft geworfen und fotografiert.

schwärme, aber auch technische Defekte Radarechos verursachen können. RV-Fälle sind äußerst selten. So ist der GEP bisher kein derartiger Fall gemeldet worden.

Weiter wird unterschieden zwischen:

a) **Nahe Begegnung der ersten Art** (CE 1 = Close Encounter of the First Kind) In diese Kategorie fallen alle Nah-Beobachtungen von Objekten, wobei es aber zu *keinen* Wechselwirkungen mit der Umgebung kommt. Unter »Nah-Beobachtungen« verstehen wir alle Beobachtungen bis zu einer Entfernung von 150 Metern. Im Einzelfall kann diese Entfernungsgrenze natürlich variieren.

Auf jeden Fall sollte der Beobachter wesentliche Einzelheiten des Objekts unterscheiden können.

b) **Nahe Begegnung der zweiten Art** (CE 2 = Close Encounter of the Second Kind)

Hier kommt es zu Wechselwirkungen mit der Umgebung. Dabei können *physische* wie auch *psychische* Wirkungen festgestellt werden, so z. B. Lähmungen, Übelkeit, Brandwunden, Augenrötungen, Depressionen usw. Weitere Wirkungen sind Landespuren, Brandschäden an Vegetation, Ausfall elektrischer Geräte usw. CE-2-Beobachtungen zählen zu den interessantesten Fällen, da man die festgestellten Wirkungen »labormäßig« untersuchen kann.

c) **Nahe Begegnung der dritten Art** (CE 3 = Close Encounter of the Third Kind) Dies sind wohl die ungewöhnlichsten Berichte, nämlich Beobachtungen von scheinbaren »Insassen« in oder in der Nähe von Ufos. Meistens berichten die Zeugen auch von einer erfolgten Landung des Ufos. Hier muß man aber unterscheiden zwischen den Fällen, in denen die scheinbaren Insassen aus gewisser Entfernung beobachtet wurden, und den so genannten *Kontaktler*-Berichten, die der CE-4-Gruppe zuzuordnen sind.

CE 4? Sind das jene Fälle, wo Menschen in unbekannte Lichter entführt wurden?
Richtig. Inzwischen wurden die Hynekschen Klassifikationen um diese weitere ergänzt: Gemeint ist die sogenannte **nahe Begegnung der vierten Art** (CE 4 = Close Encounter of the Fourth Kind).

Fälle also, bei denen es zu einem direkten Kontakt mit den scheinbaren Insassen eines Ufos gekommen ist. Hierunter fallen insbesondere die von Ihnen erwähnten Entführungsfälle, bei denen die Betroffenen behaupten, sie wären durch außerirdische Intelligenzen entführt worden, um in ihren Raumschiffen an ihnen medizinische Untersuchungen durchzuführen. Bei der Bewertung dieser Fälle berücksichtigen wir *psychologische, soziologische* und *kulturelle* Aspekte. Die klassischen Begegnungen, wo von direkten Kontakten, also von Gesprächen mit »Außerirdischen«, Mitflug im Raumschiff und ähnliches berichtet wird, sowie mediale Kontakte, *Channeling* genannt, schließen wir aufgrund geringer Glaubwürdigkeit der meist nur einzelnen Kontaktpersonen für eine weitere Betrachtung des Ufo-Phänomens aus.

Wie sieht das Ergebnis nun bei jenen Fällen aus, wo nach genauer Überprüfung eine natürliche Erklärung auszuschließen ist? Was ist mit jenen von Ihnen erwähnten Ufos im engeren Sinn? Wenn kein identifizierbares Objekt, was dann?

Ufo-Forscher haben oft Schwierigkeiten mit der endgültigen Bewertung von Ufo-Beobachtungen, bei denen das beobachtete Objekt nicht identifiziert werden konnte. Er stellte sich die Frage, ob man Fälle, die keinen besonders hohen »Strangenessgrad«, das heißt »Fremdartigkeitsgrad«, aufweisen, wirklich als Ufo i. e. S. klassifizieren soll. Beispielsweise fällt der Hauptanteil an Ufo-Beobachtungen auf *»Nächtliche Lichter«* (NL-Fälle). Wir haben nicht selten Fälle bearbeitet, in denen kleinere Lichter beobachtet wurden, die man aufgrund ihrer Erscheinungsweise und ihres Flugverhaltens nicht eindeutig identifizieren konnte. Andererseits wiesen diese Fälle aber auch keine besonderen »Strangeness-Merkmale« auf. Eigentlich hätten diese Fälle dann als Ufo i. e. S. eingestuft werden müssen. Ist aber eine solche Klassifizierung gerechtfertigt? Sind nicht in solchen Fällen wegen der ungeheuer vielfältigen Fehldeutungsmöglichkeiten

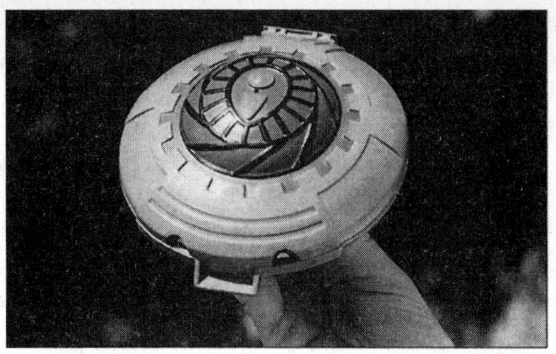

Bild 3: Das Ufo-Spielzeugmodell im Größenvergleich.

und Wahrnehmungsfehler herkömmliche Ursachen sehr
wahrscheinlich?

*Wann dürfen wir denn tatsächlich von einem Ufo im enge-
ren Sinn, also einem »echten« Ufo, sprechen?*
Um hier feinere Unterscheidungen vornehmen zu können, wurden vom damaligen Felduntersucher des amerikanischen *Center for Ufo-Studies, Hendry,* weitere Bewer-
tungsstufen eingeführt, die auch von der GEP angewen-
det werden. Während die Klassifikationen nach Hynek
vor der Untersuchung oder Fallbearbeitung das Phänomen beschreiben, sind Hendrys Einteilungen bereits eine
Bewertung des jeweiligen Falles *nach* der erfolgten Untersuchung. Damit ist es nun möglich, die Wertigkeit eines
Falles hervorzuheben. Unserer Ansicht nach sollten nur
Fälle, die als *GOOD UFO* oder *BEST UFO* klassifiziert
worden sind, in die internationale Diskussion eingebracht werden. Grundsätzlich wird aber unterschieden
zwischen:

NEAR UFO
 . . . ist ein beobachtetes Objekt (Ufo i. e. S.), das einer

normalen Erscheinung ähnlich ist, trotzdem nicht eindeutig identifiziert werden konnte und nicht mehr als zwei anomale Merkmale aufweist.

PROBLEMATIC UFO

. . . ist ein nicht eindeutig identifiziertes Objekt (Ufo i. e. S.) mit wesentlichen anomalen Merkmalen, die jedoch auch unter extremen Bedingungen bei herkömmlichen Erscheinungen auftreten können. Eine mögliche Identifizierung läßt sich somit nicht eindeutig ausschließen.

GOOD UFO

. . . ist ein Objekt, das so viele anomale Merkmale aufweist, daß eine herkömmliche Erklärung *sehr wahrscheinlich* ausgeschlossen werden kann.

BEST UFO

. . . ist ein Objekt, das so viele anomale Merkmale aufweist, daß eine herkömmliche Erklärung *eindeutig* ausgeschlossen werden kann.

Flattern viele Ufo-Meldungen in die GEP-Zentrale?
Es vergeht praktisch kein Tag, an dem nicht irgendwo auf der Welt die Beobachtung eines Ufos gemeldet wird. Auch unsere Bundesrepublik wird davon nicht verschont, und so erhalten wir durchschnittlich eine Ufo-Meldung pro Woche. Die Mitarbeiter der GEP e. V. untersuchen diese Beobachtungen auf wissenschaftlicher Basis in gemeinsamer privater Forschungsarbeit. Dabei sind sie im Rahmen ihrer Untersuchungen auch auf die Hilfe von Behörden, Instituten und der Presse angewiesen. Leider kommt es dabei immer wieder zu Mißverständnissen, da angenommen wird, die GEP-Mitarbeiter würden sich hauptsächlich mit »kleinen grünen Männchen« und deren »Raumschiffen« beschäftigen.

Ist es privaten Ufo-Fahndern überhaupt möglich, wissen-

schaftlich zu arbeiten? Wie überprüft man die Aussagen der Zeugen?

Ziel der Forschung ist es, die gemeldeten Beobachtungen durch Analyse der Zeugenaussagen und Heranziehen diverser Sekundärdaten auf erklärbare Phänomene zu reduzieren und die nicht reduzierbaren Fälle auszusortieren und aufzubereiten. Grundlage aller Untersuchungen stellt die Aussage des oder der Zeugen dar. Um verwertbare Aussagen zu erhalten, führt die GEP intensive Zeugenbefragungen durch. Diese erfolgen in der Regel vor Ort durch Ausfüllen eines speziell entwickelten Fragebogens, kann aber auch, in einfachen Fällen, schriftlich realisiert werden. Der Fragebogen dient auch der Standardisierung der ermittelten Daten. Die GEP greift damit auf eine in der Psychologie weitverbreitete Methode zurück, die auch in der Statistik gute Dienste leistet.

Aufgrund des im Fragebogen ermittelten Materials kann bereits eine Klassifikation vorgenommen werden, die über das weitere Vorgehen entscheidet. Basierend auf der Klassifikation der gemeldeten Beobachtung wird die weitere Materialsammlung in zwei Kategorien eingeteilt.

Bei NL- und DD-Fällen (NL = nächtliche Lichterscheinungen; DD = Tageslichterscheinungen), die den überwiegenden Teil der Meldungen ausmachen, bleibt die Zeugenbefragung und die Unterstützung der Zeugenaussagen durch Messungen der Vergleichsgröße des Objekts bei ausgestrecktem Arm, Ermittlung der Farbe durch Farbtafeln, Messung der Winkelhöhe und Ermittlung der Winkelgeschwindigkeit sowie der exakten Himmelsrichtung einzige Methode der primären Materialerfassung.

Bei allen CE-Fällen (CE 1 bis CE 4 = nahe Begegnungen bis hin zu behaupteten Entführungen) werden zusätzlich zu den Untersuchungen der NL-DD-Fälle noch *Feldunter-*

suchungen durchgeführt. Da jeder Fall eigene Charakteristika aufweist, ändern sich die notwendigen Maßnahmen hier situationsbedingt. Die GEP ist trotz der relativen Seltenheit dieser Meldungen für die Sicherung von Spuren gut gerüstet. Neben Geräten zur Entnahme von Bodenproben, der Messung von Radioaktivität, Magnetfeld und elektrischem Feld legen wir besonders Wert auf die Kenntnis von kriminaltechnischen Methoden zur Spurensicherung. Durch Fotografien wird die Umgebung und die behauptete Spur dokumentiert.

Nach dem Abschluß der Zeugenbefragungen und der eventuellen Felduntersuchung beginnt die Beschaffung von objektiven Daten zu der gemeldeten Beobachtung. In jedem Fall werden folgende Informationen eingeholt: Wetterkarten des Deutschen Wetterdienstes vom fraglichen Zeitraum und Abfrage der astronomischen Daten durch ein exaktes Computerprogramm. Diese Überprüfungen sind inzwischen standardisiert worden.

Wichtig wäre es wohl, daß man für eine ungewöhnliche Beobachtung mehrere Zeugen auftreiben kann. Wird daran gedacht?

Angesichts der Wichtigkeit der Zeugenaussagen sind mehrere unabhängige Aussagen von besonderer Bedeutung. Wir veröffentlichen daher in vielen Fällen Presseaufrufe in den Lokalzeitungen der betreffenden Gegend. Diese Methode beinhaltet gleich zwei gewünschte Effekte: Zum einen erhalten wir in den meisten Fällen weitere Angaben, und zum anderen hilft eine dann ebenfalls veröffentlichte Erklärung, den Aberglauben über Ufos abzubauen.

Situationsbedingt werden noch weitere Daten und Hilfsmittel herangezogen. So werden in der Regel mehrere Meßtischblätter der Sichtungsgegend angeschafft,

Windgeschwindigkeiten der verschiedenen Höhen erfragt, Auskünfte der militärischen Stellen (z. B. über Luftbewegungen) angefordert, oder wir erbitten Stellungnahmen von betroffenen Fachwissenschaftlern, Instituten und Behörden, insbesondere Polizeiorganen. Zusätzlich wird bei Beobachtung von möglichen Ufo-Insassen oder Entführungsfällen ein *Persönlichkeitstest* durchgeführt. Wir verwenden hierbei u. a. den MMPI-Test (»Minnesota Multiphasic Personality Inventory« von *S. R. Hathaway* und *J. C. McKinley*, herausgegeben vom Psychologischen Institut der Universität Saarbrücken), der von einem Berufspsychologen ausgewertet wird.

Kann man daraus schon Schlüsse über den wahrscheinlichen Ursprung der gemeldeten Beobachtung ziehen?
Ist eine Beobachtung zum jetzigen Zeitpunkt bereits durch unmittelbare Einsichtigkeit auf bekannte Phänomene zu reduzieren, wird das weitere Verfahren übersprungen und die Daten zur Aufbereitung gespeichert und dem Expertensystem übermittelt. Sollten bei der Beschreibung des Phänomens Angaben auftreten, die beispielsweise offensichtlich Naturgesetze verletzen, und läßt sich dies nicht auf Fehldeutungen des Zeugen zurückführen, so wird eine Einstufung als *Ufo im engeren Sinn* (Ufo i. e. S.) vorgenommen. Solche Fälle werden aus der streng wissenschaftlichen Untersuchung herausgenommen, um protowissenschaftlich weiterverfolgt zu werden.

Aufbauend auf den bis jetzt vorliegenden Daten wird in einem dialektischen Verfahren eine *Arbeitshypothese* entwickelt. Die ermittelten Daten werden mit erfahrungsmäßigen Erklärungsmustern verglichen (geplant ist hier eine Automatisierung mit einem sogenannten Expertensystem-Computerprogramm) und die wahrscheinlichste Erklärung als Hypothese der weiteren Arbeit zugrunde gelegt. In diese Erklärungsmuster fließen Daten von bereits identifizierten Objekten ein. Je mehr Material hier verarbeitet wird, um so einfacher ist eine Voraussage zu treffen.

Wird eine aufgestellte Hypothese ebenfalls auf ihre Richtigkeit hin überprüft?
Ja. Durch gezielte Nachforschungen versuchen wir die erstellte Hypothese zu *verifizieren*, also überprüfbar zu machen, oder zu *falsifizieren*. Nach *Sir Karl Popper* muß eine solche Hypothese an der Realität scheitern können, also falsifizierbar sein. Wenn ich etwa behaupte, Sonnenfinsternisse entstünden bei Bedeckung der Sonne durch den Mond, so ist diese Hypothese falsifizierbar. Ich kann sämtliche Sonnenfinsternisse unter diesem Aspekt durchchecken und werde, eben weil die Hypothese richtig ist, keinen Fall finden, in dem sich eine Sonnenfinsternis ereignete, ohne daß der Mond die Sonne verdunkelte. Unter Umständen wird dann eine zweite Befragung der Zeugen notwendig. Aussagen der Zeugen werden jetzt bewertet, das heißt, geringe, zu erwartende Abweichungen von der wahrscheinlichen Erklärung werden berücksichtigt. Können wir unsere Voraussage verifizieren, werden die Daten zur Aufbereitung gespeichert. Im Fall der Falsifikation wird nach Möglichkeit eine weitere Hypothese erstellt, oder der Fall wird als nicht verifizierbares Ufo i. e. S. eingestuft. Sollten die zu ermittelnden Daten eine bestimmte Mindestmenge nicht erreichen, etwa wenn das Datum nicht mehr genau zu ermitteln ist, wird der Fall als »ungenügende Daten« abgelegt.

Welche Quellen werden bei der Ufo-Ermittlung herangezogen?

Einzige Quelle stellt bei der Ufo-Forschung die Zeugen-aussage dar. Hier ist also besondere Sorgfalt bei der Bewertung notwendig. Wir unterscheiden zwei Arten der zu kritisierenden Aussagen: die qualitativen Größen, wie zum Beispiel die Gültigkeit der Gesamtaussage, und die quantitativen Größen, wie etwa die Größe des beobachteten Objekts. Bei der Fallbewertung greifen wir auf die Erfahrung und Menschenkenntnis der Untersucher, aber auch auf die Genauigkeit der überprüfbaren Angaben im Fragebogen zurück. Hat ein Zeuge beispielsweise in mehr als einem Punkt (etwa bei Angaben über das Wetter oder die Sichtbarkeit des Mondes) nachweislich falsche Angaben gemacht oder widersprechen sich einzelne Aussagen (z. B. Regen bei angegebener Temperatur von minus 7 Grad Celsius), so muß die Glaubwürdigkeit des Zeugen in Frage gestellt werden. Die Bewertung von quantitativen Größen, darunter fällt die scheinbare Größe des Objekts, ist recht kritisch. So werden helle Objekte gegen dunklen Hintergrund im Durchschnitt bis zum Fünfzehnfachen überschätzt. Neben Fehlern, die in der Wahrnehmungspsychologie des Beobachters begründet liegen, gibt es auch physikalisch bedingte Täuschungen.

Wie funktioniert eigentlich die Zusammenarbeit mit anderen Ufo-Gruppen und staatlichen Stellen? Täuscht der Eindruck, daß die Ufo-Forscher untereinander zerstritten sind, weil jeder eigene Interessen oder Ideologien vertritt?

In Deutschland existieren außer der GEP noch zwei weitere nennenswerte UFO-Gruppen. Dies ist auf der einen Seite das in Mannheim sitzende kritische *CENAP*, mit deren Leiter *Werner Walter* eine enge Zusammenarbeit stattfindet. Auf der anderen Seite steht die deutschsprachige Sektion der amerikanischen *MUFON* unter der Leitung des *Dipl.-Phys. Illobrand von Ludwiger*. Mit dieser

Gruppe ist eine Zusammenarbeit in den letzten Jahren aufgrund einer immer stärker werdenden Abschottungspolitik leider kaum mehr möglich. Enge Kontakte bestehen auch zur ebenfalls gemeinnützigen *GWUP* (Gesellschaft zur wissenschaftlichen Untersuchung von Parawissenschaften) und der in Freiburg angesiedelten parapsychologischen Beratungsstelle.

Während die GEP von ihrer wissenschaftlichen Methodik her »ergebnisoffene« Recherchen durchführt, und zwar in jedem konkreten Fall, tendiert das CENAP eher zu einer *grundsätzlichen Ablehnung* der Möglichkeit, daß Ufos aus dem All kommen könnten. Die Gruppe MUFON-CES wiederum neigt zu einer spekulativ-theoretischen Arbeit, die die reale Existenz von Ufos im engeren Sinn *voraussetzt*, wobei hier mehr auf Besucher aus der Zukunft oder aus Parallelwelten verwiesen wird als auf Außerirdische.

Gut funktioniert auch die Zusammenarbeit mit staatlichen Stellen und Behörden sowie mit Volkssternwarten und Planetarien. So leitet die Deutsche Bundesluftwaffe eingehende Ufo-Meldungen an uns zur Bearbeitung ebenso weiter wie einzelne Polizeidienststellen und Sternwarten. Dabei ist uns weder eine Geheimhaltungspolitik aufgefallen, die von einigen Ufologen vermutet wird, noch hatten wir den Eindruck, als würden Ufo-Berichte bewußt lächerlich gemacht. Selbst militärische Stellen geben auf Anfragen bereitwillig Auskunft. Die GEP-Untersucher durften sogar einmal auf Einladung des Verteidigungsministers an einer eigens angesetzten Demonstration von Hubschrauberlichtern teilnehmen.

Heute gibt es modernste Computertechnik. Lassen sich damit Fehldeutungen oder Fälschungen erkennen?
Die GEP verfügt über hochwertige elektronische Geräte zur Durchführung von Computeranalysen von Ufo-Bil-

dern. Eingehende Fotos werden in hoher Auflösung gescannt und mit verschiedenen Grafikprogrammen analysiert. Bei den bisher durchgeführten Analysen hat sich eines ganz klar herauskristallisiert: Die Untersuchung von angeblichen Ufo-Aufnahmen *kann* eindeutige Beweise für Fälschungen oder Trickaufnahmen liefern, sie *muß* aber nicht. Somit ist diese Methode nicht geeignet, Beweise für die Echtheit von Aufnahmen zu liefern. Versuche mit an dünnen, durchsichtigen Fäden aufgehängten Modellen haben eindeutig ergeben, daß keine Analyse später in der Lage ist, diese Fäden nachzuweisen, sofern diese in ihrer Stärke unter der Auflösung der fotografischen Materialien liegen. Fälschungen lassen sich also nur manchmal nachweisen, aber nie gänzlich ausschließen.

Können Sie unseren Lesern ein Beispiel geben?
Gerne. Hier möchte ich den Fall »Fehrenbach« erwähnen. Am 24. Oktober 1994 strahlte das deutsche Fernsehen zur besten Sendezeit eine Ufo-Dokumentation mit dem Titel »*Ufos – es gibt sie doch*« aus. Der Autor der Sendung hatte sich bei seinen Recherchen hauptsächlich auf Angaben der deutschen Sektion der MUFON verlassen. In dem Beitrag kam auch mehrfach *Dipl-Ing. Rolf-Dieter Klein* zu Wort, der für die MUFON Computeranalysen von Ufo-Fotos durchführt. Er gab an, daß er mittels aufwendiger Bildbearbeitung in der Lage sei, zumindest Fälschungen ausschließen zu können. Berater des Beitrages war der bekannte deutsche Ufo-Forscher *Illobrand von Ludwiger*.

Einen Tag nach der Sendung (!) hatten zwei Schüler aus dem kleinen Ort Fehrenbach eine aufregende Begegnung mit einer fliegenden Untertasse. Gegen sieben Uhr morgens sichtete einer der Jungen eine Untertasse, weckte seinen Freund, der sich schnell anzog und mit seinem Fotoapparat nach draußen lief. Es gelang ihnen, sieben Polaroidfotos von dem wild herumfliegenden Objekt zu machen. Danach flog das Gebilde in Richtung Nordost davon.

Es soll sich um einen Körper mit acht Metern im Durchmesser und 2,5 Metern Höhe gehandelt haben. Diskusförmig soll es gewesen sein, unten braun und mit blauer Kuppel, die schwarze Verstrebungen hatte. Während der ruckartigen, schnellen Flugmanöver sei ein deutliches Brummen zu hören, und an einer Stelle des Objektes soll außerdem ein Leuchten zu sehen gewesen sein. Das jedenfalls erzählten die beiden Zeugen. Der von den Jungen informierte Großvater brachte die Fotos am selben Tag zur örtlichen Presse. Am 2. November 1994 berichtete dann die Zeitung »Freies Wort« erstmalig über die Sensation. So wurden zwei Mitglieder der deutschen MUFON-Sektion auf den Fall aufmerksam. Die Schüler wurden vor Ort befragt, und die Fotos wurden zur Analyse an die Herren von Ludwiger und Klein geschickt. In ihrer Analyse kamen die Münchner Ufo-Forscher dann aufgrund aufwendiger Computerbearbeitungen zu dem Ergebnis, daß ». . . keine Hinweise dafür gefunden werden [konnten], daß die Erscheinungsweise des Objektbildes nicht mit den Schilderungen der Zeugen übereinstimmen würden. Bei dem Objekt muß es sich um einen größeren Gegenstand gehandelt haben, der uns unbekannt ist.« Es folgten vier detaillierte Begründungen, wovon besonders die Bewertung der Randunschärfen von Interesse sein dürfte. Hier wird nämlich kategorisch ausgeschlossen, daß ein Modell in die Luft geworfen worden sein könnte. Die Medien stürzten sich jetzt natürlich verstärkt auf den Fall: »Deutschlands bester Spezialist prüfte die Bilder«: echt! Rolf-Dieter Klein begann mit der Vermarktung seiner Computeranalyse. Er verfaßte Artikel und schickte sie an einige Zeitungen, er durfte beim privaten Nachrichtensender *n-tv* zu dem Fall und zur Ufo-Thematik talken und bereitete Vorträge für die MUFON-Konferenz in den USA und für die Ufo-Konferenz »Dialog mit dem Universum« in Deutschland vor.

Durch Zeitungsausschnitte wurden wir auf den Fall aufmerksam. Chefuntersucher *Hans-Werner Peiniger* nahm die routinemäßigen Ermittlungen auf. Es stellte sich heraus, daß die MUFON-Vertreter die Zeugen vor einer Zusammenarbeit mit den GEP-Ermittlern warnten. Dennoch zeigte sich der Großvater der Zeugen, der inzwischen die ganze Sache gemanagt hatte, kooperativ. Die GEP erhielt die Originalfotos und begann mit der Untersuchung des Falles. Zuerst wurden die Bilder optisch begutachtet. Aufgrund unserer langjährigen Untersuchungserfahrung wurde danach wegen einiger Verdachtsmomente (z. B. die zeitliche Korrelation zu dem tags zuvor ausgestrahlten Ufo-Film und aufgrund einiger widersprüchlicher Angaben der Zeugen) als Arbeitshypothese angenommen, daß es sich bei dem aufgenommenen Objekt um ein *aufgehängtes Ufo-Modell* handeln könnte. Computeranalysen der Aufnahmen lieferten allerdings keine Anhaltspunkte für Fäden.

Dies ist jedoch angesichts der schlechten Auflösung von Polaroidfotos auch nicht zu erwarten. Hans-Werner Peiniger machte sich in der folgenden Zeit auf die Suche nach »passenden« Spielzeugmodellen. Er nahm an, daß die Jungen durch die Sendung vom Vortag inspiriert wurden und einfach ein käufliches Modell benutzt hatten, weil zum Bau eines eigenen Modells keine Zeit blieb.

Und schließlich fand er in der Kramkiste eines Spielzeugladens tatsächlich ein Modell, das dem bei Fehrenbach fotografierten auffallend ähnelte. Er kaufte das Modell, und ich fertigte mit einer NIKON und hoch auflösendem Negativfilm Vergleichsaufnahmen des Objektes an. Ich benutzte zur Aufhängung einen sehr dünnen, transparenten Faden. Auf den Abzügen ist dieser Faden trotz der verwendeten hochwertigen Fotoausrüstung später nicht mehr sichtbar. Auch durch Computeranalysen läßt sich also nicht eindeutig ein Faden nachweisen, obwohl er ja bei der Aufnahme vorhanden war. Dies war auch für uns ein wichtiger Hinweis. Per Computerbearbeitung (die Fehrenbachfotos und die Vergleichsaufnahmen wurden mittels eines 1200-dpi-Flachbettscanners in 16,7 Millionen Farben in ein Grafikprogramm eingelesen) konnte ganz eindeutig ermittelt werden, daß es sich bei den Aufnahmen um das *gleiche* Objekt gehandelt hat. In der Reliefdarstellung der nebeneinander kopierten Objekte zeigt sich die Übereinstimmung der äußeren Form und der Lichtverteilung. Auf einem Foto ist sogar der Lichtpunkt (eine helle Bruchstelle im Modell), der auch auf einem Originalbild zu sehen ist, vorhanden.

Haben Sie die vermeintlichen Ufo-Sichter mit Ihren Recherchen konfrontiert?
Natürlich. Zunächst hat Hans-Werner Peiniger unsere Ergebnisse einem der Jungen telefonisch mitgeteilt. Dieser gab nach anfänglichem Zögern und Hinweis auf die MUFON-Untersuchung zu, das Spielzeugmodell seines Freundes fotografiert zu haben. Die Jungen hatten das Modell dabei einfach in unterschiedlichem Abstand in die Luft geworfen, und jede Aufnahme war auf Anhieb gelungen. Durch den ganzen Presserummel und die Analyse der MUFON-Spezialisten hätten sie sich dann nicht mehr getraut, den Dummejungenstreich zuzugeben.

Sie haben nun etliche Erklärungen und Beispiele für Trick und Täuschung vorgelegt. Gibt es auch umgekehrt von GEP

untersuchte Fälle, die sich jeder vernünftigen Deutung ent-
ziehen?
Gerne kann ich Ihnen auch dazu ein Beispiel nennen.
Nehmen wir den Fall *»Hochheim«*. Bei Hochheim, nahe
Frankfurt, ereignete sich am 11. April 1974 ein Ereignis,
das wir zu den interessantesten Fällen zählen. Gegen
zwei Uhr morgens beobachteten vier Personen in einem
Pkw, wie ein scheibenförmiger Flugkörper in geringer
Entfernung und Höhe einen Lichtstrahl fahrstuhlartig
von oben nach unten aufbaute und wie einen Such-
scheinwerfer herumschwenkte. Plötzlich wurde der
Strahl in den Innenraum des Fahrzeuges gerichtet. Nach
einiger Zeit wurde der Strahl wieder fahrstuhlartig einge-
fahren. Nach vollständigem Einfahren des Lichtstrahls
(wir sprechen hier von einem sogenannten Solid Light)
entfernte sich der Flugkörper mit relativ hoher Geschwindigkeit. Obwohl die Zeugen die Beobachtungsdauer auf etwa *15 Minuten* schätzten, waren tatsächlich
zwei Stunden vergangen. Trotz intensiver Recherchen
konnten wir bis heute noch keine eindeutige Erklärung
für dieses Erlebnis finden.

Ich könnte mir vorstellen, daß es einige Leser gibt, die gerne
bei GEP mitarbeiten würden. Wie wird man Ufo-Fahnder?
Die GEP steht jedem Interessenten offen. Eine Mitglied-
schaft ist gemäß den staatlichen Vorschriften für gemeinnützige Vereine an keine Bedingungen geknüpft. Mitglied kann grundsätzlich jede Person über 16 Jahre
werden, die die Ziele des Vereins unterstützt. Beiträge
und Spenden sind steuerlich absetzbar. Nach Prüfung
der Eignung ist es auch möglich, Untersuchungen für die
GEP durchzuführen. Interessenten können bei uns Infos
anfordern: *GEP e. V., Luisenstraße 4, D-58511 Lüden-*
scheid.

Welche Schlüsse, Erkenntnisse und Vorschläge kann GEP für die Zukunft der Ufo-Forschung anbieten? Würden Sie eine Zulassung der Ufo-Forschung als Studienfach begrüßen?

Einzelne Bereiche der Ufo-Thematik sind auch in der Vergangenheit schon Gegenstand von wissenschaftlichen Arbeiten an deutschen Hochschulen gewesen. Die GEP hat schon mehrfach Diplomaten mit Informationen und Literatur unterstützt. Wegen der Komplexität des Phänomens und der deshalb notwendigen breiten interdisziplinären Forschungsarbeit wird es sehr schwierig sein, etwa einen Lehrstuhl für Ufo-Forschung einzurichten. Welche Fakultät wäre dafür zuständig? Wir halten die private, staatlich geförderte Forschung, wie sie die GEP durchführt, für die derzeit angemessenste Art, sich dem Problem zu nähern.

Gespenstische Verfolgung

Spitzensportler Wolfgang Knaller und seine
Ufo-Begegnung der unheimlichen Art

> »Als ich eines Abends mit meinen Hunden herumtollte, war
> plötzlich ein gleißendes Licht über mir, rund wie eine Kugel. Es
> war, als ob jemand ein riesiges Streichholz in dem nacht-
> schwarzen Himmel entflammt hätte. Und obwohl mir das alles
> sehr nahe schien, vernahm ich doch nicht das leiseste Geräusch.
> Bis damals stand ich Geschichten über Ufos sehr skeptisch ge-
> genüber. Seither denke ich darüber anders . . .«

Elke Sommer, Schauspielerin, in der Wochenzeitung
Samstag vom 11. November 1978

Die beliebte deutsche Filmschauspielerin *Elke Sommer*,
die es für sehr wahrscheinlich hält, über ihrem Haus in
Los Angeles ein Ufo erblickt zu haben, ist nur eine von
vielen prominenten Zeitgenossen, die von einer unheimlichen Begegnung berichten können. Ihre skeptische Einstellung ist typisch für einen Großteil der Menschen: Unidentifizierbare fliegende Objekte gelten so lange als
Hirngespinst, bis man selbst einmal eine rätselhafte
Lichterscheinung oder ein silbrig rundes Flugobjekt am
Himmel beobachtet hat und sich deren Erscheinen rational nicht erklären kann. Wer selbst Augenzeuge eines
unerklärlichen Phänomens geworden ist, fängt zu grü-
beln an.

So erging es auch dem Kärntner **Wolfgang Knaller**.
Ein gleißend helles Objekt schwebte über ihm, hatte ungewöhnliche Flugmanöver vollführt, ihn minutenlang in
geringer Höhe verfolgt und die Gegend in strahlendes
Licht getaucht. Eine gespenstische Begegnung, die der

heute Sechsunddreißigjährige nicht vergessen wird. Wolfgang Knaller ist nicht nur ein fröhlicher, aufmerksamer und auch kritischer Mensch mit besonderer Beobachtungsgabe und Reaktionsfähigkeit, sondern seit vielen Jahren ebenso einer der beliebtesten österreichischen Fußballer. Er ist jetzt Tormann bei Österreichs Fußball-Eliteklub *Austria Memphis*. Zuvor war er, sportlich gesehen, fast zehn Jahre lang das Aushängeschild des Fußballvereins *SCN Admira/Wacker*.

Knaller, der aus einer großen Sportlerfamilie stammt und als ambitionierter Fußballer insgesamt viermal ins Tor der österreichischen Nationalmannschaft berufen wurde, spricht über sein mysteriöses Ufo-Erlebnis nur sehr selten. Nach einem gewonnenen Spiel seines Vereins hatte ich jedoch Glück. In einem netten Lokal südlich von Wien bewirkten Spaghetti Bolognose und Rotwein redselige Wunder.

Herr Knaller, Ihr früherer Vereinskollege Helmut Graf hat mir erzählt, Sie seien vor Jahren von einem Ufo verfolgt worden, stimmt das wirklich?
Ja, das stimmt. Ich spreche aber nicht gerne darüber. Von einigen wenigen Freunden abgesehen, habe ich mein Erlebnis bisher niemandem erzählt. Man erntet ja doch nur ein spöttisches Lächeln.

Sie stehen mit Ihrer Erfahrung keineswegs allein. In aller Welt haben Millionen Menschen ähnliche Beobachtungen gemacht. Verraten Sie uns, was sich bei Ihrem Ufo-Vorfall ereignete?
Ich war wie jeden Abend mit meinem Auto unterwegs zum Elternhaus meiner Freundin. Es war Spätherbst, bereits stockdunkel und bewölkt. Sterne waren nicht zu sehen. Doch plötzlich wurde es um meinen Wagen taghell.

Bild 4: Fußballer Wolfgang Knaller wurde 1980 von einer unheimlichen
Lichterscheinung minutenlang verfolgt.

Ein gleißend helles Licht schwebte über mir, vollführte
ungewöhnliche Flugmanöver und verfolgte mich in geringer Höhe, wobei es die Umgebung in strahlendes Licht
tauchte.

Wissen Sie noch Ort und Zeitpunkt des Geschehens?
Ich war damals 19 Jahre alt. Der seltsame Zwischenfall ereignete sich im Jahre 1980 auf einer Landstraße in der
Nähe des *Ossiacher Sees* in Kärnten. Ohne Vorankündi-
gung waren ich und mein Auto von einer Sekunde zur
anderen von gleißendem Licht umhüllt, das immer intensiver wurde. Ich sah aus dem Fenster nach oben und habe
ein schwebendes Lichtobjekt wahrgenommen, in der
Mitte mit einem leuchtenden Kern, aus dem überall
Strahlen kamen, jedoch ohne daß genaue Konturen zu erkennen gewesen wären.

Was haben Sie empfunden, als Sie die Lichterscheinung wahrgenommen hatten?
Ich habe es mir nicht erklären können. Ich habe in diesem Augenblick nicht gerade an ein Ufo gedacht, sondern mich nur gefragt: Was ist das für ein seltsames Objekt? Warum fliegt es mir nach? Es war gespenstisch und irgendwie unheimlich.

Könnte es sich nicht einfach um einen Hubschrauber gehandelt haben?
Im ersten Moment dachte ich auch daran. Schließlich kannte ich die Gegend lange genug. Etwa zwanzig Kilometer entfernt liegt eine Kaserne, und ich hatte schon einige Male Bekanntschaft mit Hubschraubern gemacht. Aber dieses eigenartige Lichtobjekt, da bin ich mir ganz sicher, muß etwas ganz anderes gewesen sein. Denn das Merkwürdige war nicht nur das eigenartige Licht, sondern vor allem der Umstand, daß absolut kein Geräusch zu vernehmen war. Ich weiß, wie Hubschraubergeräusche klingen, und ich kenne den Rotorenlärm, hier aber war nichts, absolut nichts zu hören, nur dieses unheimiche Licht, einige Dutzend Meter über mir.

Eine optische Täuschung kann man ausschließen?
Mit Sicherheit! Ich habe mir das nicht eingebildet. Das war kein Hirngespinst! Das war eine *reale* Erscheinung! Immer wenn ich schneller gefahren bin, hat auch das seltsame Licht beschleunigt. Der Spuk hielt etwa fünf Minuten an. Es war wirklich beängstigend. Bis zu diesem Zeitpunkt hatte ich weder ein Buch zur Ufo-Thematik gelesen, noch hatte ich mich näher mit diesen Phänomenen befaßt oder dafür interessiert.

Hat Ihr Ufo-Erlebnis einen Wandel bewirkt? Interessieren
Sie sich heute für das Phänomen?

Keine Frage, seit damals bin ich hellhöriger geworden. Immer wenn das Thema in den Medien zur Sprache kommt, werde ich an mein Erlebnis erinnert. Noch lange Zeit nach dieser unheimlichen Beobachtung verspürte ich ein ungutes und mulmiges Gefühl in der Magengegend, immer dann, wenn ich abends allein mit dem Wagen heimwärts fuhr. Ich weiß nicht, was das für ein Ding war und warum es mich verfolgte. Ich weiß nur, es war wirklich real. Es war etwas Unheimliches, das ich mir nicht erklären kann. Es blieb jedoch bei diesem einmaligen Erlebnis, und dafür bin ich eigentlich sehr dankbar.

Ufo-Zeugen unter Hypnose

Esoterik-Erfolgsautor und Heilpraktiker Erhard F.
Freitag über Hypnosetherapie und Zeitphänomene

> *»Ich bin überzeugt, daß es im Kosmos andere Zivilisationen
> gibt. Wesen mit einer Intelligenz, die weit höher ist als unsere.
> Seit langem versuchen sie, mit uns in Verbindung zu treten. Sie
> bedienen sich meiner, um ihre Existenz zu beweisen und uns auf
> ihre Ankunft vorzubereiten.«*

Psychokinese-Medium Uri Geller in *URI*, London 1974

Eine Frage, die sich im Zusammenhang mit Ufo-Berichten
immer wieder stellt: *Welche* Möglichkeiten stehen zur
Verfügung, um den Wahrheitsgehalt einer Zeugenaus-
sage zu ermitteln? Kann *Hypnose* eine schlüssige Antwort
darauf geben? Seitdem es diese Therapie gibt, wurde sie
häufig in Verbindung mit Scharlatanen, Betrügern und
dubioser Jahrmarkts-Attraktion gebracht. Heute wissen
wir, daß das nicht immer so sein muß. Vor allem in der
Medizin erwies sich diese Methode als verläßliches Heil-
mittel, oft in jenen Bereichen, wo die angewandte Schul-
medizin versagte. Ein international bekannter Experte
auf diesem Gebiet ist der Münchner Hypnosetherapeut
und Heilpraktiker **Erhard F. Freitag**. Durch unzählige
Heilungen bei Nikotinkranken, Alkohol- und Eßsüchti-
gen sowie Sprachbehinderten sorgte der deutsche Spezialist auch in den Medien des öfteren für Aufsehen.
Selbst in schwerwiegenden Fällen, wo Menschen von
Schizophrenie und Kleptomanie befallen waren, blieb
Freitag erfolgreich. Er ist heute im deutschsprachigen
Raum der bekannteste Vertreter des *»positiven Denkens«*.

Eine Therapieform, die auf den Studien des amerikanischen Theologen *Dr. Joseph Murphy* basiert. Seine Bücher trugen Titel wie *»Die Praxis des positiven Denkens«*. Meister Murphy starb 1981, doch die Idee fand ihre bekennenden Anhänger. Einer dieser Jünger, den Murphy als seinen »Meisterschüler« bezeichnete, ist Erhard F. Freitag. Kurz bevor Freitag um vier Uhr früh (für mich mitten in der Nacht) dabei ist aufzustehen, sagt er noch im Bett: »Danke, lieber Gott, für das Gute, das mir dieser Tag bringen wird!« – und schreibt dann weiter an seinem neuesten Esoterikbuch, das sicher an seine bisherigen Bestsellererfolge, darunter *»Sag ja zu Deinem Leben«*, *»Erkenne Deine geistige Kraft«* oder *»Kraftzentrale Unterbewußtsein«*, anknüpfen wird. Ob der erfolgreiche Heilpraktiker auch an Ufos glaubt? Ist Hypnose zur Bestimmung der Zeugenzuverlässigkeit anwendbar? Ein Besuch in München, wo ich Erhard F. Freitag in seinem *»Institut für Hypnoseforschung«* aufsuchte, brachte überraschende Antworten.

Können Sie mich jetzt spontan unter Hypnose setzen, Herr Freitag?
An sich schon, aber es ist zeitlich nicht eingeplant. Wenn Sie nämlich *»Ja«* sagen und auch selbst wollen, würde es sehr leichtfallen. Sagen Sie aber nur mit dem Mund »Ja«, haben jedoch innerlich ungeheure *Ängste*, dann wird es zwar auch möglich sein, doch erst nach einigen Stunden, bis die innerliche Blockierung abgebaut ist. Und wenn Sie überhaupt nicht wollen, sich innerlich dagegen wehren, können wir die Hypnose überhaupt vergessen. Menschen mit einem wirklich starken Willen lassen sich leichter hypnotisieren. Sind Sie nun aber ein hoch neurotischer Typ mit frustriertem Verhalten . . .

Bild 5: Ufo-Sichter und Heilpraktiker Erhard F. Freitag ist davon überzeugt, daß bei einer offiziellen Landung außerirdischer Besucher »ein Großteil der Gesellschaft aller Wahrscheinlichkeit nach verrückt spielen« würde.

Steht es wirklich so schlimm um mich?
Nein, Herr Habeck, ich darf Sie beruhigen, Sie sind nicht auffällig neurotisch. Aber angenommen, Sie wären so ein Mensch, dann wird eine Hypnosebehandlung nur sehr schwer erfolgen können. Da kann es oft zehn oder auch zwanzig Stunden dauern, bis die Ängste, die tief in dem betreffenden Menschen sitzen, abgebaut werden können. Er muß erst Vertrauen zu sich selbst finden und für Situationen offen sein, einfach seine Beklemmungen »loslassen«, um in die *Zeitlosigkeit* zu verschwinden.

In die Zeitlosigkeit?
Ja. Ich selbst hatte einmal bei einer Zahnbehandlung eine Erfahrung in dieser Art. Nachdem ich vorzog, den Zahn »normal« behandeln zu lassen, erklärte mir der Arzt mehrmals kopfschüttelnd, daß eine Narkose unbedingt

notwendig wäre. Als ich aber auf meiner ungewöhnlichen Bitte bestand, weil ich dachte, später hätte ich sicher ein komisches Gefühl beim Sprechen, aber noch ein Interview geben mußte, akzeptierte er meinen Standpunkt. Leider. Denn es gab einen solchen fürchterlichen Schmerz, daß ich nicht einmal mehr Zeit hatte, in Schweiß auszubrechen oder blaß zu werden. Weglaufen oder den Zahnarzt ins Jenseits befördern ging nicht. Es blieb nur ein Weg, und das war die Flucht in die Zeitlosigkeit. Nach zwei bis drei Minuten, als der Schmerz nachließ, kehrte ich in unsere Zeit zurück. Ich war nicht mehr anders in der Lage gewesen, diese Schmerzen zu ertragen.

Erstaunlich! Kann jeder Mensch diese Kräfte, die beinahe schon an paranormale Fähigkeiten erinnern, entwickeln oder erlernen?
Ich denke, jeder Mensch ist irgendwie mit den gleichen Chancen ausgestattet. Viele Gelehrte meinen, die menschlichen Gene sind die Träger von Übermittlungen, Verhaltensweisen oder für Eigenschaften des Charakters verantwortlich. Aber das stimmt absolut nicht! Nehmen wir einmal an, ein kleines Kind identifiziert sich mit den Eltern und übernimmt deren Verhalten, weil es ja werden will wie sie, nämlich groß. Dann sagen die lieben Verwandten, schaut mal her, das hat er von den Eltern *geerbt*. Ein völliger Trugschluß! Hätten Vater und Sohn einen Buckel, könnte man von einer Vererbung reden, nicht aber bei *Verhaltensweisen*, der *Mimik* und der *Gestik*, denn die hat der Junior durch die Identifikation erlernt. Was ich damit sagen will: Fast *jeder* Mensch besitzt auch Fähigkeiten zum Hypnotisieren, sofern die nötige *Sehnsucht* dafür vorhanden ist, diese zu erlernen und anzuwenden.

Gilt das für alle Bereiche im Leben?
Richtig! Man muß nur konsequent genug sein, um die vielen Hindernisse, Klippen, Hürden und Mauern zu überwinden, die als Stolpersteine auf jedem Lebensweg liegen. Den meisten Menschen fehlt einfach die *Motivation* und der *innere Antrieb*, um ihre Ideen und Vorhaben zu verwirklichen. Diesen Menschen möchte ich sagen: Wer sich beispielsweise derart danach sehnt, das beste oder eines der besten Ufo-Bücher zu schreiben, dem wird es auch gelingen.

Prima! Ich hätte wirklich nichts gegen einen Ufo-Bestseller! Mein Verlag sehnt sich bestimmt auch danach. Was passiert mit mir, sollte ich als Ufo-Zeuge zu Ihnen kommen? Welche Methoden wenden Sie an, um den Wahrheitsgehalt eines mysteriösen Erlebnisses zu erkunden?
Zunächst ist festzustellen, was der Augenzeuge gesehen und erlebt hat. Der Wahrheitsinhalt muß analysiert werden. Für eine solche vorbereitete Therapie werden fünf bis zehn Doppelstunden benötigt. Danach wird der Patient mittels *Altersregression* zu dem Erlebnis hingeführt, um es noch einmal erleben zu können. Schließlich wird der Zeuge in eine Welt der Symbole versetzt, mit denen er selbst jonglieren kann. Spätestens hier merkt man, ob der Mensch einen ungeheuren Minderwertigkeitskomplex besitzt, eine besondere Fantasiebegabung aufweist oder ob er tatsächlich Zeuge einer rätselhaften Beobachtung gewesen ist.

Wie steht es mit der Zuverlässigkeit der Hypnosetherapie bei Ufo-Zeugen?
Eine hundertprozentig exakte Methode ist sie sicherlich nicht, wohl aber eine *unterstützende* und *ergänzende* Anwendung, um den Wahrheitsgehalt des Beobachters zu

ermitteln. Sie wissen ja, der Mensch ist ein fantasiebe-
gabtes Wesen. Es gibt Leute, die – böse ausgedrückt – no-
torische Lügner sind oder, nett ausgedrückt, eine über-
steigende Fantasie besitzen. In Hypnose läßt sich dieser
Faktor nur sehr schwer eindämmen, es sei denn, man
prüft in vielen Stunden die Persönlichkeit des Beobachters. Erst dann läßt sich feststellen, ob der Befragte die
Disposition zum völligen Überzeichnen besitzt oder ein
Mensch ist, der sich an die Wahrheit hält.

*Kann man aus einer Untersuchung erkennen, ob der Ufo-
Sichter einer Halluzination zum Opfer fiel?*
Das läßt sich sehr wohl feststellen, allerdings wieder mit
einer längeren Therapie verbunden. Dazu muß man wissen, daß im Glauben, also in der Macht des *Unterbewußten*, praktisch alles möglich sein kann. So gesehen ist eine
Halluzination ein aus dem Unterbewußtsein kommender
Wunsch, der sich aus dem Geiste heraus optisch sichtbar
realisiert. Bei Ufo-Begegnungen handelt es sich aber mit
Sicherheit nicht immer um Einbildung, es steckt wohl
mehr dahinter!

*Haben Sie einen Verdacht? Welche plausible Erklärung
könnte es für das »Untertassen«-Phänomen geben?*
Es könnten *Zeitmaschinen* sein. Tatsächlich sprechen einige Anhaltspunkte dafür. Mein Bestreben ist es, Methoden zu finden, die *Zeit* und *Raum* überwinden. Ich halte
es für sehr wahrscheinlich, daß die zukünftige Menschheit in tausend, vielleicht aber auch erst in zehntausend
Jahren in der Lage sein wird, mit der »Zeit« zu arbeiten,
sie zu *manipulieren*. Ich vermute, daß man dann soweit
sein wird, um Maschinen zu konstruieren, die den Zeit-
strom vorwärts und rückwärts regeln können und Reisen
in die Vergangenheit zur Realität werden lassen. Heute ist

»Zeit« eine noch nicht faßbare Größe, obwohl die Mathematik beginnt, sich langsam damit zu beschäftigen. Ufos wurden bereits seit Beginn der Menschheit gesichtet, fast immer mit ähnlichem Aussehen und gleichen Eigenschaften, wie dem plötzlichen Erscheinen und dem ebenso schnellen Verschwinden. Tatsachen, die am besten mit der Vorstellung von Abweichungen, Rissen oder Verzerrungen im Raum-Zeit-Gefüge zu verstehen sind, aber vielleicht kann man diese Phänomene auch mit der Überwindung der Gravitation erklären.

Sie sprechen von der Möglichkeit, wonach der Mensch in einigen tausend Jahren vielleicht bereits Zeitmaschinen besitzen könnte. Die großen Weltprobleme veranlassen mich zur Frage, ob es dann überhaupt noch Menschen geben wird? Könnte sich der Mensch bis dahin nicht inzwischen selbst samt seiner Umwelt ausgerottet haben?

Da bin ich zuversichtlich, daß dies nicht geschieht! Sie kennen die Prophezeiungen von *Nostradamus*, der *Christlichen Welt* oder von *Edgar Cayce*, die große Veränderungen in unserer Zeitepoche voraussagen. Wir befinden uns jetzt in der Übergangszeit zum neuen *Wassermann*-Zeitalter. Auch ich halte es für denkbar, daß eine starke *geologische* Veränderung und ein totaler Zusammenbruch der Wirtschaft erfolgen könnte. Strom und Benzin gibt es ohnedies bald nicht mehr. Die Prophezeiungen gehen dahin, daß ein Drittel der Menschheit die Katastrophe nicht überleben wird, das zweite Drittel geisteskrank werden wird und der Rest wieder von Anfang an beginnen muß. Dieser Teil der Menschheit hat aber dann, so wissen es die Voraussagen, die Chance, einen Wert aufzubauen, der dem Sinn des Lebens näher kommt als unsere bisherige Konsumgesellschaft.

Wird der Mensch, trotz dieser Prognosen, jemals mit Zivilisationen fremder Gestirne in Verbindung treten können?
Es wird dann möglich sein, wenn wir selbst in die Zukunft reisen können. Erinnern Sie sich noch an eine Folge der populären Fernsehserie »*Raumschiff Enterprise*«, wie ein Ufo aus dem Jahre 2200 durch einen Energiesturm in unser 20. Jahrhundert raumversetzt wurde? Das Raumschiff wollte seine Basis anfliegen und war plötzlich auf einer ganz anderen Zeitfrequenz. Von der Erde wurden durch das plötzliche Auftauchen des unbekannten Flugobjektes sofort Abfangjäger entsandt, um es abzuschießen, wie es sich so gehört für unsere Zeit. Es kam aber anders: Nicht das Ufo, sondern der losgeschickte Düsenjäger wurde getroffen, und der Pilot − der sich mittels Schleudersitz retten konnte − wurde in die »Enterprise« ortsversetzt. Nun ging das Dilemma los, und *Captain Kirk* samt Besatzung fragte sich nun: Was machen wir jetzt mit dem armen Kerl von der Erde? Die Probleme, die entstehen können, wenn ein Raumschiff aus der fernen Zukunft in unserer Zeit strandet, wurde in diesem Science-Fiction-Streifen recht gut vorgeführt.

Herr Freitag, wie würden Sie reagieren, wenn Sie selbst einmal in die unmittelbare Nähe eines Ufos kämen?
Ich war vor etlichen Jahren bereits Zeuge eines seltsamen Flugobjektes! Es zog in größerer Höhe langsam seine Bahn. Sofort hatte ich einige Leute gebeten, ihren Blick himmelwärts zu richten. Die Luftschichten bewirkten leider ein verzerrtes Bild, so daß man die Erscheinung kaum bemerkt hätte, wenn man nicht gerade direkt in die Objektrichtung blickte. Sicherlich war das Erlebnis recht beeindruckend für mich, aber eigentlich nichts Neues. Würde hier in München oder bei Ihnen in Wien ein Ufo materialisieren, wäre das eine Bestätigug dessen, was ich

ohnedies weiß: Denn ich glaube nicht, daß es Ufos gibt –
ich *weiß* es! Aber das unglaubliche *Zeitparadoxon* wird
vorderhand verhindern, daß Ufo-Insassen jemals in Kontakt mit der Erde treten dürfen. Es könnte nämlich dann
tatsächlich passieren, daß jemand seinen Großvater
sieht, den er womöglich einmal umgebracht hatte. Somit
wären verschiedene Zusammenhänge plötzlich ge-
sprengt. Eine Hypothese, die durchaus erklärt, weshalb
es bisher zu keinem offiziellen Kontakt gekommen ist.
Sollte ein Ufo wirklich auf der Erde landen, würde ein
Großteil der Gesellschaft aller Wahrscheinlichkeit nach
verrückt spielen, und die Ignoranten würden lautstark
bekräftigen, daß dies alles nicht sein könne, weil es eben
nicht sein dürfe.

Sind Ufos ein Thema für die Wissenschaft?

Dipl.-Physiker Illobrand von Ludwiger und die Studien der Ufo-Gruppe MUTAL UFO NETWORK-CES

> »Das Denkbare ist nicht immer das Wahrscheinliche. Und die Wahrscheinlichkeit der Ufos und intelligenten Lebewesen im Universum ist noch zu unbewiesen, als daß ich mich realistisch damit abfinden könnte. Soweit ich seriösen Magazinen wie ›Time‹ und ›Newsweek‹ entnehme, gibt es besonders in den USA offizielle Institutionen, die sich mit diesen Fragen auseinandersetzen. Ich persönlich wäre glücklich, wenn ich meine verständliche Neugierde, die ich mit vielen tausend Menschen teile, durch ein Ufo-Forschungsgremium befriedigt sähe.«

Filmschauspieler Curd Jürgens († 1982), in einem Brief an den Autor vom 25. Juni 1979

Die Erforschung rätselhafter Flugkörper ist populärer, als man glaubt. Nur wer, um Himmels willen, tut sich das an, über so »weltfremde« Dinge wie Ufos nachzugrübeln? Das können doch nur Fantasten, Spinner oder religiöse Sektierer sein! Das wahre Leben spielt sich doch nicht noch oben über unseren Köpfen ab, sondern hier auf der Erde! Die Beschäftigung mit Ufos sei daher unwissenschaftlich, erklären Skeptiker. Es existieren zwar jede Menge privater Ufo-Gruppen, die mit gutem Willen um die Lösung des Phänomens bemüht sind, jedoch meist nicht die Voraussetzung einer Untersuchung auf wissenschaftlicher Basis mitbringen. In den letzten Jahren hat sich dieses Bild allerdings verändert. Es finden sich vermehrt Wissenschaftler, die bereit sind, die Ufo-Forschung dem Bereich des vormals Fantastischen zu entziehen und zum Mittelpunkt *wissenschaftlicher* Forschung zu machen. Dennoch gibt es gegenwärtig kaum ein Institut, an dem die Forschung nach unbekannten Flugobjekten öffentlich finanziert und betrieben wird.

In Deutschland gibt es eine Gruppe von Forschern, die ein gemeinsames Ziel verfolgt: Sie sucht nach Methoden für eine wissenschaftliche Behandlung des Ufo-Phänomens. Dieser *»Verein zur wissenschaftlichen Untersuchung von anormalen atmosphärischen und Radar-Erscheinungen – MUFON-CES e. V.* (Mutal Ufo Network – Central European Society) ist eine internationale private Vereinigung, der rund 90 Mitarbeiter angehören, alles qualifizierte Akademiker und Ingenieure. Die Wissenschaftler arbeiten mit der amerikanischen *MUFON*, mit dem *National Institute for Discovery Science* (NIDS), mit der *Society for Scientific Exploration* (SSE) sowie mit Forschungsinstituten aus *Stanford, Las Vegas, Moskau* und *Sankt Petersburg* zusammen. Leiter der deutschsprachigen MUFON-Sektion ist der bekannte Ufo-Forscher **Dipl.-Physiker Illobrand von Ludwiger**. Er ist ein Experte auf dem Gebiet der Astrophysik und Flugkörperlenkung. Ludwiger hat unzählige Publikationen in Fachzeitschriften veröffentlicht und ist Herausgeber und Mitautor der MUFON-CES-Berichte. »In Anerkennung seiner langjährigen, streng wissenschaftlichen Untersuchung der Ufo-Phänomene« erhielt er 1990 den *Hedri*-Preis der Universität Bern, und 1992 erschien sein viel beachtetes Sachbuch *»Der Stand der Ufo-Forschung«*. Illobrand von Ludwiger lebt mit seiner Familie in Feldkirchen-Westerham bei München.

Herr Ludwiger, stimmt es, daß die Ufo-Forschung unwissenschaftlich ist?

Bild 6: Der bekannte Astrophysiker Illobrand von Ludwiger, Leiter der deutschen MUFON-Sektion, ist um eine wissenschaftliche Aufklärung des Ufo-Phänomens bemüht.

Die Untersuchung des Ufo-Phänomens läßt sich wissenschaftlich durchführen, auch wenn sich hier eine strenge Unterscheidung »wissenschaftlich/unwissenschaftlich« bei genauer Betrachtung als unhaltbar erweist. Die Wissenschaftsgeschichte zeigt, daß neue Forschungsrichtungen in vielen Fällen eine »Pionierphase« durchmachen mußten. Diese kann durch mangelnde Anerkennung und Unterstützung, durch unzulängliche äußere Arbeitsbedingungen und durch einen relativ großen Anteil von Forschern, die ursprünglich in anderen Gebieten tätig waren, gekennzeichnet sein. Wird die Behandlung eines Gebietes nach wissenschaftlichen Methoden durchgeführt, ist das niemals unwissenschaftlich, sondern allenfalls »vorwissenschaftlich«, wenn adäquate Untersuchungen noch nicht voll entwickelt worden sind. So gesehen kann man das Attribut »vorwissenschaftlich«

Bild 7: Handelt es sich bei dieser Aufnahme um ein Ufo oder doch nur um einen in die Luft geworfenen Autolautsprecher? Eine photogrammatische Überprüfung errechnete die Distanz vom Ufo zum Beobachter auf rund 150 Meter. Über die Kameradaten konnte die Objektgröße mit etwa 8 Meter bestimmt werden.

sogar als positive Wertung verstehen, nämlich dann, wenn es die Bemühung kennzeichnet, trotz inhaltlicher und äußerer Schwierigkeiten, trotz fehlender Unterstützung oder sogar Anfeindung eine bestimmte Forschungsrichtung vorwärtszubringen. Und gerade diese Anstrengungen sind oft die notwendigen Vorbereitungen für ein späteres Arbeiten in etablierter und institutionalisierter Form.

Warum kann man Ufo-Skeptikern diesen Standpunkt nicht plausibel machen?
Ufos sind *»flüchtige Phänomene«* (englisch: transient phenomena), daher sind die Umstände ihres Erscheinens im Raum und in der Zeit unbekannt; ihre mittlere Beobachtungsdauer beträgt nur fünf Minuten. Diese »Ungreifbarkeit« haben unidentifizierbare Objekte mit *para-*

normalen Phänomenen gemein. Hinzu kommt, daß die Mehrzahl der Beobachtungen von Laien gemacht wird. Daher sind 90 Prozent aller Ufo-Sichtungen, die von Zeugen zunächst für unidentifizierbar gehalten werden – sogenannte *Ufos im weiteren Sinn* –, bei genauer Überprüfung durch Experten erklärbar. Ohne ausreichende empirische Grundlage wurde zu einer Zeit, als noch fast gar nichts über die Eigenschaften der *»Ufos im engeren Sinn«* (Phänomene, die auch nach gründlicher Untersuchung durch Wissenschaftler nicht identifiziert werden konnten) bekannt war, die Erklärung *außerirdische Raumschiffe* vorgebracht. Diese vorschnelle Hypothese wurde von der Sensationspresse breitgetreten. Unseriöse Literatur griff diese Deutung auf, pseudoreligiöse Gruppen vereinnahmten das Thema, Scharlatane erfanden »Kontaktberichte«. Meldungen über »kleine grüne Männchen« wurden zum Synonym für jegliche Art von Ufo-Sichtungen. Zeitungsjournalisten unterliegen nicht den Regeln wissenschaftlicher Sorgfaltspflicht, deshalb fällt es schwer, solche Berichte überhaupt ernst zu nehmen. Das hat zur Folge, daß kein einziges wissenschaftliches Fachblatt jemals eine Ufo-Meldung »im engeren Sinne« gebracht hat. Andernfalls hätten in solch einem Fachblatt »wegen dieser Unseriosität« andere Wissenschaftler ihre Aufsätze nicht mehr zu publizieren gewagt. Was aber nicht in Wissenschaftsjournalen steht, existiert im Wissenschaftsbetrieb nicht!

Deshalb also die konsequente Ablehnung vieler Wissenschaftler, sich des Phänomens ernsthaft anzunehmen?
Der Physiker *Edward Condon* versuchte im Jahre 1969 mit wissenschaftlichen Methoden eine Lösung für das Problem zu finden. Im Wissenschaftsbetrieb ist es üblich, das Forschungsziel zu definieren, um die verfügbaren

Mittel entsprechend einsetzen zu können. Condon vereinbarte mit seinem Team, nur »Ufos im weiteren Sinn« zu untersuchen, das heißt, unerklärbare Erscheinungen von vornherein nicht zum Gegenstand seiner Studien zu machen. Aus diesem gleichen Grund waren lange Zeit die in wissenschaftlichen Büchern und Fachblättern publizierten Beiträge einzig Arbeiten darüber, was Ufos nicht sind. Nur als Skeptiker bewahrt der Wissenschaftler seinen Ruf – denn um »Ufos im engeren Sinn« zu untersuchen, würde dies erhebliche Kenntnisse von neuen physikalischen Theorien voraussetzen. Der Wissenschaftler erfährt aus seiner Fachliteratur demzufolge nichts über »Ufos im engeren Sinn«. Dagegen liest er dort immer wieder über unbekannte Flugobjekte »im weiteren Sinn«, also von aufklärbaren Fällen. Das macht verständlich, weshalb sich bei ihm die Meinung festsetzt, daß es unidentifizierbare Sichtungen gar nicht gibt, daß solcherlei Berichte also von Psychologen und Psychiatern hinreichend aufgeklärt werden können.

Diese Situation änderte sich seit 1987, als der Astrophysiker *Prof. Dr. Peter Sturrock* in Stanford die wissenschaftliche Gesellschaft Society for Scientific Exploration (SSE) gründete, in deren Fachblatt *Journal of Scientific Exploration* Untersuchungen über anomale physikalische Erscheinungen und unter diesen viele wissenschaftliche Beiträge über Ufos veröffentlicht werden. Dieses Fachjournal wird auch aufmerksam von den Skeptikern gelesen.

Trotzdem wird das Ufo-Thema weiterhin von vielen Skeptikern ignoriert. Einer von ihnen, der deutsche Astronom Professor Heinz Kaminski, weist das Phänomen als »galoppierenden Schwachsinn« weit von sich. Was halten Sie Kritikern entgegen? Wie wollen Sie Skeptiker überzeugen?

Welcher Fall überzeugt einen Skeptiker? Nehmen wir die Aufnahme von *Walter Schilling* aus dem Jahre 1977. Sie zeigt den Schatten eines acht Meter großen Gegenstandes genau an der Stelle, wo er zu der betreffenden Zeit hinfallen müßte. Allerdings ist der Zeuge selbst, wie seine Geschichten beweisen, ein Spinner und Fantast. Frage: Können auch Spinner echte Ufo-Fotos liefern? Fotos für sich allein liefern keinen überzeugenden Beweis, denn auch die rund zwanzig Meter große Diskusscheibe, die *Paul Trent* 1950 in McMinnville aufnahm, könnte – nach allen gemachten positiven Fotoanalysen – immer noch ein riesiger Ballon in Diskusform gewesen sein, würden zumindest die Skeptiker argumentieren.

Was Kaminskis Ansichten betrifft: Sie sind – nicht nur über Ufos – bei Fachkollegen umstritten. Mit Sicherheit kennt er nicht die Umfrage unter amerikanischen Astronomen, die *Sturrock* 1977 durchgeführt hat. Danach hatten bereits 1975 nicht weniger als 62 amerikanische Astronomen unidentifizierbare Himmelserscheinungen mit eigenen Augen gesehen. Die Mehrheit der befragten Astronomen sprach sich für eine wissenschaftliche Untersuchung des Phänomens aus. Alles nur »Schwachsinnige«, wie Kaminski vermutet? Wohl kaum! Die professionellen Skeptiker haben außerdem keinen Zugang zu Aufzeichnungen der militärischen Luftraumüberwachung und die dort aufgezeichneten ungewöhnlichen Flugbahnen. Ohne deren Kenntnis sind Äußerungen von Skeptikern über die Nichtexistenz von Ufos, wie sie von *Rudolf Henke* (GWUP), *Gero von Randow* (»DIE ZEIT«) und *Ranga Yogeshwar* (WDR) vorgebracht werden, absolut unsinnig. Über Deutung der unidentifizierbaren Spuren läßt sich streiten, nicht aber über das Vorliegen von Protokollen mit unidentifizierbaren Objekten, wie sie vom Radar registriert werden!

*Welche Daten stehen MUFON-CES für eine wissenschaftli-
che Auswertung zur Verfügung?*
Wir wenden die wissenschaftliche Methode bei der Analyse von Ufo-Berichten an. Die interdisziplinäre Diskussion befindet sich noch im *vorwissenschaftlichen* Stadium,
denn für exakte wissenschaftliche Arbeit müßten Forschungsmittel zur Verfügung gestellt werden. Einstwei-
len werden sämtliche vorbereitenden Studien und Feld-
untersuchungen in der Freizeit der Mitglieder und auf
deren eigene Kosten durchgeführt. Die Vereinsstruktur
innerhalb von MUFON-CES ist derart, daß Spezialisten in
einzelnen Arbeitsgruppen in folgenden Bereichen tätig
sind: Radar, Bildanalyse, Theorie, Zeugenpsychologie,
Felduntersuchung, Datenverarbeitung. Der Radargruppe
gehören beispielsweise Hersteller militärischer Radarge-
räte, Piloten, Flugzeugbauer und Angestellte der militärischen Luftraumüberwachung an. Die wichtigsten Daten, die uns zur Verfügung stehen, sind Radaraufzeichnungen von nicht identifizierbaren Flugobjekten aus
dem süddeutschen Raum, mit denen visuelle Beobachtungen überprüft werden können. Außerdem haben wir
Verbindungen zum deutschen Meteoriten-Überwa-
chungsnetz, das in Deutschland mit rund 30 Kamerasta-
tionen Fotos des Luftraumes macht. Von einigen Mitgliedern wurden hoch empfindliche Magnetdetektoren entwickelt, die in Kürze in ausgewählten meteorologischen
Stationen für Dauereinsätze installiert werden.

Worin liegt die Hauptaufgabe in der Forschung?
Die weitaus meiste Arbeit bezieht sich auf die Auswertung von Sichtungsberichten. Die Untersuchungen basieren auf der Auswertung von 140 000 Seiten *»Blue
Book«*-Protokollen der US-Air-Force, auf 96 Rollen Mi-
krofilm, auf speziellen Sammlungen der 60 000 nicht

identifizierten Ufo-Fälle, die aus der EDV-Datenbank
»*Ufocat*« von der *Colorado*-Universität zur Verfügung gestellt wurden, sowie auf diversen Informationen privater
ausländischer, wissenschaftlicher Fachgruppen, die eigene Kongresse abhalten und seriöse Fachberichte publizieren. Besondere Bedeutung erhalten jene mehr als 2000
Fälle, wo kreisförmige verbrannte oder versengte Spuren
am Boden festgestellt wurden. Durch derartige Berichte
kann auf den Durchmesser der Objekte sowie auf die ver-
ursachende Strahlungsart und das »Gewicht« der Ufos
geschlossen werden. Darüber hinaus gibt es Fälle, bei denen Objekte in Bodennähe deutliche physikalische bzw.
physiologische Wechselwirkungen gezeigt haben. Diese
Berichte, rund 1300 Fälle, stellen nach Ansicht von MU-
FON-CES den Kern für fruchtbare wissenschaftliche Untersuchungen dar; denn die registrierbaren physikalischen Wirkungen bleiben frei von Unsicherheiten in der
Beurteilung der Zeugenglaubwürdigkeit.

*Können Sie mir ein Beispiel für einen Ufo-Fall nennen, wo
Ihre Untersuchungen ergeben haben, daß wir es tatsächlich
mit einem unidentifizierbaren Objekt zu tun haben?*
Ich würde viele der von uns gesammelten Radaraufzeichnungen als echte »unidentifizierbare Flugobjekte« bezeichnen (wie sie z. B. in unserem Buch »*Ufos – Zeugen
und Zeichen*« vom Mitautor *Haas* vorgelegt wurden). Wir
haben mehrere Fälle untersucht, in denen riesige Dreiecke beobachtet wurden (von einem Biologen, von einem
Rechtsanwalt und von einem Fluglehrer, der sämtliche
üblichen Flugzeuge kennt). Auch hier meine ich, hätten
wir jeweils nicht identifizierbare Objekte vor uns. Im übrigen habe ich mehrere Fälle in meinem Buch »*Stand der
Ufo-Forschung*« aufgeführt. Unter diesen könnte ich
wählen.

Läßt diese Spurensicherung bereits konkrete Schlüsse über den Ursprung des Phänomens zu?

Ufos, jene »*im engeren Sinn*«, sind reale *physikalische* Objekte! Eine weitgehende wissenschaftlich gesicherte Aussage läßt sich aber vorerst nicht treffen. Grundsätzlich lassen sich zwei Klassen von Phänomenen unterscheiden. *A. künstliche Flugkörper* und *B. Lichtkugeln oder irreguläre Leuchtmassen*, die bis zu einer Stunde lang am Himmel stehen können und wahrscheinlich eine neue Art von Naturphänomenen darstellen. Als Erfolg versprechende Hypothese für die Klasse-A-Objekte, die wissenschaftlich untersucht werden können, bietet sich an, diese Objekte als künstliche Geräte anzusehen, deren »Antrieb« durch künstlich erzeugte Trägheitsfelder erfolgt, wie das aufgrund einer neuen einheitlichen, sechsdimensionalen *Quantenfeldtheorie* möglich sein sollte. Diese Geräte sind indessen keine Raumfahrzeuge, denn die durch den »Antrieb« möglich werdenden Ortsversetzungen unterscheiden sich fundamental von allen Vorstellungen, die wir uns derzeit von einer zukünftigen »Raumfahrt«-Technologie machen.

Wird es möglich sein, Geldmittel für eine staatlich geförderte Ufo-Untersuchung aufzutreiben?

Da die von Psychologen und Soziologen privat durchgeführten Studien darauf schließen lassen, daß es sich bei den Ufos um eine objektive Erscheinung handelt, muß zunächst der Begriff neu definiert werden, damit Wissenschaftler, die sich mit diesem Thema beschäftigen wollen, und deren Financiers nicht von vornherein bloßgestellt werden. Russische Kollegen nennen Ufos aus diesem Grunde »*Chemolumineszenzzonen*«, andere Kollegen sagen einfach »*Kugelblitze*«, wieder andere nennen diese Erscheinungen ganz allgemein »*atmosphärisches Plasma*«

(obwohl die »Ufos« dann eigentlich identifiziert wären!). Würde man die führende Prestigepersönlichkeit, den Präsidenten der Vereinigten Staaten und bedeutenden Titelträger, davon überzeugen können, daß wir mit dem Studium dieser Objekte unsere wissenschaftlichen Erkenntnisse erweitern könnten, so wäre es durchaus vorstellbar, daß Forschungsmittel zur Untersuchung von »atmosphärischem Plasma« bereitgestellt würden. Mitglieder von MUFON-CES, die an einer (hier nicht näher genannten) Universität tätig sind, haben bereits für die Untersuchung *»anomaler Lichterscheinungen«* Forschungsaufträge und Geldmittel erhalten! Auch vermögende Sponsoren haben Forschungsaufträge in kleinem Umfang an MUFON-CES vergeben.

Sehen Sie einen bestimmten Weg, welchen die Ufo-Forschung in Zukunft gehen müßte?
Der einzige Weg, eine finanzierte Forschung auf diesem Gebiet zu leisten, führt über die Aufklärung und Unterrichtung der Fachkollegen, daß überhaupt ein untersuchungswertes Phänomen vorliegt. Bedeutende Aufklärungsarbeit wurde von der *Society for Scientific Exploration* (SSE) geleistet. Seit einigen Jahren nimmt die Zahl der Wissenschaftler stark zu, die das *Journal of Scientific Exploration* lesen und dessen Beiträge über Ufos diskutieren. Nicht sogenannte Ufo-Zusammenkünfte mit »Dialogen« zum Universum bringen die Forschung voran, sondern die zunehmende Zahl *wissenschaftlicher* Kongresse (z. B. SSE), auf denen ganz bescheidene Hinweise über derzeit wirklich nicht identifizierbare Phänomene vorgetragen werden. Nur über wissenschaftlich solide Untersuchungen wird der Ufo-Forschung das Image des Unseriösen zu nehmen sein. Kritisch-skeptische Analysen jedes einzelnen Berichts sind notwendig. Ebenso

Mehrfachanalysen durch mehrere Psychiater und Psychologen von Personen mit Entführungserlebnissen. Erst dann können Erkenntnisse geliefert werden, die *gesichert* sind, was das Ziel jeder seriösen wissenschaftlichen Arbeit ist.

Wird es in Zukunft gesicherte Daten über beobachtete Objekte am Himmel und am Boden geben? Wissen wir dann mehr über den Ursprung der Ufos?
Bestimmt! Die Vermutung, daß Ufos der Klasse B *künstlich* hergestellte Apparate sind, wird sich bestätigen lassen. Dann wird die Suche nach der Herkunft von Ufos beginnen: Entweder werden sich Vermutungen bestätigen lassen, daß die Erde von einer außerirdischen Intelligenz besucht wird, die einen über viele Jahrzehnte angelegten Kontakt zu uns beabsichtigt, oder es wird sich bestätigen – was gegenwärtig wahrscheinlicher ist –, daß die Intelligenz, welche sich in den Ufos befindet, uns weiterhin nur *flüchtig* zu Gesicht kommen will und auch in den kommenden Jahrzehnten keinen Kontakt zu uns sucht. Dann hätten wir es bei dem Ufo-Phänomen mit einem solchen zu tun, daß erstens *nicht existiert*, zweitens *trotzdem von unseren Nachbarplaneten kommt* und drittens *irdischen Ursprungs* ist.

Das müssen Sie mir genauer erklären, Herr Ludwiger. Wie meinen Sie das?
Diese zunächst widersprüchliche Erkenntnis, die scheinbar jedem Recht zu geben scheint, geht auf die Deutung zurück, daß Ufos *Zeitmaschinen* sein könnten. Denn dann würden die Objekte – soweit sie nicht gerade registrierbar sind – heute nicht existieren. Sie würden von unseren Kindeskindern von der Erde kommen, gemeinsam mit kleinen grauen Robotern, die in Zukunft nicht von natür-

lichen Lebewesen unterscheidbar sind, aber eine unvorstellbar höhere Intelligenz und ein für uns unfaßbar anderes Bewußtsein besitzen. Diese von der Umwelt weitgehend unabhängige Art von Roboterwesen wird auf den Mond und auf die Nachbarplaneten geschickt, wo sie sich weiter organisieren und lernen, Raum, Zeit und Organisation zu manipulieren (laut *Hans Moravec*, Pittsburgh, mit dem wir sprachen). Auf jeden Fall sehen wir in Ufos Produkte aus der *Zukunft*. Im Fall zwei würde die Paradoxie entstehen, ob wir prinzipiell aus der eigenen Zukunft Erkenntnisse sammeln könnten. Fragen dieser Art werden zunehmend in der modernen Ufo-Forschung zumindest diskutiert.

Abschließend möchte ich Sie noch fragen, ob Sie selbst etwas Ungewöhnliches erlebt haben? Waren Sie schon einmal Zeuge eines unerklärlichen Phänomens?
Mein Freund aus Hamburg, der jetzt 85 Jahre alt geworden ist, war in den sechziger Jahren Europas größtes *Apport*-Medium. Es geht dabei um das Herbeischaffen lebender oder toter Objekte ohne erkennbaren Kontakt zu den Gegenständen. Im engeren Sinn ist das Bringen in einen geschlossenen Raum gemeint, durch die Materie hindurch, ohne daß z. B. eine Beschädigung der Wand nachweisbar wäre. Mit meinem Freund habe ich viele paranormale Phänomene erlebt, daß ich ein eigenes Buch darüber füllen könnte und werde. Wenn vor mir ein Ufo auftauchen sollte, würde ich sofort nach Beweismitteln suchen, also Zeugen, Kamera und ähnliches. Da ich aber weiß, daß Ufos Kontakte zu uns meiden – oder nur unter ihrer eigenen Agenda –, würde ich versuchen, mich vor ihnen zu verbergen.

Blitzphänomen und »Traumzeit«

Ein Gespräch mit dem Psychologen und
Kugelblitzexperten Dr. Alexander Keul

> »Vielleicht werden die Ufos, wie die Hexen des Mittelalters,
> einfach verschwinden, wenn niemand mehr an sie glaubt, was
> rein psychologischer Natur wäre. Oder aber es stellt sich her-
> aus, daß sie auf ein bislang unbekanntes Phänomen zurückge-
> hen wie die noch immer unerklärbaren Kugelblitze, deren
> Existenz von etlichen skeptischen Wissenschaftlern in Abrede
> gestellt wird.«

Arthur C. Clarke, Wissenschaftler und Science-Fiction-
Schriftsteller, Autor von »2001 – Odyssee im Weltraum«

Am 19. Juli 1978, kurz nach Mitternacht, schaut *Wolf-Dietrich Wagner*, Flugmeteorologe der Militärwetter-warte Langenlebarn, während eines schweren Nachtge-witters von Drobollach in Kärnten auf den Faaker See hinaus. Plötzlich schlägt etwa 400 Meter entfernt ein ge-waltiger Blitz in den See! Im Aufschlagspunkt entsteht »ein Ellipsoid, eine leuchtende Form wie ein Diskus, be-wegt sich langsam Richtung Nordosten und zerplatzt nach wenigen Sekunden«. Der Körper leuchtet »in rei-nem Natriumgelb – der halbe See war beleuchtet –« und hat einen kompakten Kern von einem Meter Durchmes-ser. Ein Ufo? Ein Trugbild? Flimmern vor den Augen? Nichts von alldem. Wagner hat einen *Kugelblitz* beobach-tet.

Kugelblitze, die faszinierenden »Ufos der Gewitterfor-schung«, zählen zu den erstaunlichsten Naturphänome-nen. Ihre oft sonderbaren Eigenschaften und das seltene, unerwartete Auftreten umgeben sie wie die Ufos mit einer ähnlichen Aura des Mysteriösen. Skeptische Blitzforscher verweisen das Phänomen auch heute noch ins Reich der Fabel. In Ufo-Studien der amerikanischen Luftwaffe wurde der Kugelblitz gerne zur Erklärung für Ufo-Beobachtungen herangezogen. Vergleicht man Datensätze über die beiden Erscheinungen, lassen sich tatsächlich einige Gemeinsamkeiten erkennen: die Unsicherheit über physikalische Ursachen, die eher ungeordnete Erforschung, die Atmosphäre des Lächerlichen, die Beobachtern entgegenschlägt.

Ebenso markant sind jedoch die Unterschiede: der meist kleinere Durchmesser der Kugelblitze, die kurze Beobachtungsdauer, die Gebundenheit an Gewitter. Unklar bleibt vorderhand, welches Geheimnis sich hinter den atmosphärisch-elektrischen Lichtkugeln verbirgt.

Handelt es sich um leuchtende und bewegliche Objekte, die nur während eines Gewitters auftreten? Sind die beobachteten Erscheinungen lediglich Blendungsbilder auf der Netzhaut. Stecken hochenergetische Plasmagebilde dahinter? Ein ungeheuer heißes, elektrisch leitendes Gasgemisch? Ähnlich dem Stoff der Sterne und der bei Atomexplosionen entstehenden Feuerbälle?

Ein engagierter Forscher, der sich intensiv mit der Kugelblitzfrage beschäftigt, ist der Wiener Physiker und Psychologe **Dr. Alexander Keul.** Derzeit ist Keul als Universitätsassistent und Umweltpsychologe am *Institut für Psychologie* der Universität Salzburg tätig. Seit 1974 untersucht der Wissenschaftler Augenzeugenberichte über seltene Blitzentladungen. 1988 war er Referent auf dem ersten internationalen *Ball Lightning Congreß* in Tokio, und 1993 war Keul selbst Veranstalter der interdisziplinären Tagung *Vizotum* zum selben Thema in Salzburg.

Seit seiner Wiener Studienzeit beschäftigt sich Alexander Keul mehr als 20 Jahre intensiv mit dem Phänomen

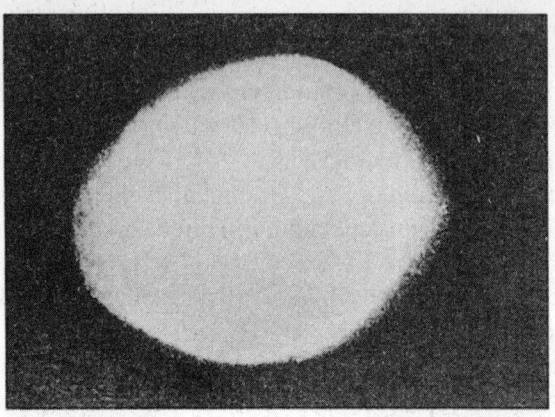

Bild 8: Eine der wenigen authentischen Kugelblitz-Aufnahmen, geknipst 1933 von einem Herrn Schneidermann aus Berlin. Das Foto hielt einer fast kriminalistischen Überprüfung durch amerikanische Wissenschaftler stand.

Kugelblitz. Er hat inzwischen rund 300 österreichische Fälle persönlich untersucht und zusätzlich mittels EDV Statistiken erstellt. Keul ist auch mit der Ufo-Problematik bestens vertraut. Während der Amtszeit von *Prof. Meurers* saß er ehrenamtlich für die *Wiener Universitätssternwarte* an der abendlichen Hotline und nahm neben Meteorberichten auch Ufo-Meldungen zur Bearbeitung entgegen. Das folgende Interview widmet Alexander Keul seinem englischen Kollegen *Ken Phillips*, der im Juli 1996 mit 56 Jahren allzu früh verstarb.

Herr Dr. Keul, Sie wissen, was ein Kugelblitz ist?
Eine Lichterscheinung, die meist vor oder während starker Gewitter auftritt. Wie der Name schon sagt, sind es vor allem Kugeln, Durchmesser unter einem Meter, häufig rötlich-gelblich, die selten länger als fünf Sekunden sichtbar werden, in Bodennähe stillstehen oder sich be-

74

wegen. Manche erzeugen Geräusche, manche sprühen Funken. Sie verschwinden geräuschlos oder mit lautem Knall. Die Palette der Phänomene in meiner österreichischen Datenbank hat sich seit 1900 kaum geändert, was für die *physikalische Realität* des Beobachteten spricht, denn immer wieder berichten Leute mit ganz unterschiedlichem Bildungsgrad im Grunde dasselbe.

Gibt es eine Verhaltensregel, wenn plötzlich ein Kugelblitz vor mir auftauchen sollte? Wie soll ich reagieren?
Tun Sie am besten gar nichts, Herr Habeck. In fünf Sekunden können Sie nicht einmal richtig wegrennen. Bleiben Sie ganz ruhig und beobachten Sie genau, was geschieht, damit Sie später einen präzisen Bericht geben können.

Ich werde versuchen, das zu beherzigen. Aber wohin soll ich mich wenden, wenn ich in Österreich oder Deutschland mit dem Kugelblitz-Phänomen konfrontiert wurde?
In Österreich bin ich »zuständig«, und zwar deshalb, weil sich niemand sonst zuständig fühlt. Schriftliche Meldungen bitte an *Dr. Alexander Keul, Postfach 151, A-5024 Salzburg*. Aktuelle Fälle mit Spuren oder Beschädigungen, auf die wir rasch reagieren sollten, bitte sofort telefonisch mit Ort und Rückrufnummer an *(06 62) 80 44–51 27* melden. Ich gehe jeder Meldung nach oder schreibe Ihnen. In Deutschland schicken Sie Berichte bitte direkt an *Dr. Axel Wittmann*, Universitäts-Sternwarte, Geismarlandstr. 11, D-37083 Göttingen. Auch hier bitte aktuelle Fälle mit Spuren telefonisch melden ([05 51] 39 50 45).

Bedeutet der Kugelblitz eine Gefahr für den Menschen?
Nur sehr selten. Von mehr als 300 ausgewerteten österrei-

chischen Fällen hat *eine* Beobachterin einen elektrischen Schlag gespürt. Da höhere Energien aber nicht von vornherein auszuschließen sind, empfehle ich niemandem, ein Objekt zu berühren.

Gibt es Gegenden, wo Kugelblitze und auch Ufos besonders häufig registriert werden? Wenn ja, haben Sie einen Verdacht, warum das so ist?

Die räumliche Statistik zum Kugelblitz erinnert an ein mottenzerfressenes Hemd. Es ist unklar, wie viele Menschen bei Gewittern unterwegs und aufmerksam sind. Unklar bleibt auch, ob eine Beobachtung dann weitergemeldet würde. Meldungen kommen vor allem aus gewitterreichen Gebieten – etwa dem Raum *Graz* und aus den bevölkerungsreichen Zonen, vor allem aus Wien, Graz und dem Linzer Raum. Im Hochgebirge wird nur selten etwas gesehen – es ist ja fast menschenleer. Auch ist es leider sehr selten, daß eine Beobachtung direkt an mich oder die Medien weitergeht. Viele Zeugen melden sich erst Jahre oder Jahrzehnte danach. Durch aktive Mithilfe von *Werner Burger*, einem Einheimischen, konnte ich Anfang der neunziger Jahre im hinteren Montafon 19 Kugelblitzfälle aus 60 Jahren sammeln. Das ist eine hohe räumliche Dichte.

Hat man schon versucht, einen Kugelblitz künstlich im Labor zu erzeugen?

Es hat immer wieder entsprechende Versuche gegeben. Das letzte Handbuch zum Kugelblitz von *James Dale Barry* (Ball lightning and bead lightning. New York: Plenum, 1980) listet unterschiedlichste Versuchsanordnungen auf. Problematisch ist bei den meisten, daß es ihnen zwar gelang, kurzlebige leuchtende Kugeln zu erzeugen, aber nicht unter Bedingungen, wie sie im Freiland quasi über einem Rübenacker, also bei einer tatsächlichen Beobachtung, herrschen. Experimentalisten sollten sich weniger von Hoffnungen auf Energiegewinnung, sondern von realen Bedingungen leiten lassen.

Hat man jemals einen Kugelblitz »vor die Linse« bekommen? Gibt es Fotos von dem Phänomen?
Eine sehr genaue Untersuchung existierender Fotos hat Barry (1980) vorgenommen. Nur wenige Fotos »überlebten« seine Detektivarbeit. Es ist kurios, was alles schon als Kugelblitz präsentiert wurde. Da geht es ähnlich zu wie auf der wild um sich filmenden und knipsenden Ufo-Szene. Andererseits gibt es auch gut dokumentierte Fälle wie jenen einer amerikanischen Meteorkamerastation, die ein zwei bis vier Meter großes Objekt aufnahm, das mit 60–120 m/sec aus einem Blitzkanal herausfiel. Die technische Vorrichtung zur Geschwindigkeitsbestimmung von Meteoren ermöglichte diese Messung. Ein international inzwischen bekannter Fall ist das Farbfoto von *Werner Burger* aus St. Gallenkirch im Montafon, Vorarlberg, der im August 1978 bei einem Gewitter ein Funken sprühendes, heller werdendes Objekt fotografieren konnte.

Fotos können gefälscht werden. Fehlt hier ebenso ein handfester Beweis wie bei den Ufos?
Kugelblitze und unidentifizierbare Flugobjekte haben eines gemeinsam – es ist sehr schwer, »harte« Daten (Film, Foto, Spuren) zu sichern. Die große Mehrzahl der Fälle sind anekdotische Berichte, häufig auch noch Jahre später gemeldet. Eine Analyse solcher Daten sollte nicht mit weltanschaulichem Streit oder spekulativer Physik beginnen, sondern mit einer ordentlichen Falldokumentation unter Berücksichtigung der Psychologie von Augen-

zeugenberichten. Die weitere Datenanalyse muß der Natur der Sache nach interdisziplinär angelegt werden – kein Experte ist qualifiziert, ein Videoband, verbranntes Gras und Spuren auf einer metallischen Oberfläche allein kompetent zu analysieren. So wurde ein Kugelblitzfall in Perg, Oberösterreich, 1992, gemeinsam von *Ing. Gugenbauer* (Blitz- und Brandsachverständiger), *Dr. Diendorfer* (ALDIS Blitzortungsnetz) und mir (Zeugenbefragung) untersucht. Leider ist das (auch finanziell) nicht oft möglich.

Das gilt auch für die Ufo-Forschung?
Wäre die moderne Welt wirklich so »rational«, wie es Rationalisten hartnäckig behaupten, dann müßte die internationale Forschung für alle die Öffentlichkeit bewegenden Fragen zumindest ein wenig Geld und Zeit übrig haben. Tatsächlich sind Kugelblitze und die weltanschaulich-mystisch stärker »aufgeladenen« Ufos so etwas wie Schreckgespenster, bei denen »saubere«, karrierebewußte, also überangepaßte Kollegen sofort den Rückwärtsgang einlegen.

Als ich eine hochrangige ministerielle Stelle in Österreich 1993 um einen Kongreßzuschuß zum Thema Kugelblitz ersuchte, sagte man mir, ich sollte doch einen Kongreß über Hackschnitzelheizungen machen, denn das wäre gerade »in«, das könnten sie fördern.

Dank solcher Possen institutionellen Komplexlertums fällt die »Forschung« zumeist unqualifizierten, emotionalisierten Laien oder selbsternannten »Allerweltsexperten« zu, und es geht entsprechend drunter und drüber. Ufos sind ein *wissenschaftssoziologischer* Leckerbissen – sie zeigen sehr deutlich irrationale Hintergründe auf. Zum Beispiel den Größenwahn, alles weltbildkonform erklären zu können. Dies sowohl bei Gegnern als auch bei Befürwortern bestimmter Positionen.

Ihre persönliche These zu den Ufos?
Im Unterschied zu den Kugelblitzen, die, wie ich Ihnen sagte, monoton immer wieder ähnlich berichtet werden, sind Ufos ein komplexes und wandlungsfähiges *soziales* Phänomen. Es begann so richtig 1947 und im Kalten Krieg mit Lichtern, rätselhaften, als militärisch interpretierten Objekten, ging dann 1954 in Europa weiter mit »Landungen« und »Männchen« (übrigens ein sexistisches Vorurteil), uferte weltweit aus und ist inzwischen mit serienweise »entdeckten« »Entführungen« im nächsten Stadium. Ein sehr altes, in allen Mythologien präsentes Grundmotiv wurde zunächst *militärisch* und dann *kosmologisch* ausgestaltet. Anders als bei den »Heinzelmännchen« befinden sich aber das Motiv und seine Folklore nicht »sicher« aufbewahrt im Sagenbuch, sondern werden als *teilnehmende Folklore* von Leuten erlebt und berichtet.

Ufos sind also ein gesellschaftliches Phänomen? Gibt es noch andere Erklärungen für den Ufo-Komplex?
Lassen Sie es mich einmal so sagen: Die Fülle unterschiedlicher Erklärungen und rivalisierender Deutungen gehört mit zum sozialen Phänomen und ist nicht pseudovernünftig zum Verschwinden zu bringen. Es ist wie mit den Zwiebelschalen – Sie können eine nach der anderen entfernen, und zum Schluß ist die Zwiebel weg.

Ich habe mich lange gefragt, warum Wissenschaftler, Militärs und manche Medienvertreter so stark emotional, oft geradezu hysterisch auf eine meistens eher harmlose Ufo-Geschichte reagieren. Ich glaube, der soziologische Grund ist der, daß sich da plötzlich die »normalen« Machtverhältnisse umkehren: Auf einmal, so läuft das »Spiel«, präsentiert Otto Normalverbraucher ein Rätsel, das Lokalpolitiker und hinzugerufene Akademiker schwitzen macht. Einige Vertreter des Staates haben es intuitiv richtig gesehen, wenn sie Ufos als Bankraub des kleinen Mannes bezeichnen. Ein Skandal – weg damit, möglichst schnell! Daher auch die Tendenz der Medien, zuerst emotional zu berichten und sehr bald alles als »Schwindel« zu »entlarven«. Ich würde dagegen dringend mehr Seriosität und Geduld empfehlen. Letztes Jahr beim TWA-Crash vor New York wurde ja auch nicht nach einer Woche die Abschlußpressekonferenz veranstaltet.

Und wenn wir die Außerirdischen ins Spiel bringen?
In Europa ist die starre Unterscheidung zwischen E-*(ernster)* und U-*(Unterhaltungs-)*Musik gebräuchlich. In den Medien kommen Außerirdische auch in der E- und U-Version vor. In der E-Version erscheint ein NASA-Techniker, der erklärt, für den Marsflug wären noch ein paar Milliarden Dollar offen, aber sie hätten immerhin gerade ein paar Marsbakterien entdeckt, oder ein smarter Radioastronom, der ein millionenschweres Abtastprogramm des Himmels nach (vielleicht) vorhandenen Frequenzen der E.T.s vorstellt. In der U-Version interviewen sie den Bauern, in dessen Kornfeld (vielleicht) Außerirdische herumgetrampelt sind. Das ist das tollere Programm, da kann man am Wochenende mit der Familie hinfahren. Sie sehen den Unterschied: Die *E-Version* ist ernst, sinnenfern, mühsam, die *U-Version*, also die eigentliche Folklore, heiter, sinnennah, leicht und locker. Mythos und Logos treffen sich einmal hochkulturell und einmal im »Musikantenstadl«. Es nimmt somit nicht Wunder, daß die E-Leute ärgerlich und eifersüchtig werden. Der moderne Mythos der E.T.s, der Glaube an Außerirdisches, reicht nach *Alain Schmitt* ins 17. Jahrhundert zurück, als der Triumph der Naturwissenschaften und die »Koperni-

kanische Wende« auch gleich die Gegenwelt dazu entstehen ließen.

Sie selbst, Herr Habeck, sind ja auch ein begnadeter Zeichner. In einem köstlichen Comicstrip Ihrer Serie »Rüsselmops, der Außerirdische« haben Sie die Sache auf den Punkt gebracht. Weltraumzwerg Rüsselmops kommt zum Psychiater, und dieser will, daß er ihm alles von Anfang an erzählt. Rüsselmops, auf der Couch liegend: »Am Anfang schuf ich Himmel und Erde . . .« Besser läßt sich der Cosmic Joker mit göttlichen Eigenschaften, der als Perry Rhodan oder Alf rationale Fachleute entnervt, nicht zeichnen. *Giordano Bruno* wurde noch für seinen Glauben an die Vielzahl der Welten verbrannt. *Immanuel Kant,* philosophischer Urvater deutscher Rationalität, schrieb 1755 eine Abhandlung über »moralisch fortgeschrittene Planetenbewohner«. Anfang der achtziger Jahre hielten in einer Umfrage unter US-Collegestudenten über 50 Prozent Ufos aus dem Weltall mit intelligenter Besatzung für möglich. 300 Jahre E. T. also . . .

Einige Menschen versichern felsenfest, sie hätten mit Außerirdischen gesprochen, wären untersucht oder entführt worden. Alles Hirngespinste?
Die Skizzen dieser Wesen folgen dem jahrhundertealten Schema der Naturgeister-, Elfen-, Kobold- und Zwergendarstellungen. Als Einzelperson ist manchmal zwischen Wahrnehmung (da steckt »für wahr nehmen«, also deuten, drin) und Halluzination (»Trugwahrnehmung«) schwer zu unterscheiden. Der Mensch bildet sich ein Bild der Welt im Dialog mit *anderen*, im Vergleich mit dem herrschenden, gesellschaftlich verbindlichen Weltbild. Eine früher als »Elfe« gedeutete Figur wird in einer *technologisch* dominierten Welt leicht zum »fremden Raumfahrer«. Wenn Sie allein bedenken, wie viele Science-Fic-

tion- und Fantasy-Inhalte seit 1945 bildlich, filmisch und schriftlich die Runde machen, sollte es eigentlich nicht verwundern, wenn sensible, kreative Leute auch Entsprechendes sehen. *Metaphysische Sinnsysteme,* etwa religiöse Glaubenssysteme, aber auch die These von den Außerirdischen, interpretieren diese seltsamen Beobachtungen als überirdische Wirkung und Offenbarung. Der Kreis ist geschlossen – der Mythos formt Geschichten, die seinen Fortbestand stärken. Die australischen Ureinwohner, die Aborigines, erleben in Trance naturnahe »Traumzeit«-Gestalten; wir erleben »Astronauten von drüben«, die vor dem Atomkrieg warnen.

Schließen Sie die Möglichkeit völlig aus, daß Ufos aus dem Weltraum kommen?
Ich schließe gar nichts aus. Seit der Schweizer Psychoanalytiker *Carl Gustav Jung* mit *»Ein moderner Mythos von Dingen, die am Himmel gesehen werden«* (1958) die Tiefe des menschlichen Unterbewußten deutlich machte, sollten wir dabei aber die Projektion seelischer Inhalte nicht außer acht lassen: Eine anfängliche diffuse, verschieden interpretierbare Ufo-Wahrnehmung wirkt auf ihre Betrachter wie ein Tintenklecksbild im tiefenpsychologischen *Rorschachtest.* Bigotte »sehen« den Teufel, der Physiker Plasma, der Techniker eine Flugmaschine, ein Augenarzt Symptome von Sehstörungen. Auch Leute mit höherer Schulbildung haben Probleme, einfache Objekte, die sie gerade gesehen haben, korrekt zu zeichnen. Alle Menschen haben die Tendenz, Angst machende Komplexität zu vereinfachen und sich durch metaphysische Deutungen Sicherheit zu verschaffen. Der *Mythos des Außerirdischen* ist dazu gut geeignet. Da der Mythos vom E. T. inzwischen weltweit verbreitete Folklore ist, fällt es schwer, *nicht* in seine Richtung zu fantasieren.

Lore Krainer singt mit zittriger Stimme in einem ihrer Chansons: »Fliegende Untertassen landen in meinem Garten jeden Samstagnachmittag um vier. Nein, es ist doch nicht zu fassen, immer diese Untertassen, die in meinem kleinen Garten landen, starten, landen, starten.« Diese E.T.s stammen nicht aus einem kopernikanischen, Schrecken erregend leeren Weltraum, sondern sind liebe oder garstige Hauszwerge aus dem »Weltall zum Anfassen«. Und seit *Steven Spielberg* in seinem *»Close Encounters of the Third Kind«* die E.T.s Kontakt aufnehmen und in dieser Filmszene auch Prof. Hynek, einen ehemaligen Ufo-Skeptiker und Astronomen der Northwest University, auftreten ließ, verschwimmen die Grenzen zwischen Dichtung und Wahrheit. Egal, ob es sie nun gibt oder nicht – die Menschheit spielt ökologisch und militärisch mit dem Feuer und hätte inzwischen gern »intelligentes Leben«, das ihr dabei auf die Finger schaut (und klopft). Nicht einmal die Wiener fühlen sich ohne Außerirdische wohl, es sei denn, »heut kommen d' Engerln auf Urlaub nach Wean«.

»Nichts Genaues weiß man nicht«

Schreibtischtäter Viktor Farkas auf den Spuren der
Fernseh-Agenten Dana Scully und Fox Mulder

> »Ich sage nicht, daß jede dieser Folgen auf Fakten basiert oder
> gar eine Art von wissenschaftlicher, spekulativer Möglichkeit
> ist, aber wir versuchen, der wissenschaftlichen Realität gegen-
> über wahrhaftig zu bleiben. Der Pilotfilm zur Serie beispiels-
> weise wurde von tatsächlich dokumentierten Berichten inspi-
> riert. Er enthielt viele der als ›klassisch‹ angesehenen Elemente
> der Ufo-Kunde: die Nasen-Implantate, den Zeitverlust, das
> helle Licht, das mit der Entführung in Verbindung steht. Somit
> wurde der Pilotfilm von zahllosen wahren Geschichten inspi-
> riert.«

Chris Carter, Regisseur und Autor, Erfinder der Kultserie
»Akte X«

Wenn Ihnen eine Fernsehserie, die Sie noch nie gesehen
haben, plötzlich unheimlich vorkommt, dann ist es »Akte
X«. Zugegeben, die Wahrscheinlichkeit, auf Erdenbürger
zu stoßen, die noch nicht vom »Die Wahrheit ist irgendwo
dort draußen«-Bazillus befallen wurden, muß als äußerst
gering eingeschätzt werden. Zu den Gruselthemen der
Erfolgsserie zählen neben Ufo-Begegnungen, Außerirdischen und Verschwörungen das gesamte Spektrum para-
normaler Aktivitäten – inklusive Vampirismus, Satans-
kulten und Experimenten an Menschen als »Versuchskaninchen«. Seit der ersten Folge im Frühjahr 1993 ist die
»Akte X«-Reihe zuerst in den USA und dann auch beim
Rest der diesseitigen Welt innerhalb kürzester Zeit zum
Quotenhit avanciert. Die beiden Hauptdarsteller Fox
»Spooky« Mulder *(David Duchovny)* und Dana Scully

(Gillian Anderson) erfreuen sich reger Beliebtheit und sorgen mittlerweile in mehr als 70 Ländern für völkerverbindende Gänsehaut. Die beiden ebenso ungleichen wie untypischen Charaktere – er instinktsicher und intuitiv, sie skeptisch und rational – bilden ein ideales Team bei der Aufklärung all jener »unheimlichen Fälle«, die ihre FBI-Dienststelle unter der Bezeichnung »X-Akte« lieber nicht geklärt haben möchte. Im wirklichen Leben ist es interessenmäßig bei Mulder und Scully genau umgekehrt.

»Was spezielle Glaubensfragen angeht«, erklärt Duchovny, »sind Mulder und ich zwei verschiedene Typen. Aber ich habe durchaus einige persönliche Überzeugungen, die, wie ich meine, leicht austauschbar wären. Ich bin jemand, der an Kräfte glaubt, die über das Physische hinausgehen, aber ich gebe ihnen nicht unbedingt eine konkrete Form. Ich glaube nicht an Ufos oder wilde Frauen aus New Jersey. Wenn man sagen soll, woran man glaubt, wird es schwierig. Ich glaube an das Abstrakte in dem Sinne, daß all diese Dinge sich ereignen *könnten*, aber ich glaube nicht, daß sie sich ereignet haben.« Ganz anders sieht das seine Filmpartnerin Gillian Anderson, die in der Serie die Skeptikerin mimt. »Ich liebe Mysterien«, erklärt die sympathische Schauspielerin freimütig, »und ich, Gillian, glaube an das Paranormale, während David das nicht tut. Es ist interessant, daß unsere Rollen vertauscht sind.«

Was aber ist der wahre Hintergrund der »X-Akten«? Sind die Geschichten reine Erfindung, demnach Ausgeburten der Fantasie? Gibt es überhaupt geheime X-Akten beim FBI? Tierverstümmelungen, Übermenschen, lebende Fabelwesen, spontane Selbstverbrennungen, unsichtbare Angreifer und verborgene Kräfte – könnten solche gespenstische Gruselgeschichten tatsächlich geschehen? Was haben Ufos damit zu tun? Und: Werden Informationen darüber geheim gehalten? Fantasy? Fiktion? Täuschung? Nein: *Tatsache!* Das jedenfalls behauptet der Wiener Erfolgsautor und Werbeprofi **Viktor Farkas**.

Der Journalist mit Hang zum Übersinnlichen widmet sich seit vielen Jahren mit besonderer Vorliebe den monströsen und bizarren Ereignissen. Viktor Farkas ist ein kompetenter Fachmann für Science-Fiction und paranormale Phänomene. Er verfaßte *»Das SF-Quizbuch«*, ein grundlegendes Science-Fiction- und Fantasy-Lexikon, schrieb (mit *Peter Krassa*) *»Lasset uns Menschen machen«*, ein Buch über Schöpfungsmythen, und ist Übersetzer sowie Bearbeiter von *John Spencers* Grundlagenwerk zur Ufo-Frage *»Geheimnisvolle Welt der Ufos«*. Seine eigenen Werke *»Unerklärliche Phänomene«*, *»Esoterik – eine verborgene Wirklichkeit«* und zuletzt der Phänomeneband *»Jenseits des Vorstellbaren«* wurden internationale Bestseller. Für uns öffnet Viktor Farkas nun seine persönlichen X-Akten. Und um mit Fox Mulder in der Folge *»Der Kokon«* zu sprechen: »Das wird ein netter Ausflug in die Wälder.«

Die Filmagenten Scully und Mulder sind in der düsteren TV-Serie »Akte X« unerklärlichen Phänomenen auf der Spur. Es geht um Genexperimente, verdeckte Regierungsoperationen und abgestürzte Raumschiffe. Mancher Fernsehteilnehmer fragte sich: Gibt es die X-Akte wirklich?

Über die X-Akte wurde mittlerweile wahrscheinlich mehr publiziert, als in ihnen drinstehen dürfte. Arbeitet man sich durch sämtliche Interpretationen sowie durch alles, was hineingeheimnist bzw. in Abrede gestellt wird, so dröhnt einem der Kopf. Auf den Nenner gebracht, wird es wahrscheinlich so sein, wie der Schöpfer der

X-Akte, *Chris Carter* – der 1972 von der TV-Produktion *»Kolchak: The Night Stalker«* (darin ist ein Journalist hinter Vampiren, unsterblichen Serienmördern, Mumien, Zombies etc. her) erstmals zu den späteren X-Akten inspiriert wurde –, selbst Stellung nimmt: Es gibt solche Verschlußakten mit Rätselhaftem beim FBI tatsächlich, und er hat die Serie darauf aufgebaut und sie romanhaft erweitert. Eine Form, die im angelsächsischen Raum recht beliebt ist und »factional« genannt wird. Die besondere Note bei den X-Akten besteht zweifellos darin, daß in den unterschiedlichen Folgen sowohl *Extrapolation* als auch Spekulation zu finden ist. Extrapolation liegt vor, wenn beispielsweise giftige Abwässer neue Lebensformen produzieren (*»Akte X«-Folge »Der Parasit«*), uralte Lebensformen zu neuen Bedrohungen werden *(»Der Kokon«)* oder Mutanten ihr Unwesen treiben *(»Tooms«, »Das Nest«)*. Die Grenze zur Spekulation ist fließend. Viele Menschen sind überzeugt, Kontakte mit Außerirdischen seien keine Fiktion. Wahrscheinlich noch mehr US-Bürger glauben an sinistre Umtriebe nebuloser Regierungsstellen bzw. -organisationen. Andere wiederum verweisen all dies ins Reich der Fantasie.

Herr Farkas, Sie sind Phänomene-Spezialist und selbst gewissermaßen ein literarischer Geisterjäger. Was macht Ihrer Ansicht nach den enormen Erfolg der Serie »Akte X« aus?
Das Verwirrende – und damit Faszinierende, was den Megaerfolg der Serie erklären dürfte – ist der geschickte Mix aus Fakten mit Unbewiesenem. Beispielsweise die Vermischung der berühmten *»Paperclip«-Affäre* der Nachkriegszeit mit geheimen Experimenten an Aliens. Faktum ist, daß US-Behörden die Akten »brauchbarer Nazis« mit Büroklammern kennzeichneten, um diese Per-

sonen ins Land holen zu können. Dies, obwohl manche von ihnen sicher vor das Nürnberger Tribunal gehört hätten. In der Folge *»Anasazi«* wurde diese Realität mit fiktiven Alien-Versuchen, durchgeführt von Import-Nazis, kombiniert.

Werden Ufo-Akten von Regierungsstellen tatsächlich geheim gehalten? Welche Gründe könnte es für eine solche Vorgangsweise geben?
Dafür könnte es zahlreiche Gründe geben. Der am meisten genannte ist die Furcht vor dem ultimaten *Kulturschock*, der die Weltreligionen, die Wirtschaftssysteme, das Finanzwesen sowie die staatliche Ordnung rings um den Globus aus den Angeln heben könnte.

Eigentlich sind die Außerirdischen schon gelandet. Wir begegnen ihnen in Film, TV, Werbung, Internet und Literatur. Ufos, wohin das Auge blickt. Wie beurteilen Sie den Ufo-Boom in aller Welt?
Das klassische Dilemma: Was war zuerst, Henne oder Ei? Es ist naheliegend, zu vermuten, die Medien – Film, TV, Print – würden aus Profitinteresse einen hochkommenden Trend erbarmungslos vermarkten, der durch den *»Freedom of Information Act«* (Bundesgesetz, das jedem amerikanischen Staatsbürger freien Zugang zu Informationen zusichert) losgetreten wurde. Genausogut kann der Trend erst durch die Medien gemacht worden sein. Indizien, daß wir vielleicht, aus welchen Gründen auch immer, behutsam auf eine Kontaktaufnahme vorbereitet werden, lassen sich durchaus finden, wenn man will (man denke nur an »unauffällige Anspielungen auf Aliens in Filmen oder Fernsehserien völlig anderer Thematik, z. B. in *»Walker – Texas Ranger«*, *»MacGyver«*, *»Tatort«*, *»Emergency Room«* oder *»Bay Watch«*).

Warum landen die Außerirdischen nicht ganz offiziell vor dem Weißen Haus und stellen sich vor?
Erlauben Sie mir die Gegenfrage, Herr Habeck: *Warum sollten sie?* Eine Zivilisation, die es schafft, von einem Sonnensystem zum anderen zu reisen – und das müßten die Aliens, denn im Sonnensystem können sie nicht beheimatet sein –, dürfte nach dem russischen Astronomen *Nikolai Kardaschev* mindestens die *Zivilisationsstufe zwei* innehaben, was wiederum bedeutet, daß sie Energie in unbegrenztem Maße besitzen, Elemente durch atomare Umgruppierung herstellen, eine uns unvorstellbare Biotechnologie anwenden und auch sonst noch so manch Unglaubliches zu tun vermögen. Alles gemäß dem berühmten Satz von *Arthur C. Clarke*: »Fortgeschrittene Wissenschaft ist von Magie nicht zu unterscheiden.«

Was können wir diesen Wesen bieten, abgesehen von nicht enden wollenden Beispielen unvorstellbarer Grausamkeit gegen uns selbst und die hilflosen Tiere, an Stumpfsinn, Ignoranz, Selbstzerstörungstrieb und was die weiteren üblichen Charakteristika unserer bestialischen Spezies sonst noch sind, die sich kühn als »Abbild Gottes« oder »Krone der Schöpfung« bezeichnet – allerdings nur, weil ihr keine andere Lebensform auf Erden widersprechen kann. Außerirdische könnten dies sehr wohl, werden sich aber, wenn sie nicht nur technologisch, sondern auch vernunftmäßig weiter sind als wir, wahrscheinlich nicht mit uns abgeben. Und wenn sie sich nur fernhalten, um nicht unsere blutbefleckten Hände beim offiziellen Kontakt schütteln zu müssen.

Im Rahmen des SETI-Programms wird der Versuch unternommen, mit fremden Intelligenzen in Kontakt zu treten. Halten Sie diesen Lauschangriff für Erfolg versprechend?
Ein untauglicher Versuch, vergleichbar mit abgelegenen

Insulanern, die verbissen trommeln, keine Antwort erhalten und zu dem Schluß kommen, die Einzigen zu sein, weil sie keine anderen Trommeln hören. Galaktische oder sonstige Superzivilisationen dürften sich wohl kaum mit den uns bekannten Funksignalen verständigen. Diese Meinung brachte der Physiker *Jack Sarfatti* mit den Worten auf den Punkt, unsere Versuche, außerirdische Radiowellen zu empfangen, wären »elektromagnetischer Chauvinismus«. Selbst unsere bescheidene Wissenschaft hat vage Vorstellungen davon, *wie* eine »andere« Kommunikation vor sich gehen könnte – von Tachyonen bis hin zu exotischer, aber bereits im Versuchsstadium befindlicher, überlichtschneller Pflanzentelepathie . . .

Das Thema »Ufo« hat vielfach noch den Beigeschmack der »kleinen grünen Männchen vom Mars«. Wissenschaftler, die sich forschend dem Gebiet nähern wollen, schrecken daher vor einer weiteren Untersuchung des Phänomens zurück. Sehen Sie in den aufkommenden Ufo-Religionen ein Problem?

Was könnte *naturwissenschaftlicher* sein als die Frage, ob es außerirdische Intelligenzen gibt und welche Technologie sie besitzen mögen? Obwohl die Ufo-Thematik an sich wenig Esoterisches an sich hat, sind Randerscheinungen unvermeidlich. Dies besonders, da der Gedanke an überlegene Superwesen die indirekte Hoffnung transportiert, »sie« können kommen und unsere Probleme lösen, also uns »erlösen« (man denke nur an Spielbergs *»Unheimliche Begegnung der dritten Art«*). So ist es wohl unvermeidlich, daß Menschen von Begegnungen mit »Venusiern« berichten, die ihnen Höhepunkte aller Art bescheren, daß auf Luftschiffe gewartet und einer kosmischen Bruderschaft auf spiritueller Ebene das Wort geredet wird. Dazu kommt noch, daß, aus welchen Gründen auch immer, solchen Fantasien in den Medien mehr Raum gegeben wird als seriösen Analysen, Berichten und Forschungen. Ob hier bewußte *Desinformation* oder schlicht und einfach der Hang der Medien zum Spektakulären dahintersteckt, ist kaum zu beantworten.

Konnten Sie bei den Studien unerklärlicher Phänomene Zusammenhänge zwischen Ufos und PSI-Erscheinungen feststellen?

Jenseits der simplen Möglichkeit eines mentalen Kontaktes zwischen Mensch und Alien entfaltet sich eine wenig erforschte Grauzone. Es gibt psychologische und parapsychologische Theorien − von der Vorstellung, Ufos seien reine Wunschprojektionen, bis zu jener, sie würden von Gruppen durch geistige Konzentration geschaffen. Und es gibt sogar okkulte Konzepte, wonach Ufos als neue Form der Seelen von Verstorbenen zu betrachten sind. Für all das gilt meiner Meinung nach der urösterreichische Spruch: *»Nichts Genaues weiß man nicht.«*

Daß unsere Realitätsmodelle unzulänglich sind, haben bereits Physiker wie *Einstein, Niels Bohr, Max Planck, Erwin Schrödinger, de Broglie, David Deutsch, Feynman, Feinberg, Everett, Wheeler, Gold, Bondi* und viele andere bewiesen. Die berühmte *»Kopenhagener Deutung der Quantenphysik«* sagt eigentlich alles: Das »Ding an sich« hockt für uns unzugänglich im *Hyperraum*. Wahrnehmen können wir nur den Schatten, den es wirft, und auch der ist nach der Art unserer Betrachtung jedesmal anders (Wellen/Teilchen-Dualismus). Nicht weniger unzugänglich dürfte uns auch die *»wahre* Wahrheit« sein, die den Lauf unserer Welt bestimmt, einschließlich der jeweiligen öffentlichen Meinung zu den Ufos.

Gibt es persönliche X-Akten von Viktor Farkas?

Sehr beschäftigt hat mich das Beispiel mysteriöser *Rinderverstümmelungen* (Cattle Mutilatons). Sie gibt es seit Jahrzehnten in Amerika. Dort hat man sich mittlerweile daran ebenso gewöhnt wie an die Rauschgiftgesellschaft oder die »normale« Gewalt. Es ist daher kaum mehr eine Sensation, wenn neue exotische Details offenbar werden, beispielsweise, daß Radioaktivität bei verstümmelten Tieren (es sind nicht nur Rinder) auftritt. In meinen Büchern führe ich ein ganzes Netzwerk von fremdartigen Umtrieben, von Auftritten von monströsen Gestalten wie dem *Mottenmann* von West Virginia an, die nicht in die irdische Ordnung des Lebendigen zu gehören scheinen, und setze mich mit Beweisen auseinander, die unter den Teppich gekehrt werden, weil es sie nicht geben *darf*. Meine sozusagen persönlichen X-Akten enthalten vieles, das Lesern eine Gänsehaut über den Rücken jagt. Manchmal zählen dazu gerade die nicht sonderlich erwähnten Begebenheiten. Etwa eine unheimliche Begegnung, die drei junge Leute bei einem Jagdausflug in den Wäldern Nordkarolinas hatten, konkreter gesagt ihr *Hund*. Als die drei in einer Jagdhütte übernachteten, wurden sie von besagtem Vierbeiner mitten in der Nacht geweckt. Dieser, ein großer schwarzer Mischling, der sich vor keinem Bären fürchtete, war völlig außer sich. Irgend etwas mußte da draußen sein. Der Hund gebärdete sich seltsam. Seine Haare waren gesträubt, er scharrte wie rasend an der Türe. Den jungen Männern wurde es mulmig. Die Gewehre im Anschlag, öffneten sie die Türe, durch die der Hund bellend und knurrend im Dunkeln verschwand. Eine Viertelstunde später war er wieder da. Winselnd begehrte er Einlaß. Wie sich zeigte, war er gesund und wohlbehalten und wies keinerlei Verwundung auf. Sein pechschwarzes Fell aber war *schneeweiß* geworden . . .

Könnte es sein, daß die Erde und ihre Lebewesen eine Art Experimentierfeld höherer und unbekannter Intelligenzen sind?

Durchaus möglich. Wie schon erwähnt, dürften wir als Partner für Aliens kaum in Frage kommen, als Testobjekt vielleicht schon. Selbst für moralisch hochwertige Außerirdische kann es angesichts der unglaublichen – sowohl sinnlosen als auch profitorientierten – Grausamkeit des *Homo sapiens* kaum ethische Bedenken geben, mit uns ähnlich zu verfahren. Verglichen mit den von uns vollführten Gemetzeln und Völkermorden, unnötigen Tierfoltern, Tiertransporten, Robben- und Walschlachtungen, Legebatterien usw. usf. scheinen mögliche nicht irdische Experimentatoren relativ behutsam und eingeschränkt vorzugehen.

Andererseits aber auch ohne Scheu, denkt man an die seit Jahrhunderten bekannten Mondphänomene und ähnliche Beobachtungen auf dem Mars, die den Eindruck erwecken, das Sonnensystem würde ungeniert nach Rohstoffen ausgebeutet, egal, ob es den »Eingeborenen« auffällt oder nicht. Daran, daß es möglichst wenig auffällt, scheint Regierungen einiges gelegen zu sein. So meinen es zumindest jene, die Indizien dafür präsentieren, daß die NASA sorgsam Fotos von Artefakten auf dem Mond, Berichte von »Apollo«-Astronauten über Ufo-Sichtungen (wofür ein eigener Code vorgesehen war) sowie andere Ungereimtheiten vor der Öffentlichkeit verbirgt.

Wie sieht die Zukunft aus, Herr Farkas? Haben Sie eine Vorstellung davon, was uns nach der Jahrtausendwende erwartet?

»Da draußen« liegen sicher diverse Wahrheiten. Die Evolution steuert auf Höherentwicklung, die Zivilisation auf den Untergang zu. Möglicherweise gibt es für uns eine Zukunft im All, allerdings nicht ohne monumentale Hürden, von denen die *Bevölkerungsexplosion* am unüberwindlichsten scheint (Zitat *Aldous Huxley*, vor mehr als dreißig Jahren: »Ungelöst wird das Problem der Bevölkerungsexplosion alle übrigen Probleme unlösbar machen«). Diese fatale Problematik läßt mehrere Möglichkeiten zu: Aussterben durch Vermehrung, Massensterben durch neue Seuchen und andere Gegenschläge der Natur, die immer schon stärker war als wir, oder die Flucht von High-Technik-Nationen, Gruppen oder was auch immer in Weltraumstädte, die an den Librationspunkten des Sonnensystems »geparkt« werden. Pläne dafür gibt es bereits. Vielleicht ist es das Schicksal jeder technologischen Zivilisation, ihre Wiege unter Zerstörung derselben zu verlassen. Wenn uns die Außerirdischen nicht raushauen, werden wir jene Suppe wohl selber auslöffeln müssen, die wir uns durch schrankenloses Wirtschafts- und Bevölkerungswachstum einbrokken.

Herr Farkas, das sind apokalyptische Hiobsbotschaften, die Sie uns da vermitteln. Gibt es keine Hoffnung für ein erfreulicheres Szenarium?
Doch, die gibt es. Als Science-Fiction-Freund hoffe ich natürlich auch und halte es durchaus für möglich, daß in ein-, zweihundert Jahren etwas Ähnliches wie ein »*Raumschiff Enterprise*« durchs All zieht. Die Zeit dazwischen dürfte aber schrecklich werden.

Und was ist mit dem lieben Gott? Glauben Sie an einen Schöpfer?
Ich glaube schon, daß es ein unvorstellbar überlegenes kosmisches Bewußtsein gibt, das diesen Terminus rechtfertigt, aber es verstehen zu wollen, sollte man besser

nicht versuchen. Wie sollte das auch möglich sein? Da wir das Universum nicht begreifen können, wie sollten wir ein »Etwas« verstehen, das dieses Universum geschaffen hat . . .?

Die Delegation

Filmemacher und Erfolgsautor Rainer Erler über
Religionsersatz und Hollywood-Ufos

> *»Ich glaube an intelligentes, vernunftbegabtes Leben im Universum. Und ich möchte der Möglichkeit gegenüber aufgeschlossen sein, daß die Erde in der Vergangenheit Besuch aus dem Weltall erhielt und daß solche Besuche auch heute noch stattfinden.«*

Steven Spielberg, Regisseur und Filmproduzent, in
Neuer Filmkurier, Nr. 230/231, 1978

Die Sternenmenschen haben die Kinoleinwand im Höhenflug erobert. Ob Spitzohr oder Mister Spock in *»StarTrek«*, Luke Skywalker in *»Krieg der Sterne«*, Sigourney Weaver als Ripley gegen *Alien*monster, Arnold Schwarzenegger als humanoide Kampfmaschine oder Spielbergs Weltraummärchen *E.T.* und *»Unheimliche Begegnung der dritten Art«* – sie alle bewirken ein ständiges Ansteigen der Kinokassenrekorde. Jüngster bombastischer Kinohit: Roland Emmerichs *»Independence Day«*. Ein wahrhaft apokalyptisches Szenario aus utopischen Bildern und außerirdischen Eindringlingen. Es geht um *Roswell*, abgestürzte Flugscheiben und deren Bergung samt Insassen. Teile des Films wurden tatsächlich in Nevada, nahe der berüchtigten Luftwaffenbasis *Area 51,* gedreht. Seit 1947 ist das Gerücht nicht umzubringen, daß dort E.T.-Leichen nach einem Ufo-Absturz verbracht wurden und die ganze Angelegenheit vom Militär vertuscht wurde. In Emmerichs Film planen Aliens einige Tage vor dem Unabhängigkeitstag dem Anlaß Entgegengesetztes: Sie wollen die Erde kolonisieren. Amerikanischer Forschergeist und der Präsident höchstpersönlich im Kampfbomber retten die Welt. *»Independence Day«* hat für weltweites Aufsehen gesorgt und innerhalb von wenigen Tagen in Amerika rund 300 Millionen Dollar eingespielt. Damit bricht er sämtliche Kassenrekorde. Selbst Steven Spielbergs *»Jurassic Park«* wurde damit auf die Plätze verwiesen. Die filmische Invasion aus dem All ist nicht mehr zu bremsen. Wodurch ist dieser Erfolg begründet? Weshalb sitzen Millionen im Kino und sind von Weltraumabenteuern ihrer Helden begeistert? Ist es die Weite des Universums, die fernen Galaxien, das Unbekannte und Fremde, das immer wieder fasziniert? Werden Hoffnungen und Ängste der Menschen reflektiert? Handelt es sich um filmische Vorgriffe auf mögliche Realitäten von morgen?

Die Frage, die der Münchner Regisseur und Autor **Rainer Erler** bereits in seinem 1969 erstmals ausgestrahlten Fernsehfilm *»Die Delegation«* stellte, konnte bis heute noch nicht schlüssig beantwortet werden: *Hatte die Erde tatsächlich bereits Besuch aus dem All?* »Einen Bericht zwischen Wirklichkeit und Fantasie«, nannte Rainer Erler seine TV-Dokumentation. Ein Science-Fiction-Film mit Tatsacheneinschüben, die in den USA als »Science Facts« bezeichnet werden. Hierbei werden die Grenzen von Dichtung und Wahrheit geschickt verwischt. Erlers Film hat auch fast dreißig Jahre nach seinem Entstehen nichts an Aktualität und Gültigkeit verloren. Der beliebte Filmproduzent baute seine Story auf die steigende Anzahl beobachteter Ufo-Meldungen in aller Welt auf.

Rainer Erler ist ein Mann mit einem weiten Spektrum. Über vierzig Spielfilme für Kino und Fernsehen hat er gedreht, dreizehn davon in eigener Produktion. Seine wichtigsten Filme: *»Fleisch«, »Seelenwanderung«, »Orden für*

Bild 9: Mit seinem spannenden Fernsehfilm »Die Delegation«, erstmals ausgestrahlt 1969, nahm der Münchner Filmproduzent Rainer Erler die Landung der Außerirdischen vorweg.

die Wunderkinder«, »Das schöne Ende dieser Welt«, »Reise in eine strahlende Zukunft«, »Die Kaltenbach-Papiere«, die Zukunftsserie *»Das Blaue Palais«* sowie die erfolgreichen Science-Fiction-Streifen *»Operation Ganymed«* und *»Plutonium«.* Die von ihm verfaßten Romane, die seinen Filmen zugrunde liegen und die sich durch Spannung und Dramatik auszeichnen, waren ebenso erfolgreich, wurden teilweise zu Bestsellern. Rainer Erler wurde mehrfach preisgekrönt. Für sein Ufo-Epos *»Die Delegation«* erhielt er den Kritikerpreis *»Die goldene Kamera«.* Erler kryptisch: »Ich überlasse es dem Zuschauer, sich seine eigene Meinung zu bilden.« Und wie denkt er selbst über Ufos? Glaubt der emsige Filmemacher an fremde Raumschiffe, an Besucher aus fernen Galaxien?

Ihr Fernsehfilm »Die Delegation« sorgte seinerzeit für

Schlagzeilen und bildete die Grundlage für viele Filme mit außerirdischer Thematik. Was machte den großen Erfolg Ihrer Ufo-Dokumentation aus?

Die Faszination des Unbekannten! Mein Film *»Die Delegation«* schildert die Erfahrungen des Fernsehreporters Will Roczinski, der Material über Ufos gesammelt hat — erst zur Widerlegung ihrer Existenz, später, um das Unwahrscheinliche zu beweisen. Dem Reporter — dargestellt von dem im Mai 1979 verstorbenen Wiener Schauspieler *Walter Kohut* — gelingt die Konfrontation mit dem fantastischen Unfaßbaren, wenn auch um den Preis seines Lebens. Die Frage, ob der Reporter bei einem Verkehrsunfall ums Leben kam oder einer außerirdischen »Delegation« zum Opfer fiel, bleibt ungeklärt. Mußte Roczinski sterben, weil er zuviel über Ufos wußte? Nach der Erstausstrahlung des Films gab es in den Fernsehanstalten Hunderte Anrufe und eine Flut von Briefen — alle mit dem gleichen Tenor: Was an dem Film war nun *dokumentarisch*? Was war *fiktiv*? Was war *Realität*? Und gibt's die Ufos *wirklich*?

Genau das wollte ich Sie gerade fragen, Herr Erler: Glauben Sie selbst an Ufos?

Ich schicke voraus, daß ich persönlich nie ein Ufo gesehen habe. Aber ich hatte Gelegenheit in Kanada, in den Vereinigten Staaten und natürlich hier in Europa, mit sehr vielen Menschen zu sprechen, die ihre Ufo-Beobachtungen und Begegnungen zu beschwören bereit sind. Viele kamen in meinem Film *»Die Delegation«* vor die Kamera, und auch in meinem Roman gleichen Titels, zuletzt 1995 als aktualisierte Neuauflage erschienen, der die mögliche Entstehung des Films beschreibt, ließ ich Ufo-Sichter zu Wort kommen.

Ufo — bedeutet: *Unbekanntes, fliegendes Objekt!* Wenn

wir davon ausgehen, daß uns nicht alles bekannt sein kann, was »zwischen Himmel und Erde« an seltsamen, rätselhaften Phänomenen – also an »Unbekanntem« – noch zu entdecken sein wird, muß es Ufos ja wohl geben. Vielleicht sind es Spione einer hochtechnisierten, außerirdischen Zivilisation. Wir schicken unsere Raumsonden ja auch bereits durchs All, und das nach knapp 150 Jahren Technik. Wir können nur erahnen, wozu erst alte Zivilisationen fähig sind. Intelligenzen, die Tausende von Jahren Umgang mit Technologien praktizieren und sich nicht nach 150 Jahren selbst zerstören, wozu die Menschheit gerade im Begriff zu sein scheint.

Ihre amerikanische Hollywood-Konkurrenz Steven Spielberg erntete für seine »Unheimliche Begegnung der dritten Art« großen Erfolg beim Kinopublikum. Was halten Sie von Spielbergs friedlicher Invasion der Außerirdischen?
Steven Spielbergs »Unheimliche Begegnung« war ein besonders schöner Film, perfekt gemacht, sehr eindrucksvoll in Szene gesetzt. Er befriedigte unser aller Wunsch nach dem Mysteriösen, dem Unfaßbaren, dem Unwahrscheinlichen – aber Spielberg nutzte ja letzten Endes auch viele Informationen von sogenannten Augenzeugen, die Ufos gesehen haben wollen, und komponierte daraus seinen Film.

Ganz anders in »Independence Day«. Da zeigt Ihr deutscher Kollege Roland Emmerich ein gigantisches Aliengemetzel. Bedrohung aus dem All?
Emmerichs »Independence Day« ist supererfolgreich und wird von manchen Ufologen sehr böse kritisiert. Schließlich benehmen sich die Aliens bei Emmerich schlecht! Mit unvorstellbarer Macht fallen die Außerirdischen über die Großstädte her. Statt die Menschheit zu erret-

ten, was man schließlich von ihnen verlangen kann, zerstören sie das Weiße Haus und New York. Schon mit »Stargate« gelang Emmerich der große Durchbruch in Hollywood. Ein sehr intelligent und fabelhaft gemachter Film, der ebenfalls – in gewisser Weise – auf der thematischen Linie lag. Übrigens hat Emmerich bei mir angefragt, ob er ein Remake von »Die Delegation« produzieren dürfe.

Und? Darf er?
Er darf.

Was meinen Sie als Filmemacher zu dem dubiosen Roswell-Film, der angeblich die Obduktion eines Außerirdischen zeigt, geborgen aus einem Raumschiff, das 1947 abgestürzt sein soll? Haben Sie davon gehört, gelesen, kennen Sie den Film?
Machen wir es kurz: Den Roswell-Film mit der angeblich sezierten Alienleiche habe ich natürlich gesehen. Ich halte ihn für eine schlecht gemachte Fälschung. Plump und blöd. Jeder professionelle Filmemacher kann das besser.

Wie beurteilen Sie die Ufo-Welle der jüngsten Zeit? Vermarktung? Geschäft? Hysterie?
Die Sekte der Ufologen (eine Sektion hat sich 1994 in Frankreich selbst verbrannt) residiert nun in der Schweiz bei Genf und erwartet stündlich das Ende unserer Menschheit – nicht ohne der festen Überzeugung zu sein, als »Auserwählte« von den namentlich bekannten, laufend kontaktierten Ufo-Kapitänen gerettet zu werden. In Deutschland rechnet man mit 5000 bis 10 000 Bundesbürgern, die sich auch zu sogenannten *Kontaktlern* zählen, die in stetiger telepathischer Verbin-

dung zu Raumschiffbesatzungen stehen. In den USA sollen es einige Millionen sein. Ebenso zahlreich ist die Gruppe der »Entführten und sexuell Ufo-Belästigten« in Amerika. Dazu eine provokante These: Anscheinend kommt *Jesus* nicht zum längst terminierten Jüngsten Gericht, die christliche Heilserwartung erfüllt sich nicht und entpuppt sich als politisch überholtes Machtinstrument. Also müssen jetzt Ersatzgötter her, um die eschatologischen Bedürfnisse, also die Lehre vom Weltende, von Tod und Auferstehung, zu befriedigen.

Ist eine Kommunikation mit Außerirdischen dennoch vorstellbar? Oder handelt es sich hierbei nur um eine utopische Vorstellung – nur im Science-Fiction-Film erdacht? Ist ein Kontakt mit fremden galaktischen Zivilisationen denkbar? In meinem Roman *»Die Delegation«* berichte ich auch über das Projekt *OZMA*. Ende der sechziger Jahre trafen sich in Green Bank in West Virginia Forscher verschiedener wissenschaftlicher Fachrichtungen: Astronomen, Astrophysiker, Exobiologen, Ökologen und andere diskutierten die Frage, ob mittels Funksignalen Kontakt zu anderen Zivilisationen aufgenommen werden könnte. Die Weltraumexperten kamen durch statistische Hochrechnung der Wahrscheinlichkeit, daß im Kosmos primitive Lebensformen und intelligente Wesen entstehen, zu einer bemerkenswerten Feststellung. Demnach könnten allein in *unserem* Milchstraßensystem über 24 Millionen mögliche technische Zivilisationen existieren. Ob es uns je gelingt, mit diesen »Wesen vom anderen Stern« in persönlichen Kontakt zu treten, wird die Zukunft weisen. Manche Wissenschaftler halten das der riesigen Entfernungen wegen für undenkbar. Aber ich persönlich höre das Wort *»undenkbar«* ebenso ungern wie ein *»unmöglich«*. Abgesehen davon, daß es bereits viele Zeitgenossen gibt, die versichern, Außerirdischen begegnet zu sein (was ich selbst nie nachprüfen konnte), scheint mir ein Kontakt über Funk- oder Lasersignale für *wahrscheinlich* und für die nächsten Jahrzehnte *vorstellbar* und *sinnvoll*!

Wenn ein Kontakt zustande käme, wäre ein Kulturschock die Folge?
Ein Kulturschock? Vermutlich. Aber wenn sie, die Aliens, nicht bald kommen, ist die Öffentlichkeit bereits so hochgradig durch Fiktion verseucht, daß es kaum noch Aufsehen erregen wird. Es sei denn, Roland Emmerich oder Steven Spielberg inszenieren die Ankunft. Ich halte mich da total heraus. »Game over!«

Ist da jemand?

Schauspielerin Waltraut Haas über Besinnliches und Übersinnliches

> *»Sie werden es nicht glauben, aber ich habe selbst zwei Ufos ge-*
> *sehen, als ich 1961 mit Gary Cooper und Glenn Ford in Holly-*
> *wood filmte. Bei einem Wochenendausflug in das ›Tal des*
> *Todes‹, etwa vier Autostunden von Los Angeles entfernt, sah*
> *ich gegen eine Bergwand zwei große weiße Scheiben. Sie flogen*
> *das ganze Tal entlang, und ich konnte sie etwa zwei Minuten*
> *verfolgen. Es war bestimmt keine Spiegelung oder sonstige Re-*
> *flexion.«*

Maria Schell, Schauspielerin, in *HÖR ZU*, Ausgabe 58,
Jahrgang 1970

Es gibt viele prominente Schauspieler und Künstler, die
versichern, schon einmal mit übersinnlichen Phänomenen Bekanntschaft gemacht zu haben oder selbst ein Ufo
gesehen zu haben. Der französische Bühnenstar *Nicoletta*
beobachtete 1974 ein »unbekanntes zigarrenförmiges
Fluggerät mit leuchtenden Löchern«, das nach ungewöhnlichem Flugverhalten »plötzlich in den Himmel em-
porstieg«. Der amerikanische Showstar *Sammy Davis jr.*
erklärte in Interviews, daß er insgesamt sechs Ufos begegnet sei. »Die Ufos schwirrten umeinander herum, um
dann mit blitzartiger Geschwindigkeit zu verschwinden«, berichtete der Gesangsstar. Die Luftakrobatik eines
unglaublichen Flugobjektes will der Schauspieler *Glenn
Ford* beobachtet haben. »Das Flugobjekt war blaugrün«,
erinnerte sich Ford 1975 in einem Interview, »es war metallisch. Ich kann es am besten als zwei Riesenscheiben,
die nach innen gegeneinander gepreßt waren, beschrei-

ben.« In diesem Jahr hatte auch der beliebte Sänger und Komponist *Neil Sedaka* ein ungewöhnliches Erlebnis. Von seinem Haus in Catskill Mountains/New York sah er eines Abends mit seinem Sohn ein rätselhaftes, zunächst nur langsam fliegendes Objekt, das plötzlich mit großer Geschwindigkeit himmelwärts schoß und dem Sänger den Eindruck vermittelte, als sei es von einer intelligenten Kraft gesteuert. Die deutsche Rocksängerin *Nina Hagen* will nicht nur Ufos gesehen haben, sie glaubt sogar zu wissen, wo die besten Bedingungen für Kontaktaufnahmen gegeben sind: »Ich gehe oft mit Bekannten in die kalifornische Wüste. Dort kann man mit den Freunden aus dem Weltall am besten Kontakt aufnehmen.«

Debbie Harry, singendes Sexidol der Popgruppe *Blondie*, war einmal davon überzeugt, ein Wesen einer fremden Welt zu sein: Diese Erkenntnis will Debbie im zarten Alter von vier Jahren gewonnen haben. In ihrer Biographie heißt es: »Ich spielte gerade im Garten, als eine überirdische Stimme zu mir sprach. Ich verstand aber nichts. Viele Jahre später passierte mir das in Bangkok noch einmal.« Und Popstar *Michael Jackson*, dem man noch am ehesten abnehmen könnte, daß er aus dem Weltraum stammt, erklärte 1990, er wolle »in der Wüste Nevada eine Landebahn für Ufos bauen« lassen. Die Aufforderung dazu will Jackson direkt aus dem All erhalten haben: »Außerirdische haben im Traum Kontakt mit mir aufgenommen.«

Niemals in ihrem Leben ein Ufo gesehen hat hingegen die beliebte österreichische Schauspielerin **Waltraut Haas**. Aber sie weiß von einem persönlichen Ereignis zu berichten, das mit dem Verstand nicht ausreichend zu erklären ist. Der Filmstar aus Wien deutet seine Wahrnehmung als letzten Gruß von der toten Mutter und wirft damit die Frage auf, ob die Seelen der Verstorbenen »wei-

Bild 10: Die österreichische Schauspielerin Waltraut Haas ist davon überzeugt, daß wir im All nicht alleine sind. Bei der Lösung irdischer Probleme
will sich die »Mariandl«-Darstellerin aber besser nicht auf Außerirdische
verlassen.

terleben«. Gelangen sie in den Himmel, in die Hölle oder
ins Fegefeuer – oder auf andere unbekannte Existenzebene? Wie können wir etwas über ihre Daseinsformen
erfahren? Hat das Ufo-Phänomen damit etwas zu tun?

Waltraut Haas ist eine zumeist gut gelaunte, realisti-
sche, aber auch besinnliche Frau. Mit 75 Filmen und unzähligen Bühnenauftritten hat sie die Herzen des Publi-
kums erobert. Schon früh kam sie zum Film: Weltbe-
rühmt wurde sie in der Rolle des *Mariandl* in *Willi Forsts*
»Hofrat Geiger«, Jahre später folgten zwei weitere *»Mari-*
andl«-Filme unter der Regie von *Werner Jacobs*. Vor allem
in den fünfziger und sechziger Jahren hat Waltraut Haas
unzählige Hauptrollen gespielt, darunter *»Im Weißen*
Rößl«, *»Saison in Salzburg«*, *»Hochzeitsnacht im Para-*
dies«, *»Wenn der Vater mit dem Sohne«*, *»Stimme der*

Sehnsucht«, »Das Mädchen vom Pfarrhof«, »Das Licht der Liebe«, »Der Bettelstudent« oder »Lumpazivagabundus«. Zu ihren Filmpartnern gehörten der unvergeßliche *Hans Moser*, mit dem sie allein zehn Filme drehte *(»Hallo Dienstmann«)*, *Willi Forst, Errol Flynn, Paul Hörbiger, Peter Alexander, Curd Jürgens, Johannes Heesters* sowie viele andere – und natürlich ihr Ehemann *Erwin Strahl*.

Ende der fünfziger Jahre holte man sie dann vor die Fernsehkamera. Nach »*Spiel im Schloß*« und »*Pariser Geschichten*« spielte sie zuerst einmal jene Operetten, die auf ihrer Linie lagen, wie »*Ein Walzertraum*«, »*Der Zigeunerbaron*« und »*Gasparone*«. Seitdem war und ist Waltraut Haas fast so etwas wie ein Dauergast in beliebten TV-Shows (»*Zum blauen Bock*«, »*Musik ist Trumpf*«, »*Wetten, daß . . .?*«, »*Karneval der Operette*«, »*Musikantenstadl*«, »*Seniorenclub*«, »*Seinerzeit*« u. v. a.).

Was macht Waltraut Haas heute? Sie ist aktiv wie eh und je, spielt vor allem Theater und reist mit ihrem Mann Erwin Strahl – er betätigt sich sowohl als Schauspieler, als Regisseur sowie auch als Autor – durch Österreich, Deutschland und die Schweiz. 420mal spielte sie mit ihm in dem Zwei-Personen-Musical »*I Do I Do*« (Aufführungen u. a. in Bonn), über 300mal standen die beiden in *Ephraim Kishons* »*Es war die Lerche*« auf der Bühne. Von der Show »*Kunterbuntes mit Musik*«, die 1987/88 auf Tournee war und auf dem Donauschiff »*MS Europa*« sowie auf der »*MS Maxim Gorki*« präsentiert wurde, sendete das ORF eine Aufzeichnung. In den letzten Jahren hatte Waltraut Haas, gemeinsam mit Erwin Strahl, große Publikumserfolge mit den Lustspielen »*Die beiden Herren der gnädigen Frau*«, »*Jedem das Seine*« und »*Das Konzert*« auf der Landesbühne Rheinland-Pfalz im Schloßtheater *Neuwied*.

Waltraut Haas war seinerzeit auch in der legendären

Kinokomödie »1. April 2000« zu sehen, in welcher Österreich des Weltfriedensbruches angeklagt wurde. Der Ministerpräsident, gespielt von *Josef Meinrad*, versucht dies mit ungewöhnlichen Mitteln zu entkräften. Plötzlich geschieht etwas Unvorhergesehenes, am Himmel erscheinen Pappraumschiffe . . .

Ob die sympathische Allrounderin Waltraut Haas an Ufos, Übersinnliches und Wiedergeburt glaubt, erzählt sie uns am besten selbst:

Frau Haas, sind Sie abergläubisch? Glauben Sie an die Macht der Sterne? Ist unser Leben Zufall oder Schicksal, was meinen Sie?
Ein bißchen abergläubisch bin ich, aber eben in Grenzen – nicht mehr, als es den meisten Künstlern so inne ist, weil manches in unserem Beruf dem Zufall überlassen ist. Aber das Leben ist für mich *Schicksal*, also vorbestimmt.

Wie denken Sie über Reinkarnation? Glauben Sie, daß Sie schon einmal gelebt haben?
Ja, an die Wiedergeburt glaube ich, weil erst dadurch der tiefere Sinn in diesem so unglaublichen Geschehen des Mikro- und Makrokosmos verständlich wird. Das Leben und sein ewiger Kreislauf vom Kommen und Gehen findet sich immer wieder in der Natur.

Und welche Rolle spielt hierbei Gott? Gibt es so etwas wie eine überirdische Gerechtigkeit? Oder hat sich der Schöpfer bereits anderen, für ihn vielleicht wichtigeren Dingen zugewandt?
Ein höheres Wesen existiert für mich in jedem Fall. An eine überirdische Gerechtigkeit möchte ich auch gerne glauben, schon deshalb, weil es ein Trost wäre für vieles, das einem manchmal im irdischen Dasein angetan wird.

Wenn die allgemein verbreitete Meinung stimmt, daß wir uns gottgleich fühlen, fragt man sich, warum der wahre Gott sich wichtigeren Dingen zuwenden sollte? Er hat doch mit uns unvollkommenen Erdenbürgern eindeutig genug zu tun!

Und was ist mit den Außerirdischen? Sind wir allein im All, oder gibt es da draußen irgendwo kosmische Brüder und Schwestern?
Die Möglichkeit, daß im Universum andere Geschöpfe existieren, scheint mir doch sehr wahrscheinlich. Alles andere wäre arrogant. Ich glaube nicht, daß wir im All alleine sind.

Wenn wir nicht alleine sind, stellt sich die Frage, ob man mit diesen anderen Intelligenzen in Kontakt treten könnte.
Für mich sind künftige Reisen zu anderen Gestirnen keine Utopie. Die bemannte Mondlandung, auch wenn sie erst ein kleiner Schritt ins All war, gemessen an der Weite des Kosmos, zeigte doch, daß das scheinbar Unmögliche möglich werden kann. Somit halte ich entferntere Flüge ins All für Menschen für durchaus realisierbar. Sicher werden sich die technischen Möglichkeiten für solche Reisen in Zukunft rasant verbessern.

Die kosmischen Distanzen machen uns aber noch zu schaffen. Mit den Pappraumschiffen à la Kinokomödie »1. April 2000« werden wir gewiß nicht weit kommen. Können Sie uns etwas über die Entstehungsgeschichte dieses Filmes verraten?
Der »1. April 2000« mit Pappraumschiffen wäre ein schlechtes Beispiel für Weltraumreisen. Dieser alte Film wäre sicher nach der Mondlandung besser gedreht worden. Zur Entstehungsgeschichte des Films: Filme entste-

hen immer mit der Absicht, einmal etwas anderes zu machen, als man kennt. Das war auch bei »1. April 2000« so. Wenn dann auch noch der Geldgeber mitspielt, wird der Film gedreht. Freilich immer in der Hoffnung, daß es ein Erfolg wird, vor allem ein finanzieller, weil der Geldgeber sonst meistens keinen zweiten Film mehr drehen kann!

Würden Sie gerne wieder in einem, egal ob nun ernsten oder lustigen, Science-Fiction-Film mitwirken wollen, Frau Haas?
Aber ja! Wenn mir ein interessantes Filmdrehbuch, ein gutes, in dieser Richtung angeboten würde, warum sollte ich es nicht machen?

Wie würde wohl Filmliebling »Mariandl« aus der Wachau reagieren, wenn in ihrem Garten ein Ufo landen sollte?
Wenn bei uns im Garten eine »fliegende Untertasse« landen würde und ein kleines grünes Männchen hüpft heraus, hoffe ich meinen Humor behalten zu können, um es zu fragen: Kommen Sie von der Ufo-AG, um endlich den Rasen zu mähen?

Nun gibt es aber tatsächlich Ufo-Begegnungen in aller Welt. Haben Sie schon darüber nachgedacht, was hinter diesen rätselhaften Himmelserscheinungen tatsächlich stecken könnte?
Die Ufos als Phänomen existieren. Aussagen darüber, was diese Erscheinungen sein könnten, kann ich aber keine machen. Viele Beobachter sprechen von Raumschiffen anderer Welten. Ich kann das nicht beurteilen. Da ich technisch nicht sehr begabt bin, kann ich mich derartigen Phänomenen nur *staunend* nähern.

Erinnern Sie sich an ein Ereignis in Ihrem Leben, für das Sie keine plausible Erklärung finden konnten? Glauben Sie an Übersinnliches?

An übersinnliche Empfindungen und Erscheinungen glaube ich durchaus. Besonders von dem Moment an, als ich ganz deutlich eine Berührung meiner verstorbenen Mutter verspürte, mit der mich ein ganz starkes Gefühl der Zusammengehörigkeit verband. Auch als ich bereits eine eigene Familie hatte, wohnte meine Mutter in unserem Haus. Berufsbedingte Trennungen von ihr fielen mir immer sehr schwer. Als Mama mit fast 90 Jahren starb und man sie aus dem Haus trug, öffnete ich das Fenster, um ihre Seele wegfliegen zu lassen. Am Abend saß ich dann allein in ihrem Zimmer auf ihrem angestammten Platz, auf ihrem Sessel. Da spürte ich, wie eine Hand über meinen Kopf strich. Ich weiß, daß es der letzte Gruß meiner Mutter war. Vielleicht sollte es auch bedeuten: »Ich bin bei dir.«

Wie denken Sie über die weitere Entwicklung der Menschheit? Wie sehen Sie die Zukunft, Frau Haas?

Die Zukunft der Menschheit sehe ich bei den täglichen Horrormeldungen, die seit Jahrzehnten in allen Medien gemeldet werden, leider mit keiner allzu großen positiven Hoffnung. Das Negative scheint auf weiter Linie zu triumphieren, der Fleißige, Anständige und Ehrliche wird oft bestraft. Manchmal scheint alles angesichts des fürchterlichen Leids und der kriegerischen Auseinandersetzungen zwischen den Menschen ziemlich hoffnungslos zu sein. Ich selbst bin als Kriegskind aufgewachsen (diese Zeit hat mich natürlich geprägt) und hatte das Glück, dankbar zu werden – für alles im Leben, die Freude zu empfinden auch für viele kleine Aufmerksamkeiten. Dinge, die manchen Menschen heute nicht einmal wert wären, darüber nur ein Wort zu verschwenden. Wo soll in dieser lauten, technisierten Welt Platz für besinnliches Empfinden sein, das mein Leben bestimmen könnte? Große menschliche Humanität kann man sich von der Masse offenbar nicht erwarten. Wir sind überall mit einer Bevölkerungsexplosion konfrontiert, mit den großen Nachteilen einer schlechteren Ausbildung für den einzelnen und einer fehlenden Rückentwicklung zum Seelischen und Empfindsamen. Was in den Köpfen vieler Menschen oft alleine zählt, ist bloß Machtstreben, Sucht nach Geld und rücksichtsloser Egoismus. Deshalb wäre es wohl ein Wunschtraum, sich hier eine Verbesserung zu erwarten. Aber wer weiß, vielleicht kommt die Rettung von den Überirdischen? Wenn Gott will! Ich meine aber, daß es zu einfach wäre, sich bei der Bewältigung aller irdischer Probleme allein auf die Hilfe von Außerirdischen zu verlassen. Da müssen wir schon selbst etwas dazu beitragen!

Wo sind die Retter aus dem All?

Regisseur und Schauspieler Erwin Strahl über Aliens
und den »Baumeister aller Welten«

> *»Die Frage, ob es noch andere intelligente Lebensformen im
> Kosmos gibt, beschäftigt mich sehr, ebenso das Ufo-Phänomen.
> Die Filmabenteuer des Raumschiffs Enterprise erlauben einen
> Blick in eine Zukunft, in der die Menschheit zu wesentlich
> mehr imstande sein wird, als unsere heutige Technik erlaubt.
> Für die einen ist Star Trek ein phantastisches Weltraumspek-
> takel, für die anderen – dazu darf auch ich mich zählen – eine
> reale Zukunftsvision. Diese Weltraumserie behandelt unsere
> Zukunft!«*

Schauspieler Leonard Nimoy, weltbekannt durch seine Rolle
als »Langohr« Mister Spock, in *Neue Kronen Zeitung* vom
29. März 1980

Die Vorstellung, daß verborgene Intelligenzen die Angelegenheiten der Menschheit beeinflussen, ist sehr alt und
findet sich in allen Religionen wieder. Sie ist auch eines
der wesentlichsten Elemente der Ufo-Forschung. Gerade
in einer Zeit, in der sich die Berichte über Kontakte mit
angeblichen Außerirdischen häufen, stellt sich die Frage
nach den möglichen Motiven. *Wer* oder *was* sind diese
fremden Wesen und wie »echt« sind sie überhaupt? Meinen andere »Existenzen« es gut mit uns? Oder werden
Ufos von Dämonen gesteuert, die die Menschheit ins Ver-
derben stürzen wollen? Manche Leichtgläubige sind tatsächlich davon überzeugt, daß die Ufos von bösen Mächten gesteuert werden, die sich hier bemerkbar machen,
um von unseren Seelen Besitz zu ergreifen. Als Belege
werden körperliche und geistige Schäden angeführt, die

einige Augenzeugen bei ihren Ufo-Begegnungen davontrugen. Weit größer ist aber die Anhängerschaft derer, die sich eine Hilfe von Außerirdischen erhoffen, um die Menschheit vor den Gefahren der Atomkraft und Umweltzerstörung zu retten. Ufo-Forscher sind sich über das Verhalten solcher »Retter« aus dem Kosmos uneinig. »Vielleicht ist es einfach die große Fremdartigkeit des Phänomens«, vermutet der Journalist *Marco Bischof*, »die die menschlichen Beobachter einmal pure Feindseligkeit, das andere Mal großes Wohlwollen erleben läßt.«

Gibt es fremde Intelligenzen? Was wollen sie von uns? Welche Rolle spielt Gott? Gibt es eine überirdische Gerechtigkeit, darf man auf sie hoffen? Werden wir jemals zu fernen Sternen reisen können, um vielleicht mit unseren »Brüdern« im All in Verbindung treten zu können? Das sind Fragen, die nicht nur Ufologen beschäftigen. Einer, von dem man es nicht unbedingt erwarten würde, ist der Gatte von *Waltraut Haas*, der Wiener Regisseur und Schauspieler **Erwin Strahl**.

Der Publikumsliebling hatte sein erstes Bühnenengagement in *Klagenfurt*, kurz nach seiner Ausbildung am *Max-Reinhardt-Seminar*. In seiner langen Bühnenlaufbahn hatte er einige große Begegnungen: Unter der Regie des französischen Schriftstellers und Regisseurs *Jean Cocteau* spielte er in dessen Stück *»Der Doppeladler«* jene Rolle, die Cocteau für *Jean Marais* geschrieben hatte und die zeitgleich *Marlon Brando* in *New York* kreierte. Bei den Festspielen in *Augst* bei Basel verkörperte er in *»Die Braut von Messina«* den Don Cesar. *Will Quadflieg, Maria Becker* und *Robert Freitag* waren damals seine Partner. Stücke, die Erwin Strahl besonders gern gespielt hat, sind *»Toleranz«* (seine Partner waren *Hilde Krahl* und *Walter Frank*), *»Wer hat Angst vor Virginia Woolf?«*,

Bild 11: Regisseur Erwin Strahl ist sich gewiß, daß den Außerirdischen ein Blick in unsere Fernsehprogramme genügen würde, um von einer Landung auf unserem moralisch unreifen Planeten abzusehen.

»Das Dunkel ist Licht genug« und *»Die Meuterei auf der Caine«.*

In Filmrollen war Erwin Strahl in mehr als 60 Produktionen zu sehen, unter anderem in *»Auf der Reeperbahn nachts um halb eins«*, *»Der Frosch mit der Maske«*, *»Der Jäger vom Fall«*, *»Hochzeitsglocken«* oder *»Wien, du Stadt meiner Träume«* (Willi Forst). In *»Keine Angst, Liebling«* spielte er gemeinsam mit seiner Frau *Waltraut Haas*, schrieb das Buch und führte Regie. Hinzu kommen über 100 Rollen, die er für das Fernsehen gespielt hat, so zum Beispiel in *»Die Entführung aus dem Serail«*, *»Der Radetzkymarsch«*, *»Hotel Sacher«*, *»Die Abenteuer des braven Soldaten Schwejk«* oder die Serie *»Duell zu dritt«.*

Seit vielen Jahren ist er der kongeniale Partner – und meist auch der Regisseur – seiner Frau. Mit ihr »tourt« er durch die Länder und Städte – diesmal ausnahmsweise

mit einem Ufo zu den Sternen und durchaus bereit, meine
»kosmischen Fragen« freimütig zu beantworten.

*Vorhin habe ich Ihre Gattin gefragt, ob sie abergläubisch
sei. Wie ist das bei Ihnen, Herr Strahl? Glauben Sie an Ho-
roskope?*
Eigentlich bin ich nichts besonders abergläubisch, mit einer kleinen Einschränkung: An schlecht bestrahlten Tagen, wo gewisse Unsicherheiten für bestimmte Situationen bestehen, klammert man sich bewußt oder unbe-
wußt an gewisse Dinge wie etwa an *Glücksbringer.*

*Wiedergeburt? Ist das ein Thema für Sie? Glauben Sie an
Gott?*
Was die Wiedergeburtsidee anbelangt, so bin ich ein Anhänger von ihr. Hier trifft sich der *Sinn des Lebens,* des
Reifens, der Perfektionierung eines Menschen, der in seinem Leben diesen wohl angestrebten Grad der Vollkommenheit gar nicht erreichen kann. Der Endprozeß könnte
über Jahrtausende angelegt sein, mit einbezogen eventuelle Rückschläge der menschlichen Seele in puncto Niveau während des Erdendaseins. Für mich existiert ein
höheres Wesen, keine Frage. Egal, ob wir es nun *Gott,
Allmacht* oder im Sinne der Freimaurer *Baumeister aller
Welten* nennen wollen.

*Wie schon Ihre Gattin, möchte ich auch Sie fragen, ob Sie an
eine überirdische Gerechtigkeit glauben?*
Über eine überirdische Gerechtigkeit zu sprechen ist
darum schwer, da wir uns ja jene *eigene* irdische Gerechtigkeit geschaffen haben, die sich von einer uns unbekannten kosmischen Gerechtigkeit durchaus völlig unterscheiden kann. Unsere Wertmaßstäbe liegen in der
Kindheit und sind uns tief mit unserem *Unterbewußtsein*

und mit unserer kulturellen Tradition verwurzelt. Ein Anspruch auf absolute Richtigkeit muß nicht bestehen, da ja auch unsere Überlieferungen irren könnten.

Ist das göttliche »Experiment Mensch und Erde« miß-glückt? Hat sich Gott von uns Menschen abgewandt?
Wenn Gott sich von den irdischen Problemen abgewendet hätte, wäre er wohl nicht das, was man sich üblicherweise unter Gott vorstellen darf. Die Erde ist schließlich sein Werk, und es wäre unschön, sich nicht vorstellen zu dürfen, daß er sie zu etwas Göttlichem machen wollte. Das heißt, wir bräuchten eine Hilfestellung, wenn man feststellt – wie es im Moment so scheint –, daß es mit der Welt und ihrer Entwicklung ziemlich schief zu laufen beginnt.

Könnten andere, fremde Intelligenzen uns Hilfestellung geben? Wie denken Sie über Besucher aus dem All?
Andere Intelligenzen? Ja! Da halte ich es mit meinem Schauspielerkollegen O. W. Fischer, der schreibt, zu unserem leicht beschränkten Größenwahn gehöre, daß wir glauben, wir seien die Einzigen im Kosmos. Eine kleine Korrektur erlaube ich mir zu seinem Zitat: Unser Größenwahn ist nicht nur leicht, sondern geradezu *unbe-schränkt!* Selbstverständlich darf man annehmen, daß in einem noch immer unergründlichen All sich nicht alles auf ein winziges Staubkörnchen namens Erde konzentriert hat, sondern daß man im Universum ganz gewiß auch mit anderen Intelligenzen rechnen darf. Das steht für mich außer Zweifel. Die heutigen Forschungen mit dem Weltraumteleskop ergeben deutliche Hinweise darauf, daß Planeten (viele sind wohl noch nicht erfaßt, weil wir mit unseren Sonden noch nicht so weit in die Tiefe des Alls vorgedrungen sind) mit erdähnlicher Atmo-

sphäre und Wasservorkommen existieren. Demnach sind gewisse Voraussetzungen für intelligentes Leben auch außerhalb der Erde vorhanden.

Ob man jemals mit anderen Weltraumbewohnern, vielleicht vom Hundsstern Sirius, in Verbindung treten könnte?
Es ist für mich keine Utopie, daß wir eines Tages tatsächlich *interstellare* Reisen zu anderen Planeten unternehmen werden, die eventuell zu einem direkten Kontakt mit fremden Zivilisationen führen könnten. Ich könnte mir auch denken, daß das Problem nicht die notwendigen Geschwindigkeiten sein werden, welche von Raumschiffen für solche »Ausflüge« benötigt werden – das wird technisch zu lösen sein. Die Schwierigkeiten sehe ich eher in der *körperlichen* und *medizinischen* Frage. Wir wissen nicht, ob der menschliche Mechanismus diese langen Reisen unbeschadet überstehen könnte, selbst wenn es in absehbarer Zeit möglich sein sollte, 120 oder gar 150 Jahre alt zu werden. Die Distanzen sind einfach noch unvorstellbar groß. Wie würde etwa ein Körper auf die Lichtgeschwindigkeit reagieren, die für derartige Distanzen absolut notwendig wäre? Die Lösung liegt vielleicht in der utopischen Vorstellung, wie sie uns in Zukunftsfilmen und fantastischen Romanen vorgezeigt wird: Wir müßten gewissermaßen mit Hilfe von Mister Spock und Co. »*gebeamt*« werden.

Das führt mich zum Phänomen der Ufos. Könnten fremde Zivilisationen, die womöglich Millionen Jahre älter sind als die Menschheit, schon technische Lösungen für die Überwindung der kosmischen Distanzen gefunden haben? Wird anderorts vielleicht bereits mit Ufos »gebeamt«?
Zum Ufo-Phänomen fällt mir auf, daß alle Bilder, jedenfalls jene, die ich zu Gesicht bekam, sehr verschwommen

und verwaschen waren und meist aussahen wie irgendein Lichtklecks. Ein Himmelskörper – oder auch ein
Raumschiff – verbreitet schon durch das Eindringen in
die Erdatmosphäre so viel Reibung beim Luftwiderstand,
daß es höchst seltsam anmutet, ausgerechnet bei solchen
Flugobjekten nur diffuses Licht zu erkennen.

*Kennen Sie jemanden, der behauptet, ein Ufo beobachtet zu
haben?*
Ich selbst habe niemanden in meinem Bekanntenkreis,
mich eingeschlossen, der persönlich eine dieser mysteriösen Erscheinungen gesehen hat. Seltsam berühren mich
verschiedene Aussagen von Menschen, die behaupten,
mit Außerirdischen angeblich in Kontakt getreten zu
sein. Wieso gingen unsere Medien an solchen Sensatio-
nen vorbei? Das wären doch Schlagzeilen, die alles, was
sonst an verlogener Aufgeblasenheit in so manchen Zeitungen und Illustrierten steht, schlichtweg in den Schatten stellen würden! Unter anderem lese ich, daß etwa
3000 Außerirdische unter uns sein sollen, und zwar in-
karniert, also in fleischlich-körperlicher Gestalt. Es soll
sogar Leute geben, die diesen angeblichen Außerirdischen die Schuld für das globale Dilemma geben wollen,
das sich seit Jahrzehnten auf der Erde abspielt.

Sollten die Außerirdischen deshalb die Erde besser meiden?
Kriege ohne Ende, Verrohung und Grausamkeiten, die
vorher unvorstellbar waren, Sexualneurosen, die mit
Mord und Totschlag enden und selbst vor Kindern nicht
Halt machen. All das beherrscht unsere tägliche Nach-
richtenflut. Manche dieser Schreckensmeldungen würden wir gerne eventuell vorhandenen Außerirdischen in
die Schuhe schieben. Ich persönlich glaube, dieses Chaos
haben sich unsere ganz normalen Erdenbürger schon *al-*

leine geschaffen. Wenn wir Außerirdische schrecken wollten, dann bräuchte man ihnen nur unsere Fernsehprogramme vorführen. Ich bin sicher, dies müßte genügen, sie die Flucht ergreifen zu lassen, um ein paar Lichtjahre weiter zu fliegen, hin zu einem friedlicheren Gestirn!

Haben Sie einen großen Wunsch, Herr Strahl?
Die gewaltige technische Evolution wird unser Empfinden und Innenleben (was vielleicht den wichtigen Teil unseres Seins ausmacht) nicht reicher machen. Die Entwicklung steuert eher in eine Richtung, die uns zu seelischen Krüppeln werden läßt. Sofern wir uns nicht vehement dagegen wehren. Wir dürfen uns nicht von einer gewaltbereiten Evolution und einer Ellenbogengesellschaft völlig vereinnahmen lassen. Mein größter Wunsch wäre daher eine Erde, auf der Friede, Freundschaft, Liebe und Schönheit existieren. Das *Gute*, so heißt es, komme aus der Stille und müsse wachsen. In unserer schnellebigen Zeit hat es aber leider nur geringe Chancen . . .

Kein Hinweis auf Außerirdisches

Ufo-Skeptiker Werner Walter und das
»Himmelsphänomen« aus Bergheim

> »Es ist sicherlich richtig, daß es heute noch Fragen an ›die
> Welt‹ gibt, die wir noch nicht befriedigend beantworten kön-
> nen. Dazu gehören aber nicht die unbekannten Flugobjekte, und
> dies ist auch kein Beweis für ihre mögliche Existenz. Meine
> persönliche Aussage zu Ufos ist: Ufos sind Opium oder Drogen,
> die das reale Denken des Menschen blockieren oder blockieren
> wollen. Ich halte sie für ein Hirngespinst.«

Prof. Heinz Kaminski, Astronom und ehemaliger Leiter
der Sternwarte Bochum, in einem Brief an den Autor vom
12. März 1979

Allerlei Theorien umschwärmen uns, wenn es um die
Ufos geht. Zwei amerikanische Insekten-Verhaltensfor-
scher vermuten als Auslöser für rätselhafte Lichtphänomene eine bestimmte *Mottenart*. Fichtenschädlinge sollen
demnach ein elektrisches Feld aufbauen, das kann auch
in der Atmosphäre sein, das für Menschen als Licht sichtbar wird. Da diese Art von Flugobjekten oft als hundert
Kilometer lange Reisegruppe auffällt, fordern die Forscher, Ufo-Berichte endlich als *zoologisches* Phänomen zu
betrachten und damit Insektenforschung zu betreiben.
Man sieht, nicht nur sternengläubige Ufo-Befürworter,
auch Gegner der These vom Besuch aus dem All sind um
exotische Erklärungsbemühungen nicht verlegen. Da ein
überzeugender Ufo-Beweis, der alle Zweifel über Eingriffe fremder Intelligenzen ausräumen würde, bislang
fehlt, bleiben Ufo-Skeptiker »ungläubig«. »Gegen Sichtungen unbekannter Flugobjekte habe ich nichts«, er-

klärte der 1996 verstorbene bekannte Astronom *Carl E. Sagen*, schränkte aber ein: »Erst bei ihrer Identifizierung werde ich mißtrauisch. Solange die Menschen leichtgläubig und unbedarft sind, wird es einen Markt für wissenschaftlich aufgemachte Mythen- und Tatsachenentstellungen geben.« Handelt es sich bei den Ufo-Sichtungen um Illusionen, Tatsachen verdrehende Sensationsmache oder gar um bewußten Schwindel?

Es gibt eine bekannte deutsche Ufo-Forschungsgruppe namens *»Centrales Erforschungsnetz außergewöhnlicher Himmelsphänomene«*, kurz CENAP genannt, die aufgrund ihrer Studien zu der Überzeugung gelangte, daß unidentifizierte Himmelserscheinungen großteils auf banale Ursachen zurückzuführen seien. Warum das so ist und weshalb CENAP bislang die Implizierung von Besuchen aus dem All im Zusammenhang mit Ufo-Phänomenen ablehnt, erklärte mir der CENAP-Fahnder **Werner Walter** aus Mannheim. Er ist gemeinsam mit CENAP-Gründer *Hansjürgen Köhler* Betreiber der nationalen *Ufo-Hotline (0621) 70 13 70* und Herausgeber der alle sechs Wochen erscheinenden Ufo-kritischen Privatzeitung *»CENAP Report«* sowie der 20bändigen Dokumentarreihe *»Ufos – grenzenlos«*. Das dynamische Duo Walter und Köhler ist Inhaber des deutschen Ufo-*Video-Clearinghouse*. Werner Walter macht sich vor allem im deutschen Medienwald seit Jahren einen Namen als kritischer Ufo-Entlarver.

Herr Werner Walter, hat Ihre Ufo-Gruppe . . .?
Bevor Sie weiterreden, Herr Habeck, möchte ich mich, auch im Namen von *Hansjürgen Köhler*, bedanken, weil Sie uns die Chance geben, unsere Seite darzulegen. Dies tun andere Autoren eher selten bis gar nicht, sondern gifteln uns sofort an, weil wir ihnen ihr Spielzeug wegnehmen. Man bringt zwar schnell irgendwelche Werturteile

über uns in Umlauf, die sogar teilweise der Diffamierung dienen, aber die meisten Kritiker von uns wollen sich nicht einmal an einen gemeinsamen Tisch mit uns setzen.

In diesem Buch sollen die verschiedenen Facetten, ungewöhnliche Theorien und ihre Vertreter zu Wort kommen. Ganz klar, daß hierbei die Ufo-Detektive aus Mannheim nicht fehlen dürfen. Meine erste Frage: Stimmt es, daß Ihre Ufo-Gruppe eine natürliche Erklärung für Ufo-Kontakte für wahrscheinlich hält?

Nun, nach über 20 Jahren Erkundungen, Analysen und Fallrecherchen haben wir einen Punkt erreicht, wo wir nach einer Menge Überprüfungen ernst zu nehmender Ufo-Meldungen sagen müssen, daß das Ufo-Bild in der Öffentlichkeit so nicht stimmt. Auch wir haben in den beiden letzten Jahrzehnten uns einiges abschminken müssen.

Glaubten wir zunächst, wie viele andere Ufologen auch, an die Präsenz außerirdischer Raumschiffe, mußten wir bald herbe Frustrationen erfahren und unsere Erwartungen auf vielleicht existierende, bisher unbekannte *atmosphärische* Phänomene zurückschrauben. Aber wir haben uns durch einen Ufo-Stimulus narren lassen, der der Szene bisher völlig unbekannt war: dem *Miniatur-Heißluftballon* vom Typ Partygag.

Viele Beobachtungen mögen sich bei genauerer Untersuchung als Ballon oder als die Venus erklären. Wie aber ist das bei jenen Leuchtphänomenen, die wegen ihrer unglaublichen Flugmanöver für Aufregung sorgen? Solche Objekte wurden auch von qualifizierten Fachkräften, darunter Piloten und Radartechniker, wahrgenommen.

Es gibt so manches Ereignis in unserer Atmosphäre, welches für Ufo-Fieber beim Betrachter sorgt, egal, wie qualifiziert er durch seinen Berufsstand und seine Ausbildung sein mag. Wie heißt es so schön: Man hat schon Pferde kotzen sehen, direkt vor der Apotheke. Und wir können schon den *psychologischen* Mechanismus verstehen, der aufkommt, wenn man dem schier Unglaublichen quasi gegenübersteht. Dennoch: Bisweilen haben sich immer plausible Lösungen für höchst spektakuläre Ufo-Vorkommnisse gefunden.

Den Gedanken an Außerirdische lehnen Sie vollkommen ab?
Sehen Sie, ich bin so etwas wie der deutsche »Fox Mulder« aus der »*Akte X*«-Serie, ich würde schon gerne an außerirdische Ufos glauben wollen, aber die Erfahrung ließ mir das Herz von »Dana Scully« erwachsen, ich bin skeptisch geworden. In meinem Erstlingswerk »*Ufos: Die Wahrheit* (Königswinter 1996) wird dies überdeutlich und auch genauer begründet.

Haben Sie einen aktuellen Fall parat, der dies illustriert?
Der Fall *»Außerirdisches über Bergheim«* vermittelt das recht gut. Es ist Dienstagvormittag, der 12. März 1996. In meiner Tageszeitungslektüre der *Münchner Abendzeitung* fällt mir ein kurzer Schnipsel hinsichtlich eines von der Bergheimer Polizei ausgegebenen »Ufo-Steckbriefs« auf. So war der Schritt zum internationalen Zeitungsladen am Mannheimer Hauptbahnhof schnell wieder getätigt, um tatsächlich im *Kölner Expreß* fündig zu werden – dort die Schlagzeile *»Polizei jagt Ufos über Bergheim«*. Hiernach habe sich ein »grelles, buntes Licht lautlos in 50 Meter Höhe« befunden. Kein Zweifel: Die Außerirdischen sind wieder aktiv gewesen, und »Ufo-Experte« *Willi Schillings* frohlockt: »Diese Region ist von jeher ein interessantes Gebiet für Außerirdische gewesen.« In *Düren* sah *Manuela S.* ein gelbes Licht schweben, es wurde rot und

größer, dann teilte es sich. Erfuhr die Region nun »eine neue Ufo-Welle«, nachdem es bereits vor einem Jahr »mysteriöse Erscheinungen in *Jülich*« gegeben hatte – über hundert Zeugen sahen seltsame Lichter? (Wir berichteten über die fehlgedeuteten Diskostrahler, die für jene Ufos verantwortlich waren, und schickten damals dem Blatt auch eine entsprechende, aufklärende Pressemitteilung zu, aber wie immer hat dies niemand beachtet.) Und nochmals fünf Jahre zurück gab es ja die »30 Meter langen fliegenden Dreiecke in *Eupen*«.

Haben Sie Verbindungen mit den Augenzeugen aufgenommen?
Ja, habe ich! Ich rief die Bergheimer Polizei an und wurde nach *Hürth* an Herrn *Ralf Krieger* verwiesen, der dort zentral alle Meldungen gesammelt hatte. Doch der Kontakt war nur nach einigen Anläufen aufzubauen, und schließlich erklärte ich mein Anliegen, so daß Herr Krieger versprach, seine Unterlagen mir zuzufaxen. Die Namen der Zeugen konnte er zu diesem Zeitpunkt noch nicht freigeben, und die aufgelaufenen Meldungen waren recht bunt und kamen inzwischen aus der ganzen BRD zusammen – die wenigsten hatten scheinbar selbst eine Identität mit dem eigentlichen Bergheimer Ufo. Ich machte sofort deutlich, daß man hier bedachtsam vorgehen müsse und nicht von einem Ufo sprechen sollte, sondern von vielerlei Objekten, die man schnell und irrtümlich als ein Phänomen versteht, wodurch wundersame Charakteristiken entstehen. Auch die regionalen Zeitungen wurden kontaktiert, um nähere Informationen zu erhalten, da mir jetzt schnell klargeworden war, daß das in der Zeitung dargestellte Objekt ebenfalls nicht auf ein Phänomen, sondern auf verschiedene Körper zurückging und Manuela S. wohl einen Partygag-Heißluftballon ge-

sehen haben konnte und die anderen Zeugen mit ihrem »grellen Lichtobjekt« etwas anderes wahrgenommen haben mußten.

Doch ich kam nicht weiter, kam auch nicht an tiefer gehende Zeugenaussagen bzw. an die Leute selbst heran. In der Ahnung, daß die RTL-Sendung *EXPLOSIV* den Fall aufgreifen könnte (Köln ist zu Bergheim gerade einmal 40 km entfernt), schaltete ich dann den TV-Kasten ein, und siehe da: Tatsächlich wurde schon im Vorspann auf das Geschehen hingewiesen. Gegen 19.30 Uhr war die Moderatorin *Barbara Elligmann* dran und erklärte, daß der Sonntagabend (also der 10. März) die ersten Ufo-Meldungen bei der Polizei einbrachte und am darauffolgenden Montag (11. März) es weiterging, weswegen die Beamten ausrückten, aber nichts sehen konnten, auch wenn ihnen derweilen ein Beweisstück vorliegt: ein Videoband. *Hans Jürgen Wagner* hatte »gestern abend« (also am 11. März) ein »reflektierendes Licht, welches sich meiner Meinung nach hin- und herbewegte«, ausgemacht. »Es war ein *extrem helles Licht* und meiner Meinung nach kein Stern«, erklärte er. Die Moderation erklärt, daß dieses helle Licht über vier Stunden lang am Sternenhimmel *flackerte* und sich »von links nach rechts« und wieder zurück bewegte – es kann kein Flugzeug und kein Satellit gewesen sein. Von der Form her war es rund, »und es war größer als jeder andere Stern, der am Himmel war« – »nicht ganz so groß wie der Mond«, dafür aber »unheimlich hellweiß und reflektierend«. Mit Nachbar *Rüdiger Stiebitz* machte sich dann der Tontechniker Wagner per Pkw auf zur Ufo-Verfolgung, »dem Licht«. Schließlich verschwand es über dem freien Feld, und sie alarmierten die Polizei, die es zwar nicht selbst sah, aber seine Richtung zu Protokoll nahm: *Westen*. Es sei mit »ständig wechselnden, verschiedenfarbigen Lichtern ausgestattet« gewesen. RTL fragte bei der Flugsicherung *Köln-Bonn* und Flugleiter *Dieter Wozny* nach. In der Moderation hören wir, daß die Flugsicherung bisher keine Erfahrung mit Ufos habe, während der Flugleiter selbst seine Ufo-Berichtserfahrung deutlich mit *Miniatur-Heißluftballonen* betonte.

Haben Sie verschiedene Augenzeugen ausfindig gemacht?
Welchen Eindruck haben die Ufo-Sichter Ihnen vermittelt?
Unter den Zeugen des Bergheimer Ufos wird uns Frau *Helga Lieberknecht* vorgestellt, die das Ufo vom 12. Stock eines Hochhauses aus sah: »Es sah aus, als ob es fliegt, aber g-a-a-a-n-z langsam, und es war superhell – ein gleißendes, helles Licht.« Natürlich, jetzt will Zeuge Wagner es wissen und der Sache auf den Grund gehen: »Mich würde schon persönlich interessieren, was es gewesen ist.« Das grelle Licht kam mir am westlichen Abendhimmel doch recht bekannt vor, hatte ich es in den letzten Tagen bereits selbst mehrfach gesehen und auch als Ufo gemeldet bekommen. Die bei RTL gezeigte Videoaufnahme eines mit »Gitternetzwerk« versehenen, aufgezoomten bzw. unscharf gezoomten Lichtflecks beeindruckte mich dagegen nicht, da dieser Effekt von Amateurvideokameras uns seit dem von der Ufo-Forschungsgruppe *GEP* in *Lüdenscheid* aufgegriffenen Fall von *Murg* (Süddeutschland) aus dem Winter 1994/95 bestens bekannt ist. Dennoch war mir sehr daran gelegen, mit dem Hauptzeugen Wagner in Kontakt zu kommen, um Detailangaben aus seinem Munde zu erhalten. So versuchte ich es bis nach 21 Uhr bei der *EXPLOSIV*-Hotline im fünf Minuten Abstand, kam aber nicht durch bzw. blieb immer im Telefoncomputer hängen. Genervt rief ich danach nochmals die Bergheimer Polizei an, wo ich nach der Ausstrahlung und Bekanntgabe der Zeugenidentität keine Probleme hatte, nun zumindest die Adresse von Herrn

Wagner zu erhalten. Im Telefonbuch selbst ist er *nicht* eingetragen gewesen, und die Telefonnummer lag auch den Beamten nicht mehr vor. Also schrieb ich ihm sofort einen Brief und legte unseren Fragebogen bei.

Das ist ja eine endlose Geschichte. Können wir es etwas ab-kürzen? Kam eine Antwort von dem Ufo-Zeugen?
Still ruht der See. In den nächsten Tagen kam weder von Herrn Krieger etwas zurück, noch reagierten die regionalen Zeitungen weiter. Auch von Herrn Wagner hörte oder las ich nichts. Der nagende Verdacht einer *Venus*-Fehl-deutung und der Vergleich zur *Jimmy-Carter*-Sichtung vom November 1969 stand gewaltig im Raume meiner Vorstellungswelt. Eine Rentnerin aus *Heilbad Heiligen-stadt* hatte nach einer Betrachtung des Schauspiels via Fernglas »eine helle Scheibe mit einem Lichterkranz, es glänzte wie die Juwelen der englischen Queen«, gemel-det. Eine Dame aus Heidelberg sah das Gebilde während einer abendlichen Busfahrt nach *Leimen* fast eine halbe Stunde lang und glaubte »Füßchen« herabhängen gese-hen zu haben. All diese Beobachtungen liefen bei uns in den Tagen vor dem Bergheimer Ufo ein.

Interessanterweise kamen die beiden Zeugen in diesen Fällen über die Landessternwarte *Heidelberg* bzw. das Planetarium *Mannheim* erst zu uns, nachdem sie ihre Be-obachtungen den dortigen Astronomen gemeldet hatten und jene die Zeugen dann an uns verwiesen. Gut, wer das Buch »*Ufo-Nahbegegnungen*« gelesen hat, dem wird frei-lich die Seite 279 in Erinnerung sein, wo die Forscher der MUFON-CES schrieben, ich hätte 1993 in einer Zeitschrift erklärt, daß die Astronomen nicht das breite Spektrum all jener Erscheinungen am nächtlichen Himmel kennen können und deswegen gebeten wurden, Ufo-Meldungen wie in den aktuellen Fällen an die Mannheimer Ufo-Hotline weiterzumelden. In MUFON-CES-Kreisen sind ja auch professionelle Astronomen untergetaucht, die ob dieses Artikels »tief durchatmen und dann auflachen« konnten. Über was die Astroprofis bei MUFON-CES gerne lachen, ist für andere Astroprofis weniger zum Lachen und ernster, realer Alltag. Schon mehrmals wurden uns so über astronomische Institutionen Ufo-Meldungen weitergereicht, die eigentlich im Vorfeld von jenen schon erkannt worden sein müßten. Es ist eben so, ob es nun den »Kollegen« von MUFON-CES gefällt oder nicht!

Ruhig Blut, Herr Walter. Wir, die Leser, erfahren zwar, daß es unter den Ufologen offenbar verschiedene Auffassungsunterschiede gibt, aber was es mit dem Bergheimer Ufo auf sich hat, wissen wir immer noch nicht. Sie machen es wirklich spannend.

Zwei Wochen nach dem bisher geschilderten Geschehen hatte ich immer noch keine weiterführenden Informationen und saß schon etwas frustriert ob des Falls da. Da klingelte das Telefon, und der Diensthabende des Polizeipostens Mannheim-Vogelstand meldete sich aufgrund eines »Ermittlungsersuchens« durch eine auswärtige Dienststelle. Er wollte über CENAP persönlich aufgeklärt werden. Mir war sofort klar, daß dies nur auf Betreiben von Herrn Krieger in Hürth geschehen sein konnte, und bekam dies nach Vorsprache auch bestätigt.

Am 3. April meldete sich vom Norddeutschen Rundfunk (!) die N3-Redaktion der Fernsehsendung *DAS!*, nachdem die dortige TV-Journalistin *Kathrin Caspar* vom Planetarium *Hamburg* an mich verwiesen worden war. Es ging um das Bergheimer Ufo, welches man via TV nochmals aufgreifen wollte.

Greifen Sie, Herr Walter, greifen Sie, aber bitte nicht unge-

halten sein, wir müssen doch ein Ende finden. Mein Verlag
räumt uns nämlich nicht endlos viele Buchseiten für die Ab-
handlung eines Ufo-Falles ein . . .

Ich klagte den Journalisten mein Leid über mangelnde
Informationen betreffs einer plausiblen Erklärung des
Vorfalls. Dann ging alles sehr schnell: Tags darauf (4.
April) reagierte auf Wirken von Frau Caspar auch Herr
Krieger und faxte gleich zweimal seinen Polizeibericht,
der jedoch trotz des Umfangs nicht viel hergab und auch
nur die Ohnmacht der Behörde ob der Ufo-Herausforde-
rung zeigte. Wie auch immer, es waren einige andere Zeugen identifiziert worden, und ihre Telefonnummern standen nun zur Verfügung. Gleich die erste »Zeugin«, Frau
Kaufmann, stellte sich als mediales Medium heraus, die in
Kontakt mit »Engeln« stand und selbst kein Ufo gesehen
hatte, sondern nur an jenem Abend eine »Eingabe« bekommen hatte, um sie ihrem »medialen Kreis« weiterzugeben. Frau *Born*, die nächste Zeugin aus *Kaiserslautern*,
sah »eigentlich die *Venus*, nur war sie heller als zuvor«.
Mittels Fernglas habe sie dann die Farben spielen gesehen, mit dem unbewaffneten Auge betrachtet war das
Licht nur »weiß, einfach nur grellweiß«. Sie habe sich
dabei nichts weiter gedacht, meinte sie, es kam ihr aber
dann doch irgendwie »komisch« vor, und so meldete sie
dann ihre Beobachtung der Polizei weiter. Frau *Könings*
ist eine weitere Zeugin, die spätabends, am Sonntag, »so
etwas wie ein Flugzeug, einen auf jeden Fall festen Körper« schattenartig über ihr Haus ziehen sah, drei weiße
Lichter in Dreiecksanordnung im vorderen Bereich und
hinten noch »ein paar bunte Lämpchen«. Ihr kam das Geschehen »wie in Zeitlupe« vor: »Eigentlich war es wie ein
Flugzeug, aber dafür war es wieder zu leise – nur eine Art
Surren war zu hören, ganz fern.« Frau *Hölzer* konnte leider nicht erreicht werden.

Das Bergheimer Ufo entwickelt sich zum Gebirgsmassiv.
Auf den Punkt gebracht, was kam bei der Untersuchung
durch CENAP heraus?

Moment noch. Frau Caspar, die TV-Journalistin, rief mich
freudig an und erhoffte nun Informationen durch mich in
Sachen Ufo-Videofilm zu erhalten. Doch ich mußte sie leider enttäuschen, weil mir immer noch keine Detailangaben durch den Videoamateur Wagner vorlagen. Ich erklärte ihr, was mir besonders wichtig sei, und sie
versprach, sich bei Herrn Wagner zu erkundigen und
auch nach dem Verbleib unseres Fragebogens zu fragen.
Einige Stunden später rief sie nochmals an und verblüffte
mich mit der Information, daß der CENAP-Fragebogen
von Wagner *weggeworfen* worden wäre, nachdem er von
Herrn *Geitz* von MUFON-CES aus *Mühlheim* besucht worden war!

Wir haben schon mitbekommen, daß CENAP nicht gerade
ein Ehebündnis mit den Ufo-Forschern der MUFON-CES ein-
gehen wird. Selbst wenn CENAP und MUFON unterschiedli-
che Erklärungsmodelle für das Ufo-Phänomen parat haben,
warum ständig diese gegenseitigen Sticheleien?

Was der MUFON-Vertreter bei dem Zeugen Wagner wohl
über CENAP gesagt haben mag, darüber können wir nur
spekulieren. Auffallend ist aber schon die Selbstbeweih-
räucherung einiger Autoren von MUFON-CES. In einem
Buch zweier österreichischer MUFON-CES-Autoren lesen
wir: »Es gibt im deutschsprachigen Raum nur eine neu-
trale Ufo-Forschungsorganisation«, gemeint ist natürlich
MUFON-CES. Wir haben noch nie einem Zeugen nahe gelegt, die Fragebögen anderer Gruppen *nicht* auszufüllen
oder gar wegzuwerfen. Nun, dennoch konnte Frau Caspar in Erfahrung bringen, daß das videografierte Phänomen im *Westen* stand, etwa gegen 21 Uhr bei 40–45 Grad

Höhe, und *eine Stunde* lang gesehen wurde. Inzwischen war es am 21. März nochmals gegen 21 Uhr von Wagner in der gleichen Position gesehen worden. Parallel dazu wurde mir zugesagt, die N3-Redaktion vom NDR habe sich um den Film bzw. die Kassette bemüht, und Wagner habe das Band nach Hamburg geschickt.

Sie konnten die Videoaufzeichnungen überprüfen? Was ist darauf zu sehen?
Ja, das konnte ich! Tatsächlich bekam ich nämlich ein paar Tage später das etwa 50sekündige Band bereitgestellt und konnte mir somit selbst einen Eindruck verschaffen. Interessant: Obwohl noch fast das ganze Originalband leer zur Verfügung stand, nahm Wagner nur jene 50 Sekunden auf. Zunächst sieht man den Nachthimmel mit einem gegenüberliegenden Giebeldachhaus in einer sogenannten Totalen, und neben dem hellen Lichtpunkt namens Ufo ist sonst *nichts* weit und breit am westlichen Nachthimmel kurz nach Eintritt der Dämmerung zu sehen! Obwohl die *Venus* sich hier neben dem Ufo befinden müßte und problemlos mit einer Amateurvideokamera aufzunehmen wäre. Dann zoomt Herr Wagner recht bald auf das Lichtobjekt zu, und dann wird es unscharf zu einem Lichtball aufgeblasen, der dann auch schnell die Gitterwerkstruktur unterlegt bekommt. Herr Wagner nimmt zwar kurz den Zoom zurück, aber die Unschärfe bleibt erhalten, dann wird wieder aufgezoomt und alsbald abgeschaltet. Ich war mir nun sicher, hier haben wir es mit dem Jimmy-Carter-Ufo zu tun gehabt – VENUS, die *»Queen of the Ufos«*.

Haben Sie den angeblichen Ufo-Filmer mit Ihrer Erklärung konfrontiert? Was macht Sie so sicher, daß es sich bei dem Ufo nur um die Venus gehandelt haben kann?

Nicht nur wir von CENAP sagen das. Als die Redaktion von N3 vor Ort (in Bergheim) war, um die Zeugen aufzunehmen, bekam natürlich auch der das N3-Fernsehteam begleitende Kameramann den Film zu sehen und war zunächst davon überzeugt, daß das Gebilde ein echtes Ufo sei, »weil man die Venus nur mit einem 2000er-Objektiv so in Golfballgröße aufnehmen kann«. Als mich dann Frau Caspar mit einem anderen Team in Mannheim zum Interview besuchte, war dem nunmehrigen Kameraprofi meine Erklärung sofort verständlich, und er nannte die Aussage seines Kollegen: »Quatsch, der hat das vielleicht mit seiner teuren Profikamera noch nie gesehen gehabt, so daß ihm eine solche Erklärung in den Sinn kam, doch die kleinen Chips verarbeiten solche Informationen nicht richtig und sorgen dann für derart verrückte Muster.« Am 23. April schließlich wurde die *DAS*!-Sendung als Reportagebeitrag ausgestrahlt, wenn auch mit einer überzogenen und unnötig verwirrenden Note. Inzwischen waren bei Herrn Krieger 350 Ufo-Meldungen »binnen einer Woche eingelaufen« gewesen. Herr Wagner wurde nochmals im Hintergarten interviewt, wo er neuerlich jenen »hellen Lichtpunkt, der mir sonderbar erschien«, beschrieb.

Er will ihn ab 20.30 Uhr durch die Äste des Baumwerks seines Gartens gesehen haben, wobei sich der Lichtpunkt »in unbestimmten Zeitabständen« von links nach rechts bewegte, »immer wieder anhielt, näher kam, sich dann wieder entfernte«. Die N3-Beitragssprecherin enthüllte dann noch das große Ufo-Geheimnis: In der fraglichen Zeit habe es einen Stromausfall »über Bergheim« gegeben. Und in der Nacht vom 3. auf den 4. April wurde Wagner wieder von dem Ufo verfolgt. Er war mit einem Geschäftspartner via Pkw auf dem Heimweg, als er den Eindruck hatte, von dem Licht »permanent verfolgt zu werden.« Sie hielten an, und der Begleiter sah dann auch am Nachthimmel »einen ganz hellen Stern, aber das konnte es nicht sein, weil das Licht einfach zu hell und zu groß war für einen normalen Stern«. Dieser Begleiteffekt aufgrund eines fernen astronomischen Körpers ist uns wohl bekannt. Und auch die Darstellung dieser Beobachtung paßt völlig zur *Venus*-Erklärung, die ich gleich darauf mittels eines computerisierten Planetariumsprogramms auf den Monitor zauberte und den Vorfall als fortlaufende Venus-Fehleinschätzung identifizierte. In der Studio-Abmoderation hieß es dann: »Und im Moment ist sie besonders hell, die Venus – eigentlich schade . . .« Tatsächlich, ein außerirdisches »Ufo« war über Bergheim aufgetaucht, wieder einmal aber ganz anders, als die Betrachter in Anbetracht des fehlgedeuteten Himmelsdiamanten vermuteten. Gleich nach der *DAS!*-Sendung rief mich ein Herr an, der sich partout nicht namentlich zu erkennen geben wollte, dafür aber den Ansatz zeigte, ob meiner Feststellung losmeckern zu wollen, so daß ich drohte, das Gespräch nicht weiterzuführen, solange der Anrufer sich nicht identifizierte.

Wer war die unbekannte Phantomstimme?
Die Identifizierung erfolgte nicht, das Gespräch wurde deshalb sofort von mir beendet.

Dürfen wir den Fall Bergheim damit zu den Akten legen?
Noch nicht, weil . . .

Das habe ich befürchtet. Was kommt jetzt noch?
Natürlich war zwischenzeitlich von mir eine Presseerklärung auch an die RTL-*EXPLOSIV*-Redaktion geschickt worden, mit der das Bergheimer Ufo-Phantom zur Aufklärung kam, aber außer den N3-*DAS!*-Zuschauern be-

kam niemand etwas von dem »polizeiamtlich gesuchten Ufo« hinsichtlich seiner realen Natur mit. Man bedenke, daß *EXPLOSIV* im Schnitt *5 Millionen* Zuschauer erreicht . . . Gute Nacht, RTL-Freunde.

Wie schrieb schon ein MUFON-CES-Autorenduo: »Amateurforscher sind sehr wichtig, sofern sie ihre Arbeit aufrichtig und ehrlich erledigen . . . Im Idealfall sollten Amateure und Wissenschaftler zusammenarbeiten. Leider kann man die vorher behandelten Forschungsgruppen (= CENAP, GWUP und GEP) nicht zu den seriösen, unvoreingenommenen Amateuren zählen, mit denen eine Zusammenarbeit auf wissenschaftlicher Basis möglich wäre.« Kein Wunder, wäre dazu zu bemerken, fehlt jenen Amateuren zur Aufklärung von Ufo-Sichtungen doch scheinbar die »intellektuelle Fähigkeit zur Erkenntnis, logisches Denken, ein scharfer Geist und die fachmännische Qualifikation«. Tja, die Zusammenarbeit wurde nach dem Besuch von dem MUFON-CES-Mitarbeiter, Herrn Geitz, in Bergheim quasi in den Müll geworfen, und die mangelhafte fachmännische Qualifikation meinerseits führte zur Aufklärung des Bergheimer Ufos. Somit können sich die Profiastronomen bei MUFON-CES wieder einmal vor Heiterkeit auf die Schenkel klopfen. Oder?

Sind die Ufos Schwindel?

Ufo-Jäger Hansjürgen Köhler und die Studien des deutschen CENAP

»Der Gedanke, daß Ufos außerirdischen Ursprungs sind, ist für mich höchst stimulierend. Gleichzeitig ist es aber eine Möglichkeit, die ich nicht gänzlich ausschließe. Ehrlich gesagt, mir als Seelenarzt war bei der Untersuchung von Ufo-Zeugen die Persönlichkeit der Sichter und deren Tätigkeit ihres Unbewußten Faszination genug. Ich habe deshalb nie versucht, Realität oder Irrealität nachzuprüfen, da es mir bei einer Ufo-Sichtung hauptsächlich um die subjektive Realität geht. Also um jene Wahrheit, die sich eben jeder einzelne Mensch selbst vorstellt.«

Univ.-Doz. Dr. Peter Gathmann, Psychiater, Wiener Allgemeines Krankenhaus, in einem Brief an den Autor vom 15. Mai 1979

Sind bei einer Ufo-Begegnung keine physikalischen Auswirkungen in der Umgebung meßbar, ist man bei der Überprüfung auf direkte Aussagen der Beobachter angewiesen. Was aber ist von den Schilderungen mancher Ufo-Zeugen zu halten? Gibt es ernsthafte Gründe, an der Zuverlässigkeit oder gar am geistigen Zustand der Augenzeugen zu zweifeln? Unterliegen die Berichterstatter einer Art von *halluzinatorischen* Effekten, wie es der berühmte Schweizer Tiefenpsychologe *Dr. Carl Gustav Jung* zu erkennen glaubte?

Wie beurteilen Ufo-Skeptiker das Problem der Zeugenzuverlässigkeit? Kann überhaupt zwischen einer realen Beobachtung und einer Sinnestäuschung unterschieden werden? Oder geht man bei der Bemühung, die Wahrheit zu finden, von bestimmten Vorurteilen aus? Vorurteile, die das abnorme Erlebnis vorweg als »psychologisches« einordnen?

Die beiden amerikanischen Wissenschaftler *Berthold E. Schwarz* und *Henry A. Davidson* konnten in jahrelanger Beobachtung Tausender Patienten keinerlei Anzeichen dafür finden, daß die typischen Ufo-Meldungen auf induzierte psychische Wahnvorstellungen zurückzuführen wären. Die Ufo-Fahnder von dem 1973 gegründeten deutschen *»Centralen Erforschungsnetz außergewöhnlicher Himmelsphänomene«* teilen diese Ansicht nicht und kamen durch eigene Studien zu der Überzeugung, daß fast alle Ufo-Meldungen auf *Fehlwahrnehmungen* zurückgeführt werden können. Warum man bisher keine Hinweise auf Außerirdische fand und welche Untersuchungsmethoden bei der Identifizierung von Ufo-Sichtungen angewandt werden, erklärt uns der Mannheimer CENAP-Mitbegründer **Hansjürgen Köhler** im folgenden Interview:

Mit CENAP verbinden viele Ufo-Interessierte eine Gruppe von Leuten, die alles Außerirdische kategorisch ablehnen. Stimmt das, Herr Köhler?

Das werde ich wohl zurechtrücken müssen. Der Fall Bergheim, den Werner Walter offenlegte, zeigt doch eindeutig, daß in vielen Fällen außerirdische Körper tatsächlich Auslöser für Ufo-Wahrnehmungen sein können. Uns wäre es auch lieber, wenn tatsächlich die Ufo-Frage durch ein exotisches Phänomen von jenseits der Sterne bestätigt werden würde. Im Grunde genommen haben wir ja nichts gegen die Vorstellung, daß intelligentes Leben im Kosmos verbreitet sein könnte – dies ist nicht der Punkt. Eine seriöse Ufo-Phänomene-Untersuchung sollte zunächst darauf hinauslaufen, die Spreu vom Weizen zu trennen, also identifizierbare Flugobjekte von vielleicht

Bild 12: Ufo-Landung? »Nein«, klärt CENAP-Mitbegründer Hansjürgen Köhler auf: »Das ist lediglich eine gut gemachte Trickaufnahme!«

authentischen Unidentifizierten zu trennen. Bisweilen stellte sich für uns jedoch heraus, daß selbst Erklärungen für das bisweilen Unerklärliche möglich sind. Walter hat dies in seinem Buch *»Ufos: Die Wahrheit«* deutlich belegt. Und solange sich *natürliche* und nachvollziehbare Erklärungen finden lassen, gibt es keinerlei Anlaß für geistige Höhenflüge, wie sie leider in der Ufologie auf der Tagesordnung stehen . . .

Ufo-Forschung, was versteht CENAP darunter?
Uns scheint es, als gäbe es hier verschiedene vorherrschende Ansichten und Standpunkte über das, was man so *Ufo-Forschung* nennt. Die meisten Ufologen verstehen unter diesem Begriff das Zusammenbringen von vielen Puzzleteilen zu einem Breitwandbild der Ufos auf Hollywood-Niveau. Wir dagegen gehen zunächst einmal davon aus, die Einzelfälle abzuklopfen, um zu sehen, ob es überhaupt ein derart auslegbares Phänomen gibt. Wir sind an

einer Aufklärung des Ufo-Rätsels interessiert und nicht an der fortgesetzten Ausbreitung eines Mythos. Aufgrund unserer eigenen Analysen- und Recherchenarbeit und aufgrund unseres internationalen Informationsnetzwerkes zu Kollegen in vielen Teilen der Welt besitzen wir einen Einblick in das Phänomen, der uns sehr gut qualifiziert, Einschätzungen und Wertungen vorzunehmen – ja, dafür sind wir durchaus kompetent.

Was sagen Sie den Leuten, die CENAP als »militante Skeptiker« oder gar »Ufo-Feinde« bezeichnen?
Wir verstehen uns selbst als Ufo-Phänomene-Untersucher und als Bestandteil der Ufo-Szene, wenn wir auch nicht gerade ein Liebkind der Ufologie darstellen. Noch nie haben wir einen gläubigen Ufologen geprügelt oder sonst was, noch sind wir »Feinde«. Dagegen gibt es vielleicht so manchen, der unbedingt ein Feindbild braucht, um sich selbst zu legitimieren. Sicher ist, daß das Ufo-Feld von teilweise wahnwitzigen Ufo-Fanatikern bestellt wird. Da soll *Jesus Christus* samt Engelschar in den fliegenden Untertassen stecken, pseudowissenschaftliche Spinnereien werden über »Weltraumbrüder« und ihre Kosmologie abgelassen, und ein kräftiger Schuß Esoterik, Spiritismus und New-Age-Denken sind weitere Bestandteile der Ufologie. Andere Interessierte wiederum versuchen es rein akademisch, scheitern aber schnell an der Realität. Wir haben dies bei Forschern der MUFON-CES gesehen. Das Debakel um den Fotoschwindel beim Fall *Fehrenbach* machte deutlich, daß selbst ein einfaches Kinderspielzeug trotz vorangegangener wissenschaftlicher Computeranalysen zum exotischen Ufo hochgejubelt werden konnte.

Rückschläge oder Fehlinterpretationen können wohl nie hundertprozentig ausgeschlossen werden, auch in der Wis-

senschaft nicht. Aber ist das ein wirklicher Gegenbeweis?
Würden Sie Computeranalysen zur Aufklärung von Ufo-
Mißdeutungen und -Fälschungen grundsätzlich mißtrauen?
Das eben genannte Beispiel *Fehrenbach* ist ein deutliches
Warnsignal, nicht allzu viele Hoffnungen in den Zauber-
kasten der Moderne hineinzustecken. Natürlich gibt es
Ebenen, wo die Verwendung des Rechners und entsprechender Bildbearbeitungs-Software nützlich ist. Zum
Beispiel dann, wenn man versucht, Aufhängevorrichtun-
gen sichtbar zu machen oder um die Entfernungsdimen-
sionen des fraglichen Körpers auf dem Fotomaterial festzustellen. Und auch wenn alles gut ausschaut und
keinerlei Hinweis auf einen Schwindel augenscheinlich
festzustellen ist, muß man vorsichtig sein und die erfah-
rungswissenschaftliche Erkenntnis berücksichtigen, daß
die meisten Fliegenden-Untertassen-Bilder sich als
Schwindel entpuppt haben.

Die meisten, aber eben nicht alle. Was verstehen Sie unter
dem Begriff Ufo, Herr Köhler?
Ufo steht für *unidentifiziertes Flugobjekt*, der Begriff
stammt aus dem amerikanischen Fliegerjargon und ist zunächst neutral gehalten und auch so gemeint. Zurück zum
Ufo im ureigensten Sinn. Eine Erscheinung im Luftraum,
die dem Betrachter anomal vorkommt. Leider ist von Anfang an der Ufo-Begriff mit den *fliegenden Untertassen* aus
Hollywood gleichgesetzt worden, so daß ein ganz bestimmtes und *vorurteilsbelastetes* Bild in der Öffentlichkeit entstand. Gegen diesen falschen Eindruck haben leider die Ufologen der ersten Jahrzehnte nichts unternommen und selbst alles dazu beigetragen, um dieses Trugbild sogar noch zu bestärken. Jetzt haben wir den Salat.
Und die Salatsoße kommt dann noch hinzu, wenn Ufo-
»Experten« einige Ifos, als identifizierbare Objekte, nicht

kennen und somit Ifos zu Ufos machen und sie auf diese Weise häufig als etwas Außerirdisches absegnen.

Gibt es bei CENAP *eine Ablehnung gegenüber allem Unerklärlichen, egal, ob nun außerirdische oder unbekannte Naturphänomene?*

Was die Vorwürfe der Ufologen gegenüber uns Skeptikern und auch Kritikern angeht, so nehmen wir dies inzwischen ziemlich gelassen hin. Man muß durch die Einzelfalluntersuchung jeweils abklären, was die Ursache für die jeweilige Erscheinung gewesen ist. Kommt uns dann mal ein *Kugelblitz* unter oder *echte* außerirdische Besucher, dann wäre das für uns kein geistiger Rückgratbruch. Wir haben kein egozentrisches Weltbild. Sicher werden Sie jetzt nach den *Entführungsfällen* fragen, nach *Roswell* und den *Kornkreisen* im Acker, das kennen wir schon.

Herr Köhler, Sie haben ja übersinnliche Hellseherbegabung! Gerade wollte ich Sie nach den Ufo-Entführungsfällen fragen. Nimmt man die Vielzahl der geschilderten Erlebnisse mit fremden Wesen ernst, tut man sich schwer, nur von einem Naturphänomen zu sprechen. Und was ist mit den Außerirdischen von Roswell, die 1947 angeblich samt ihrer Untertasse abgestürzt sein sollen?

Roswell ist für uns längst eine eher langweilige Story geworden und mit einem niedergegangenen großen *Spionageballon* erledigt – selbst damals, also 1947, hat sich kein Ufologe um den Fall gekümmert, warum heute die Aufregung? Ganz einfach: Die ufologische *Beweisnot* zwingt zur Flucht zurück ins Dunkel der Vergangenheit. Die Kornkreise halten wir seit *John Macnishs* hervorragendem Aufklärungsvideo *»Revelations«* für durchweg *menschliche* Landart, also für Kunst der Veräppelung im

Korn. Aufgrund der »geisterhaften« Begleitumstände vorgeblicher Entführungen stehen wir in Einklag mit den Kollegen von der Lüdenscheider Ufo-Gruppe GEP und mit dem Ufo-Fachbereich der Darmstädter GWUP, die dieses Phänomen grundsätzlich im Sektor *Parapsychologie* orten, auch wenn es aus dem Ufo-Mythos heraus entsprungen ist.

Kritiker Ihrer Ufo-Organisation fragen sich, was CENAP eigentlich erforschen will? Geht CENAP tatsächlich schon vorweg davon aus, daß es sich bei einer vermeintlichen Ufo-Sichtung um eine Fehldeutung, einen plumpen Trick oder um ein Naturphänomen handelt? Anders gefragt: Gibt es einen von Ihnen untersuchten Ufo-Fall, wo Sie eingestehen mußten: »Ja, hier konnten wir bis heute keine plausible Erklärung finden«?

Ein interessanter Komplex, Herr Habeck, den Sie hier anschneiden. Was wir erforschen wollen, ist doch klar – das Ufo-Phänomen und nicht das Ungeheuer von *Loch Ness* oder die spukende Oma Klara in Neffe Kais altem Haus. In den vergangenen 20 Jahren haben wir sehr viel gelernt und nützliche bzw. wertvolle Erfahrungen gewonnen, die uns leider skeptisch werden ließen. Natürlich muß man bei jedem neuen Vorfall erst die Details erfahren, um danach eine Bewertung vornehmen zu können. Dies ist genau das, was wir machen: *Daten* und *Fakten* sammeln, *dann* Bewertungen anstellen, die auf unserer persönlichen Erfahrung im Umgang mit bisherigen Ufo-Meldungen nicht nur aus Deutschland basieren.

Gibt es nun einen ungeklärten Ufo-Fall bei CENAP?
Wer weiß, daß im Gesamtanteil des Ufo-Phänomens (selbst bei großzügiger und wohlwollender Schätzung) 90 bis 95 Prozent aller Meldungen durch Ifos entstanden

sind, der muß betulich und vorsichtig agieren, weil er jederzeit auf ein nicht erkanntes Ifo hereinfallen kann, ganz zu schweigen von einem Schwindel (siehe Fall *Fehrenbach*). Natürlich muß man dann vorweg von einem gewissen Verdacht an die Einzelfalldarstellung herangehen und prüfen, ob hier vielleicht wieder ein *nicht erkanntes Ifo* im Spiel sein könnte. Tatsächlich kommt es gelegentlich vor, daß ein Zwischenfall nicht so schnell von uns aufgeklärt werden kann. So lange muß er als Ufo gewertet werden. Die Sichtungen von *Greifswald* sind ein schönes Beispiel dafür. Vier Jahre lang haben wir uns die Frage gestellt, was wirklich im August 1990 über der Ostseeregion passierte. Wir konnten uns einfach keinen Reim darauf machen. In dem Buch *»Ufos: Die Wahrheit«* hat Werner Walter den Fall bestens dokumentiert, und schließlich haben wir eine überraschende Erklärung gefunden. Sowjetische Kriegsschiffe auf polnischem Seegebiet schossen Spezial-Leuchtkörper in die Höhe; diese flammten einzeln am Himmel auf und segelten dann an überdimensionalen Fallschirmen herab.

Angenommen, Sie hätten selbst ein rätselhaftes Flugobjekt vor Augen: Wie würden die Ufo-Entlarver des CENAP reagieren?
Wissen wir selbst nicht so genau. Wahrscheinlich wie jeder andere auch, der der festen Meinung ist, etwas absolut Tolles und Unnatürliches beobachtet zu haben. Aufbrüllen und rufen: »Wahnsinn!« Warten wir also den Fall der Fälle ab, die Chancen hierfür sind aber wahrscheinlich eher schlecht.

Werner Walter und ich standen schon einmal kurz davor, an ein »echtes« Ufo zu glauben. Das war, als wir vor vielen Jahren bei einer Silvesterparty einen gespenstischen, orangerot glühenden Feuerball sahen, der scheinbar größer als der Vollmond war und sich langsam über einem Straßenzug bewegte. Das »Ding« mutete so an, als sei es intelligent gesteuert. Es stieg bei einem alten Wasserturm hoch, umkreiste diesen einmal und flog dann flott zur niedrigen Wolkendecke hoch. Nach vielleicht zehn Minuten verschwand das »Ufo«. Da hat uns schon das Herz gepocht, und wir haben Stein und Bein geschworen, daß dies ein wirkliches Ufo sei. Doch bald darauf stellte sich heraus, daß es sich um einen kleinen *Miniatur-Heiß-luftballon* handelte. Das wirklich Verrückte aber will ich zusätzlich berichten: Wir haben uns dann selber einen solchen kleinen Ballon besorgt und drei Wochen später hochsteigen lassen. In der Nachbarschaft sah dies eine Polizeistreife und meldete ebenfalls ein Ufo, weswegen sogar in der Region Ufo-Alarm ausgelöst wurde. Aus diesem Vorfall hat CENAP seine Lehren gezogen und versteht seither auch die Psychologie von Ufo-Zeugen.

Konnte das »Centrale Erforschungsnetz außergewöhnlicher Phänomene« bei Ufo-Untersuchungen ebenso außergewöhnliche Ergebnisse erzielen? Böse Zungen behaupten ja, CE-NAP *hätte sich im »Netz« verfangen. Halten Sie alle Ufo-Zeugen für Spinner?*
Natürlich sollte die Erforschung des Ufo-Phänomens darauf hinauslaufen, Rätsel zu knacken, und dies ist uns in vielen Fällen auch gelungen. So haben wir den eben erwähnten Miniatur-Heißluftballon als Ufo-Stimulus entdeckt, schließlich »verschuldet« er etwa 20 bis 25 Prozent aller Beobachtungen. Wir gehörten mit zu den ersten Forschern, die mit den *Sky Trackern* von Diskos etc. konfrontiert wurden und diese als gewichtigen Teil des Ufo-Spuks erkannten.

Wir haben den Fall Greifswald aufgeklärt. Wir waren bisher die einzigen privaten Ufo-Forscher, welche einmal ins *Bonner Verteidigungsministerium* eingeladen wurden, um einen Erfahrungsaustausch mit dem Führungsstab der Luftwaffe in Sachen Ufos vorzunehmen. Und da gibt es noch ein paar Kleinigkeiten, wie z. B., daß *wir* es waren, welche die Renaissance der Ufologie ausriefen und eine neue Generation von Ufo-Phänomene-Untersuchern anführen, die mit beiden Beinen fest auf dem Boden der Realität stehen. Dies wird von den meisten »Kollegen« im Feld leider falsch verstanden und als kontraproduktiv angesehen, ja wir werden sogar als Nestbeschmutzer betrachtet. »Debunker« nennt man uns, also solche Typen, die vorurteilsbelastet einfach zu allem a priori *Nein* sagen und auf Teufel komm raus Ufos »entlarven« bzw. wegerklären wollen, wobei wir dies angeblich aus ideologisch beschränkten Gründen mangels eines gewissen Geisteshorizonts tun. Frei nach dem Motto: Was nicht sein kann, darf nicht sein. Das ist alles purer Unfug, Quatsch und wird als unterschwelliges Politikum gegen uns aufgezogen. Uns geht es nur darum, mitzuhelfen, das Ufo-Phänomen aufzuklären. Leider lassen die bisherigen Ergebnisse keinen eindeutigen Schluß auf die Existenz eines bisher unbekannten »exotischen Phänomens« zu. Solange es Gegenargumente und Fragen gibt, die wir stellen müssen, so lange ist es eben Essig mit den außerirdischen Besuchern. Um diesen Zustand zu beenden, muß sich das Ufo-Phänomen ändern, dann sind auch wir ohne Zweifel dazu bereit.

Was die Ufo-Zeugen anbelangt: Zwar haben viele eine vorgefaßte Meinung zu dem von ihnen beobachteten Objekt, aber sie grundweg für Spinner zu halten, ist keineswegs gerechtfertigt. Da stellen wir uns stets auf die Seite der meisten Augenzeugen und verteidigen sie. Auf viele Spinner stößt man hingegen in der ufologischen Szene. Das läßt sich leider nicht anders sagen, und jeder, der einmal unbelastet eine Ufo-Konferenz besucht hat, wird diese wahrscheinlich kopfschüttelnd und klammheimlich verlassen. Unvernunft reagiert bedauerlicherweise in weiten Kreisen die Ufologie, Scharlatane und Egomanen versauern zusätzlich das Gebräu. Ignoranz wird zum inneren Maßstab erhoben, Andersdenkende wie wir verteufelt. Das Ufo-Problem ist nicht am Himmel zu suchen, sondern wohl eher in so mancher irdischen Seele.

Abschließend möchte ich Sie noch fragen, wohin sich Ufo-Sichter oder interessierte Leser Ihres »CENAP Reports« wenden können?
CENAP erreicht man entweder über Werner Walter, Eisenacher Weg 16, D-68309 Mannheim. Oder über meine Anschrift: CENAP, c/o Hansjürgen Köhler, Limbacher Straße 6, D-68259 Mannheim. Hier können weitere Infos über unsere Ufo-Ermittlungen eingeholt werden.

Geheimwaffe Ufo

Radarexperte Oberst Friedrich Wieser über ungebetene
»Gäste« im österreichischen Luftraum

*»Es gibt Ufos! Allerdings ordne ich solche Objekte in die
Gruppe der Aufklärungs- oder Beobachtungsflugzeuge ein, die
in großen Höhen operieren und unter dem Kommando von Geheimdiensten stehen. Warum? Einfach deshalb, weil sie Spio-
nagezwecken dienen. Natürlich kann es sich ebenso um Test-
bzw. Entwicklungsflugzeuge der NASA handeln, also Spezial-
flugzeuge, die dem Weltraumprogramm dienen. Es sind Objekte, die der Fluglotse durchaus am Radar registrieren kann.
Er meldet die Sichtung des unbekannten Flugobjekts dann seiner Behörde. In Österreich ist das nicht gegeben, aber z. B. in
Amerika wird die Meldung sofort an die Regierung oder den
CIA weitergeleitet. Für diese Leute ist das betreffende Objekt
sehr wohl bekannt, jedoch für den Fluglotsen, der es am Radar
sichtet, wird es immer nur ein Ufo bleiben.«*

Cheffluglotse Hans Bauer, Flughafen Schwechat, 1990 in
einem Interview mit dem Autor

Schon lange vor der offiziellen Geburt des Ufo-Phänomens im Jahr 1947 kam es zu Begegnungen mit unheimlichen Himmelserscheinungen. Ende des Zweiten Welt-
krieges flogen unerklärliche Feuerkugeln neben Flugzeugen her, die sogenannten *Foo Fighters*. Die geheimnisvollen Lichter sorgten sowohl auf dem europäischen als auch
auf dem pazifischen Kriegsschauplatz zur Verblüffung
und Aufregung zu einem Zeitpunkt, wo das Radar, Dü-
senflugzeuge, Überschallraketen und die Atombombe gerade erst im Entwicklungsstadium waren. Alle diese
technischen Neuheiten galten als *Geheimprojekte*. Es
überraschte daher nicht, daß die Erscheinungen der Foo

Fighters mit einer neuen Geheimwaffe der Gegenseite in Verbindung gebracht wurden. Nachkriegsdokumente belegen jedoch, daß auch die Gegenseite Begegnungen mit unerklärlichen Leuchtkugeln hatte und ihrerseits glaubte, es handle sich um eine alliierte Geheimwaffe. Dasselbe gilt für amerikanische und japanische Sichtungen solcher Foo Fighters im Pazifik.

Trotz der deutlichen Widersprüche halten sich seit Kriegsende die Gerüchte, daß innerhalb eines speziellen Forschungsprojekts »fliegende Untertassen« unter strengster Geheimhaltung entwickelt und gebaut werden. Ist die irdische Technologie tatsächlich so weit fortgeschritten, daß der Bau von Flugmaschinen mit ungewöhnlichem Flugverhalten und Aussehen möglich ist? Wurden deshalb derartige Flugkörper bei Testflügen für Ufos gehalten? Sind die Ufos irdische Geheimwaffen?

Ich habe den ehemaligen Oberst des österreichischen Generalstabes, **Friedrich Wieser**, mit dieser Frage konfrontiert. Die »Einsatzzentrale Luft« stand unter seinem Kommando. Oberst Wieser hat viele Jahre militärische Radarpraxis hinter sich. Seine Beobachtungsfähigkeit steht außer Zweifel. Oberst Wieser war selbst Augenzeuge einer rätselhaften Erscheinung. Er beobachtete in unmittelbarer Nähe ein seltsames Phänomen, das mit Sicherheit keine optische Täuschung, die Venus oder ein Spionageballon gewesen sein konnte. Oberst Wieser entsinnt sich noch genau an die unheimliche Begegnung.

Herr Oberst, Sie waren selbst Zeuge eines unbekannten Phänomens. Können Sie unseren Lesern beschreiben, was Sie damals erlebt und gesehen haben?
Ich erinnere mich noch sehr gut an die mysteriöse Erscheinung. Ich war am 10. Oktober 1977 mit meinem Wagen unterwegs in Niederösterreich. Es war Nacht, der

Horizont war bedeckt mit Wolken, und es regnete leicht. Plötzlich wurde ich durch den Widerschein in einer Fensterfront auf eine extrem helle Lichtquelle aufmerksam. Ein Feld von Pkw-Größe strahlte dort *bläulich-weiß* in der Stärke mehrerer Hochdrucklampen. Ich vermutete einen Unfall und öffnete das Wagenfenster. Plötzlich sah ich, daß sich das Gebilde wie unzählige Fäden zusammenzog, immer kleiner wurde und als Art Kugel mit einer irrsinnigen Geschwindigkeit wegsprang. Beim Wegspringen wechselte das Objekt die Farbe, wurde immer gelber, orange und rot. Auf einen diffusen Lichtkörper geschrumpft, flog das Gebilde nach Farbveränderung schräg davon und setzte in zwei bis fünf Kilometer Entfernung ostwärts auf der Bundesstraße wieder auf. Dann wechselte die Erscheinung neuerlich die Farbe von Rot ins Orange und Gelb, blieb kurze Zeit als gleißendes Licht stehen und zog sich wieder zusammen. Danach flog das Ding schräg vertikal empor, wurde rötlich und verschwand. Die Erscheinung dauerte nicht länger als eine Minute, ohne daß ein Geräusch wahrgenommen werden konnte.

Haben Sie eine Erklärung für Ihre Beobachtung?
Ich weiß nicht, was das für eine Erscheinung war, aber Außerirdische waren es bestimmt nicht! Ein Ufo? Kommt immer darauf an, was man unter dieser Bezeichnung versteht. Ein Physiker der Wiener Universitätssternwarte hat meine Beobachtung untersucht. Er kam zu dem Schluß, daß es sich aller Wahrscheinlichkeit nach um ein *kugelblitzähnliches* Phänomen gehandelt haben mußte.

Was ist nun ein Ufo für Sie, Herr Oberst?
»Unbekannte Flugobjekte«, besser jedoch »unbekannte Lichterscheinungen«, gab es immer schon und wird es

immer geben. Was im Einzelfall dahinter steckt, wird leider selten, aber doch hin und wieder geklärt. Vielleicht ist die Technik in einigen Jahrzehnten so weit, daß man für derartige Phänomene stichhaltige Beweise vorlegen kann. Derzeit wissen wir einfach noch zuwenig über den möglichen Ursprung solcher Erscheinungen.

Sie sind ein Radarfachmann. Was halten Sie von dem Gedanken, daß Ufos eine Geheimwaffe der Amerikaner oder anderer Staaten sind? Ist es möglich, einen Teil der registrierten Ufo-Meldungen als Spionageflugzeuge zu entlarven?

Spionageflugzeuge, im militärischen Sprachgebrauch nennt man sie *Aufklärungsflugzeuge*, scheiden im Zeitalter der Satelliten als Ufo-Beobachtungen nahezu aus. Sie sind aber dann nicht auszuschließen, wenn es einem Staat (oder Bündnissystem) gelingt, ein völlig *neuartiges* Luftfahrzeug zu konstruieren. Die von den Amerikanern lange Zeit geheim gehaltenen *Tarnkappenbomber* sind vielleicht ein Beispiel dafür. Es müßten also Flugkörper sein, die in bezug auf *Ceiling* (Dienstgipfelhöhe) und Geschwindigkeiten gegenüber den Flugzeugen anderer Staaten (Bündnissysteme) eine eindeutige und gewaltige Überlegenheit – somit auch Unverwundbarkeit, weil vorderhand unnachahmbar – aufweisen.

Angenommen, Ufos fliegen in Österreich ein und werden auf den Radarschirmen registriert. Welche Anordnung würden Sie als Oberst der Luftstreitkräfte geben? Würden Sie Abfangjäger losschicken?

Ich meine, es sollte nicht das Bestreben eines neutralen Landes sein, unbekannte Flugkörper abzuschießen. Ufos im militärischen Sinn werden wie alle nicht identifizierten Flugziele behandelt, das heißt, es werden *alle* zu Gebote stehenden Mittel eingesetzt, um die Identifizierung und somit eine Aufklärung fremder Himmelskörper zu ermöglichen. Aufgrund meiner langjährigen Erfahrung bin ich zur Überzeugung gelangt, daß sogenannte Ufos (für die es keine natürliche Erklärung gibt, also jene, die weiterhin unbekannt bleiben) aus welchen Gründen auch immer mit Radar nahezu nie erfaßt werden.

Abschließend noch eine Frage: Beschäftigt man sich innerhalb der militärischen »Einsatzzentrale Luft« intensiv mit der Ufo-Problematik?
Ich denke, die Frage ist bereits beantwortet, und so kann ich nur noch einmal betonen: Die militärische Luftraumüberwachung hat den Auftrag, *alle* in den österreichischen Luftraum einfliegenden Flugziele zu erfassen und zu identifizieren – egal, ob es sich dabei um laterale oder um vertikale handeln sollte.

Stellungnahme auf höchster Ebene

Das ehemalige österreichische Staatsoberhaupt Dr.
Rudolf Kirchschläger und der Dachstein-Zwischenfall

*»Hinsichtlich Ihrer Frage der Behandlung des Ufo-Themas in
den Vereinten Nationen übermittle ich Ihnen in der Anlage den
Text der Entscheidung 33/426 vom 18. Dezember 1978. Wie
Sie daraus ersehen können, wurde der Ausschuß für die friedliche Nutzung des Weltraums beauftragt, sich noch in diesem
Jahr mit der Frage zu befassen. Auch werden die Mitgliedstaa-
ten darin aufgefordert, dem Herrn Generalsekretär alle Informationen über Ufos und überirdische Erscheinungen mitzuteilen.«*

Angela Knippenberg-Uther im Auftrag des damaligen
UN-Generalsekretärs Dr. Kurt Waldheim, in einem Brief an
den Autor vom 5. April 1979

Ende der siebziger Jahre ließ eine Sensationsmeldung in
den Massenmedien aufhorchen: Eine Gruppe *»Bürger gegen Ufo-Geheimhaltung«* zwang den amerikanischen Ge-
heimdienst CIA (Central Intelligence Agency) durch ein
Gerichtsurteil zur Freigabe brisanter Ufo-Dokumente. Einem Beschluß aus dem Jahre 1977 zufolge müssen in den
USA Akten, die nicht aus sicherheitspolitischen Gründen als »geheim« eingestuft worden sind, der Öffentlichkeit bekannt gegeben werden. Bis dahin wurde jegliches
Interesse an der Ufo-Frage von offiziellen Regierungsstellen bestritten. Wie begegnet man der Ufo-Problematik in
Europa? Sind unsere Regierungen über das Phänomen informiert? Geistern »Untertassen«-Berichte durch die Mi-
nisterien? Wissen staatliche Behörden über das Phänomen besser Bescheid, als offiziell zugegeben wird? Eine

Ufo-Begegnung hoch über dem österreichischen Dachsteingebiet läßt diesen Verdacht aufkommen. So dokumentierte das *Bundesministerium für Landesverteidigung* großes Interesse an der Aufklärung rätselhafter Luftphänomene.

Am 25. Juli 1983 erklärte dazu der Chef des österreichischen Generalstabes, Major *Pucher*, in einem Schreiben an den Wiener Astrophysiker *Dr. Karl Grün* unter anderem: »Wir setzen große Hoffnung in die vollständige Inbetriebnahme des Überwachungssystems *Goldhaube*, wodurch wir erwarten, auch den Ufo-Erscheinungen vermehrtes Augenmerk beimessen zu können. Die eventuelle Erkennung von Ufos aufgrund Radarechos allein wird uns noch nicht sehr viel weiterhelfen. Erst die geeigneten fliegerischen Mittel (›Abfangjäger‹) dürften das österreichische Bundesheer in die Lage versetzen, eine klare Identifizierung vorzunehmen. Damit wird auch diese neutralitätspolitische Lücke geschlossen werden. Wir dürften dann doch, soweit es die geografische Enge des österreichischen Territoriums zuläßt, in der Lage sein, auch Neutralitätsverletzungen durch *extraterrestrische* Fahrzeuge zu identifizieren und geeignet erscheinende Maßnahmen zu setzen.«

Major Pucher wünschte sich damals »geeignete fliegerische Mittel« aus gutem Grund. Am 7. Mai 1980 war Österreichs Luftwaffe über dem Dachstein auf turbulenter Ufo-Jagd, jedoch nicht imstande, den unbekannten Eindringling einzuholen oder gar zur Landung zu zwingen. Da Österreichs Luftwaffe zu diesem Zeitpunkt noch ohne »*Draken*«-Abfangjäger ausgerüstet war, mußten »ungebetene Gäste« mit Düsenflugzeugen des Typs »*SAAB 105-OE*« identifiziert werden. Der Zwischenfall hoch über dem Dachstein sorgte für Schlagzeilen: Um 15.50 Uhr war eine Verkehrsmaschine der *KLM* in etwa

Bild 13: Schlagzeile der auflagenstarken österreichischen Tageszeitung »Kurier«.

10 000 Meter Höhe in der Weststeiermark unterwegs. Plötzlich hatte die Besatzung Sichtkontakt mit einem unbekannten Objekt, das die Piloten später übereinstimmend als »rund und schwarz« beschrieben. Die Flugsicherung *Wien-Schwechat* alarmierte die Militäreinsatzzentrale. Sofort wurden zwei »SAAB«-Aufklärungsflugzeuge in das betreffende Gebiet entsandt. Der Versuch, das unbekannte Objekt zu stellen, scheiterte kläglich. Mit den schnellen Ufo-Manövern konnten die »SAAB«-Maschinen nicht mithalten, die Verfolgung wurde deshalb abgeblasen. Doch kaum zwei Stunden später gab es neuerlich Ufo-Alarm. Diesmal war es die Besatzung einer *»Lufthansa«*-Verkehrsmaschine, die den seltsamen schwarzen Flugkörper über dem Dachstein sichtete. Wieder wurde ein »Abfangjäger« losgeschickt, ausgerüstet mit einem sogenannten *Fotoaufklärer*, der das Ufo bildlich »festhalten« sollte. Nach Aussagen der Piloten flog das rätselhafte Objekt »mindestens dreitausend Meter höher als unsere Maschinen«.

Bild 14: »Wer sich ehrlich um Erkenntnis von Ufo-Erlebnissen bemüht, sollte nicht ins Lächerliche gezogen werden«, stellt das ehemalige Staatsoberhaupt von Österreich, Dr. Rudolf Kirchschläger, klar.

Verwundert war man auch über die mit dem »Fotoaufklärer« gemachten Filmaufnahmen. Sie erwiesen sich nach Entwicklung als völlig unbrauchbar. Bei den Militärbehörden in Österreich hatte man inzwischen auf »Alarmstufe Rot« geschaltet. Verteidigungsbereitschaft wurde angeordnet. Der Bundeskanzler als Regierungschef sowie Verteidigungs-, Außen- und Innenminister waren informiert – ebenso das damalige österreichische Staatsoberhaupt, Bundespräsident **Dr. Rudolf Kirchschläger**. Die Angelegenheit sollte geheim gehalten werden. Daß die Sache dennoch publik wurde, ist dem aufmerksamen Journalisten *Peter Krassa* zu verdanken, der seine guten Kontakte zu offiziellen Stellen der Luftfahrt zu nutzen wußte. Offiziell versuchte man den Vorfall freilich herunterzuspielen. Ein von Krassa verfaßter Artikel in Österreichs auflagenstarker Tageszeitung *»Kurier«*

wurde sofort dementiert. Ministerialrat *Johann Ellinger*, Pressereferent im Verteidigungsministerium, damals vorwurfsvoll zum »Kurier«: »Ihretwegen hat es bei uns jetzt an die 120 Telefonate gegeben.« Ellinger und die Militäreinsatzzentrale behaupten nach wie vor, bei dem »runden schwarzen Ding« habe es sich lediglich um einen *Wetterballon* gehandelt. Dieser Behauptung widerspricht allerdings das ungewöhnliche Flugverhalten des Luftphänomens. Zudem mutet es seltsam an, daß es Österreichs Luftverteidigung nicht einmal gelang, einen Wetterballon zu fotografieren und diesen ungebetenen Besucher vom Himmel zu holen. Es gibt deshalb berechtigte Zweifel an der Ballonversion. In einem Aktenvermerk, *Zahl 70.186/13-25* aus dem Jahre 1983, vom *Bundesministerium für Wissenschaft und Forschung*, heißt es dazu freimütig: »Ein Hauptproblem des Ufo-Phänomens liegt darin, aus der großen Menge von Berichten, die tatsächlich ›identifizierbare‹ Objekte darstellen, die wenigen noch nicht identifizierbaren Fälle auszusondern.« Offen bleibt die Frage: Welche Identität hatte der schwarze Fremdkörper über dem Dachstein wirklich?

Die Präsidentschaftskanzlei war 1980 von dem Ufo-Zwischenfall, der Österreichs Gemüter erregte, unterrichtet worden. Was sagt das damalige Staatsoberhaupt und ehemals oberster Befehlshaber des österreichischen Bundesheeres, *Dr. Rudolf Kirchschläger*, zu den Ufo-Aktivitäten? Glaubt der Politiker an Außerirdische? Von 1974 bis 1986 war Dr. Kirchschläger erster Mann im Staate Österreich und erwarb sich durch seine Menschlichkeit und tadellose Amtsführung im In- und Ausland großes Ansehen.

Bevor er seine politische Karriere startete, war er Gemeindesekretär, Bankbeamter, Soldat, Staatsanwalt und Richter. *Bruno Kreisky* hatte 1953 noch Bedenken, ob denn Kirchschlägers Arbeit als kleiner Richter in Langenlois dafür genüge, ihn für eine wichtige Position im Außenministerium zu verwenden. Doch der Mann aus der Provinz konnte den Weltbürger Kreisky schnell von seinen Qualitäten überzeugen. Der frisch gebackene Außenminister Kreisky bestellte ihn 1960 zu seinem Kabinettschef und holte ihn 1970 als Außenminister in seine Regierung. 1974 schlug er ihn für das Amt des Bundespräsidenten vor. Kirchschläger diente zwölf Jahre, zwei Amtsperioden lang, und avancierte zu Österreichs populärstem Bundespräsidenten. Heute genießt das ehemalige Staatsoberhaupt sein verdientes Pensionistendasein. Wie Dr. Rudolf Kirchschläger über Ufos denkt, erfahren wir nun in seiner schriftlichen Stellungnahme exklusiv:

Herr Dr. Kirchschläger, Sie wissen von dem rätselhaften Flugkörper, der im Mai 1980 »Ufo-Alarm« auslöste? Abfangjäger verfolgten das Objekt, konnten es jedoch nicht einholen. Das Verteidigungsministerium sprach von einem »Wetterballon«. Wäre es nicht denkbar, daß der Himmelskörper ein unbekanntes Phänomen darstellte?

Das von einer KLM-Maschine gesichtete Flugobjekt befand sich einige Stunden im Raum Salzkammergut/Ennstal, löste aber keinen, wie Sie schreiben, »Ufo-Alarm« aus. Vielmehr wurden auf diese Meldung hin drei im Rahmen einer zu dieser Zeit durchgeführten Übung der Fliegerkräfte eingesetzte Flugzeuge des Typs »SAAB 105-OE« zur Identifizierung des gemeldeten Flugobjektes beordert. Das Flugobjekt wurde seinem Flugverhalten nach als Wetterballon eingeschätzt. Es sei jedoch nicht auszuschließen, daß es sich auch um ein physikalisches bzw. meteorologisches Phänomen gehandelt haben könnte.

Ein »Abfangjäger« war bei der Verfolgung mit einem »Foto-aufklärer« ausgerüstet. Wie ist es möglich, daß man von ei-nem »gewöhnlichen Wetterballon« kein geeignetes Foto machen konnte?

Das Düsenflugzeug »SAAB 105-OE« kann als Bildaufklä-rer mit Fotokameras ausgerüstet werden, welche für Luftbildaufnahmen der Erdoberfläche ausgelegt sind. Zum Fotografieren von in der Luft befindlichen Objekten erscheinen diese Kameras sowohl zufolge der Anbrin-gungsart als auch der technischen Auslegung doch sehr ungeeignet. Ganz besonders dann, wenn sich das zu foto-grafierende Flugobjekt in erheblich größerer Höhe befin-det als das Flugzeug. Dadurch konnte offensichtlich kein identifikationseigenes Foto gemacht werden.

Was auch immer das »Dachstein-Ufo« wirklich war: Es gibt Himmelserscheinungen, die wir in manchen Fällen nur unbefriedigend oder überhaupt nicht identifizieren können. Ohne daß Sie gleich an Außerirdische denken müssen, was halten Sie vom Ufo-Problem? Alles Unsinn?

Ich wage es mit meinem Wissensstand nicht, eine defini-tive Aussage über Existenz oder Nichtexistenz »unbe-kannter Flugobjekte« zu treffen. Eines ist aber gewiß: Die Welt ist trotz der großartigen Entdeckungen, die ge-macht wurden, noch voller Geheimnisse. Die Kosmologie hat mit *Teilhard de Chardin* sehr weite Tore aufgestoßen. Es bleibt weiterhin noch viel zu forschen und zu den-ken.

Soll man Ufo-Erlebnisse ernst nehmen?

Wer sich ehrlich um Erkenntnis bemüht, soll nicht ins Lächerliche gezogen werden. Natürlich muß es jedem einzelnen überlassen bleiben, wie weit er dem Zeugnis anderer Menschen Glauben schenkt. Alles, was außergewöhnlich und unfaßbar ist, bedarf aber zwangsläufig einer starken Prüfung auf Echtheit.

Herr Dr. Kirchschläger, können Sie sich vorstellen, daß man eine Behörde ins Leben ruft, die sich der Erforschung mysteriöser Luftphänomene widmet?
Vorstellen kann ich mir das schon. Ich persönlich würde allerdings bei einer Reihung der Dringlichkeit anderen uns gegenwärtig begegnenden Problemen den Vorzug geben. Ich möchte deshalb einer Beauftragung für eine staatliche Stelle mit der Forschungsaufgabe »Unbekannte Flugobjekte« in Österreich nicht das Wort reden. Freilich bleibt es im Zuge der Freiheit der Forschung jedem Forscher und damit auch zum Beispiel jedem Universitätsinstitut, das über einschlägige Kenntnisse verfügt, unbenommen, sich mit dieser Frage auch zu befassen.

Kam Ihnen schon einmal der Gedanke, einem außerirdischen Bundespräsidenten die Hand zu schütteln? Gibt es intelligente Zivilisationen im All? Oder sind wir allein im Universum?
Ich habe mir bei der Beurteilung der Möglichkeit, daß im Kosmos auch noch andere intelligente Lebensformen existieren können, noch keine endgültige Meinung gebildet. Kategorisch ausschließen möchte ich die Möglichkeit anderer Weltraumwesen jedoch nicht.

Die Ufo-Akten des KGB
und der Stasi

Mysterienforscher Thomas Mehner und die Ufos unter
Hammer und Sichel

> *»Das Komitee für Staatssicherheit teilt Ihnen mit, daß es nicht*
> *für die Sammlung und Analyse primärer ufologischer Daten*
> *(sogenannter unidentifizierbarer fliegender Untertassen) zu-*
> *ständig ist. Jedoch erhält das KGB der UdSSR Informationen*
> *von verschiedenen Körperschaften und Bürgern über dieses*
> *Phänomen. Ich übersende Ihnen einige Kopien oben erwähnter*
> *Berichte. Sie sind bereits vom Staats-Wissenschafts- und For-*
> *schungsinstitut im Marsh-Gebäude, Kaliningrad, angefordert*
> *worden. Anlage: 124 Seiten, unklassifiziert, persönlich, 1 Ko-*
> *pie.«*

Genosse N. A. Sham, stellvertretender Direktor des
Komitees für Staatssicherheit der UdSSR, in einem Brief an
den Kosmonauten P. R. Popovich vom 24. Oktober 1991

Die Russen schafften es bislang ebensowenig wie die
Amerikaner, Licht in das Dunkel um die leuchtenden
Scheiben zu bringen. Ufo-Begegnungen sind ein weltweites Phänomen. Unabhängig voneinander huldigt man der
gleichen Taktik: Die Augenzeugenberichte, so sie weder
ins östliche noch ins westliche Weltbild passen, werden
offiziell angezweifelt, in Mißkredit gebracht, als »psychologisches Phänomen« abgetan. Diese Strategie des
Ignorierens stößt allerdings auf Schwierigkeiten, denn
die meisten Ufo-Beobachter sind keine Schwindler oder
Spinner, sondern hochqualifizierte Fachkräfte mit geistiger Gesundheit und einschlägiger Erfahrung. Wenn Ufos

keine Hirngespinste darstellen, dann werden sie bestenfalls als Spionageflugzeuge des jeweiligen Gegners klassifiziert.

Valentin Akkuratov zum Beispiel, der über Grönland einen linsenförmigen, perlfarbenen Flugkörper »mit wellig pulsierender Kante« ausmachte und sofort zur Verfolgung der vermeintlichen neuen amerikanischen »Wunderwaffe« startete, war Chefnavigator der *Soviet Polar Aviation*. Am Steuer seiner TU-4-Maschine war Akkuratov schon über dem Baltikum, über Murmansk, Charkow und Gorki mit ähnlichen Erscheinungen konfrontiert worden. Weder er noch seine Besatzung konnten jedoch an dem mit rasender Geschwindigkeit fliegenden Gerät Flügel, Fenster oder Antennen entdecken oder Aufschluß über dessen Antriebskraft geben.

Der deutsche Informatiker, selbständiger Kaufmann und Verleger **Thomas Mehner** ist schon lange dem Geheimnis der Ufo-Akten unter Hammer und Sichel auf der Spur. Er beschäftigt sich seit 1977 mit grenzwissenschaftlichen Themen, neben den Ufo-Fällen aus dem ehemaligen Ostblock insbesondere mit der *Atlantis*-Problematik, den *Megalith*kulturen, der *Tunguska*-Katastrophe und dem Ufo-Phänomen. Seit 1979 hält er Vorträge zu diesem Themenkreis (bis heute weit mehr als eintausend Veranstaltungen). Zwischen 1989 und 1993 war er Herausgeber mehrerer Periodika *(CETI-Informationen, Atlantis 2000, Cheops)*. Thomas Mehner ist zudem Herausgeber des grenzwissenschaftlichen Buches *»Das große Experiment«* und war Chefredakteur des Vierteljahresmagazins *»Wissenschaft ohne Grenzen«*. Das führt mich gleich zu meiner ersten Frage:

Sie geben die Zeitschrift »Wissenschaft ohne Grenzen« her-

Bild 15: Unglaublich, aber wahr: Im Februar 1985 zog ein unbekanntes Objekt einen Güterzug in der Nähe von Petrosawodsk. Der Lokführer schaltete das Bremssystem ein, der Zug aber wurde mit unverminderter Geschwindigkeit weitergezogen.

aus, gelten als profunder Kenner des Ufo-Phänomens und rätselhafter Kulturen, was macht Ihrer Ansicht nach die Faszination der Gesamtthematik aus? Und sind nicht auch der Wissenschaft Grenzen gesetzt? Etwa in der Genforschung?

Die Faszination, die von Themen wie Ufos und Rätseln alter Kulturen ausgeht, liegt in der Tatsache begründet, daß über viele Dinge, die unser Weltbild und unsere Vorstellungen von Realität betreffen, nur sehr verschwommene Vorstellungen existieren. Unsere heutige Zivilisation und eine ihrer integralen Bestandteile, die Wissenschaft, sind erstaunlicherweise immer noch in dogmatischen Auffassungen verankert, die längst revisionsbedürftig wären. Die Beschäftigung und Auseinandersetzung mit ungelösten Rätseln und Phänomenen ist für das wissenschaftliche Establishment kein ernsthaftes Thema. Für sogenannte Außenseiter und unorthodoxe Forscher allerdings schon. Letztere versuchen die Grenzen unseres Wissens immer weiter nach vorne zu schieben, etwas, was eigentlich die etablierte Wissenschaft tun müßte.

Diese befaßt sich hingegen mit solch fragwürdigen Themen wie der *Genforschung*. Und genau hier setzt meine Kritik ein. Es ist richtig, daß die Zeitschrift »*Wissenschaft ohne Grenzen*« eine breitere Akzeptanz und Untersuchung sogenannter grenzwissenschaftlicher Bereiche fordert. Hier sollten alle Grenzlinien fallen. Prinzipiell muß jedoch Wissenschaft kontrollierbar bleiben, damit sie ihre Verantwortung gegenüber der Gesellschaft nicht verliert. Mit der Genforschung wagen sich einige Wissenschaftler in Bereiche vor, die – wenn man diesen Begriff einmal gebrauchen will – der Schöpfung oder Gott vorbehalten blieben. Nun spielt der Mensch selbst Gott. Dies wird höchstwahrscheinlich – und die Erfahrung zeigt das an anderen Beispielen sehr deutlich – in einer Katastrophe enden. Viele Menschen haben das begriffen und reagieren sehr sensibel auf dieses Thema, während die Verantwortlichen so tun, als geschähe alles zu unserem Besten. Das Gegenteil ist der Fall. Wer der Evolution ins Handwerk pfuscht, wird von ihr eliminiert. Uns steht über kurz oder lang der gentechnische Super-GAU ins Haus.

Ihre Meinung oder These zum gegenwärtigen Ufo-Boom? Außerirdische? Gibt es noch andere plausible Erklärungen? Kritiker sehen hinter derartigen Aktivitäten nur Geschäft, Hysterie oder Hirngespinste. Was halten Sie den Ufo-Gegnern entgegen?

Die Diskussion über das Ufo-Phänomen erlebt zur Zeit tatsächlich eine Art Höhenflug. Möglicherweise war die Zeit wirklich reif dafür. Die Medien haben sich des Themas angenommen, sind aber überhaupt nicht in der Lage, auch nur annähernd sachlich darüber zu berichten. Sicherlich gibt es Ausnahmen, aber diese sind nicht mächtig genug, den angerichteten Schaden zu begrenzen. Insofern ist die Kritik der Ufo-Gegner berechtigt, etwa dann, wenn man von einer unwissenschaftlichen Beschäftigung mit diesem Phänomen, von damit zusammenhängender Hysterie und purem Geschäft spricht. Indes jedoch zu unterstellen, alle Behauptungen von Ufo-Kontakten würden sich erklärbar im Sinne unseres momentan verfügbaren Wissens herausstellen, halte ich für anmaßend und größenwahnsinnig. Letztlich stehen aber die Ufo-Gegner auf verlorenem Posten. Die Geschichte zeigt, daß das Leugnen von rätselhaften Ereignissen die Manifestation dieser nicht zu verhindern vermag.

Wir stehen immer noch an der Küste jenes Meeres, das wir *Wissen* nennen, und versuchen, nachdem wir ein paar Muscheln herausgepickt haben, uns ein Bild über die in ihm stattfindenden Vorgänge zu machen. Das kann logischerweise nur zu einer begrenzten Weltsicht führen. Was sich hinter dem Ufo-Phänomen *im engeren Sinne*, den bis dato ungelösten Fällen also, verbirgt, läßt sich schwer sagen. Das Phänomen ist einfach zu facettenreich und beinhaltet Erfahrungen, die teilweise schon aus früheren Zeiten bekannt sind. Das Phänomen wechselwirkt mit anderen uns bekannten Erscheinungen wie Nahtod-Erlebnissen, Geistererscheinungen und dergleichen mehr. Die gängigste Hypothese zur Erklärung des Ufo-Phänomens ist zugegebenermaßen die des Besuchs durch eine *außerirdische* Rasse. Manches spricht dafür, manches aber auch dagegen. Die Intelligenz, die sich hinter manchen Beobachtungen zu verbergen scheint, könnte aber auch einen anderen Ursprung haben. *Zeitreisende* oder Vertreter eines anderen Raum-Zeit-Kontinuums könnten dafür in Frage kommen. Aber das sind Themen für ein abendfüllendes Programm. Ein weiterer ausschlaggebender Punkt für Ufo-Meldungen dürften *unbekannte atmosphärische* Erscheinungen sein. In den letzten Jahren wurden einige dieser Abweichungen entdeckt, und man darf hoffen, von weiteren in Zukunft zu erfahren. Ich selbst habe mich in der letzten Zeit mit der Frage auseinandergesetzt, ob eine Vielzahl von ungeklärten Ufo-Beobachtungen, in denen die Augenzeugen feste, strukturierte Objekte in Scheiben- oder Zigarrenform beobachtet haben wollen, nicht mit einem viel näher liegenderen Stimulus zusammenhängen. Dabei hat sich herausgestellt, daß es sehr *irdische* Erklärungen für diese spezifizierten Erscheinungen gibt, die allerdings nur diese *eine* Facette des Ufo-Phänomens erklären. Ich bin aufgrund einer Reihe von Vorgängen und Indizien zu der Überzeugung gelangt, daß die Weltmacht USA im Besitz einer Technologie ist, die seit dem Zweiten Weltkrieg in Deutschland entwickelt wurde und von den Amerikanern nach dem Zusammenbruch des Nationalsozialismus ähnlich der V2-Technologie im Geheimen weiterentwickelt wurde. Endergebnis waren und sind scheibenförmige Flugkörper mit neuartigen Antriebstechnologien, die weltweit getestet werden, wobei man bewußt die Sicherheitsinteressen anderer Nationen verletzt. Natürlich läßt man die Öffentlichkeit darüber im unklaren, denn derartige Aktivitäten stehen einerseits unter militärischer Geheimhaltung, andererseits läßt sich das Ufo-Phänomen aber wunderbar als Tarnung für diese geheimen Aktivitäten nutzen.

Bekanntermaßen kursieren seit Jahren Gerüchte, wonach in *AREA 51* scheibenförmige Flugkörper Probe geflogen werden. Die Behauptung, die angewandte Technologie sei extraterrestrischer Herkunft (die Untertassenabstürze von Roswell lassen grüßen!), ist Unfug. Eine potentiell existente außerirdische Zivilisation, die nach Lichtjahren zu messende Entfernungen überbrücken kann, muß einen sehr hohen technischen Stand erreicht haben. Ich glaube nicht, daß der menschliche Verstand in der Lage ist, derartige Hightech auch nur ansatzweise zu verstehen und für eigene Zwecke einzusetzen. Und wieso untersucht man nicht zuerst naheliegendere Ursachen? Die Erklärung hierfür ist einfach. Eine Vielzahl von Leuten will einfach glauben, daß die USA geheime außerirdische Technologie in ihrem Besitz haben. Tatsache ist aber, daß wir der Lösung viel näher kommen würden, wenn wir das »außer« des Wortes »außerirdisch« streichen.

Sind Ihnen Ufo-Begegnungen auf dem Terrain der ehemaligen Sowjetunion bekannt? Wie wird die Ufo-Problematik dort gesehen? Hat sich die Moskauer Akademie der Wissenschaften mit den Ufos beschäftigt? Lange Zeit dachten Amerikaner, bei den Ufo-Erscheinungen könnte es sich um Geheimwaffen der Russen handeln beziehungsweise umgekehrt. Wie sieht die Situation heute aus?
Natürlich sind mir eine Reihe von Ufo-Fällen aus der ehemaligen Sowjetunion bekannt. Die offizielle Meinung zu Ufos war in den Zeiten der Existenz der Sowjetunion ablehnend. Man hielt sie für eine Erfindung des dekadenten Westens. Tatsächlich jedoch wurden mehrere Projekte durchgeführt, die landesweit Ufo-Datenmaterial sammeln sollten. Einige fanden auf Basis einer Zusammenarbeit der Moskauer *Akademie der Wissen-*

schaften der UdSSR mit dem Militär statt, andere wurden aufgrund einer Anweisung des Verteidigungsministers eingerichtet und unter strengster Geheimhaltung durchgeführt. Das letzte derartige Such- und Horchprojekt wurde von Oberst *Sokolov* geleitet. Damit steht außer Zweifel, daß das Ufo-Phänomen in der UdSSR seinerzeit sehr ernst genommen wurde. Es ist durchaus glaubhaft und aufgrund meiner obigen Ausführungen auch wahrscheinlich, daß die Russen die Überzeugung vertraten, die in ihrem Luftraum operierenden Objekte seien amerikanische *Geheimwaffen*. Die heutige Situation der Ufo-Forschung in Rußland sieht eher bescheiden aus.

Man muß wissen, daß die Daten, die unter Leitung Sokolovs gesammelt wurden, nach der Perestroika von ihm und einigen anderen hochrangigen Militärs privatisiert wurden. Danach wurden sie den Amerikanern zum Kauf angeboten. Wir werden also über Einzelheiten aus den USA erfahren, wenn eines Tages die Informationen übersetzt und geordnet worden sind.

Natürlich ist diese Art der Datenauswertung in den Augen der russischen Ufo-Experten Hochverrat. Es ist ein kaum faßbarer Zustand, daß z.B. Wissenschaftler der Weißrussischen Akademie der Wissenschaften, die sich für die Daten aus UdSSR-Zeiten interessieren, an diese nicht mehr herankommen können. Trotz dieses Datennotstandes sind russische Wissenschaftler und Ufo-Forscher in vielerlei Beziehung zu einer engen Zusammenarbeit bereit.

Können Sie uns einen besonders spektakulären Fall nennen?
Gerne. Einer der interessantesten Fälle betrifft zwar nur die Sichtung einer Kugel aus Licht, diese hinterließ aber einige Spuren. Am 29. Januar 1986 gegen 19.55 Uhr

wurde von Einwohnern von *Dalnegorsk* eine Kugel von rötlicher Farbe bemerkt, die, von Südwesten kommend, einen Teil der Siedlung überquerte und auf den Berg *Iswestkowaja* (611 m Höhe) herabfiel. Ihr Flug verlief bis dahin geräuschlos parallel zur Erdoberfläche. Die Geschwindigkeit wurde durch eine Zeitmessung nach Hinweisen von Augenzeugen berechnet: Sie betrug 15 Meter pro Sekunde, was nicht mit der Geschwindigkeit fallender Meteoriten, Trümmern von Sputniks oder Trägerraketen übereinstimmt. Die Kugel hatte etwa die Größe eines Viertels des Vollmondes, flog in 650 bis 700 m Höhe, zog aber keinerlei Schweif hinter sich her. Viele Augenzeugen dachten, daß beim Aufschlag eine Explosion erfolgen würde. Doch nur einer hörte einen schwachen, gedämpften Knall. Nichtsdestoweniger riß die Kugel beim Niedergehen einen Teil eines herausragenden Felsens ab und wirbelte kleine Brocken auf. Der Niedergang der Kugel vollzog sich in einem Winkel von 60 bis 70 Grad und war verbunden mit einem Aufflammen, dessen Intensität vergleichbar ist mit einem elektrischen Kurzschluß, das aber eine Stunde andauerte. Eine solche lange Reaktionszeit schließt auch einen *Kugelblitz* aus. Zwei Gruppen von Schülerinnen beobachteten das Objekt von verschiedenen Standpunkten aus und sahen, wie es sich anfangs hob und senkte und sich im Verlauf einer halben Stunde seine Position sechsmal in Richtung Norden verschob, bevor es aufflammte. Ein solches Verhalten erschien den Untersuchern für technische oder natürliche Gebilde zu paradox. So nahm man an, daß sich die Augenzeuginnen geirrt haben mußten. Im Jahre 1988 aber fixierte man mit Hilfe eines Protonenmagnetometers sechs Areale mit je einem Durchmesser von etwa einem halben Meter, in denen das Magnetfeld im Siliziumschiefer stark angestiegen war.

Damit konnten die Aussagen der Schülerinnen doch noch bestätigt werden. Interessant ist auch folgendes Detail: An der Stelle des Aufpralls (und nur dort) wurden kleine graue Gesteinsbrocken gefunden, die nicht mit dem örtlichen Gesteinsmuster übereinstimmten. Eine Spektralanalyse ergab, daß diese Brocken auffallend mit dem Tuffgestein eines bekannten Fundortes bei *Jaroslawka* übereinstimmten. Hatte das Objekt bei seinem Flug dieses Tuffgestein aufgenommen und bis nach Dalnegorsk transportiert? An der Kontaktstelle fanden sich des weiteren Spuren eines Spiegelschliffs, der 0,5 bis 5 mm in das oben liegende Gestein eingebracht worden war. Dieser konnte nur von einem sehr hart landenden Körper oder von mit Geschoßgeschwindigkeit fliegenden Eisenkugeln verursacht worden sein. Interessant waren auch die Auswirkungen der Kontaktstelle auf die Personen, die die Untersuchungen durchführten. Dem muß vorausgeschickt werden, daß in der Sowjetunion bzw. dem heutigen Rußland die medizinische Kontrolle von Ufo-Augenzeugen bzw. von Personen, die sich sogenannten anomalen Zonen genähert haben, zum Untersuchungsstandard gehört. Die medizinischen Untersuchungen, die vom Biologen *W.W. Droushilny* und dem Therapeuten *A. A. Apanaskewitsch* an einer Gruppe von fünf Personen durchgeführt worden waren, die an der Kontaktstelle 24 Stunden gearbeitet bzw. verweilt hatten, erbrachten erstaunliche Ergebnisse. Es gab deutliche Veränderungen in bezug auf eine vorher durchgeführte Kontrolle. Bei allen erhöhte sich während dieser Zeit der Arteriendruck – 160/110, 139/95 –, der Puls stieg auf 80 Schläge pro Minute (Ruhephase). In einem Fall wurde eine kurzzeitige starke Vergrößerung der Leber wie bei einer Hepatitis beobachtet. Die Blutanalyse ergab eine Verringerung der Trombozyten und Leukozyten. Diese und Störungen der Sensorik und des Gleichgewichtssinnes beim Gehen erinnerten an die Wirkung starker Strahlung oder Magnetfelder. In der Tat kann die Magnetisierung dieser Zone auch auf den menschlichen Organismus eingewirkt haben. Nachgewiesenermaßen mieden den Ort des Niedergangs drei Jahre lang sämtliche Vögel und Insekten. Um was es sich bei dem Dalnegorsk-Objekt letztlich handelte, blieb unklar. Es stand lediglich fest, daß es mit seiner Umgebung physikalisch wechselwirkte.

Ein Zwischenfall hat im Westen für Schlagzeilen gesorgt, das war der Fall Woronesch. Können Sie uns den Fall noch einmal in Erinnerung rufen? Wissen Sie, ob die damaligen Ereignisse tatsächlich stattgefunden haben? Welche Schlüsse darf man daraus ziehen?
Am Abend des 27. September 1989 befanden sich die Schüler *Wasja Surin, Shenja Blinob* und *Julia Scholochoba* im Stadtpark. Hier waren um diese Zeit wie gewöhnlich zahlreiche Spaziergänger; an der Bushaltestelle »Maschmet« warteten einige Dutzend Menschen auf den Bus, der sie nach Hause bringen sollte. Die Jungen spielten Fußball. Unerwartet um 18.30 Uhr sahen sie am Himmel ein rosafarbenes Licht und danach eine bordeauxfarbene Kugel mit einem Durchmesser von etwa zehn Metern. Sie zog ein paar Kreise über der Erde und flog dann weg. Ein paar Minuten später kehrte sie zurück und schwebte wieder über dem Park. Zu dieser Zeit befanden sich eine ganze Menge Menschen am Ort des Geschehens. Alle beobachteten deutlich, wie sich in dem unteren Teil der niedrig schwebenden Kugel eine Art Luke öffnete und dort ein Wesen erschien. Es hatte eine Größe von etwa drei Metern, besaß drei Augen und war mit einem »glänzenden Arbeitsanzug« bekleidet, trug bronzefarbene Schuhe und einen Diskus auf der Brust. Das Wesen sah

sich die Gegend an, machte die Luke zu, und das Objekt begann sich herabzusenken. Das Objekt landete. Die Luke öffnete sich, und zwei Wesen, eines davon offensichtlich ein Roboter, kamen heraus. Der erste hatte etwas gesprochen, und auf der Erde erschien ein leuchtendes Dreieck mit den Ausmaßen von 30 mal 50 cm, das aber bald wieder verschwand. Der »Außerirdische« berührte die Brust des Roboters, und dieser begann sich mechanisch zu bewegen. Genau in diesem Moment begann ein Junge aus Angst zu schreien. Das fremde Wesen sah ihn an, und der Junge erstarrte. Die Augen des »Außerirdischen« leuchteten während dieser Zeit kurz auf. An dieser Stelle begannen die Anwesenden alle zu schreien. Die fremden Wesen zogen sich daraufhin in ihr Objekt zurück und starteten mit ihm, kamen aber später in der beschriebenen Art und Weise noch zweimal zurück. Bei ihrem zweiten Besuch nur fünf Minuten später richtete das drei Meter große Wesen eine Art Röhre auf einen sechzehnjährigen Jugendlichen, der daraufhin verschwand. Der Dreiäugige ging in die Kugel zurück und schloß die Luke. Das Objekt stieg in den Himmel und verschwand. Daraufhin wurde der verschwundene Jugendliche wieder sichtbar. Die eben zitierten Ereignisse des Jahres 1989 in Woronesch sorgten seinerzeit unter Ufo-Interessierten für ziemliche Aufregung.

Aus heutiger Sicht ist es beinahe unmöglich, zu sagen, was sich dort wirklich abgespielt hat. Tatsache ist, daß zahlreiche Augenzeugen, die später durch Militär, Polizei und Wissenschaftler befragt wurden, zahlreiche Details in gleicher Weise zu Protokoll gaben. In dem betreffenden Stadtpark wurden bei einer Untersuchung überdimensionale Fußspuren und Abdrücke des Objektes lokalisiert. Damit wurde das zu lösende Rätsel nicht leichter. Ich hatte 1994 nochmals versucht, Informationen über den Fall zu erlangen. Allerdings sahen sich meine russischen Quellen außerstande, Neuigkeiten oder gar des Rätsels Lösung zu vermelden. Damit bleibt es letztlich unsicher, ob sich die durch die Presse geschilderten Ereignisse tatsächlich so abgespielt haben.

Angenommen, die Ufos und ihre Insassen kämen tatsächlich aus einer anderen Welt, was könnten diese Wesen bei uns wollen, und warum sagen sie nicht einfach »Hallo, hier sind wir, grüß Gott!«?
Diese Fragen lassen sich allesamt nur hypothetisch oder rein spekulativ beantworten. Eine außerirdische Zivilisation könnte aus verschiedenen Gründen zu uns gelangen: Wunsch nach *Kontakt* mit anderen (intelligenten) Lebensformen, Studium der Entwicklungsgeschichte des Lebens, Suche nach neuem Lebensraum und Ressourcen. Der Kontakt in der von Ihnen angedeuteten Art und Weise, »Hallo, hier sind wir!«, ist unwahrscheinlich, weil dadurch ein *soziologisch-kulturelles* Problem mit nicht zu unterschätzenden Auswirkungen für die Zivilisation, die besucht wird, entstehen könnte. Sofern ein Kontakt überhaupt stattfindet, dann sehr wahrscheinlich in Form einer Politik der kleinen Schritte, einer langsamen Annäherung also.

Kannte man die Ufo-Problematik zu DDR-Zeiten? Sind Ihnen Fälle oder gar Ufo-Entführungen vor der »Wende« bekannt? Oder sah man die Ufos ausschließlich als Erfindung des Kapitalismus?
Die Ufo-Problematik war zu DDR-Zeiten durchaus bekannt, wenn auch – nach offizieller Lesart – eine Erfindung des Kapitalismus. Trotz dieser Tatsache gab es auch auf DDR-Gebiet Beobachtungen unbekannter Erscheinungen, ja sogar eine ernst zu nehmende *Entführung*. Im

einzelnen auf diese ganzen Probleme einzugehen, scheint mir an dieser Stelle aus Platzgründen nicht möglich. Ich verweise an dieser Stelle auf meinen Artikel »Ufo-Forschung in der DDR«, der sich im einzelnen mit dem Thema auseinandersetzt, erschienen 1996 in dem von *Dr. Johannes Fiebag* herausgegebenen Taschenbuch »*Das Ufo-Syndrom*«.

Es gibt Gerüchte, wonach die Stasi Akten über Ufo-Begegnungen angelegt hätte. Andere äußern den Verdacht, daß Akten über Personen angelegt wurden, die sich mit »überirdischen Phänomenen« und »unbekannten Flugobjekten« beschäftigen. Gibt es Stasi-Unterlagen zum Ufo-Thema? Kann man sie aufspüren? Was halten Sie davon?

Das *Ministerium für Staatssicherheit der DDR* hat mit hoher Wahrscheinlichkeit auch Akten über ungewöhnliche Vorkommnisse angelegt. Mit Sicherheit aber in jedem Falle über Personen, die sich mit solchen ungewöhnlichen Dingen befaßten. Meines Erachtens darf man diese Dinge aber nicht überbewerten, denn in den einzelnen Dossiers wurden oft Informationen festgehalten, die nichtssagend waren und keinerlei weitergehende Rückschlüsse, es sei denn auf den paranoiden Geisteszustand der Geheimdienstler und ihrer Vorgesetzten, zuließen. Prinzipiell erfaßte die Stasi alles, was an Informationen zugänglich war. Übrigens tut das jede nachrichtendienstliche Behörde. Ob die Stasi-Unterlagen, die Ufo-relevante Daten enthalten, aufspürbar sind, entzieht sich meiner Kenntnis. Ich habe aufgrund allgemeiner Arbeitsüberlastung und der Recherche zahlreicher aktueller Ereignisse leider nie Zeit gefunden, mich mit diesem Problem ausführlich zu befassen. Möglicherweise werde ich das Versäumte aber demnächst nachholen, wobei ich ehrlich gesagt skeptisch bin, ob diese Informationen, die ja nicht

mich persönlich betreffen, überhaupt zugänglich gemacht werden.

Herr Mehner, warum werden Ufo-Dokumente zurückgehal-
ten? Welchem Zweck könnte eine Geheimhaltungspolitik
dienen?
Daß Ufo-Dokumente überall auf der Welt zurückgehalten wurden (und großteils weiterhin werden), steht außer Frage. Betrachtet man allein die Zahl der freigegebe-
nen Informationen in den letzten zehn Jahren, so muß
jedem Menschen klarwerden, daß aus den verschiedensten Gründen immer wieder Daten klassifiziert wurden.
Dabei muß es sich nicht in jedem Fall um eine Verschwörung gegen die Öffentlichkeit handeln. Geheimhaltung
gibt es aus verschiedenen Gründen: militärische Sicher-
heitsaspekte, Wirtschaftsspionage und nationale Sicherheitsinteressen gegenüber anderen Nationen sprechen
durchaus dafür. In bezug auf das Ufo-Problem scheint es
aber in den letzten Jahren verstärkte Hinweise darauf zu
geben, daß der Öffentlichkeit absichtlich nicht die volle
Wahrheit gesagt wird. Mehr noch, daß man uns absichtlich in die Irre führen und manipulieren will. Und diese
Tendenzen werden immer stärker und sind nicht nur bei
höchsten Staatsinteressen gang und gäbe. Ich meine –
und das ist mein rein subjektiver Eindruck –, daß Ufo-Informationen auch deshalb *geheim* gehalten werden, weil
sich hinter vielen Fällen irdische Geheimentwicklungen
und -versuche verbergen, die es zu schützen gilt. Das
Ufo-Thema kommt da gerade recht und wird von *Desin-*
formations-Fachleuten und Experten für psychologische
Kriegführung leidlich ausgenutzt. Prinzipiell muß man
aber auch noch einen anderen Aspekt betrachten: Man
schätzt, daß allein die USA über rund zwei Milliarden
Dokumente verfügen, die klassifiziert worden sind. Dort

gibt es – aus welchen Gründen auch immer – ganz allgemein einen Drang zur Geheimhaltung. Dieser Drang entsprang dereinst irgendeinem spleenigen Gehirn und wird in alter Bürokratenmanier weitergeführt. Würden alle Daten freigegeben, könnten wir einerseits viel Unangenehmes und Wissenswertes erfahren, zum anderen aber auch ein Lehrbeispiel dafür erhalten, zu welchen Kapriolen staatsbedienstete Geheimniskrämerei fähig ist.

Sehen Sie beim Ufo-Rätsel Verbindungen zu anderen Phänomenen? PSI-Erscheinungen? Muttergottes-Visionen? Yeti-Begegnungen? Kornkreise? Orte der Kraft? Abkömmlinge von Atlantis?
Verbindungen zu all den aufgeführten Einzelerscheinungen sind in irgendeiner Form vorhanden und machen die Kompliziertheit der Ufo-Problematik aus. Aus diesem Grunde werden wir mehr als einer Erklärung bedürfen, das Ufo-Phänomen zu lösen.

Haben Sie (oder Familienangehörige bzw. Freunde) schon einmal eine Ufo-ähnliche Erscheinung gehabt? Gibt es in Ihrem Leben irgendein merkwürdiges Erlebnis, für das Sie keine plausible Erklärung finden konnten?
In meiner Familie bzw. bei mir gibt es keine derartigen Erfahrungen. In meinem Freundes- und Bekanntenkreis sind einige Erscheinungen nachweisbar, über die ich aber Stillschweigen bewahre. Darüber hinaus bin ich momentan in einen Fall involviert, der noch längst nicht abgeschlossen ist und der uns alle vielleicht eines Tages einen Schritt weiterbringen wird. Ich bin durch mein Interesse an Raumfahrt und Weltraumforschung vor Jahren zu diesem Themengebiet gelangt. Ehrlicherweise muß ich bekennen, daß ich bis jetzt ganz froh bin, von derartigen Erscheinungen nicht direkt betroffen worden zu sein. Ich

glaube, daß ich bei einer Konfrontation mit dem Unbekannten noch mehr Zeit in dieses interessante Forschungsgebiet investieren müßte. Und das möchte ich meiner Familie nicht antun, die ohnehin schon seit vielen Jahren mit großem Verständnis für meine Arbeit auf manche Stunde mit mir verzichten mußte.

Ufo-Absturz in Sibirien

Erfolgsautor Peter Krassa und die Tunguska-Katastrophe

> *»Es erscheint notwendig, daß wir uns jeder Polemik über Ufos enthalten und weltweit mit der sachlichen, sensationsfreien, rein wissenschaftlichen Erforschung dieses merkwürdigen Phänomens befassen. Gegenstand und Ziel dieser Forschung sind so wichtig, daß sie jede Anstrengung rechtfertigen. Daher braucht nicht besonders darauf hingewiesen zu werden, daß eine internationale Zusammenarbeit unumgänglich ist.«*

Prof. Felix Zigel (†), Astronom am Moskauer
Luftfahrtinstitut, in *Soviet Life*, Heft 2, 1968

Am 30. Juni 1908 um 7 Uhr 17 Ortszeit ereignete sich über der sibirischen *Tunguska* eine Explosion ungeheuren Ausmaßes. Ein unbekanntes Geschoß aus dem All vernichtete mit einem Schlag über 6000 Quadratkilometer Wald. Auch Menschen und Tiere fielen dieser gewaltigen Katastrophe zum Opfer. Trotz zahlreicher wissenschaftlicher Expeditionen und Hunderten von Berichten und Gutachten weiß man bis heute nicht, was damals mit der zweitausendfachen Sprengkraft der Hiroshima-Atombombe explodierte. »Ich sah, wie sich der Himmel im Norden spaltete und Feuer ausspie«, erinnerte sich *Koso Lapowa* aus Wanawara. Die Augenzeugin des gewaltigen Lichtblitzes war gerade auf dem Weg zum Brunnen, um Wasser zu holen, als ein riesiger Feuerball den großen Teil des Horizonts bedeckte. »Wir glaubten«, so berichtete sie weiter, »daß Steine vom Himmel fielen, ließen unsere Eimer beim Brunnen stehen und liefen entsetzt davon. Als wir zum Haus zurückkamen, sahen wir meinen Vater *Semjonow* bewußtlos beim Stall liegen. Das Feuer war heller als die Sonne. Während der Stöße bebten der Boden und die Hütten.«

Im Epizentrum der Explosion wurde kein Krater gefunden, der die ursprüngliche Annahme, es habe sich bei dem kosmischen Besucher um einen Meteoriten gehandelt, stützen könnte. War es ein Meteor aus Antimaterie? Ein »Schwarzes Loch?« Oder löste ein riesiger Teil eines Kometen die Verwüstung über Zentralsibirien aus?

Ungeklärt ist immer noch, weshalb der Himmelskörper ausgerechnet in einer Höhe von ungefähr acht Kilometern über dem Erdboden explodierte und warum ihn kein einziger Astronom kommen sah. Wurde die Katastrophe gar durch eine »Havarie eines außerirdischen, bemannten Flugkörpers, dessen radioaktiver Treibstoff explodierte«, ausgelöst, wie der russische Schriftsteller *Ing. Alexander Kasanzew* spekuliert? Und kann sich ein derartiges Bombardement aus dem All jederzeit wiederholen?

Peter Krassa engagierter Wiener Schriftsteller und Journalist, reiste zweimal nach Rußland, sammelte dort zahlreiches, hierorts unbekanntes Material und interviewte russische Wissenschaftler und Expeditionsteilnehmer. Die zuletzt gewonnenen Erkenntnisse seiner Recherchen präsentierte der Erfolgsschreiber u. a. 1995 in dem Taschenbuch *»Tunguska – das rätselhafte Jahrhundertereignis«*. Peter Krassa gilt bei Liebhabern grenzwissenschaftlicher Thematik als der »österreichische Däniken«. Er schrieb bislang 16 Bücher über rätselhafte Phänomene, darunter *»Als die gelben Götter kamen«*, *». . . und kamen auf feurigen Drachen«*, *»Das Licht der Pharaonen«* oder *»Die Palmblattbibliothek«*. Mit *Hartwig Hausdorf* verfaßte Krassa kürzlich *»Satelliten der Götter«*, ein Sachbuch über sensationelle Funde im alten und neuen China, das 1996 als Lizenzausgabe in einem der

Bild 16: »Von dort kommen die Ufos!« Der Wiener Erfolgsautor Peter Krassa beim Fachsimpeln mit seinem Schweizer Kollegen Erich von Däniken.

größten Verlage Japans erschien. Ebenso verfaßte Krassa drei Zeitungsromane und ein Kinderbuch. Seine jüngste Veröffentlichung, ein spannendes Taschenbuch, erschien Ende 1995 mit dem provokanten Titel *»Gott kam von den Sternen«*. Was Peter Krassa über den mysteriösen Ufo-Absturz in der sibirischen Taiga denkt, erzählt er uns im folgenden Interview.

Herr Krassa, Sie haben in Moskau persönlich mit Wissenschaftlern über die Katastrophe in Sibirien gesprochen. Konnten Sie dabei Neues über die Ursache der rätselhaften Explosion in Erfahrung bringen?
Die endgültige Ursache der Tunguska-Katastophe im Gebiet der sibirischen Taiga ist bis zum heutigen Tag ungeklärt geblieben, obwohl seit dem Jahre 1927, als der russische Meteoritenforscher *Leonid Kulik* erstmals bis ins Epizentrum des dramatischen Geschehens vorzudringen

vermochte, viele wissenschaftlich ausgebildete Experten diesem Pionier gefolgt sind und den Ort des wahrscheinlichen Niedergangs systematisch untersuchten. Niemand hat bislang ein einwandfrei nachgewiesenes Teilchen des unbekannten kosmischen Boliden gefunden. Dies scheint die Annahme zahlreicher Wissenschaftler zu bestätigen, wonach der rätselhafte Himmelsbote durch eine *Explosion* restlos vernichtet, sozusagen »atomisiert« worden ist. Über die Ursache der Tunguska-Katastrophe gibt es zwar alle möglichen Mutmaßungen und Hypothesen, jedoch keine definitiven Beweise.

Was ergaben die russischen Untersuchungen in dem fraglichen Gebiet? Wurden auch ausländische Wissenschaftler zu den Nachforschungen zugelassen – oder wurde das betreffende Gebiet im Bereich des Epizentrums zur Sperrzone erklärt?

Die diversen Untersuchungen jener Expeditionen, die im Verlauf der vergangenen sieben Jahrzehnte seit 1927 im Katastrophengebiet vorgenommen wurden, erbrachten keinerlei Klarheit. Meines Wissens hat bisher keine ausländische, sprich nichtrussische Wissenschaftlercrew die offizielle Erlaubnis erhalten, eigenständige Forschungsarbeit im Epizentrum des tunguskischen Territoriums zu betreiben. Von russischer Seite war es vor allem der 1995 nahe seinem Wohnhaus durch unbekannte Mörderhand getötete kalinische Geophysiker *Alexej Zolotow*, welcher mehrere Expeditionen zur Explosionsstätte führte – und dabei zu der Ansicht kam, 1908 sei über dem betreffenden Gebiet ein *künstlicher*, möglicherweise sogar bemannter Flugkörper beim Versuch einer Notlandung vernichtet worden. Etwaige westliche Forscher hätten, sollte ihnen irgendwann tatsächlich die Erlaubnis erteilt werden, ins Epizentrum vorzustoßen, größte Schwierigkeiten, ihr Unternehmen über die Bühne zu bringen. Das gilt sowohl für die Anschaffung der hierfür notwendigen Ausrüstungsgegenstände als auch für die Überwindung der schwerfälligen russischen Bürokratie. Ganz abgesehen von der gigantischen Entfernung des in Frage kommenden Gebietes in den Weiten Sibiriens. Das Epizentrum der Katastrophe von 1908 ist acht Flugstunden von Rußlands Hauptstadt Moskau entfernt und besitzt keinen Flugplatz. Sicher ist in jedem Fall, daß so renommierte Wissenschaftler wie der amerikanische Nobelpreisträger *Willard Libby* sich zwar hypothetisch mit dem tunguskischen Vorfall beschäftigte, der darüber auch spekulierte, aber niemals selbst die Unglücksstätte betreten hat.

Stimmt es, daß der unbekannte Himmelskörper kurz vor seinem Absturz eine Kurskorrektur vorgenommen hat?
Eine Theorie besagt, daß vor jetzt bald 90 Jahren ein *außerirdisches* Raumschiff im Taiga-Bereich explodierte. Es gibt hierzu die Aussagen heimischer Jäger und sonstiger Waldbewohner aus jenen Tagen, die damals einen sonnenhellen, zylindrischen Körper von Südsüdwest nach Nordnordost (wie man später den Flugverlauf rekonstruierte) gesehen haben wollen. In der letzten Phase seines Fluges, kurz vor der Explosion, verlief die Bahn des Objekts eindeutig von Ost nach West. Die unübersehbare Diskrepanz der beiden Flugrichtungen läßt sich nur dann logisch erklären (sofern die beeideten Aussagen der Augenzeugen ihre Richtigkeit hätten), wenn der Flugkörper – bevor er seinen östlichen Kurs einschlug – eine zweimalige (!) Kurskorrektur vorgenommen haben sollte. Ein natürliches Weltraumgeschoß wäre dazu nicht imstande gewesen. Dies alles würde für die Spekulation sprechen, daß das unbekannte Objekt entweder fernge-

steuert oder direkt durch einen Piloten gelenkt worden war.

Gibt es Ufos?
Persönlich bin ich von der Existenz sogenannter *unidentified flying objects* – unidentifizierbaren fliegenden Objekten – absolut überzeugt. Dafür gibt es logische und durchaus glaubwürdige Indizien. Und das nicht erst seit gestern. Was ich aber nicht bereit bin, widerspruchslos hinzunehmen, ist die generell unbewiesene Behauptung, jene vorgeblichen »fliegenden Untertassen« oder sogenannten Strahlschiffe seien die Raumfahrzeuge fremder Intelligenzen – nur dazu hergekommen, um die Erdbevölkerung vor einem Atomkrieg zu bewahren. Derartige Behauptungen und Aussagen entbehren jeden Beweises und entspringen in der Regel in erster Linie dem (in gewisser Weise verständlichen) Wunschdenken verängstigter Zeitgenossen. Das sind jene Pessimisten, welche für die Menschheit keine andere Rettung mehr vor dem (Welt-)Untergang zu sehen meinen, als eine solche durch hochtechnisierte »Brüder aus dem All«. Derartige Machinationen haben leider dazu geführt, das Sektenunwesen zu intensivieren. Religiöser sowie pseudoreligiöser Humbug führten aber bisher bloß zu Spintisierereien und fanatisierten Umtrieben. Ich kann derlei Dingen überhaupt nichts abgewinnen und kann vor derartigen Gruppierungen nur warnen. Die Erforschung des nach wie vor uner- und ungeklärten Ufo-Phänomens darf nicht durch sogenannte Heilsverkünder lächerlich und unglaubwürdig gemacht werden.

Wie würden Sie auf eine Ufo-Begegnung reagieren, Herr Krassa?
Das käme ganz darauf an, in welchem Rahmen sie sich ab-

spielen sollte. Eine persönliche Kontaktaufnahme mit Außerirdischen wäre natürlich ein überwältigendes Erlebnis, obgleich ich nicht leugnen möchte, daß bei einem solchen Zusammentreffen (vor allem dann, wenn es mich unvorbereitet ereilen sollte) auch die *Angst* eine nicht unbedeutende Rolle spielen könnte. Jene Furcht vor dem unbekannten Fremden, die mich in einem solchen Fall sicherlich in gewisser Weise hemmen würde. Anders würde es sich bei einer bloßen Ufo-Sichtung verhalten. Ein derartiges Erlebnis habe ich bereits hinter mir.

Was haben Sie an Ungewöhnlichem beobachten können?
Ich vermag aus eigener Erfahrung zu sprechen, auch wenn ich mir durchaus bewußt bin, worauf ich mich mit derlei Angaben einlasse. Als Autor grenzwissenschaftlicher Bücher habe es natürlich nicht ausbleiben können, auch selbst mit einem Ufo konfrontiert worden zu sein, höre ich da bereits unverbesserliche Skeptiker spötteln. Sei's drum, ich kanns nicht ändern: Ich habe ein Ufo, ein unbekanntes, von mir nicht zu identifizierendes Flugobjekt gesehen! Passiert ist es exakt im Jahre 1982, Freitag, 11. Juni, gegen 14.30 Uhr. Ort des Geschehens: das Umfeld meiner damaligen Arbeitsstätte – die Redaktion der Wiener Tageszeitung *»Kurier«*, wo ich als hauptberuflicher Lokalredakteur tätig war. Ich arbeitete zum Zeitpunkt des damaligen Geschehens gerade an der Bearbeitung diverser Manuskripte. Glücklicherweise befand ich mich nicht allein in dem Raum. Mir am Schreibtisch gegenüber saß mein damaliger Kollege *Georg Sp.* Er hatte freien Ausblick durch das Zimmerfenster zu einem vis-a-vis befindlichen anderen Gebäude, während ich mit dem Rücken zum Fenster arbeitete. Mit dem erstaunten Ruf: »Schau mal, was da draußen fliegt!«, riß mich mein Kollege aus der Konzentration. Verblüfft drehte ich mich

zum Fenster – und sah nun ebenfalls, was sich davor, in vielleicht einhundert Meter Entfernung, ereignete.

Was war Ihr erster Gedanke, als Sie das seltsame Objekt erblickten?
Im ersten Augenblick dachte ich, wie auch mein Kollege, an einen hochschwebenden Papierdrachen. Dies deshalb, weil von jenem Gegenstand eine Art »Schwanz« herunterhing. Sehr schnell mußten wir uns aber beide korrigieren. Bei dem auf seiner Kante fliegenden, stetig schräg emporsteigenden Ding handelte es sich zweifelsfrei weder um einen Papierdrachen noch um irgendeinen Ballon.

Warum kann diese Möglichkeit ausgeschlossen werden?
Es war das Aussehen des fliegenden Objekts, seine gleichmäßigen Rotationsbewegungen, die unserem ursprünglichen Verdacht widersprachen. Das Gebilde war eindeutig *scheibenförmig*, seinen Durchmesser schätzten wir beide auf etwa einen Meter, und zudem besaß der diskusförmige Körper – was auch mein keinesfalls »ufogläubiger« Kollege bestätigte – auch noch einen kuppelartigen Aufbau. Und noch ein weiteres Faktum war unübersehbar: Das rotierende Ding bestand zweifellos aus *Metall!* An jenem Nachmittag strahlte die Sonne vom Himmel, das Firmament war von einer tiefen Bläue – und das Sonnenlicht wurde von der metallischen Scheibe unübersehbar reflektiert. Der scheinbare »Schwanz« erwies sich bei genauerer Betrachtung als eine Art Kabel oder herabhängende Antenne. Während seines leicht schrägen, nicht allzu raschen Aufstiegs in südliche Richtung drehte sich das Ufo zwei- oder dreimal im Uhrzeigersinn. Es flog, wie schon gesagt, nicht horizontal, sondern vertikal, »rollte« also wie ein Rad himmelwärts. Während seines Aufstiegs befand sich die Kuppel somit seitlich und

genau in unserem Blickfeld. Mit offenem Mund, bildlich gesprochen, starrten mein Kollege und ich auf den langsam emporsteigenden Gegenstand. Wir vermochten uns dessen wahre Identität nicht er klären. Der ganze Vorfall dauerte etwa drei Minuten, dann war das Objekt im grellen Licht des Nachmittagshimmels unseren Blicken entschwunden.

Wäre es nicht doch denkbar, daß hier einer von »Nenas 99 Luftballons« entkommen war und himmelwärts flog?
Wie ich schon sagte: Bei dem Gebilde handelte es sich mit größter Gewißheit nicht um einen Ballon oder um einen Kinderdrachen. Keiner der beiden Gegenstände wäre in der Lage gewesen, seinen Kurs so konsequent beizubehalten wie jenes Ding, welches da gleich einem Rad rotierend in den Äther aufstieg. Windböen, die es gerade in Wien fast ständig gibt, hätten den Kurs eines Ballons oder Drachens mit Sicherheit beeinflußt und unruhig gestaltet. Jeder weiß das, der derlei Gegenstände schon einmal im Freien schweben sah. Aber unser beobachtetes Objekt blieb von solchen Störungen unbeeinflußt und änderte während seines Fluges nicht ein einziges Mal seine gleichmäßige Geschwindigkeit. Sowohl für meinen Mitbeobachter als auch für mich blieb unsere gemeinsame Sichtung das, was man gemeinhin damit in Verbindung bringt: ein unidentifizierbares fliegendes Objekt – ein »Ufo« also. Wirklich ärgerlich an der Sache war bloß, daß wir vor lauter Staunen und Starren das journalistisch Naheliegendste vergaßen: nämlich einen unserer Pressefotografen, die sich nur ein paar Räume weiter entfernt befunden hatten, zu alarmieren. Der Betreffende hätte Zeit genug gehabt, unsere Beobachtung auch bildlich zu dokumentieren. Aber diese einmalige Chance wurde leider vertan . . .

Wurde die Tunguska-Katastrophe in Sibirien ebenfalls durch ein Ufo verursacht?

Ob man den explodierten Flugkörper über dem Taiga-Gelände in die Kategorie unbekannter Flugobjekte einordnen muß, ist eine Sache der Definition. Nein, wenn damit eine »fliegende Untertasse« gemeint wäre – ja, so man Ufo in seiner eigentlichen Bedeutung interpretiert: als »unidentified flying object«.

Wissenschaftler haben bis zum heutigen Tag für die Explosion, die am 30. Juni 1908 in Sibirien einen ganzen Landstrich von der ungefähren Größe Belgiens verwüstete, keine überzeugende Antwort parat. Welche Schlüsse ziehen Sie aus dem damaligen Ereignis?

Anhand der unterschiedlich interpretierten Indizien habe ich das Resümee gezogen, daß damals, an jenem Junimorgen vor 90 Jahren, tatsächlich eine Kernexplosion stattgefunden haben muß. Ich sage absichtlich *Kern-* und nicht Atombombenexplosion, denn mit letzterem hatte das alles bestimmt nichts zu tun. Wie mir in Moskau, während meines Besuches im Meteoritenkomitee der Akademie der Wissenschaften, glaubhaft dargelegt wurde, kann es beispielsweise unter bestimmten Voraussetzungen auch in *Kometenköpfen* (das ist die offiziös vertretene These des Establishments russischer Wissenschaftler) zu chemischen Prozessen kommen, welche atombombenartige Detonationen nach sich ziehen können. Ich vermag nicht nachzuvollziehen, was da seinerzeit wirklich über der sibirischen Tundra geschehen ist – nur soviel: Seither aufgetretene Spuren in der tunguskischen Flora zeugen von (noch heute feststellbaren) verstärkter *Radioaktivität* und damit einhergehendem anormalen Wachstum der Pflanzen. Ob das alles auf den Niedergang eines natürlichen Himmelskörpers zurückzuführen ist – also eines Meteoriten oder Kometenkopfes – oder ob es sich damals um ein künstliches Phänomen von einmaliger Art gehandelt hat – etwa um *Antimaterie* oder um ein mikroskopisch kleines sogenanntes *Schwarzes Loch* –, bleibt vorderhand Ansichtssache. Vielleicht aber kam es 1908 tatsächlich zum Absturz eines bemannten Flugkörpers: eines Raumschiffes einer fremden Welt, dessen Besatzung beim Versuch einer Notlandung infolge der Explosion des Raketenantriebes auf tragische Weise »atomisiert« wurde. Wie auch immer: Die Ursachen der spektakulären Tunguska-Katastrophe liegen nach wie vor im Dunkeln und verhalfen dem Ereignis zu großer Bedeutung sowie jener Bezeichnung, die ihm die russischen Wissenschaftler verliehen: *Rätsel des Jahrhunderts* . . .

Kann sich so ein tragisches Ereignis jederzeit wiederholen? Wie der bisherige geschichtliche Verlauf auf unserem Planeten gezeigt hat, ist mit einer ähnlich dramatisch verlaufenden Wiederholung eines solchen Ereignisses glücklicherweise kaum zu rechnen. Andererseits, man möchte fast sagen: makabrerweise, müßte man sich ein »Remake« eines derartigen Spektakulums wie jenes von 1908 vom Standpunkt wissenschaftlicher Forschung geradezu wünschen, weil nur dann eine tatsächliche Klärung der Ursachen und Hintergründe der damaligen Katastrophe in Sibirien gewährleistet wäre.

Sind Himmelskörper im All, egal welcher Herkunft, eine Gefahr für Erde und Menschheit? Man sagt, daß durch einen gewaltigen Meteoriten das Aussterben der Dinosaurier verursacht wurde. Wie denken Sie darüber? Fällt uns eines Tages der Himmel auf den Kopf?
Natürlich darf unsere Erde hinsichtlich einer möglichen

Gefahr aus dem Weltraum keineswegs als »Insel der Seligen« angesehen werden. Mehrmals schon machte dieser Planet die unerwünschte Bekanntschaft mit meteoritischen Besuchern aus kosmischen Welten. Man denke etwa an den riesigen Krater in Arizona, nicht zuletzt aber auch an den wahrscheinlichen Auslöser der in diversen »heiligen Büchern« wiedergegebenen weltweiten *Sintflut*.

Die globalen Überschwemmungen werden mit größter Wahrscheinlichkeit auf den Niedergang eines gigantischen meteoritischen Himmelskörpers zurückgeführt. Was möglicherweise auch Ihre nächste Frage bezüglich der Gründe für das totale Aussterben der Dinosaurier beantwortet. Ihr Ende wird heute mehr denn je mit dem Aufprall eines gewaltigen Boliden aus dem All in Zusammenhang gebracht, da der Niedergang dieses unerwünschten »Gastes« wahrscheinlich zu einer totalen Klimaveränderung globaler Natur geführt haben dürfte. Wie verschiedene Skelettfunde, etwa in Sibirien, zeigten, dürfte dabei der Tod dieser Urzeitmonster von einer Sekunde zur anderen eingetreten sein, denn man fand in Mäulern der skelettierten Saurierköpfe noch Reste von Grasbüscheln. Die Tiere starben also ganz offensichtlich, während sie gerade fraßen. Daß uns aber eines Tages, wie Sie es nennen, »der Himmel auf den Kopf fallen« könnte, glaube ich trotzdem nicht. Im Gegenteil: Unsere Meteoritenforschung ist längst schon so weit gediehen, daß die Wissenschaftler ziemlich genau vorausberechnen können, welche Gefahren aus dem Kosmos uns in den nächsten Jahrzehnten, Jahrhunderten, ja sogar Jahrtausenden »ins Haus stehen« werden. In etwa 130 Jahren beispielsweise wird der Komet »Swift Tuttle« die Bahn unseres Planeten kreuzen – und zwar in relativer Nähe zur Erde. Bis dahin gilt es somit Vorsorge zu treffen, eine etwaige

Gefahr für die Menschheit zu bannen, ihr rechtzeitig zu begegnen. Was durch zeitgerecht von hier aus abgefeuerten Atomsprengköpfen geschehen könnte, die den heranrasenden Kometen, bevor er uns zu nahe kommen würde, aus seiner unheilvollen Bahn zu werfen imstande wäre.

Vom Tunguska-Zwischenfall einmal abgesehen, sind Ihnen noch andere Berichte aus der ehemaligen Sowjetunion geläufig, die in den Bereich der Ufo-Begegnungen einzuordnen wären?
Auf Anhieb fällt mir da nur jenes spektakuläre Ereignis ein, das sich in den Morgenstunden des 20. September 1977 über der karelischen Hauptstadt *Petrosawodsk* abspielte. Damals sahen viele hundert Einwohner der Stadt, die gerade zu ihrer Arbeitsstätte unterwegs waren, eine unheimlich wirkende Himmelserscheinung, die, gleich einer riesigen, leuchtenden Qualle, ganz Petrosawodsk in ein Meer von Licht tauchte.

Die offizielle sowjetische Nachrichtenagentur TASS meldete zusätzlich, daß von dem rätselhaft anmutenden Objekt Lichtströme ausgegangen seien, die sowohl Fensterscheiben in den Häusern als auch Pflastersteine auf den Straßen buchstäblich durchbohrt bzw. durchlöchert hätten. Selbst das damalige Zentralorgan der sowjetischen Kommunisten, die »*Prawda*«, konnte nicht umhin, von diesem unglaublich klingenden Ereignis – mit einjähriger Verspätung allerdings – Notiz zu nehmen. Später kolportierte Behauptungen sogenannter Skeptiker, die den Ufo-Vorfall gerne wegdiskutiert hätten, bei der »Lichtquelle« habe es sich um ein an der finnischen Grenze abgefeuertes Raketengeschoß der sowjetischen Armee gehandelt, konnten hingegen niemals überzeugend bestätigt werden. Die »*Lichtqualle von Petrosa-*

189

wodsk« wurde im übrigen auch fotografiert und u. a. in der österreichischen Tageszeitung *»Kurier«* vor zwanzig Jahren veröffentlicht. Auch ich habe das nämliche Foto 1981 in meinem ersten Tunguskabuch *»Feuer fiel vom Himmel«* wiedergegeben.

Sind Sie nunmehr einem neuen Rätsel, einer neuen Sensation auf der Spur? Verraten Sie uns etwas darüber?
Es trifft tatsächlich zu. In meinem nächsten Sachbuch begebe ich mich sozusagen in fremde, unbekannte Dimensionen. Dennoch bleibe ich mit beiden Füßen fest auf der Erde. Es geht dabei um ein Gerät, das ähnlich funktioniert wie eine *Zeitmaschine*. Nur daß man damit nicht körperlich reisen kann, sondern ausschließlich *optisch* und *akustisch*. Dieses Gerät wurde in den siebziger Jahren von dem italienischen *Pater Ernetti*, der sich nebenher wissenschaftlich betätigte, sowie zwölf Physikern konstruiert und gebaut. Pater Ernetti – er verstarb leider im April 1994 – nannte seine Apparatur *»Chronovisor«*. Mit dessen Hilfe wurde es ihm und seinen Mitarbeitern ermöglicht, längst verlorengegangene Ereignisse aus der Vergangenheit – auch wenn sie Jahrtausende zurücklagen – *in Bild und Ton* wiederzugeben. Mit Hilfe des »Chronovisors« wurden diese historischen Begebenheiten via Bildschirm somit sicht- und hörbar gemacht. Vor seinem Tod verfügte der Pater (er war Benediktiner, in Venedig als Professor für archaische Musik tätig, und er lehrte und forschte am dortigen Konservatorium), daß das Gerät in seine Bestandteile zerlegt werden mußte. Die einzelnen Stücke wurden auf die noch lebenden Mitarbeiter aufgeteilt. Dies deshalb, weil Ernetti nicht zu Unrecht befürchtetet, daß der »Chronovisor« in die falschen Hände gelangen könnte – etwa in den Einflußbereich der Geheimdienste, welche längst schon »scharf« darauf wa-

190

ren (und wohl noch immer sind), die Gerätschaften in die Finger zu bekommen.

Pater Ernetti und seine ihn unterstützenden Physiker waren mit Hilfe des »Chronovisors« in der Lage, u. a. auch den Leidensweg *Jesu* in allen Details wiederzugeben – sowie ein seit der Jahrtausendwende verschollenes Theaterstück aus dem alten Rom, von dem (bei diversen Klassikern) nur noch Fragmente aufgeschienen waren, zur Gänze in originaler Länge und in Altlateinisch (wie es heute an den Schulen schon längst nicht mehr gelehrt wird) auf den Bildschirm zu bringen und akustisch zu unterlegen. In meinem kommenden Buch werde ich mich aber auch mit anderen geheimnisvollen Persönlichkeiten des Altertums und des Mittelalters beschäftigen: mit *Leonardo da Vinci* etwa, *Albertus Magnus* oder dem rätselhaften *Grafen von Saint Germain*. Außerdem werde ich in die indische Mythologie hinabtauchen und den Spuren der prophetischen *Akasha-Chronik* folgen. So viel zu kommenden Plänen aus meiner »Dichterklause« . . .

Phantome am Mittagshimmel

Filmemacher und TV-Direktor Ferry Radax auf
abenteuerlicher Ufo-Jagd

*»Eine staatlich beauftragte Untersuchungsstelle für Ufo-Beob-
achtungen ist vorstellbar, am besten im Zusammenhang mit
den Einrichtungen der Luftverteidigung. Selbst die Frage nach
dem Vorhandensein von anderen intelligenten Lebewesen im
Universum sollte man nicht mit ›nie‹ beantworten. Man sollte
sich aber bei der Erforschung dieser Phänomene um wissenschaftlich gesicherte Ergebnisse bemühen.«*

Dr. Franz Josef Strauß (1915–1988), CSU-Mitbegründer und
ehemaliger Ministerpräsident von Bayern, in einem
Schreiben an den Autor vom 5. Juli 1979

Eine unglaubliche Geschichte soll *William Shatner* widerfahren sein. Der als Captain *James T. Kirk* bekannte
Fernsehheld der ersten »*StarTrek*«-Generation ist davon
überzeugt, daß er 1969 durch eine Art telepathischen
Kontakt mit einem Ufo vor dem sicheren Tod gerettet
wurde. Shatner war damals per Motorrad unterwegs
durch die *Mojave*-Wüste Kaliforniens. Als nach einem
Zwischenstopp seine Maschine nicht mehr anspringen
wollte, lief er zu Fuß weiter auf der Suche nach Wasser
und brach bei einer Gluthitze von fünfzig Grad Celsius
zusammen. »Plötzlich sah ich ein fremdartiges, helles,
stromlinienförmiges Objekt über meinen Kopf hinwegwi-
schen«, berichtete Shatner. Eine innere Stimme hätte ihm
dann den Weg gewiesen, den er einschlagen sollte. Shatner folgte dieser Route – sie führte ihn ans Ziel: »Früher
war ich immer skeptisch gegenüber außersinnlichen
Wahrnehmungen. Manche Leute mögen sagen, ich sei

nur einer Fata Morgana zum Opfer gefallen. Doch ich bin sicher, es war ein Ufo, dessen Besatzung mir durch telepathische Impulse das Leben gerettet hat.« Im Rahmen einer Sendereihe über Psi-Phänomene wurde Shatners Erfahrung 1975 für das amerikanische Fernsehen verfilmt.

Die Mojave-Wüste scheint ein fruchtbarer Boden für unheimliche Begegnungen zu sein. Immer wieder gelangen mysteriöse Vorfälle, die sich in diesem Gebiet abgespielt haben sollen, an die Öffentlichkeit und in die Medien.

Davon weiß auch der bekannte Wiener Regisseur und Dokumentarfilmer **Ferry Radax** zu berichten. Der engagierte Filmdetektiv hat die Ufos schon lange im Visier. Über 120 Spiel-, Experimental- und Dokumentarfilme hat Ferry Radax inzwischen realisiert, darunter viele, die sich rätselhaften Phänomenen widmen, wie »*Sonne halt!*« (1959), »*Testament*« (1976) oder die Dokumentationsreihe »*Auf den Spuren des Erich von Däniken*« (1982), wo er dem Gedanken außerirdischer Götter nachspürte. »Die Ufologie, sosehr sie Laien fasziniert, hat in der Öffentlichkeit einen schweren Stand«, bedauerte er. »Zum einen ist sie sensationslüsternen Reportern ausgesetzt, wobei sich meist zeigt, daß die Journalisten keinerlei profundes Wissen zu diesem Thema besitzen und daher falsche Fragen stellen, zum anderen existieren zahlreiche obskure, okkulte messianische Sekten, die zwar in den New-Age-Trend passen, aber dem wissenschaftlichen Status schaden und so ein sehr diffiziles Forschungsgebiet der Lächerlichkeit preisgeben und in Mißkredit bringen.« Um die Spreu vom Weizen zu trennen, war Radax 1991 auf einer mehrwöchigen Reise quer durch die USA unterwegs. »Material für eine Fernsehdokumentation sollte gedreht

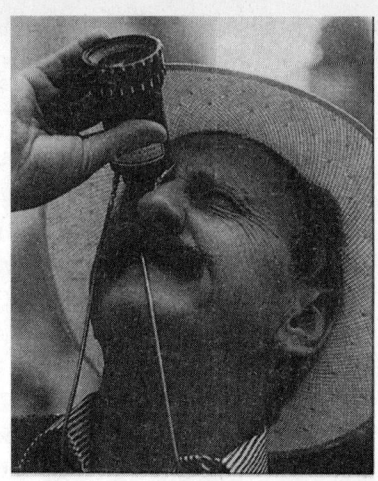

Bild 17: »Wo sind die Ufos?« mag sich Filmemacher Ferry Radax fragen, dem die unbekannten Flugvehikel mehrmals entwischt waren, ehe er auf den Auslöser drücken konnte.

und ein möglichst vollständiges Bild von der Ufo-Szene erstellt werden«, wie er mir versicherte. Bei seinen Studien kam es in unmittelbarer Nähe der Mojave-Wüste zu einer Überraschung. Radax wurde selbst Augenzeuge einer unerklärlichen Erscheinung.

Herr Radax, ist es wahr, Sie hatten in Kalifornien eine Ufo-Begegnung?
Ja, das muß man wohl so bezeichnen. Ich frage mich immer noch, was ich damals im Oktober 1991 wirklich gesehen habe. War es ein sogenanntes Ufo oder nur eine Sinnestäuschung? Nein, es war schon etwas, das man als *unidentifizierbar* im wahrsten Sinne des Wortes bezeichnen muß und gewiß nicht als Fata Morgana. In der österreichischen Talkshow *»Schiejok täglich«* habe ich über mein Erlebnis ganz offen und live vor Publikum Aus-

194

kunft gegeben. Auf einer Schultafel zeichnete ich damals mit Kreide das Aussehen des mysteriösen Flugobjektes auf. Ich erinnere mich auch heute noch ganz genau an diese Erscheinung. Sie war plötzlich da, stand lautlos am dunstigen Himmel über dem Nationalpark bei *San Bernadino* in Kalifornien, unweit des Wüstenorts *Yukaipa*, etwa drei Stunden östlich von *Los Angeles* entfernt.

Wieso kamen Sie überhaupt dorthin?
Ich war auf einer mehrwöchigen Reise durch die USA, um Material für eine umfassende Fernsehdokumentation zu drehen, die sich dem Ufo-Thema widmete. Nach drei Tagen aufregender Interviews mit Ufo-Spezialisten, hatte ich vom Thema so genug, daß ich mich an einem Sonntag ganz privat zu einem Ausflug entschloß, der mir die oben besagte Überraschung bescherte. Ich fuhr im offenen Cabrio die Haarnadelkurve hinauf auf einen etwa 1300 Meter hohen, herrlich bewaldeten Berg, der sich aus der umgebenden Wüste erhob. Das Naturschutzgebiet liegt nicht weit von der Mojave-Wüste entfernt, in der einige im Ufo-Zusammenhang berüchtigte Air-Force-Basen liegen. Angeblich verwahrt man dort nicht nur die tiefgekühlten Reste von abgestürzten toten Außerirdischen. Einige Fantasten sind sogar felsenfest davon überzeugt, daß dort heute noch *lebendige* Exemplare von E. T.s als Berater für interplanetarisches Know-how mit dem Militär zusammenarbeiten. Ich frage mich, ob jenes Flugobjekt, das plötzlich in einer Steilkurve vor mir auftauchte, vielleicht nur eines der Prototypen neuer Ufo-ähnlicher Flugzeuge war, eine mögliche Weiterentwicklung des für das Radar unsichtbaren *Stealth Bombers*? Ich habe seit vielen Jahren den Privatpilotenschein, habe Kurse als Flugschüler erfolgreich belegt, kenne mich aus, wenn es um Fliegerei und Technik geht. Aber was da urplötzlich

vor mir am Himmel stand, etwa 15 Meilen entfernt, war weder ein Sportflugzeug, dafür war es zu groß, noch war es eine normale Verkehrsmaschine, dafür war die Konstruktion viel zu absurd. Es sah aus wie ein *verkehrter Halbmond* mit *zwei verkehrten Flügeln* an den Seiten. Lautlos stand es am dunstigen Mittagshimmel. Ich sprang aus dem Cabrio, um meine Kamera aus dem Kofferraum zu holen. Als ich endlich die Videotechnik in Gang gebracht hatte und auf das gespenstisch aussehende Objekt zielte, war es wie vom Nebel verschluckt.

Haben Sie sich geärgert, weil Sie das Ding nicht vor die Linse bekommen hatten?
Ich dachte mir, okay, dann ist es eben weg. Auch wenn ich mir nicht erklären konnte, wie das Flugobjekt überhaupt aus meiner Richtung wegfliegen konnte. Der nächste Airport lag 40 Meilen westlich im rechten Winkel von mir. Ohne einer dafür üblichen Anflugs- bzw. Landekurve (climb-up-turn) mit Düsengetöse ist das nicht zu machen. Aber bitte, dachte ich, vielleicht habe ich mich täuschen lassen.

Ich packte also meine Videokiste ein und fuhr, etwas irritiert, weiter. Natürlich war ich enttäuscht darüber, daß es mir nicht vergönnt war, das seltsame Objekt filmisch festzuhalten. Im selben Moment sah ich es plötzlich wieder! Kaum entfernter als zuvor, immer noch in derselben Flugstellung, ebenso lautlos, ebenso kurz aufblitzend im sonnigen Gegenlicht, aber auffallend gute zwei bis drei Meilen vom ursprünglichen Standort nach links versetzt! Das ganze Theater begann von vorne. Wieder sprang ich zum Kofferraum, packte (inzwischen ziemlich) wütend meine Kamera aus. Diesmal, so hatte ich es mir fest geschworen, werde ich rechtzeitig auf den Auslöser drücken. Beim Auspacken der Kamera kam mir in den Sinn, daß dieses lautlos schwebende Objekt nur aus einem der unter mir liegenden, sonderbar gewölbten Hügel am Berghang kommen konnte. Zugegeben, ein kühner Gedanke, aber ich hatte tatsächlich das Gefühl, über einem unterirdischen Hangar zu stehen, der in die staatlich geschützte Bergwelt gegraben war. Und dann der große Frust: Jägerpech! Kaum versuchte ich das Objekt zielgenau zu erfassen, da war es auch schon wieder aus dem Sucher. Mehr noch: Es war und blieb seit diesem zweiten Erscheinen wie vom Dunst des Mittagshimmels für immer verschwunden. Ich hätte mich in den Hintern beißen können! Da fliegt man um die halbe Welt mit dem Hintergedanken, wirklich ein Ufo zu erwischen und zu filmen, und dann – na ja, dann war ich wenigstens geheilt von meiner jahrelangen Skepsis. Seit damals glaube ich nicht mehr, nein, ich *weiß*, daß sich am Himmel ungewöhnliche Dinge zeigen können, die sehr *real* sind und nicht als Halluzination abgetan werden können. Aber der Beweis, um Ignoranten davon zu überzeugen, der fehlt leider nach wie vor. Allein die Tatsache bleibt, daß ich etwas gesehen habe, das meine ursprünglich eher skeptische Einstellung revidiert hat. Inzwischen habe ich etliche Ufo-Fälle persönlich recherchiert, wie z. B. jene Sichtung eines renommierten Bankdirektors, der in der Nacht ein riesiges Ufo über dem Transformator beim *Auhof Wien*, nahe der Westautobahn-Ausfahrt, beobachten konnte. Das Erstaunliche: Ausgerechnet Jahre später, nämlich im Sommer 1995, wurde genau an derselben Stelle wiederum ein Ufo von einer glaubwürdigen Zeugin gesichtet. Aber, lieber Herr Habeck, das – und noch viele andere Erlebnisse – sind nicht Hirngespinste, sondern weitere Geschichten aus dem breiten Spektrum der Ufologie, die eines Tages sicherlich eine Erklärung finden werden.

Sie waren für eine geplante Ufo-Dokumentation wochenlang in Amerika unterwegs, besuchten die NASA-Stützpunkte, haben mit vielen Experten gesprochen und einen Blick hinter die Kulissen der Ufo-Kontroverse geworfen. Ihr Resümee daraus?

Ganz ehrlich, meine Eindrücke über die von mir interviewten amerikanischen Ufologen waren zwiespältig. *Dave Aaron* beispielsweise betreibt ein Ufo-Video-Clearing-House in Yukaipa und sammelt weltweit Ufo-Fernsehberichte bzw. Privataufnahmen über ungewöhnliche Flugobjekte, die er in alle Welt weiterverkauft. Der engagierte Ufo-Freak ist ein guter Geschäftsmann, bestens informiert und der Meinung, daß am Ufo-Phänomen etwas dran sei. Ein persönliches Erlebnis war der Auslöser dafür, daß er sich ernsthaft mit dieser Thematik zu beschäftigen begann. Vor dem Haus seines Vaters, so erzählte er mir, hätte er vor vielen Jahren eine Ufo-Landung beobachtet. Dave Aaron ist ein heiterer und wohlwollend-skeptischer Gesprächspartner, der mich mit seltenen Ufo-Videos versorgt. Wirklich sehr kompetent sind *Vicky Cooper* und *Don Ecker* vom amerikanischen »Ufo-Magazin« in Los Angeles. Eine Fachzeitschrift, die ich seit langem im Abonnement habe und immer mit großem Interesse lese. Ich halte dieses gut gemachte und informative Magazin für eines der seriösesten auf diesem umstrittenen Gebiet. Vicky und Don waren auch Referenten bei dem von mir im November 1993 organisierten internationalen Ufo-Kongreß im Wiener Hotel Marriott. Zehn von mir ausgewählte Experten haben damals an drei Tagen ihre Studien zum Thema vorgestellt und die besten Ufo-Videos gezeigt. Zweifellos, es gibt eine Vielzahl gut qualifizierter und wissenschaftlich bestens orientierter Ufo-Forscher. Auf der anderen Seite habe ich aber auch etliche Ufologen kennengelernt, die meine Ansicht nach viel zu naiv an das Thema herangehen.

Und Ihr Ufo-Film? Was ist aus der Dokumentation geworden? Hat Sie das Thema seit damals weiter beschäftigt?
Ich beschäftige mich heute nur mehr sporadisch mit der Ufo-Thematik, weil meine Tätigkeit als Avantgardist auf diesem Gebiet unbefriedigend war. In erster Linie wohl deshalb, seit ich meinem Hauptauftraggeber Fernsehen rechtzeitig signalisiert hatte, daß hier ein großes Thema im Kommen sei und die desinteressierte Antwort des ORF lautete: »Filme kaufen wir lieber bei den Amerikanern ein, die machen das besser und kostengünstiger.«

Dabei gäbe es hier und in ganz Europa genügend fesselnde Themen zu verfilmen. Da die Fernsehleute, auch der ORF, jetzt allesamt genügend Alienfilme zeigen, mache ich zur Abwechslung lieber einen für die ARD über den Maler *»Hundertwasser – 30 Jahre Weltkarriere«*. Auch spannend! Und Neuseeland, wo der Meister lebt, ist ein wunderschönes Land, ideal für Filmaufnahmen, auch ohne Ufos.

Sie haben auch über den Götterforscher Erich von Däniken ein Filmporträt hergestellt. Wie stehen Sie zu ihm und seinen Theorien vom Besuch aus dem All?
Ich habe den Pionier der »Götter-Astronauten-Theorie« bereits 1974 für den ORF filmisch porträtiert, in Erweiterung meines Interesses am Ufo-Thema, das ich bereits Jahre früher, nämlich 1967, in meinem Film *»Testament«* eingebaut hatte. 1982 befand ich mich dann wieder auf von Dänikens Spuren, nämlich in *Peru*, wo ich versuchte, anhand seines Buches *»Strategie der Götter«* direkt vor Ort mit der Fernsehkamera Beweise für oder gegen seine fantastische Theorie festzuhalten. Daraus wurden dann

noch zwei weitere Peru-Reisen und drei erfolgreiche Filme für die ARD. 1991 folgte ich Dänikens Spuren nach *Malta*, um eine Verbindung herzustellen zwischen seinen prähistorischen Göttern und neuzeitlichen Theorien über außerirdische Besucher. Übrigens habe ich Erich von Däniken wieder getroffen. Sehr viel Neues und Sensationelles hat er seit unseren drei Däniken-Filmen in Peru nicht mehr gefunden. Er gibt es zu. Andererseits hat er jetzt endlich den verdienten Fernseherfolg und macht seine Sache, wie eh und je, ganz ausgezeichnet!

Wie sehen Sie den Ufo-Boom der jüngsten Zeit und die Arbeit Ihrer Kollegen aus der Filmwelt?
Die Erforschung des Ufo-Phänomens ist in letzter Zeit sehr problematisch verlaufen, vor allem seitdem das Fernsehen erkannt hat, daß mit dem Thema mehr Zuschauer angelockt werden können. Schon vor sieben Jahren habe ich dem ORF, der ARD, RTL und anderen Fernsehsendern Konzepte vorgeschlagen, die eine Serie wie *»Akte X«* zum Inhalt hatten – aber ich wurde nur ausgelacht. Heute boomt das Ufo-Thema und wird mir zu sehr mit anderen Bereichen aus dem Übersinnlichen und Okkulten vermischt. Ich gehöre mehr der Gruppe jener Ufo-Interessierten an, die das Thema gerne wissenschaftlich und dokumentarisch behandelt sehen würden.

Was ist mit Kinohits wie »Independence Day«?
Wie gesagt, die Ufo-Präsenz meiner Kollegen beschränkt sich auf Hollywood. Dort sind die technischen und finanziellen Mittel vorhanden, die ein Publikum in den USA erreichen und das die Ufo-Storys viel vorurteilsloser beurteilt. Den Amerikanern fehlt eben so etwas wie eine katholische Staatskirche, Gott sei Dank! Die verhindert hierzulande, daß sie Konkurrenz aus dem All bekommt,

und vernebelt andererseits die gläubigen Hirne mit Vorurteilen. Die Belgier, ebenfalls ein katholisches Volk, haben ihre gerechte Strafe in Form einer Sichtungsinvasion mysteriöser dreieckiger Ufos erhalten, die vor allem Anfang der neunziger Jahre vermehrt beobachtet wurden und die Bevölkerung verunsicherten. Noch immer ist der Ursprung dieser zahlreich gesichteten Dreiecks-Ufos ungeklärt. Die Belgier werden wohl noch lange an diesem Problem zu knabbern haben.

Ihre Meinung zum Roswell-Film, der die Leichen gestrandeter Außerirdischer zeigen soll?
Das Thema *Roswell* ist ausgeschrieben und ausgefilmt. Als ich dort war, hat mich die Sache noch beschäftigt, jetzt ist sie plattgewalzt. Für interessanter halte ich eine andere Ufo-Absturzgeschichte, nämlich jene, die sich in *Soccoro*, New Mexico, zugetragen haben soll. Darüber müßte man ebenso einen Film drehen. Den angeblichen Außerirdischen von Roswell halte ich für einen der miesesten Scherze auf dem Ufo-Gebiet. Er hat seine verdiente Verachtung gefunden. Mit solchen »Beweisen« machen nur Mediengeier ihr Geschäft, die auf das Interesse von Naivlingen setzen.

Halten Sie es für möglich, auch in Verbindung mit Ihrer eigenen Ufo-Sichtung bei nahen Militärbasen, daß Reste abgestürzter Untertassen samt Besatzung in geheimen militärischen Stützpunkten aufbewahrt werden? Wäre es denkbar, daß Ufo-Technologie verwendet wird, um neue Geheimwaffen oder Flugkörper zu konstruieren?
Das inzwischen bekannte Thema »Groom Lake-Base«, »Schwarze Welt«, »S-4« oder »Area 51« hat sehr viele Aspekte durch Videos erhalten. Sie decken sich mit ähnlichen Aussagen von *Robert S. Lazar*, einem Physiker, der

auf einem geheimen Stützpunkt an Untertassenkonstruktionen mitgearbeitet haben will.

Ob dort tatsächlich neue Antriebswerke konstruiert, Ufo-Wrackteile und Aliens aufbewahrt sowie fliegende Untertassen restauriert und kopiert oder flugfähig gemacht werden, können nur die amerikanische Sicherheitsbehörde NSA oder das FBI beantworten. Ich halte es für wahrscheinlich, daß die US-Geheimdienste eine jahrzehntelange Testserie über Aufnahme und Weitergabe von *Gerüchten* in Amerika durchführen sowie eine Vertuschungspolitik und Manipulation gegenüber ahnungslosen Bürgern betreiben. Beweis hierfür wären u. a. auch die nachweislichen Vertuschungen jahrzehntelanger Atomtests mit Soldaten und Zivilpersonen. Das scheinen gewissenlose Geheimdienstler und Militärs den Nazis geradezu abgeschaut zu haben.

Von den Nazis wird ja gerüchteweise auch behauptet, sie hätten an scheibenförmigen »Wunderwaffen« gebastelt?
Was die Ufo-Versuche der Deutschen anbelangt, so gibt es die bekannte Geschichte, die sich zu Kriegsende zugetragen haben soll. Geheime Pläne und Modelle über Flugscheiben der Nazis sollen sich Russen und Amerikaner geschnappt und später irgendwie weiterentwickelt haben. Heute ist das kein Geheimnis mehr. Ferngesteuerte Aufklärungs-Ufos gibt es bereits, die wie Cruisemissiles das gegnerische Gelände in Windeseile ausspionieren und wieder, ohne von der Radarüberwachung bemerkt zu werden, blitzartig verschwinden. Diese Geräte sind etwa 1,5 Meter groß und vollgepackt mit neuester Elektronik.

Also keine Außerirdischen? Was wäre, wenn Sie dennoch einen Sternenmenschen vor sich hätten? Bis die Videokamera aus dem Cabrio ausgepackt ist, wird der Fremdling vermutlich wieder verschwunden sein. Aber angenommen, Sie hätten noch Zeit, den Ufonauten zu kontaktieren, was würden Sie ihn fragen, Herr Radax?

Herr Habeck, Ihre eigenartige Fragestellung erinnert mich an einen Witz: Da erscheint einem einsamen Wanderer eine schöne Fee wie die *»bezaubernde Jeannie«*. Sie stellt dem Mann drei Wünsche frei. Aber der gute Mann glaubt nicht an die »bezaubernde Jeannie«, schaut auf die Uhr und entschuldigt sich, daß er leider absolut keine Zeit habe für derlei Scherze. Aber im Ernst: Abgesehen davon, daß ich schon vor Jahren mit dem Spezialisten für »Ufo-Entführungen«, dem Maler und Bildhauer *Bud Hopkins*, in New York eine Videosendung über Ufo-Opfer gedreht habe, kenne ich natürlich die Problematik von Begegnungen mit Ufo-Insassen. Ich meine, daß die Aliens eher *mich* ausfragen würden, als umgekehrt. Aber Ihre Frage führt mich zu einem Erlebnis, das vielleicht mancher Sternengläubige als versteckte Kontaktaufnahme à la Spielbergs *»Unheimliche Begegnung«* deuten könnte. Es betrifft eine aktuelle Ufo-Sichtung durch mich, die zudem erst wenige Wochen zurückliegt.

Sie haben wieder ein Ufo gesehen?

Ja, am Samstag, dem 9. November 1996, habe ich, ob Sie es nun glauben wollen oder nicht, meine *zweite* Sichtung eines unidentifizierbaren Objektes gehabt. Die erste, vor Jahren in der kalifornischen Wüste, habe ich Ihnen ja eingangs geschildert. Ich gehörte seither trotzdem nicht zu den Himmelsguckern, die ständig in die Luft schauen, ob sie nicht noch einmal in den zweifelhaften Genuß einer Ufo-Sichtung kommen würden.

Wieso zweifelhaft?

Zweifelhaft deshalb, weil einem ja keiner glaubt, was man

beobachtet hat. Also: Ich fuhr gegen halb zwölf Uhr mittags südwärts Richtung Steiermark auf der Autobahn und befand mich etwa 20 Kilometer vor *Wiener Neustadt*. Es war viel Wochenendverkehr auf der Straße, das heißt, die Erscheinung müßten auch andere Autofahrer bemerkt haben. Ganz zufällig, wegen der herrlichen weißen und dunklen Wolken und geblendet von strahlendem Gegenlicht, blickte ich zum Himmel empor. Plötzlich sah ich geradeaus in einer dunklen Wolke drei bis vier nebeneinander aufblitzende Lichter, kreisrund und klein, wie Halogenscheinwerfer. Erster Gedanke: Verkehrsflugzeuge im Anflug auf *Wien-Schwechat*. Zweiter Gedanke: ein Schulflug einer einmotorigen Maschine über *Vösendorf*-Airport. Aber: Beim mehrmaligen Hinsehen waren die Lichter zu *inkonstant* und widersprachen dem Bild bekannter Scheinwerfer. Ich dachte, vielleicht ein Reflex in der Winschutzscheibe meines Jeeps, und kontrollierte die Sache anhand anderer Reflexe von Heckscheiben, Stoßstangen und was da alles am Highway dahinbrauste und mich überholte. Plötzlich, ganz zufällig, mindestens 30 Grad links versetzt (Position *halb elf Uhr*, wie der Flieger sagt; im Gegensatz zu *zwölf Uhr*, wie die vorhergehende Position des Objektes war, nämlich *geradeaus*) sah ich dieselben Lichter wieder. Diesmal fünf nebeneinander, dann zwei darunter, drei darüber, die blinkten wie Morsezeichen, reihten sich wieder in die Zeile, gingen auseinander, verschwanden hinter Wolken, tauchten überraschend wieder auf.

Als sie schließlich ganz verschwunden waren, habe ich noch gut eine Stunde immer wieder zum Himmel gestarrt, ob die Lichter nochmals erscheinen würden. Aber es tauchte nur mehr eine kleine einmotorige Maschine am Horizont auf, die friedlich ohne Scheinwerfer unter der Wolkengrenze ihre Bahn zog. Ob nun die Lichter ein Signal von jemandem und von wem überhaupt waren, entzieht sich meiner Kenntnis. Für mich war aber dieses neuerliche Erlebnis ein Beweis dafür, daß ich mich bei meiner ersten Sichtung nicht durch irgendwelche Spinnereien habe täuschen lassen. Beide Ufos sind tatsächlich in Momenten aufgetaucht, wo ich nie mit ihrem Erscheinen gerechnet hätte. Offenbar war ich in diesen Situationen aber entspannt genug, um sie überhaupt wahrzunehmen. Vielleicht leben wir zu hektisch, blicken viel zu wenig empor zum Himmel, von dem, siehe Altäre in den Kirchen, die sogenannten Außerirdischen (dort noch mit Flügeln) schon immer auf uns herabgeschaut haben dürften.

Ufos seit Jahrtausenden?
Jene »unbefleckte Empfängnis«, die angeblich der Mutter Gottes widerfahren sein soll, daß ihr nämlich ein »Engel« erschienen sei, der sie mit den Worten beruhigte »Fürchte dich nicht!« scheint heutzutage (oder schon immer) Tausenden Frauen in aller Welt ähnlich zu passieren, die da glauben (oder es tatsächlich erleben?), ein Alien sei ihnen erschienen, habe mit ihnen ein Kind gezeugt, sie verlassen und später den Fötus abgeholt, um ihn irgendwo an einem fremden, unbekannten Ort aufzuziehen. Der sogenannte *Jesus-Fall*, wie ich ihn provokant nennen möchte, könnte in der Nähe dieser Erlebnisse liegen, auch wenn diese Behauptung für gläubige Katholiken natürlich als Blasphemie gelten muß. Die endgültige Wahrheit über Jesus und die anderen Propheten, welche vielleicht mit außerirdischen Wesen Kontakt hatten, wie beispielsweise die Beschreibungen des biblischen Propheten *Ezechiel* verdeutlichen, werden wir wohl nie vollständig erfahren.

Area 51: Das große Geheimnis

Wissenschaftsjournalist und Kunstmaler Andreas von Rétyi über die Ufo-Vertuschungspolitik der USA

> »Wenn ich Präsident werde, werde ich alle Informationen, die dieses Land über Ufos besitzt, der Öffentlichkeit und den Wissenschaftlern zugänglich machen. Ich bin davon überzeugt, daß es Ufos gibt, denn ich habe eines gesehen . . .«

Jimmy Carter, ehemaliger US-Präsident, während seines Wahlkampfes im Mai 1976

Ufo-Begeisterte wissen nicht erst seit dem Kinohit »Independence-Day« von Berichten über die supergeheime Anlage im Westen der Vereinigten Staaten. »Area 51«, auch als »Schwarze Welt« oder »Dreamland« bekannt, gilt als wahrscheinlich geheimstes militärisches Testgelände der Welt. Seit den frühen sechziger Jahren dringen verstärkt Gerüchte an die Öffentlichkeit, daß auf diesem Gelände im abgelegensten Winkel von Nevada mit Ufo-Technologie experimentiert wird. Insider berichten, daß auf Area 51 abgestürzte Raumschiffe einer außerirdischen Zivilisation im Verborgenen gehalten, untersucht und sogar Tests geflogen werden. Tatsächlich werden seit Jahren über dem Versuchsgelände immer wieder Manöver von diskusförmigen Flugkörpern beobachtet. Offiziell will keine US-Behörde die Existenz geheimer Testgebiete bestätigen. Welche Belege gibt es für eine Existenz? Werden in unterirdischen Geheimlabors Ufo-Beweise zurückgehalten? Welches Geheimnis verbirgt sich hinter den Mauern des Schweigens?

Zu den profundesten Kennern der Area-51-Problematik gilt der deutsche Ufo-Forscher und Autor **Andreas von Rétyi**. In den vergangenen Jahren hat der in *Coburg* lebende Schriftsteller mehrere Bücher zur Weltraumforschung und Ufo-Thematik veröffentlicht, darunter *»Gefahr aus dem All«*, *»Wir sind nicht allein!«*. Zuletzt erschien *»Das Alien-Imperium«*, in dem Rétyi aus erster Quelle bislang unveröffentlichte Informationen zum *Roswell*-Ufo-Absturz vorlegte.

1994 nahm der engagierte Amateurastronom aktiv an der Überwachung und Dokumentation der Kollision zwischen dem Kometen *Shoemaker-Levy-9* und dem Planeten *Jupiter* teil. Er arbeitet als freier Redakteur für das Astronomiemagazin *»Star Observer«* und ist Mitglied der *Planetary Society*. Andreas von Rétyi ist nicht nur schreibend, sondern ebenso künstlerisch kreativ. Als Grafiker und Kunstmaler hat das Mehrfachtalent Rétyi dem Weltraumthema auch zahlreiche Gemäldeausstellungen im In- und Ausland gewidmet, unter anderem vor drei Jahren im NASA-Space-Center *Houston* anläßlich der Feierlichkeiten zu *25 Jahre bemannte Mondlandung*. Wie Andreas von Rétyi über Ufos und Außerirdische denkt und welche persönlichen Erfahrungen er mit der berüchtigten Ufo-Basis Area 51 erlebte, erfahren wir nun wie folgt:

Herr von Rétyi, Sie gelten als Ufo-Experte, arbeiten als Autor, Grafiker und Maler. Können Sie uns den Grund für Ihr Ufo-Engagement nennen? Warum haben Sie das Ufo-Geheimnis zum Mittelpunkt Ihres Lebensinhaltes gemacht?
Das Ufo-Thema hat mich eigentlich schon immer interessiert. Es gibt eine ganze Reihe von Gründen, die mich dazu veranlaßt haben, gerade dieses so umstrittene Thema zum Mittelpunkt meines Lebens zu machen — nebenbei bemerkt: Mit dieser Formulierung haben Sie sicherlich ganz recht, denn mein Tag beginnt in der Tat

mit Außerirdischen und er endet mit ihnen, sie sind irgendwie stets präsent. Trotzdem geht es mir auch darum, wegen dieser intensiven Beschäftigung mit der Materie immer wieder auch genügend Abstand davon zu gewinnen, um mich nicht in haltlosen Thesen festzufahren. Ich setze nach einiger Zeit praktisch alle Werte auf null, um das, was ich herausgefunden habe, wieder in Frage zu stellen. Das Interessante daran ist aber: Ich sehe die Schlüssigkeit der vorliegenden Fakten, auch wenn ich zeitweilig auf Distanz gehe. Ich kehre immer wieder zu dem Punkt zurück, daß das Ufo-Phänomen tatsächlich *real* existiert, denn diese Fakten sprechen eine zu deutliche Sprache.

Gab es ein Schlüsselerlebnis, das für Ihr Ufo-Engagement der Auslöser war?
Den eigentlichen Zugang zum Ufo-Thema habe ich sicherlich nicht mit einem einzigen Schritt gewonnen; es hat eine ganze Reihe an Schlüsselereignissen gegeben, von denen jedes seine Wirkung gehabt und gleichzeitig die des vorhergehenden Schlüsselereignisses verstärkt hat. Ursprünglich hat mich die ganze Sache als eine Art Kuriosum, als Abweichung und Konglomerat ungewöhnlicher Behauptungen interessiert. Ich habe ja früher rein über astronomische Themen veröffentlicht und mir immer nur gesagt: »Das kann doch alles nur Unsinn sein, *wie* soll das alles funktionieren? Das Energieproblem ist doch gigantisch, wenn es um die Überwindung der riesigen Entfernungen geht! Wie findet man überhaupt einen so winzigen Planeten wie die Erde?« Trotz all dieser Vorbehalte bin ich gerade im Zusammenhang mit Berichten über Feuerbälle, also sehr helle Meteore, praktisch immer wieder mit Verwechslungsmöglichkeiten und merkwürdigen Himmelsphänomenen konfrontiert worden. Ufos

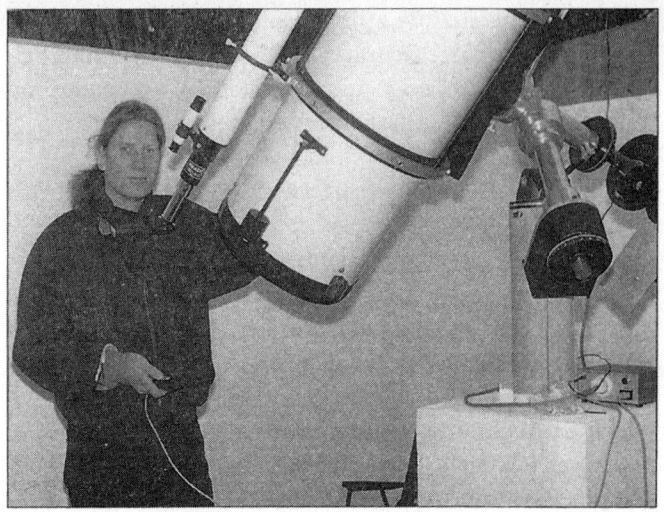

Bild 18: Ist dem »Alien-Imperium« dicht auf den Fersen: Ufo-Forscher Andreas von Rétyi.

waren gewissermaßen unvermeidlich, und ich konnte nicht einfach urteilen, ohne mehr über das Ganze zu wissen. Von vornherein »*Nein*« zu sagen, das wäre doch absolut pseudowissenschaftlich gewesen. Und rückblickend, aus der heutigen Perspektive, kann ich nur betonen, genau das ist es unter anderem, was mich aufregt, wenn ich mit Naturwissenschaftlern spreche, die dem Thema ablehnend gegenüberstehen. Sie mögen gute Wissenschaftler sein, Spezialisten ihrer Fachgebiete, doch besitzen sie nicht den geringsten Überblick über die teils wirklich unfaßbar schlagkräftigen Ufo-Informationen, die mittlerweile bekannt sind. Trotz dieses Defizits werten sie aber alles, was damit zu tun hat, als unseriös und *pseudowissenschaftlich* ab. Da frage ich mich nur: *Wer* ist denn hier wirklich pseudowissenschaftlich eingestellt? Auch wenn wir uns auf eine weniger komplexe Ebene begeben, kommt es dort zu ebensolchen Problemen. Und hierin liegt auch der Grund, weswegen ich mich zum Beispiel für die oft höchst ungewöhnlichen Aussagen von Zeugen sosehr und ernsthaft interessiere.

Haben Sie selbst schon etwas Ungewöhnliches beobachten können?
Ja, ich habe vor etlichen Jahren sehr seltsame Lichterscheinungen gesehen. Lichtkugeln von zwei Metern Durchmesser, die direkt vor mir schwebten. Das möchte mir bis heute mancher nicht glauben. Mir wurde schon gesagt, ich hätte ja vielleicht etwas gesehen, aber ich müsse in Rechnung stellen, daß ich halluziniert hätte. Doch war ich nicht der einzige Zeuge. Was wir tatsächlich sahen, waren sogenannte *Erdbebenlichter*, keine Ufos. Bis heute ist ihre Entstehung eines der Rätsel der *Geophysik*, doch nur weil wir sie nicht erklären können, heißt das noch lange nicht, daß es sie nicht gibt.

Jedenfalls widerstrebt es mir auch aus diesem Grund, Zeugen von ungewöhnlichen Ereignissen und Phänomenen pauschal als Lügner, Betrüger oder Spinner abzutun. Unter diesen Zeugen befinden sich viel zu viele ernst zu nehmende Menschen, die ihr alltägliches Leben mit Bravour meistern und mit beiden Beinen fest auf der Erde stehen. Es sind vielfach Leute, die anonym bleiben wollen und keinerlei Ruhm oder finanziellen Profit aus ihren Erlebnissen zu schlagen wünschen. Im Gegenteil, viele von ihnen haben weit mehr zu verlieren als zu gewinnen. Ich als Autor kann, wenn ich wirklich verantwortungsvoll arbeite, viele mir im Vertrauen zugetragene, hochbrisante Berichte aus erster Hand nicht einmal anonym veröffentlichen, weil andernfalls allein aufgrund ihres ungewöhnlichen Inhalts ihre wahre Identität bekannt gegeben würde. Daß ich seit Jahren hartnäckig an dem

Thema »hänge«, liegt auch daran, daß ich den Phänomenen vor Ort nachgehe, Originalzeugen befrage und im Laufe der Zeit sehr gute Kontakte zu diversen Insiderquellen erschließen konnte. Die Berichte bestätigen sich in verblüffender, manchmal direkt erschreckender Weise, und so bin ich vom Ufo-Thema nur selten enttäuscht worden. In den meisten Fällen bin ich tatsächlich auf Belege für unerklärliche Vorgänge gestoßen und auf Material, das die Existenz und *außerirdische* Herkunft der Ufos mehr als nahe legt.

Sind Sie von der außerirdischen Herkunft der Ufos überzeugt? Gibt es für das Phänomen noch eine andere plausible Erklärung?
Alles, was ich bisher herausfinden konnte, deutet in die Richtung von *außerirdischen Besuchen*. Die Informationen, die mir hierzu zugetragen wurden, stammen nicht selten von sehr verläßlichen Insidern, wobei die Art und Weise, wie ich in Kontakt mit diesen Quellen treten konnte, nach meiner Beurteilung definitiv ausschließt, daß mich Desinformanten z. B. der US-Regierung auf falsche Fährten gelockt haben könnten. Zum Teil habe ich Angehörige hoch geheimer Militäreinrichtungen kontaktiert, ebenso Sheriffs oder zivile Zeugen. Zudem habe ich auch Dokumente und Schreiben direkt von diversen militärischen Stellen und Geheimdiensten erhalten, die oft eine deutliche Sprache sprechen, vor allem wenn man die einzelnen Aussagen miteinander vergleicht und gelegentlich zwischen den Zeilen liest. Daß wir offizielle Aussagen prinzipiell nicht als das Nonplusultra der Ehrlichkeit und Aufrichtigkeit einschätzen sollten, ist klar.

Mir persönlich wurde dies spätestens klar, als ich die aus dem Spielfilm »*Independence Day*« bekannte Geheimstadt *Area 51* erstmals mit eigenen Augen in ihrer vollen

Bild 19: Schnappschuß von Area 51, einem Militärgelände, das es offiziell gar nicht gibt. Was wird verheimlicht? Testet man tatsächlich mit außerirdischer Flugtechnologie?

Schönheit und Realität sehen konnte. Offiziell gibt es ja diese Stadt nicht.

Es gibt Gerüchte, daß sich Außerirdische bereits unter uns befinden und mit verschiedenen Regierungsstellen zusammenarbeiten, ohne daß die Öffentlichkeit davon in Kenntnis gesetzt wird. Gibt es eine militärische Vertuschungspolitik? Was könnten die Gründe einer Ufo-Geheimhaltung sein?

Eine militärische Vertuschungspolitik gibt es definitiv. Ich meine das nicht nur im allgemeinen Zusammenhang, sondern ganz speziell auch, was die Ufo-Frage angeht. Viele US-Behörden und -Geheimdienste beispielsweise haben jahrelang vorgegeben, keinerlei Ufo-Akten zu besitzen sowie keinerlei Interesse an fliegenden Untertassen zu haben. Die Air Force hatte 1969 angeblich ihre Forschungen in dieser Richtung eingestellt, in jenem Jahr, als der berühmt-berüchtigte *Condon-Report* veröffentlicht wurde. Eine im übrigen absolut unzulängliche, manipulierte Studie zum Ufo-Thema, dessen Projektleiter, der Atomspektroskopiker *Professor Edward Uhler Condon*, von vornherein festlegte, daß am Ende ein ablehnendes Urteil herauszukommen habe. Er verfaßte eine leicht leserliche Zusammenfassung des komplizierten und sehr umfangreichen Reports und stellte dabei entgegen den interessanten Aussagen der an Einzelfragen arbeitenden Projektwissenschaftler fest, daß sich die untersuchten Fälle allesamt erklären ließen. Das sollte dann den Abbruch der Air-Force-Untersuchungen zum Thema Ufos bedeuten. Nach außen hin. Doch in Wirklichkeit befaßt sich die amerikanische Luftwaffe bis heute mit unbekannten Flugobjekten. Das geht aus diversen Dokumenten ebenso hervor wie aus »Ausrutschern« von Pressesprechern. Ähnlich gelagert ist die Sache auch bei anderen offiziellen Behörden. Der »geheimste aller US-Geheimdienste«, die *National Security Agency* (NSA), beispielsweise hat lange behauptet, nie ein Interesse an Ufos gehegt zu haben. Durch ein Leck bei der CIA kam dann in den siebziger Jahren heraus, das stimmte wohl nicht ganz, denn man erklärte dort plötzlich, es gäbe sehr wohl NSA-Ufo-Akten. Nunmehr mußte die NSA Farbe bekennen und rückte schließlich mit zwei Dokumenten heraus. Eines davon befaßte sich mit »Ufos und Überlebensfragen«.

Nach einigen erfolgreich ausgefochtenen Prozessen kam noch weiteres Material zum Vorschein. Darunter befindet sich auch das »Yeates-Affidavit«, eine 21seitige Zusammenfassung und Begründung für die Geheimhaltung zahlreicher weiterer Ufo-Dokumente der NSA. Zunächst war das Affidavit selbst als »TOP SECRET« eingestuft. Danach erfolgte die Freigabe. Allerdings mit einem gewaltigen Manko: Fünfundsiebzig Prozent des Gesamttextes waren *geschwärzt* und damit unleserlich gemacht worden, angeblich aus Gründen der nationalen Sicherheit! Seltsam, diese plötzliche staatliche Besorgnis, obwohl es Ufos doch gar nicht gibt! Hochinteressant sind auch die Aussagen von Insidern, die mir gegenüber zahlreiche Vermutungen und bereits geäußerte Behauptungen bestätigten. So zum Beispiel, daß es in den USA eine Satellitenregierung gebe, eine eigene Führungsspitze, die sich speziell und ausschließlich mit allen Aspekten und Problemen befassen soll im Zusammenhang mit Ufo-Beobachtungen, und darüber hinaus beschäftigt man sich dort ebenso mit geborgener *extraterrestrischer* Technologie. Die Gründe für die Geheimhaltung sind offenkundig. *Macht,* Macht und nochmals Macht! Das Militär kann technologischen Nutzen aus der fortgeschrittenen Fremdtechnologie ziehen. Es wird sein Wissen um keinen Preis der Welt preisgeben und damit vielleicht einen entscheidenden Vorsprung gegenüber anderen Mächten opfern.

Im Zusammenhang mit der Zurückhaltung von Ufo-Dokumenten fällt immer wieder der Name »Dreamland«. Was hat es mit dem streng bewachten Hochsicherheitsgelände auf sich? Wird dort mit Ufo-Technologie an neuen Flugscheiben gebastelt?
»Dreamland« ist eine tatsächlich aufs ausgeklügelste überwachte Hochsicherheitsanlage in den Vereinigten Staaten und befindet sich im Bundesstaat *Nevada.* Ich war mehrere Male vor Ort, habe mit Zeugen gesprochen, selbst interessante Beobachtungen gemacht und bin insgesamt aufgrund des mir vorliegenden Materials überzeugt, daß hier tatsächlich Dinge jenseits des für uns Faßbaren geschehen. In erster Linie scheint es tatsächlich

so zu sein, wie der Physiker und Techniker *Robert S. Lazar* ausführlich beschrieben hat, nämlich daß auf »Dreamland« eine Art »back-engineering« betrieben wird, man dort abgestürzte Flugscheiben einer fremden Intelligenz analysiert. Es wird versucht, Schritt für Schritt herauszufinden, wie diese Ufos zusammengesetzt sind und wie sie funktionieren, darauf bedacht, dieses Wissen für eigene Zwecke zu nutzen. Möglicherweise sind bereits einige technologische Erkenntnisse in den modernen militärischen Flugzeugbau eingeflossen, teils in Projekte, die immer noch der Geheimhaltung unterliegen, wie z. B. das supergeheime »*Aurora*«-Flugzeug, dessen exotische Antriebstechnologie (»Pulstriebwerk«) schon Anlaß zu manchen Spekulationen gegeben hat.

Angeblich sollen die Deutschen bereits in den dreißiger Jahren an Ufo-ähnlichen Flugvehikeln gewerkt haben, auch der Engländer John Searl will solche Fluggeräte gebaut haben. Was halten Sie davon?
Es gibt eine Reihe von Berichten und Informationen zu diesem Thema, an dem übrigens auch die Amerikaner sehr interessiert sind. Sie sprechen den Engländer *Searl* an. Bei den Deutschen sind unter anderem Namen wie *Rudolph Schriever, Klaus Habermohl* und *Viktor Schauberger* mit der Entwicklung von Flugscheiben eng verknüpft. Mir sind in den vergangenen Jahren mehrere Informationen zugegangen, denen zufolge damals tatsächlich scheibenförmige Flugobjekte entwickelt und gebaut worden sind. Die Frage ist allerdings, wie leistungsfähig bzw. grundsätzlich flugfähig sie waren. Ich könnte mich täuschen, aber meiner Ansicht nach sind diese Geräte niemals auch nur annähernd fortschrittlich genug gewesen, um zum Beispiel mit Ufo-Technologie vergleichbar zu sein.

Zurück zur »Schwarzen Welt«. Wo liegt »Dreamland«?
Kann man es erreichen? Wie kommt man hin? Wurden selt-
same Lichterscheinungen über dem Testgelände beobachtet?
Wie gesagt, »Dreamland« liegt im südlichen *Nevada*, und
zwar auf dem riesigen Testgelände der *Nellis-Air-Force-*
Basis. Der gesamte Militärkomplex bedeckt eine Fläche
von rund 1,5 Millionen Hektar. »Dreamland«, das *»Land*
der Träume« (einer von vielen Codenamen, die z. B. beim
militärischen Flugfunk verwendet wurden und werden),
befindet sich rund 200 Kilometer nordnordöstlich von
Las Vegas. Das bestens abgesicherte Sperrgebiet umfaßt
ein fast quadratisches Areal von rund vierzig mal vierzig
Kilometern, das sogenannte Rote Quadrat, über das nicht
einmal Piloten von Nellis hinwegfliegen dürfen – es wäre
wohl die letzte Handlung, die sie in ihrer Karriere getan
hätten! Auf dem Gebiet finden sich zwei Trockenseen,
der *Groom Lake* (Area 51) und der *Papoose Lake* (Tech
Area S–4).

Auf letzterem Gelände sollen sich die außerirdischen
Flugscheiben befinden. Abgesehen davon, daß die Region
sehr abgelegen ist und überwacht wird mit Hilfe von Be-
wegungsmeldern, einer anonymen Sicherheitstruppe (die
mir 1993 mit Verhaftung bei weiterem Vordringen drohte),
Videokameras und in der Wüste versteckten Schweißde-
tektoren, die zwischen tierischem und menschlichem
Schweiß differenzieren, sind die Geheimstädte von »Dreamland« sehr geschickt hinter hohen Berggipfeln versteckt. Man muß also gezielt suchen und mit sehr guten
Optiken arbeiten, um aus der Ferne die Hangars, Lande-
pisten, Radarschüsseln und Testpylone etc. im Detail sehen zu können. *»S-4«* ist sogar noch besser versteckt als
»Area 51«. Trotzdem konnte ich vor Ort einige interessante direkte und indirekte Hinweise dafür finden, daß
dieses Gelände existiert, wie Zeugen es beschreiben. Ich

konnte Indizien sammeln für Tunnels durch den Papoose Mountain Range, nächtliche Streulichtkegel über den Bergen, die auf ein geschäftiges Treiben hinter den Papoose-Bergen hindeuten. Ich habe recht ungewöhnliche Antwortschreiben vom Pentagon erhalten, deren widersprüchliche Aussagen mehr enthüllen als ein kompletter Vortrag zum Thema. Insgesamt muß man sich aber besonders seit der neuerlichen militärischen Landnahme umliegender Berge schon sehr bemühen, um z. B. einen Blick auf Area 51 zu werfen. Schon ein Schritt zuviel kann in arge Bedrängnis führen. Es lohnt, stets auf dem neuesten Stand zu sein, was Grenzverläufe und Regelungen angeht. Bezüglich etwaiger Lichterscheinungen über dem Gelände werden immer wieder unglaublichste Dinge beobachtet, bis in jüngste Zeit. Ich habe selbst schon faszinierende Objekte gesehen, obwohl es sich dabei gewiß nicht um *die* Ufos gehandelt hat. Doch gibt es auch zuverlässige Berichte über solche Erscheinungen.

Der Physiker Robert Lazar will in »Dreamland« gearbeitet haben und behauptet, dort abgestürzte Untertassen untersucht zu haben. Darf man diesen Erklärungen Glauben schenken? Gibt es noch andere Zeugen, die bestätigen, daß dort abgestürzte Untertassen lagern und US-Piloten sogar Testflüge damit absolvieren?

Es gibt eine ganze Menge an gut übereinstimmenden Angaben durch voneinander unabhängige Zeugen, die ähnlich wie Lazar ausgesagt haben. Lazars persönlicher Report über die Vorgänge auf S-4 ist sehr umfangreich und so detailliert, daß er schwerlich bloß pure Erfindung sein kann.

Im übrigen bestätigen sich seine Aussagen und die der anderen Zeugen in seltener Einmütigkeit. Offenbar wird auf Area 51/S-4 tatsächlich außerirdische Flugtechnologie getestet. Ein Zeuge berichtete auch von Simulatoren, die gebaut wurden, um die Eigenschaften der extraterrestrischen Flugobjekte nachzuvollziehen und zu verstehen. Das klingt alles sehr utopisch und fantastisch! Und ist es auch! Aber es scheint der Wahrheit zu entsprechen, obgleich ein endgültiger Beweis noch aussteht. Das verwundert kaum, wenn wir uns vor Augen führen, welche Macht uns hier offenbar gegenübersteht: *geheime Regierungssysteme* sowie der gigantische Apparat von *Militär* und *Geheimdiensten*!

Ihre Ansicht zum Roswell-Zwischenfall und den dubiosen Hintergründen zum Santilli-Film, der die angebliche Obduktion Außerirdischer zeigen soll?
Zum *Roswell-Film* nur ganz kurz so viel: Ich glaube, daß dieser Film, der im übrigen nichts mit dem eigentlichen Roswell-Fall zu tun hat, nur zur Ablenkung und *Desinformation* gedacht ist. Echt ist er sicher *nicht*. Da gab es viel zuviel Dubioses und Widersprüchliches im Hintergrund.

Wenn Sie mit einem Außerirdischen sprechen könnten, was würden Sie ihm sagen oder ihn fragen?
Das ist sehr schwer zu beantworten! Obwohl ich mich ständig mit dem Thema beschäftige, fällt es mir ungemein schwer, mir diese Situation auch nur annähernd realistisch auszumalen. Würde ich überhaupt ein Wort herausbringen, wenn ich das erste Mal vor einem intelligenten Wesen aus einer fremden Welt stünde? Vielleicht ist es banal und oberflächlich, aber ich glaube, meine Neugierde würde mich zur Frage nach seiner Herkunft zwingen! Was auch immer ich fragte, es wäre zuwenig; und ich wüßte auch nie, ob das, was er mir sagte, tatsächlich der Wahrheit entspräche. Auch Außerirdische könn-

ten Gründe haben zu lügen. Trotzdem wäre es sicherlich mit einer Frage nicht getan. Im übrigen müßten wir uns wohl gegenseitig erst einmal eine Weile »beschnuppern«. Wenn er Gefallen an Wein finden würde, vielleicht würden wir uns dann zu einem Gläschen, eventuell beim Heurigen in Wien, zusammensetzen und unsere Gedanken austauschen (wahrscheinlich sehr einseitig). Aber im Wein, so sagt man, liegt bekanntlich die Wahrheit.

Wird die Wahrheit eines Tages ans Licht kommen? Was wären die Folgen? Wie würde die Gesellschaft reagieren? Wenn nicht etwas völlig Unvorhergesehenes geschieht, wird es sicherlich noch eine ganze Weile dauern, bis die Wahrheit wirklich ans Licht der Öffentlichkeit dringt. Doch irgendwann wird sie sich nicht mehr zurückhalten lassen. Die Reaktion unserer Gesellschaft läßt sich nur schwer absehen. Manchmal sieht es so aus, als ob wir schrittweise doch bereits ein bißchen vorbereitet werden sollen. Möglicherweise finden schon seit geraumer Zeit Tests statt, wie die Öffentlichkeit reagiert. War der »Roswell-Film« ein solcher *Test*? Auch eine Möglichkeit. Jedenfalls dürfte niemand so leicht die Verantwortung auf sich nehmen wollen, einen Zusammenbruch unseres gegenwärtigen Gesellschaftssystems zu riskieren. Denn mit einem Male wären Regierungen in Anbetracht einer viel höheren Technologie ihrer Machtgrundlage beraubt, es käme zu Vertrauensverlusten, zur Erschütterung von religiösen Glaubensrichtungen. Für eine große Anzahl von Menschen wären gewaltige Wertverluste die Folge, es käme zu einem radikalen Wandel des Weltbildes, viele Völker würden ihrer ideellen Grundpfeiler beraubt werden. Die sensibel reagierende Weltwirtschaft würde aus den Fugen geraten, alles müßte revidiert, neu taxiert werden. Nur *wie*? Wer hätte dann noch die Macht, wer das Sagen? Was wäre von den Fremden zu erwarten? Alles in allem bin ich jedenfalls persönlich davon überzeugt, daß die Konsequenzen einer solchen Aufdeckung sehr weitreichend wären! Doch glaube ich, daß dieses Wissen Stück für Stück an die Öffentlichkeit dringen muß, denn mit einer Lüge derartigen Ausmaßes könnte die Welt nicht lange existieren. Je länger aber die Regierungen zuwarten sollten und Informationen zurückhielten, desto mehr würde sich die Energie im Verborgenen aufstauen, bis hin zum großen Knall. Ein Erdbeben auf geistiger Ebene! Das hat man inzwischen wohl auch in den Reihen der Dienste und des Militärs erkannt. Doch muß auch das Verlangen, der Druck von außen kommen. Darin sehe ich den Sinn meiner Arbeit als Ufo-Forscher. Es geht u. a. auch darum, Wege zu ebnen und in gewisser Weise Zeichen zu setzen. Wir außerhalb der »geheimen Welt« ahnen etwas, wir sehen etwas, wir erkennen Widersprüche und: Wir fordern endlich *Wahrheit*! Trotz alledem dürfte es noch längere Zeit dauern, ehe diese Wahrheit ans Licht kommt und sie uns langsam ins Bewußtsein dringt. Ich habe manchmal das unbestimmte Gefühl, das alles so sein müsse, wie es eben ist.

Der Roswell-Crash und ein dubioser Film

Alienfreund Michael Hesemann auf der Spur
abgestürzter »Untertassen«

*»In der festen Überzeugung, daß die amerikanische Öffentlich-
keit eine bessere Erklärung verdient als die bisher von der Air
Force gegebene, empfehle ich dringend die Untersuchung des
Ufo-Phänomens durch einen Ausschuß. Ich meine, wir sind es
dem Volk schuldig, Glaubwürdigkeit in bezug auf Ufos zu
schaffen und die größtmögliche Klärung dieser Frage herbeizu-
führen.«*

Gerald Ford, ehemaliger US-Präsident, am 28. März 1966 in
einem Brief, den er als Kongreßabgeordneter an L. Mendel
Rivers sandte, den Vorsitzenden des Militärausschusses.

Was ist dran am Ufo-Absturz nördlich von *Roswell* in
New Mexico, der sich in der Nacht des 4. Juli 1947 ereignet haben soll? Zuerst gab es eine offizielle Bestätigung,
danach folgte das Dementi. War der damals geborgene
Flugkörper nur ein Wetterballon? Ist ein geheimer Spionageballon für den Zwischenfall verantwortlich? Oder
ging es tatsächlich um die Bergung eines Raumschiffes
außerirdischer Herkunft samt Besatzung? Klarheit über
den legendären Fall herrscht immer noch nicht. Seit damals brodelt es in der Gerüchteküche der Ufogläubigen
Welt. Verschweigen Militärs und Regierungsstellen die
wahren Hintergründe? Wurden Alienleichen in die berühmt-berüchtigte Militärbasis »*Area 51*« in Nevada verbracht? Scheibenförmige Flugobjekte wurden über dem
geheimen Gelände beobachtet, ungebetene Eindringlinge

stundenlang verhört. Mehr als 300 Zeugen konnten mittlerweile ausgeforscht werden, darunter einige, die ihren Aussagen zufolge direkt bei der Bergung des unbekannten Flugkörpers beteiligt waren. Ufo-Begeisterte sind davon überzeugt, daß die für Radar unsichtbaren »Tarnkappen-Bomber« und andere neu entwickelte Flugzeugtypen eine von Ufos abgeschaute Technologie sind.

Für einen weiteren Höhepunkt in der Ufo-Debatte sorgte 1995 das rätselhafte Zelluloid des englischen Musikfilmers *Ray Santilli*. Es soll die Obduktion angeblicher Alienleichen dokumentieren. Seither jagt eine Spekulation die andere. Von wem stammt der mysteriöse Film? Sind die Aufnahmen tatsächlich echt? Oder handelt es sich bloß um eine geschickte Fälschung? Gesicherte Antworten gibt es noch nicht.

Licht in dubiose Angelegenheit will der bekannte deutsche »Untertassen«-Jäger **Michael Hesemann** bringen. Der bullige Ufo-Promotor ist den Aliens schon lange dicht auf den Fersen. Hesemann ist ein nicht ganz unumstrittener Ufo-Experte, zählt aber ohne Zweifel zu den bekanntesten und schillerndsten »Köpfen« in der Ufologen-Gemeinde. Ob als Kongreßveranstalter, der im »Dialog mit dem Universum« steht, engagierter Zeitungsmacher vom Ufo-Sensationsblatt »*Magazin 2000*« oder als cleverer Exklusiv-Vertreiber des Aliens-Autopsiefilms, Hesemann schafft es immer wieder, die Aufmerksamkeit auf sich und das Ufo-Thema zu lenken. Der heute in Düsseldorf lebende kosmische Spurensucher hat sich auch als Ufo-Autor einen Namen gemacht. Seine Werke »*Ufos: Die Beweise*«, »*Kornkreise*« und »*Geheimsache Ufo*« sind internationale Bucherfolge, die in 14 Ländern erschienen sind. Im Herbst 1996 folgten zwei weitere Titel: »*Ufos über Deutschland*« und »*Jenseits von Roswell*«. Ebenso trat der geschäftige Tausendsassa als Filmemacher in Erscheinung.

Bild 20: »Untertassen«-Jäger Michael Hesemann ist von der außerirdischen Herkunft der Ufos überzeugt und besuchte die vermeintlichen Absturz-stellen von Ufo-Wracks.

Für seine Streifen *»Ufos: Die Beweise«, »Das Mysterium der Kornkreise«* und *»Geheimnisse der Schwarzen Welt«* wurde Hesemann mit Filmpreisen ausgezeichnet. Welche Beweise er für den Besuch aus dem All vorlegen kann, zu welchem Ergebnis seine Recherchen bei Amerikas Ufo-Pilgerstätten führten, was er zum Santilli-Film zu sagen hat und was er bei seinen Kritikern entgegensetzen kann, erklärt uns Michael Hesemann im folgenden Interview.

Herr Hesemann, glauben Sie, daß Ufos aus dem Weltraum kommen?
Die einzige Erklärung, die alle Aspekte des Ufo-Phäno-mens logisch und schlüssig erklärt, ist die, daß es sich tatsächlich um *außerirdische* Raumschiffe handelt. Natür-lich nur bei den »Ufos im engeren Sinn«, wo eine natürli-che Erklärung ausgeschlossen werden muß. Etwa 95 Pro-zent der gemeldeten Ufo-Sichtungen sind Fehldeutungen bekannter Himmelsphänomene. Außerirdische Besucher

223

als Erklärung ist auch die einzige, welche von Regierungen und Militärs ernst genommen wird, die das Phänomen seit nunmehr 50 Jahren untersuchen. Alles deutet darauf hin, daß Beweise, die dies zweifelsfrei bestätigen könnten, unter Verschluß gehalten werden.

Andere Lösungsvorschläge für das Ufo-Rätsel schließen Sie demnach aus?
Es gibt eine Reihe von Autoren, die versucht haben, sich durch exotische Hypothesen zu profilieren. Diese Ufologen entlarven sich aber letztlich selbst, indem sie entweder nur die ihnen genehme Auswahl aus dem Spektrum des Fallmaterials wählen oder sogar Falldarstellungen derart entstellen und zusammenschneiden, damit sie irgendwie in das bereits vorgefertigte Bild ihrer Thesen passen. Eine solche Methodik ist unseriös und unwissenschaftlich. Es ist wissenschaftliche Methodik, ein Phänomen erst einmal zu beobachten, bevor man eine Hypothese aufstellt. Viele Autoren aber stellen erst die Hypothese auf und schneiden sich danach die »Beweise« zurecht. Ich dagegen ziehe es vor, internationales Fallmaterial zu studieren und sowenig wie möglich zu spekulieren.

1947 soll in New Mexico ein Ufo abgestürzt, und Wrackteile sollen von der US-Luftwaffe geborgen worden sein. Können Sie unseren Lesern die Gerüchte um die damaligen Ereignisse kurz in Erinnerung rufen? Wissen Sie, was vor 50 Jahren wirklich in Roswell geschah?
Am 8. Juni 1947 gab der Pressesprecher des *Roswell Army Air Fields* (RAAF) in Roswell, New Mexico, bekannt, daß die dort stationierte 509. Bombergruppe »eine fliegende Untertasse« auf einer Ranch im Raum *Roswell* bergen konnte. Nur sieben Stunden später erklärte der

Kommandant der 8. Luftwaffe, *General Roger Ramey*, bei der geborgenen Scheibe hätte es sich bloß um einen *Wetterballon* gehandelt. Seitdem haben über 300 Zeugen ausgesagt, daß es eben *kein* Ballon, sondern etwas ganz anderes war, das man damals fand: ein riesiges Trümmerfeld auf der *Foster-Ranch* bei Corona, New Mexico, mit Wrackteilen, die erstaunliche Eigentümlichkeiten aufwiesen, und ein fersenförmiges Raumschiff mit fünf toten oder verletzten Insassen 55 Kilometer nördlich von Roswell. Die große Publicity, die »der Roswell-Zwischenfall« in den USA seit Anfang der neunziger Jahre bekam, veranlaßte im Jahre 1993 den New-Mexico-Kongreßabgeordneten *Steven Schiff*, eine Untersuchung durch den US-Kongreß zu beantragen. Das Ergebnis der Untersuchung, das im Juli 1995 publiziert wurde, kam zu folgendem Ergebnis:

Jene Akten des RAAF, die ein für alle Male Klarheit über die Ereignisse von Roswell geben könnten, sind bereits Anfang der fünfziger Jahre zerstört worden, ohne daß – was der militärischen Befehlsstruktur entspräche – ein Befehl dafür vorlag. Alles deutet also darauf hin, daß jemand etwas vertuschen wollte. Trotzdem wiederholte die Luftwaffe 1994 ihre Ballon-Erklärung, nur mit dem Unterschied, daß es jetzt auf einmal ein Wetterballon mit einem geheimen Auftrag, ein sogenannter *Mogul-Ballon*, gewesen sein soll, der die Druckwellen sowjetischer Atomexplosionen in der Atmosphäre messen sollte.

Was spricht denn gegen diese irdische Lösung für die Roswell-Story?
Da gibt es eine ganze Liste von Ungereimtheiten, Herr Habeck! Zuerst einmal existiert kein Beweis dafür, daß der Mogul-Flug, den die Luftwaffe für Roswell verantwortlich machte, überhaupt stattgefunden hat – er ist auf

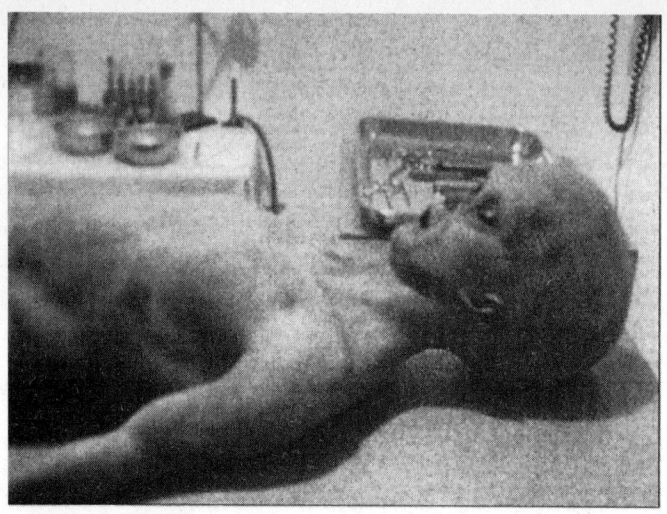

Bild 21: Szene aus dem Autopsiefilm von Ray Santilli, der angeblich die Leichen gestrandeter Außerirdischer zeigt.

jeden Fall *nicht* im Projektlogbuch verzeichnet. Zweitens wurden alle anderen Mogul-Ballons problemlos gemeldet, weil sie auch Anhänger hatten, die dem Finder eine Belohnung bei Benachrichtigung der Projektleitung versprachen. Drittens war die 509. Bombergruppe als *erste* atomare Bombereinheit der Welt eine Elitetruppe, die bestausgebildete Einheit der *Army Airforce*, und so ist fraglich, ob diese nicht sofort einen Wetterballon erkannt hätte. Viertens war ja nur die Mogul-Mission, keineswegs aber das Equipment geheim. Das aber wirft die Frage auf, weshalb die strikte Geheimhaltung, Einschüchterung von Zeugen, Beschlagnahmung von Wrackteilen etc. stattgefunden hat. Fünftens entspricht die Beschreibung der Wrackteile ganz und gar nicht einem Ballon. Und sechstens erklärte General Rameys Stellvertreter, *General Thomas J. DuBose*, eidesstattlich, daß »die Wetterballon-

Erklärung bloß eine Deckgeschichte war, um uns die Presse vom Hals zu halten.« Ich bin, nach zahlreichen Recherchen vor Ort und persönlichen Interviews mit 40 Zeugen und Untersuchern des Vorfalls, heute davon überzeugt, daß damals tatsächlich ein fremdes Raumschiff abstürzte und ein zweites im Sommer 1947 – und daß dies alles von höchsten Stellen vertuscht wurde. Das teilte ich im Dezember 1995 schriftlich Präsident *Clinton* mit, der kurz darauf eine interne Untersuchung in Auftrag gab.

Sie meinen, es gab oder gibt in Sachen »Ufos« eine Politik der Geheimhaltung?
Es besteht für mich überhaupt kein Zweifel daran, daß es eine Vertuschungspolitik gab und gibt. Beweise? Schon 1949 erklärte ein Memorandum der US-Bundespolizei FBI, daß die »fliegenden Scheiben, fliegenden Untertassen und Feuerbälle« von »Nachrichtenoffizieren des Heeres wie der Luftwaffe als *Geheimsache* eingestuft werden«. 1950 meldete der kanadische Regierungsbeamte *W. Smith* nach »vertraulichen Nachforschungen durch die kanadische Botschaft in Washington«, daß »fliegende Untertassen existieren« und »die Angelegenheit höchste Geheimhaltungsstufe der Vereinigten Staaten hat, höher als die der Wasserstoffbombe«, wie ein erst Jahrzehnte später von der kanadischen Regierung freigegebenes »*Top secret*«-Dokument des Verkehrsministeriums besagt. Im Januar 1953 verabschiedete das »wissenschaftliche Beraterkomitee des amerikanischen Geheimdienstes CIA« nach einer internen Konferenz im Pentagon *»ein Erziehungsprogramm«* in Sachen Ufos, das »das Risiko einer Panik auf ein Minimum reduzieren sollte«, und zwar durch zwei Maßnahmen: »Umerziehung und Diskreditieren« (»training and debunking«). Noch 1980 entschied

der Oberste Gerichtshof der Vereinigten Staaten, daß Ufo-Akten »aus Gründen der nationalen Sicherheit« *weiterhin* geheim gehalten werden dürfen.

Was könnten die Gründe für diese Geheimhaltung sein?
Auch hier können wir offizielle Regierungsdokumente befragen. Aus den CIA-Akten von 1952, die sich auf eine Ufo-Sichtungswelle über Washington D. C. beziehen, geht deutlich hervor, daß man in erster Linie eine *Panik* befürchtete, ähnlich jener, die es 1938 gegeben hat, nachdem *Orson Welles* in seinem fiktiven Hörspiel von der Landung von Marsmenschen in New Jersey berichten ließ. In der offiziellen *»Studie über die Implikationen friedvoller Weltraumaktivitäten auf menschliche Angelegenheiten«*, die 1961 vom Brookings-Institut der NASA zur Vorlage beim US-Kongreß erarbeitet wurde, wird auf die Gefahr eines *Kulturschocks* verwiesen, den es in unserer Geschichte schon mehrmals gegeben hat. Immer wieder dann, wenn eine technologisch unterlegene Zivilisation plötzlich mit einer technologisch überlegenen konfrontiert wurde. Die Folge war immer eine Werte- und Autoritätskrise.

Deshalb empfiehlt die Studie für den Fall einer Entdeckung Außerirdischer eine Untersuchung, »wie eine solche Information und unter welchen Umständen der Öffentlichkeit präsentiert oder vorenthalten werden könnte und welche Folgen daraus abzuleiten wären«. Übrigens habe ich diese Dokumente in meiner Sammlung *»Ufos: Neue Beweise«* in voller Länge veröffentlicht. Meiner Ansicht nach kommen aber noch zwei Gründe hinzu: Beim Roswell-Fall stand man Ende der vierziger Jahre vor der Situation, daß man es hier mit Besuchern einer haushoch überlegenen Zivilisation zu tun hatte, deren Intention man nicht kannte. Man wußte nur, was immer

Bild 22: Diese geglückte Ufo-Aufnahme stammt von einer ganzen Serie, die 1981 in Mexiko gemacht wurde. Fototechnische Untersuchungen konnten bislang keine Manipulation feststellen. Es gilt als echtes Foto von einem unidentifizierbaren Objekt.

sie hier wollten, man hatte ihnen absolut nichts entgegenzusetzen und war ihnen hilflos ausgeliefert. Dies einzugestehen wäre Regierungen und Militärs gewiß nicht leichtgefallen. Und: Man war mit den Ufo-Abstürzen in Roswell und Socorro in Besitz einer unbekannten Technologie gekommen und wollte diese natürlich auswerten und nachbauen, ohne daß potentielle Feindmächte etwas erfahren sollten. Dadurch versprach man sich einen riesigen technologischen Vorsprung vor jeder anderen Nation der Erde.

Sie sprachen gerade von Socorro. Es gab neben Roswell also noch andere Ufo-Abstürze?
Ja. Ein FBI-Memorandum vom 22. Mai 1950 nennt »drei Abstürze sogenannter fliegender Untertassen in New Mexico«. Es hat demnach definitiv weitere andere Ufo-Ab-

229

stürze gegeben. Der erste ereignete sich am 31. Mai 1947 südwestlich von Socorro, New Mexico. Von diesem Vorfall stammt der umstrittene »Santilli-Autopsie-Film«, nicht von Roswell, wie ursprünglich fälschlich angenommen wurde.

Dieser Film, der angeblich die Leichen gestrandeter Außerirdischer zeigt, hat vor einigen Jahren weltweites Aufsehen erregt. Ufo-Experten sind sich über die Echtheit uneins. Halten Sie ihn für eine Sensation oder für eine Fälschung? Ich war ebenfalls skeptisch, als ich den Film zum ersten Mal am 5. Mai 1995 auf einer Sondervorführung im London Museum sah. Darum verstehe ich es vollkommen, daß große Teile der Ufo-Forscher und an der Thematik interessierter Gruppen skeptisch waren und sind. Doch um *Fox Mulder* zu zitieren: »Die Wahrheit liegt irgendwo dort draußen«, und es gilt, sie aufzuspüren. Das habe ich gemacht. Ich habe ein Jahr lang recherchiert, bin dafür viermal nach New Mexico gereist, habe Augenzeugen und Experten in der ganzen Welt aufgesucht und interviewt. Ich bin nun zu der Schlußfolgerung gekommen, daß eine Reihe von Indizien für die Echtheit des Films sprechen, aber kein Beweis für eine Fälschung. Im Herbst 1996 erschien in mehreren Ländern, darunter in den USA, mein Buch »*Jenseits von Roswell*«. Darin habe ich die Suche nach der Roswell-Wahrheit beschrieben.

Wie lautet die Wahrheit, die zum mysteriösen Roswell-Film geführt hat? Können Sie uns etwas über die Hintergründe verraten? Im Sommer 1992 hatte der britische Medienkaufmann *Ray Santilli* auf der Suche nach Originalaufnahmen der frühen Rock-and-Roll-Stars einen Kameramann kennengelernt, der von 1942 bis 1952 für die US-Streitkräfte gearbeitet hatte und inzwischen 82 Jahre alt war. Daß Santilli ihm die Rock-and-Roll-Filme gegen Bargeld abkaufte, gefiel dem alten Herrn, und so bot er ihm seinen Schatz an: 22 Filmrollen des Materials, das er 1947 im Auftrag von *General Clements McMullen*, dem damaligen Vizekommandanten des strategischen Luftkommandos, von der Bergung eines abgestürzten Raumschiffes und der Autopsie zweier seiner Insassen drehte. Durch Zufall blieben diese 22 Rollen bei dem Kameramann zurück. Es dauerte zwei Jahre, bis Santilli das Geld zum Erwerb des Materials von einem Geschäftspartner bekommen hatte, und so flog er schließlich im Dezember 1994 mit den Filmen zurück nach London. Nun haben Ufo-Skeptiker an der Existenz des Originalmaterials von 1947 wie des Kameramannes gezweifelt – zu Unrecht, wie wir mittlerweile wissen. Das 16-mm-Material konnte von zwei internationalen Experten, *Bob Shell*, der fototechnische Berater des FBI, und *Prof. Corrado Malanga* von der Universität Pisa, physikalisch und chemisch untersucht werden. Die Ergebnisse der Überprüfung lassen keinen Zweifel darüber aufkommen, daß das Material tatsächlich aus der Zeit *vor* 1956 stammt und innerhalb von zwei Jahren belichtet und entwickelt wurde. Die Randmarkierungen, die Santilli kopierte, weisen eindeutig auf 1947 als Produktionsjahr der Filme hin. Der Kameramann hat mittlerweile ein Interview gegeben und alle von Santilli veröffentlichten Informationen bestätigt.

Wäre es möglich, daß der Film zwar echt ist, also aus der fraglichen Zeit stammt, daß aber die gezeigte Leiche kein Wesen aus dem All, sondern vielmehr ein Mensch ist, der bei einem mißglückten und geheimen Raketen- oder Atomunfall ums Leben kam?
Leider vertreten viele selbst ernannte Ufo-Forscher mit

entsprechender Vehemenz persönliche Meinungen, die nicht im geringsten auf Recherchen oder andere Methoden der Wahrheitsfindung basieren, sondern rein *subjektiv* sind. Es gibt viel zu viele Wichtigtuer in der Ufo-Szene, die die Arbeit des echten, engagierten Forschers erschweren, und die leider viel zu oft etwas zu Papier bringen, ohne auch nur nachgedacht zu haben. Daß das Wesen auf dem Autopsietisch ein Mensch ist, kann völlig ausgeschlossen werden. Ein Atomunfall würde nie die vielen biologischen Anomalien erklären, da Mutationen zwar als Erbschäden bei Kindern von Strahlungsopfern auftauchen, aber nicht bei den Strahlungsopfern selbst. Das gezeigte Wesen ist klein, asexuell, hat keinen Bauchnabel, einen extrem großen Kopf, eine winzige Nase, sechs Finger und Zehen, ein – nach Ansicht zahlreicher Pathologen – nicht-menschliches Gehirn und nicht-menschliche Organe. Das alles sind keine Symptome eines Atom- oder Raketenunfalls.

Wäre denkbar, daß wir es mit dem Bild eines erbkranken Kindes zu tun hätten?
Da wir *zwei* Filme von fast identischen Wesen haben, müßte es sich um Zwillinge mit exakt denselben Fehlbildungen handeln. Das wäre eine medizinische Sensation. Doch obwohl die Autopsie offenbar sogar gefilmt und mindestens von zwei Pathologen durchgeführt wurde, finden wir nirgendwo in der medizinischen Literatur auch nur einen Hinweis, ein Foto, eine Publikation der Ergebnisse dieser Obduktion. Wozu tragen die Pathologen Schutzanzüge? Erbkrankheiten sind nicht ansteckend. Weshalb Membrane auf den (riesigen) Augen? Wieso erscheint das Gehirn nicht menschlich, ebenso die inneren Organe? Warum fehlt die Gesichtsmuskulatur?

Ein deutscher Dermatologe, Prof. Janson aus München, dia-
gnostizierte Progerie, die schreckliche Vergreisungskrank-
heit, und als Todesursache einen Schlaganfall. Was sagen
Sie zu dieser Interpretation?

Bei allen *Progerie*kranken tritt eine Abschlaffung der
Muskulatur und eine starke Alterung der Haut mit entsprechender Faltenbildung auf. Das Wesen auf dem Film
aber wirkt muskulös, seine Haut ist glatt. Warum hat es
eine große Brandwunde am rechten Oberschenkel und
Symptome eines Bruchs am linken Oberschenkel, eine ab-
getrennte Hand und eine Prellung oder Einschußwunde
an der linken Schläfe? Erlitt es einen Schlaganfall, nachdem es sich die Beine brach und verbrannte, sich einen
Kopfschuß versetzte und schließlich seine rechte Hand
abtrennte? Also, Ärzten, die solche Diagnosen stellen,
würde ich mit einigem Mißtrauen begegnen . . .

Bliebe noch die irdische Erklärung der bewußten Fälschung.
Könnte es sich um eine Puppe handeln?

Möglich. Aber bedenken Sie, Herr Habeck, keiner der 20
internationalen Ärzte und Pathologen, die den Film be-
gutachteten, hält es für eine solche. Sie sind sich alle einig, daß es alle Merkmale einer Leiche aufweist, eines
biologischen Wesens.

Haben Sie die vermutete Absturzstelle des Roswell-Flug-
körpers aufgesucht? Konnten Sie mit Augenzeugen der da-
maligen Ereignisse sprechen?

Ich war an allen Schauplätzen der Ufo-Abstürze von
1947, auf dem Trümmerfeld bei *Corona*, der Absturzstelle
nördlich von *Roswell* und der anderen Absturzstelle südwestlich von *Socorro*, die ich selber entdeckt habe, indem
ich den Angaben des Santilli-Kameramannes folgte. Ich
habe mit den wichtigsten noch lebenden Zeugen gespro-

chen, Filminterviews geführt und neue Zeugen ausfindig gemacht. Das Ergebnis: Es sind 1947 *zwei* außerirdische Raumschiffe abgestürzt, eines am 31. Mai 1947 südwestlich von Socorro und ein zweites am 4. Juli 1947 nördlich von Roswell. Den Socorro-Absturz, von dem wir ja erstmals durch den Santilli-Kameramann erfuhren, bestätigten Indianer, die den Überflug eines »Feuerballs« am fraglichen Abend beobachteten, und ein lokaler Rancher, der glaubte, ein Meteorit sei abgestürzt. Ich konnte durch ein Dokument die Sperrung der Absturzstelle durch das US-Innenministerium – mit dem Vorwand, man wolle Bergbauaktivitäten durchführen – belegen. Ich fand dann den Einschlagpunkt des Ufo-Wracks an einem Felskliff, exakt dort, wo der Kameramann es zuvor in einer Skizze gezeichnet hatte, wo etwa 20 Meter breit Stein weggemeißelt wurde und wo man heute noch Spuren einer starken Hitzeeinwirkung erkennen kann. Und schließlich sprach ich mit einem Techniker, der die Ankunft des Wracks auf dem *Wright-Patterson*-Luftwaffenstützpunkt im Juni 1947 beobachtete, sowie mit zwei Exmilitärs, die den Autopsiefilm im Besitz der US-Luftwaffe gesehen haben wollen. Ein Tatbestand, der mittlerweile meinem Kollegen *Bob Shell* gegenüber von *Captain John McAndrews* von der US-Luftwaffe bestätigt wurde.

Wenn tatsächlich Ufos abgestürzt sind, müßten doch noch Trümmer der Raumschiffe vorhanden sein? Wo sind die Wrackteile heute?
Im Frühjahr 1996 sind mehrere angebliche Wrackteile des Roswell-Ufos aufgetaucht. Eines – das ich nicht für echt halte – wurde dem *Roswell-Ufo-Museum* übergeben, ein zweites – das sehr wohl den berichteten Charakteristiken entspricht und extrem leicht, scharfzackig, hart und stark reflektierend ist – wurde dem Ufo-Forscher *De-*

rel Sims überreicht, weitere Wrackteile erhielt der Radio-moderator *Art Bell* übersandt. Die eigentlichen Wracks von Roswell und Socorro wurden zuerst auf die Wright-Patterson-Luftwaffenbasis gebracht, den Sitz des Lufttechnischen Nachrichtendienstes der US-Luftwaffe, und danach irgendwann auf das Testgelände in Nevada, in die supergeheime *Area 51* bzw. *S-4* (alias *Dreamland*) transportiert, wie eine ganze Reihe von Zeugen – darunter der Nuklearphysiker *Robert Lazar* – behaupten. Lazar zufolge soll es US-Wissenschaftlern gelungen sein, den Antriebsmechanismus der Ufos zumindest theoretisch zu verstehen. US-Piloten sollen schon in der Lage sein, mit ihnen *Testflüge* durchzuführen.

Das hört sich an wie eine wilde James-Bond-Geschichte. Sind die abenteuerlichen Behauptungen Robert Lazars wirklich glaubwürdig?

Nur auf den ersten Blick hören sich seine Angaben unglaublich an. Ich bin Lazars Geschichte auf den Grund gegangen und habe einen Film dazu gedreht: *»Geheimnisse der Schwarzen Welt«*. Lazar behauptete, daß die genannten Testflüge an bestimmten Mittwochabenden nach Sonnenuntergang durchgeführt würden. Wir sind seiner Empfehlung gefolgt und 1992 an einem Mittwochabend hinausgefahren auf den Highway 375, wo man der Basis auf öffentlichem Land am nächsten kommt, dann auf die *Groom-Lake*-Zufahrtsstraße, hin zu einem kleinen Hügel auf der rechten Seite. Dort warteten wir – ein Kamerateam des US-TV-Senders ABC und mein eigenes Kamerateam. Nach nur 15 Minuten erschien das erste Ufo hinter den Groom-Bergen, vollführte unglaubliche Flugmanöver, zu denen kein irdischer Flieger in der Lage wäre. Seit dieser Erfahrung halte ich Lazars Geschichte für glaubwürdig. ABC war begeistert und zeigte den Film am nächsten Abend landesweit in den Nachrichten. Kurz darauf wurde, wie ich von Lazar erfuhr, das Projekt eingestellt, und die Scheiben wurden zu einer anderen Basis gebracht.

Beschäftigt sich die US-Luftwaffe mit dem Ufo-Phänomen? Gibt es ernst zu nehmende Sichtungen durch erfahrene Piloten?

Offiziell sind die Untersuchungen der US-Luftwaffe 1969 mit dem Projekt *»Blue Book«* eingestellt worden. Seitdem interessiert sie sich zumindest nicht mehr für die Sichtungen von Zivilisten, ganz gewiß aber – wie Dokumente beweisen – für die ihrer eigenen Piloten. Ich habe mit einer Reihe von Luftwaffen- und Marinepiloten gesprochen, die Ufo-Sichtungen hatten. Der bekannteste davon war Astronaut *Col. Gordon Cooper,* den ich im Dezember 1993 interviewte. Er erklärte mir, daß er und seine Kameraden 1951 auf der US-Luftwaffenbasis *Neubiberg* bei München zwei Tage lang ganze Formationen scheibenförmiger Flugkörper verfolgten. Und 1957 filmte ein Team, das unter seinem Kommando stand, die Landung eines scheibenförmigen Objektes auf einem dreibeinigen Landegestell auf dem Gelände der *Edwards*-Luftwaffenbasis in Kalifornien. Das Team war nur 50 Meter von der gelandeten Scheibe entfernt, doch als sie noch näher herangingen, zog das Objekt seine Landebeine ein und schoß vertikal in die Höhe, bis es im Himmel verschwand. Nachdem der Film entwickelt worden war, folgte Cooper seinen Befehlsgebern und schickte ihn in einer Generalsmaschine nach Washington. Seitdem hat er nie wieder etwas von dem Streifen gehört.

Wie sieht es im Weltraum aus? Sind dort Ufo-Aktivitäten von Astronauten registriert worden?

Im Weltraum hat Cooper selbst nie etwas Ungewöhnliches beobachtet. Trotzdem gab die NASA Filmaufnahmen anderer Astronauten, u. a. *James McDivitt*, aber auch von den Mondmissionen frei. Zudem erzählten mir sowjetische Kosmonauten von ihren Ufo-Sichtungen im Weltraum, darunter *General Pavel Popovich* und *General Vladimir Kovalyonok*.

Sind Ufo-Beobachtungen, zum Beispiel von zivilen Piloten, auch im mitteleuropäischen Raum bekannt?
Selbstverständlich haben Hunderte Zivilpiloten Ufo-Begegnungen gehabt. *Swissair* hat gut ein Dutzend ihrer *»Pilot Voyage Reports«* freigegeben, Lufthansa-Ex-Chefpilot *Werner Utter* erzählte mir von drei Begegnungen. Eine Ufo-Begegnung von zwei britischen Linienflugpiloten wurde erst kürzlich durch eine umfangreiche Untersuchung der Zivilen Luftfahrtbehörde bestätigt, und über Mexiko City sind 1995 zwei *Aeromexico*-Piloten beinahe mit Ufos kollidiert. Ich interviewte sie beide persönlich. Beim ersten Vorfall spürte der Pilot eine Erschütterung, während der Tower das unbekannte Ziel auf dem Radarschirm hatte. Eine Notlandung wurde angeordnet, und es zeigte sich, daß sein Landegestell durch den Zwischenfall buchstäblich »abgeschnitten« war. Eine Woche später kam ein zweiter Pilot aus einer Wolke, als er, direkt vor sich, aus einer anderen Wolke eine silberglänzende Scheibe auf sich zuschießen sah, auf Kollisionskurs. Er bekam einen Riesenschreck, brüllte ins Mikrofon, daß sie alle sterben müßten. Doch im letzten Augenblick schlug das Ufo blitzschnell einen Haken und raste davon. Mit klopfendem Herzen landete er die Maschine sicher und unbeschadet.

Sehen Sie bei den Ufos Zusammenhänge mit anderen rätsel-

haften Erscheinungen, wie etwa den mysteriösen Kreismustern in Kornfeldern?

Ja, ich bin von einer Verbindung zum *Kornkreis*phänomen überzeugt. Warum? Weil oft genug, nicht nur in England, sondern ebenso in Mexiko, Kanada, Australien, Rumänien und Israel, von Zeugen beobachtet wurde, wie Ufos Kornkreise produzieren. Leider ist das Phänomen diskreditiert worden durch jene, die tatsächlich einige asymmetrische Muster in Kornfelder gewalzt haben und dann behaupteten, für das gesamte Phänomen verantwortlich zu sein. Generell gilt: Menschen können so ungefähr alles fälschen. Es gibt auch exzellente Kopien antiker Kunst, aber es gibt noch bessere Originale.

Es gibt in England beliebte Fälscher-Wettbewerbe unter dem Motto »Wer hat den schönsten Kornkreis gefälscht?«. Wie kann man da noch zwischen »echt« und »gefälscht« unterscheiden?

Ja, es stimmt, heute sind 80 Prozent der englischen Kornkreise gefälscht. Aber jeder Experte sieht dies auf den ersten Blick. Es existiert nach wie vor ein *reales* Phänomen, und das ist, wie ich glaube, eine »Botschaft aus dem Kosmos«, ein Weg, uns langsam und schonend auf den Kontakt mit einer fremden Intelligenz vorzubereiten. Es gibt eine Reihe von Charakteristika, die man eben einfach nicht fälschen kann. So weisen *echte* Piktogramme immer in den ersten Tagen nach ihrem Entstehen radioaktive Anomalien auf, die von jedem mit einem Geigerzähler – also einem legitimen wissenschaftlichen Meßinstrument – zu messen sind. Dann sind bei echten Piktogrammen die Halme deformiert, gebogen, aber nicht gebrochen. Oft weisen sie leichte Verkohlungsspuren auf, zudem Hinweise auf eine kurzzeitige, starke Erhitzung wie stark erweiterte Knoten und ausgetrocknete Körner. Pflanzenbiologen haben zudem genetische und molekulare Veränderungen festgestellt.

Herr Hesemann, haben Sie selbst schon ein Ufo beobachtet?
Mehrfach, ja. Das ist kein Wunder, wenn man regelmäßig immer dorthin fliegt, wo gerade Ufo-Sichtungswellen stattfinden. Glücklicherweise hatte ich jedes Mal Augenzeugen dabei, denn kein Ufo-Sichtungszeuge ist weniger glaubwürdig als ein Ufo-Forscher! Die interessanteste Sichtung hatte ich im Februar 1996 in Mexico, auf dem Weg vom Tepoztlan nach Mexiko City, etwa auf der Höhe von *Ajusco*. Ich war, wie immer, mit dem Taxi unterwegs, als ich ein orangerotes Leuchtobjekt am Abendhimmel bemerkte. Ich bat meinen Fahrer anzuhalten und griff nach meiner – stets filmbereiten – Videokamera, hielt sie prophylaktisch an das Objekt und filmte. Es war kein Flugzeug, blinkte nicht. Nach exakt 14 Sekunden – die Kamera zählte mit! – schoß das Licht davon und war verschwunden. Ich schaute auf die Uhr: Es war 19.55 Uhr. Nun habe ich in Mexiko City sehr gute Kontakte zu Fluglotsen des *Benito Juarez International Airport* – des größten zentralamerikanischen Flughafens –, und so fragte ich einen befreundeten Fluglotsen, *Raul de la Huerta*, ob er zum fraglichen Zeitpunkt etwas auf dem Schirm hatte. Und tatsächlich, er hatte, so bestätigte er mir, ein Objekt, das sekundenlang schwebte, um dann mit mehrfacher Schallgeschwindigkeit davonzuschießen, registriert. Sogar ein Pilot einer Linienmaschine im Anflug auf Mexiko City hatte es beobachtet und gemeldet. Dann verbrachte ich mit Raul und seinen Kollegen drei Stunden, von 0.30 bis 3.30 Uhr früh, im Radarraum des Towers. In diesem Zeitraum hatten wir vier Ufos auf dem Schirm, die sich ähnlich verhielten. Ich filmte alles mit meiner Videokamera: Objekte, die aus dem Stand auf zwei-, dreifache

Schallgeschwindigkeit beschleunigten! Wissen Sie, Herr Habeck, ich filme immer *alles*, auch jedes Interview, das ich führe, denn in meiner Position wird man von vielen Seiten angegriffen, und da ist es ratsam, wenn man jedes Wort, das man schreibt, belegen kann. Und das kann ich: In meinen Reportagen ist, so unglaublich sie auch klingen mögen, jedes Wort wahr, und das kann ich beweisen!

Bei Videos, Fotos und Zeugenaussagen weiß der Laie nie, ob die geschilderten Ereignisse, das mögliche vorhandene Bildmaterial nicht doch auf eine Fehldeutung oder sogar bewußte Manipulation zurückzuführen ist. Gibt es einen Fall oder ein Ufo-Foto, wo Ihre Untersuchungen jede Möglichkeit einer Täuschung ausschließen?

Nun, leider ist eine ganze Reihe von Ufo-Fotos gefälscht, und auf eine clevere Fälschung können selbst Experten hereinfallen. So erhielt ich einmal aus der damaligen Sowjetunion ein Foto von einem großen Objekt auf Landebeinen, angeblich einem havarierten Ufo. Ich ließ es von Experten unter die Lupe nehmen. Es war keine Doppelbelichtung, kein Modell, das Ding war groß und metallisch. Doch des Rätsels Lösung kam ein paar Jahre später ans Tageslicht: Es war eine *Filmkulisse*, gebaut für einen polnischen Science-Fiction-Film – und zwar ganz solide, aus Stahl, richtig überzeugend. Ich stellte die Sache natürlich sofort in unserer Zeitschrift »*Magazin 2000*« richtig. Nun gibt es Fotoexperten und sogenannte Fotoexperten. Letztere mißbrauchen Pseudogutachten, um ihre *Vor*-Urteile zu bestätigen und seriöse Forscher anzugreifen. So gibt es einen Möchtegern-Fotoexperten in München, der eine von mir publizierte Fotoserie aus Puerto Rico als Fälschung kritisiert, deren Echtheit aber von vier internationalen Fotoexperten bestätigt wurde. Derselbe »Experte« wiederum hält drei andere Aufnahmen aus

Deutschland, die mit absoluter Sicherheit gefälscht sind (in zwei der drei Fälle gibt es mittlerweile Geständnisse der Fälscher!), für echt . . .

Einige der besten Fotos, von deren Authentizität ich überzeugt bin, stammen von *Carlos Diaz* aus Tepoztlan in Mexico. Was mich an dem Fall überzeugt ist, daß über die Hälfte der Bewohner des 20 000-Seelen-Städtchens diese Objekte beobachtet haben. Eine von mir getätigte repräsentative Befragung von Tepozteken aller Gesellschaftsschichten hat dies ergeben.

Eine Aufnahme, die Carlos im März 1981 schoß, zeigt, wie das Objekt aus einem Tal aufsteigt. Carlos saß im Wagen auf einem Parkplatz, vor ihm eine Leitplanke, zwischen ihm und der Scheibe Büsche und Bäume – und auf dem Foto erscheint das Ufo hinter all diesen Büschen und Bäumen und spiegelt sich deutlich auf der Kühlerhaube von Carlos' Wagen. Eine Reflexion beweist, daß das Foto durch die Windschutzscheibe aufgenommen wurde. Ich gab Kopien des Originaldias einer Reihe international renommierter Fotoexperten, so dem fototechnischen Berater des FBI, *Bob Shell*, Ex-NASA-Mitarbeiter *Jim Dilettoso*, der ein internationales Computerinstitut in Phönix/Arizona leitet, *Prof. Manfred Kage* vom Institut für wissenschaftliche Fotografie in Weißenstein bei Stuttgart, *Prof. Corrado Malanga* von der Universität Pisa und *Prof. Victor Quesada* vom Polytechnischen Institut der Universität Mexico. Keiner konnte einen Hinweis auf Doppelbelichtung, ein Modell oder irgendeinen anderen Kameratrick finden. Sie alle sind sich einig: Es ist ein *echtes* Foto von einem großen, unidentifizierbaren Objekt!

Als Herausgeber eines Ufo-Magazins und als Veranstalter von Ufo-Kongressen stehen Sie selbst im Kreuzfeuer kritischer Kommentare. Was sagen Sie den Leuten, die im Ufo-

Boom, New Age und Esoterik nur ein Geschäft, Vermarktung oder Hysterie wittern?

Immer wenn Kritikern die Argumente ausgehen – und das ist sehr oft der Fall –, versuchen sie, einen Ufo-Forscher auf andere Weise zu diskreditieren. Kannst du die Fakten, die wissenschaftliche Arbeit nicht angreifen, dann greife die Person an, so einfach ist das! Mir wurde alles mögliche unterstellt. Von 6 Millionen DM Jahresumsatz ist da die Rede (wie schön, wenn es wahr wäre) bis zu der Behauptung, ich würde eine Sekte gründen oder mich für einen Außerirdischen halten. Alles natürlich völliger Unsinn. Nun, wenn es mir nur ums Geld gehen würde, dann würde ich gewiß nicht so unökonomisch arbeiten und Zigtausende von DM jedes Jahr für internationale Recherchen und Forschungsreisen ausgeben. Ich würde vielmehr, wie so viele andere, aus der Literatur ein paar nette Fälle zusammenschreiben und vielleicht sogar denselben Erfolg vorlegen. Nun bin ich aber, und das seit meinem 13. Lebensjahr, geradezu davon besessen, die *Wahrheit* über die Ufos herauszufinden. Ich bin deshalb bereit, viele persönliche Entbehrungen auf mich zu nehmen, die mit dem Aufwand der internationalen Ufo-Suche verbunden sind. Wer mir Vermarktung vorwirft, kennt mich nicht. Natürlich muß Forschung finanziert werden, und staatliche Forschungsgelder stehen leider nicht zur Verfügung.

Übrigens bin ich längst nicht mehr Verleger vom »*Magazin 2000*«, sondern erhalte ein regelmäßiges Chefredakteurshonorar, und mit den Ufo-Kongressen, deren Ausrichtung regelmäßig DM 200 000 kostet, habe ich bis heute nicht eine liebe Mark verdient, aber oft genug draufgezahlt. Natürlich gibt es Opportunisten, die versuchen, mit Ufos eine schnelle Mark zu machen. Es gibt Geschäftemacher, die mit Billigpreisen Publikum zu billigen, kleinen Ufo-Treffen locken, um ihnen dann vor Ort das Geld aus der Tasche zu ziehen, während ihre Unkosten gleich null sind, weil sie – anders als wir – keine internationalen Referenten haben und niemandem Anreise und Hotel bezahlen. Ebenso gibt es Autoren, die skrupellos aus meinen und anderen Büchern abschreiben und sich dann in ihren Werken als »wissenschaftliche Ufo-Forscher« aufspielen und über mich und andere herziehen, obwohl sie selber nicht einen einzigen Fall untersucht haben. Andere wiederum verbreiten ungeprüft die wildesten Gerüchte und Behauptungen, teils sich sogar auf eindeutig gefälschtes Material berufend, um Auflagen zu schinden. Da hilft nur eines: schonungslos aufklären!

Wie geht es weiter in der Ufo-Forschung? Steht ein offizieller Kontakt mit einer fremden Intelligenz unmittelbar bevor?

Wenn ich zurückschaue, wo wir in der Ufo-Forschung vor zehn Jahren standen, welche Beweise es damals gab und wo wir heute sind, dann kann ich nur feststellen: Jedes Jahr brachte seitdem neue, erstaunliche Enthüllungen mit sich. Es ist fast so, als wollte uns jemand Schritt für Schritt mit der Ufo-Realität vertraut machen. 1996 gab es in vielen Ländern Ufo-Sichtungswellen mit neuen, hochinteressanten Filmen und Zeugenberichten, und ich kann nur hoffen, daß dies so weitergeht. Aber ich weiß es nicht. Ein altes chinesisches Sprichwort sagt: »Es ist schwer, etwas zu prophezeien, insbesondere die Zukunft.« Doch ich bin sicher, daß es letztendlich, etwa Anfang des nächsten Jahrtausends, zu einem Kontakt kommen *kann* und *wird*. Und dieser Kontakt wäre das wichtigste Ereignis in den letzten 1900 Jahren Menschheitsgeschichte – denn er würde uns alle verändern. Die

Folge – und das kann ich als Kulturanthropologe voraussagen! – wäre eine neue *kopernikanische Revolution*, eine Redefinition unserer Stellung im Universum.

Vor 500 Jahren begriffen wir, daß wir nicht das Zentrum des Universums sind – nun, zumindest einige von uns. Die Folge war ein *Umdenken* in allen Bereichen. Das Zeitalter der Entdeckungen begann, weil die Seeleute nicht mehr fürchten mußten, daß die Erde irgendwo endet. Oder daß es dort Abgründe gibt, in denen Drachen leben, die allzu neugierige Reisende verschlingen. Die Wissenschaft wurde geboren, die Religion reformiert, das politische System langsam verändert, hin zu (erst) aufgeklärten Monarchien und (schließlich) Revolutionen. Die Realisierung, daß wir *nicht* allein im Universum sind, würde unserem Denken eine neue, eine *kosmische* Perspektive geben. Wir würden begreifen, daß wir eine Menschheit unter vielen Tausenden sind, Kinder der Erde. Durch diese Bewußtseinsbildung würden die Unterschiede, die uns – Schwarze und Weiße, Christen und Juden, Moslems und andere Völker – derzeit noch voneinander trennen, plötzlich unbedeutend und klein erscheinen. Nur *gemeinsam* können wir die großen Probleme, mit denen wir an der Schwelle zum 3. Jahrtausend konfrontiert sind – Umweltverschmutzung, Ozonloch, Treibhauseffekt, Überbevölkerung –, lösen und die Herausforderung der Zukunft annehmen, den Vorstoß ins All, das Wiedertreffen mit unseren kosmischen Verwandten.

In den Fängen der kleinen Grauen

Ufo-Forscher Dr. Johannes Fiebag und das
Besucherphänomen

> *»Sie sagen, er lese auch in den Sternen die künftigen Dinge, die*
> *nahen und fernen; ich weiß aber besser, wie's damit ist. Ein*
> *graues Männlein pflegt bei nächtlicher Frist durch verschlos-*
> *sene Türen zu ihm einzugehen.«*

Friedrich von Schiller (1759–1805), Dramatiker,
meistgespielter Klassiker der deutschen Bühne,
»Wallensteins Lager« (6. Auftritt)

Immer mehr Menschen behaupten, Kontakte zu außerirdischen Lebewesen zu haben. Einer der ersten neuzeitlichen Fälle einer Entführung von Menschen durch Ufo-
Insassen ist uns aus dem Jahr 1973 bekannt geworden.
Zwei Hafenarbeiter aus Philadelphia, *Charles Hickson*
und *Calvin Parker*, erklärten damals: »Wir waren beim
Angeln, als plötzlich eine Scheibe über dem Fluß kreiste.
Wir wurden in gleißendes Licht gehüllt und von der Helligkeit ins Raumschiff gezogen. Dort wurden wir medizinisch untersucht.« Getrennt unterzogen sie sich einer
Hypnose. Aber ihre Eindrücke stimmten genau überein.

Nicht nur in Amerika, auch hierzulande wächst die
Zahl der Ufo-Opfer dramatisch an und geht mittlerweile
in die Millionen. Handelt es sich dennoch bloß um
Schwindler oder Geisteskranke? Unterliegen die Bericht-
erstatter einer Art »Projektion aus dem Unterbewuß-
tein«, wie es der berühmte Schweizer Tiefenpsychologe
Dr. Carl Gustav Jung zu erkennen glaubte? Der Harvard-
Professor und Pulitzer-Preisträger *Dr. John E. Mack* ist

hier anderer Ansicht. Der amerikanische Psychiater hat über 100 Entführungsfälle untersucht und kommt zu dem Schluß, daß bei den Ufo-Opfern »die Palette ihrer Symptome und die Intensität ihrer Gefühle mich glauben machen, daß ihnen wirklich etwas zugestoßen ist. Daß da draußen etwas Gewaltiges passiert. Es ist keine Fantasie, kein Traum, keine Psychose.«

Ebenfalls davon überzeugt, daß sich hinter solchen Geschichten eine Wahrheit verbergen könnte, die jenseits unseres menschlichen Vorstellungsvermögens liegt, ist der bekannte deutsche Wissenschaftsjournalist und Erfolgsautor **Dr. Johannes Fiebag**. Der Naturwissenschaftler ist Chefredakteur der Fachzeitschrift »*Ancient Skies*«, dem Publikumsorgan der »*Ancient Astronaut Society*«, und zählt zu den renommiertesten Vertretern der Ufo- und Paläo-SETI-Forschung. In unzähligen Artikeln, als Autor, Koautor und Herausgeber von Büchern, hat sich Johannes Fiebag der Problematik extraterrestrischer Zivilisationen und möglicher Eingriffe in unserer Welt angenommen. In Anerkennung seiner »objektiv-kritischen Untersuchungen von Phänomenen im Zusammenhang mit Ufo-Beobachtungen, der gründlichen Darstellung vieler Erklärungshypothesen und der erfolgreichen Öffentlichkeitsarbeit« wurde Dr. Johannes Fiebag 1996 im Auditorium maximum der Universität Bern mit dem »*Dr. A. Hedri-Preis für Exopsychologie*« ausgezeichnet. Zu seinen erfolgreichsten Büchern, die vor allem das Entführungsphänomen verdeutlichen, gehören »*Die Anderen*«, »*Kontakt*«, »*Sternentore*« und der Anthologieband »*Das Ufo-Syndrom*«. Zuletzt erschien »*Mars – Planet des Lebens*«, das Fiebag gemeinsam mit *Torsten Sasse* verfaßt hat. Es ist das weltweit erste Buch, das die Hintergründe, Fakten und Konsequenzen des NASA-Sensationsfundes über Jahrmilliarden alte Lebensspuren in einem Marsmeteoriten aufzeigt. Johannes Fiebag ist aber auch Begründer der sogenannten *Mimikry-Hypothese*, die das Verhalten und die Aktivitäten fremder Intelligenzen sinnvoll klären könnte. Wie? Das soll uns Johannes Fiebag, der mit seiner Familie in Unterfranken lebt, am besten selbst erzählen.

Herr Fiebag, wie beurteilen Sie als studierter Geologe mit Spezialgebiet »Meteoritenforschung« die jüngsten Entdekkungen möglicher Bakterien auf dem Mars und Wasservorkommen auf dem Jupitermond Europa? Gibt es Leben im All?
Natürlich gibt es Leben im All! Wir selbst sind der Beweis dafür. Wir separieren uns gedanklich immer recht gern: *hier* die Erde, auf der wir uns bewegen – und *dort* irgendwo das All. Aber wir *sind* ein natürlicher Bestandteil dieses Alls, und wenn es hier, an diesem Ort im Weltall, Leben gibt, sprechen zumindest keine grundsätzlichen Einwände dagegen, daß es das an anderen Orten in gleicher oder ähnlicher Weise auch gibt.

Die Entdeckung bakterienähnlicher Strukturen in dem Marsmeteoriten *ALH-84001* halte ich für eine der bedeutsamsten in der gesamten Menschheitsgeschichte. Sofern sie sich schließlich verifizieren, das heißt eindeutig beweisen läßt, haben wir es mit dem ersten sicheren Nachweis *außerirdischen* Lebens zu tun. Das ist ein gewaltiger Einschnitt in unser Denken, denn bislang konnten wir über all das nur spekulieren, nun aber werden wir *wissen*, daß es »da draußen« noch etwas *anderes* gibt. Ich kenne die Originalarbeiten der NASA-Wissenschaftlergruppe, ich weiß auch, daß zwischenzeitlich weitere Erkenntnisse gewonnen werden konnten (zum Beispiel die Entdeckung von Membranwänden, die an Zellwände erinnern); alles in allem habe ich wohl begründeten Eindruck, daß dies der *erste* und damit auch *wichtigste* Schritt hin zu der sich mehr und mehr durchsetzenden Erkenntnis ist, daß wir *nicht* allein sind im All.

Bleiben wir beim Weltraum. Der Mensch hat vor mehr als einem Vierteljahrhundert den Mond betreten, ohne Spuren dafür zu finden, daß der Erdtrabant schon vor uns Besuch erhalten hat. Was sagen Sie dazu?

Das stimmt so nicht ganz, Herr Habeck. Wir dürfen ja nicht unbedingt damit rechnen, auf die Leiche eines außerirdischen Astronauten zu stoßen, wie es der amerikanische Science-Fiction-Schriftsteller *D. C. Hogan* in seinem exzellenten Paläo-SETI-Roman *»Der rote Raumfahrer«* beschrieb – oder auch auf den berühmten *»schwarzen Monolithen«* aus *»2001«* von *Arthur C. Clarke*. Es gibt aber einige Beobachtungen, die sich vielleicht in eine ähnliche Richtung interpretieren ließen, etwa die sogenannten *moon blinks*. Man vermutet, daß es sich dabei um aus dem Mondboden austretende leuchtende Gase handelt. Mag sein – oder auch nicht. Es ist jedoch, wie der ukrainische Astrophysiker *Dr. Alexey Arkhipov* feststellte, auffällig, daß diese »moon blink«-Aktivität in signifikanter Weise zur Zeit der Mondlandungen anstieg. Zudem sind inzwischen einige Fotos aufgetaucht, die von alten *Lunar*-Orbiter-Sonden und von der *Clementine*-Sonde stammen. Sie zeigen seltsame Strukturen, die sich wie wolkenkratzerähnliche Gebilde über die Mondoberfläche erheben. Eine natürliche Entstehung kann ich mir als Geologe nur schwer vorstellen.

Auf dem Mars, von dem der Meteorit mit den Mikroben stammt, gibt es ein Objekt, das verblüffend einem riesigen Gesicht gleicht. Ist das nun künstlichen oder natürlichen Ursprungs?

Bild 23: Phantombild der »kleinen Grauen« nach einem Gemälde von Reinhard Habeck.

Sie meinen das sogenannte Marsgesicht in der *Cydonia-*Region. Nun, meine Haltung hierzu ist unverändert die gleiche, seit ich dieses Foto zum ersten Mal gesehen habe. Ich denke, daß es einfach zu früh ist, um sich wirklich festzulegen. Einiges könnte darauf hindeuten, daß diese Struktur wirklich künstlich errichtet wurde, aber es gibt auch gute Argumente dagegen. Ein solches Argument habe ich vor einigen Jahren selbst erarbeitet, und es zeigt, daß die Hauptrichtungen dieses Gesichts (also die Längs- und Querachsen und die Linien, die die Innenstrukturen bilden) vollkommen mit dem natürlichen tektonischen Feld der Cydonia-Region übereinstimmen. Das deutet auf eine *natürliche* Entstehung hin. Ich bin aber sehr offen für alles. Einige andere

Strukturen auf dem Mars – etwa die sogenannte *Krater-pyramide* – erscheinen mir aber vielversprechender. Vielleicht erleben wir noch die eine oder andere Über-raschung, wenn im Sommer dieses Jahres eine russische und zwei amerikanische Sonden am Mars eintreffen und uns neues und besseres Bildmaterial zur Erde schicken.

Wenn, wie Sie es ja damit andeuten, außerirdische Intelli-genzen schon vor langer Zeit im Sonnensystem waren, also damit zu rechnen ist, daß sie auch die Erde besucht haben – gibt es denn Ihrer Meinung nach Gemeinsamkeiten zwischen dem Auftreten dieser »Astronautengötter« in der Vorzeit und modernen Ufo-Begegnungen?

Das kommt darauf an, wie man »Gemeinsamkeiten« defi-niert. Ein deutlicher Unterschied besteht sicherlich in der Art und Weise, wie solche Kontakte heute und vor Jahrtausenden stattfanden. In der fernen Vergangenheit zeigten sich die Fremden uns Menschen gegenüber frei und offen. Dies mag daran gelegen haben, daß sie damals nichts von uns zu befürchten hatten und daß sie mit ei-nem derartigen Verhalten ganz bewußt Respekt erzeugen wollten. Heute laufen Kontakte eher versteckt ab, und jene, die kontaktiert werden, sieht man nicht mehr als große Propheten oder »Gottessöhne«, sondern als Men-schen, die einen »Tick« haben. Kontaktierte sind aber weder das eine noch das andere, aber gerade dieser Aspekt zeigt, wie sehr eine Wandlung in den äußeren Gegebenheiten vonstatten gegangen ist – sowohl bei den Fremden als auch bei uns. Im internen Muster der Kon-takte hat sich aber wenig geändert, sie wurden nur der je-weiligen Zeit bzw. dem jeweiligen Zeitgeist entsprechend modifiziert.

Wie sehen die Außerirdischen aus? Gibt es ein Phantom-bild?

Nun, solche Phantombilder wurden ja schon zur Genüge angefertigt – und in der letzten Zeit kommt dabei meistens ein *kleines graues Männchen* mit großem Kopf und großen schwarzen Augen heraus. Ich habe aber größte Zweifel daran, ob wir es dabei tatsächlich mit einer *biologischen* Entität zu tun haben, also mit Lebewesen wie Sie und ich. Diese Wesen haben nämlich in nur wenigen Jahrzehnten eine erstaunliche Evolution durchgemacht, haben sich gewandelt und alle anderen »Außerirdischen«, die man noch in den fünfziger und sechziger Jahren zu sehen glaubte, aus dem Feld geräumt. Dies zeigt, daß die Evolution wohl weniger unter den »kleinen Grauen« als vielmehr in unseren Köpfen stattgefunden hat. In der Tat glaube ich, daß die »Außerirdischen«, mit denen wir konfrontiert werden, nur *Bilder* sind, manipulierte Visionen unserer eigenen Fantasien und Träume, die sich mit unseren Vorstellungen *verändern* und sich neu an sie *anpassen*. Anders sind viele Sekundärphänomene im Zusammenhang mit *Entführungen* oder dem Auftauchen der Ufos generell gar nicht zu erklären.

Das bringt mich zur nächsten Frage, denn nicht nur diese »Außerirdischen«, auch ihre Flugobjekte unterliegen ja ständigen Wandlungen. Sie haben für all dies die Mimikry-Hypothese entworfen. Was sind die wichtigsten Indizien für Ihre These?

Im Grunde ist es doch absurd: Wir sehen seit etwa 50 Jahren Ufos – aber daß auch nur zwei davon einmal völlig identisch sind, kommt äußerst selten vor. Das bedeutet, daß wir es seither mit Millionen *unterschiedlicher* Raumschiffe zu tun haben müßten, die sich zu einem Einmal-Einsatz zur Erde begeben, um dann auf Nimmerwiedersehen zu verschwinden. Das ist lächerlich, und was die verschiedenartige Gestalt der Fremden betrifft, verhält es sich genauso. Sinn macht all das nur, wenn wir annehmen, daß wir es mit einem Phänomen zu tun haben, das in unmittelbarer Wechselwirkung mit uns selbst steht, mit unserer Psyche, unseren Vorstellungen, unseren Ängsten und Fantasien. Ein Phänomen also, das sich uns anpassen kann. Das ist klassisches *Mimikry*-Verhalten, weil sich die Urheber des Phänomens perfekt dahinter verbergen können. Wir nehmen an, wir sähen die Wirklichkeit, doch in Wahrheit schauen wir nur in einen Spiegel, den man uns vorhält – und entdecken darin nichts anderes als uns selbst. Eine äußerst intelligente Taktik, genauso wie man es von einer entsprechend hochentwickelten fremden Intelligenz auch erwarten sollte.

Glauben Sie also, daß unser Bewußtsein manipuliert wird? Könnten fremde Wesen über »Träume« in unsere Gedanken eingreifen? Gibt es dafür Anhaltspunkte?
Nachdem ich mich nun seit etlichen Jahren intensiv mit dem Entführungsphänomen und damit natürlich auch mit jenen Menschen beschäftigt habe, denen Derartiges widerfährt, ist für mich vor allem eines klargeworden: Diese Kontakte zwischen den Fremden und uns laufen im Wesentlichen auf einer rein *psychischen* Ebene ab. Die *Anderen*, wie ich sie gerne nenne, nutzen dabei den für sie günstigsten und am wenigsten Aufwand erfordernden Weg: Sie schalten sich unter Umgehung unserer Alltagsrealität und unter gleichzeitiger Umgehung des Wachbewußtseins der kontaktierten Personen, das ihnen vielleicht Widerstand leisten könnte, während der Schlafphase in unsere Träume ein, nehmen Kontakt zu den Betroffenen auf, lassen sie die verrücktesten Dinge erle-

ben (vieles davon scheint mir eine genau kalkulierte Testserie zu sein), und wenn der Betroffene am Morgen erwacht, glaubt er, dies tatsächlich erlebt zu haben. Dabei lief alles nur ausschließlich in seinem Gehirn ab. Andererseits kann man sicher nicht alle Entführungen auf diese Weise erklären. Es gibt Zeugenaussagen über die reale Entführung einer dritten Person, es gibt Entführungen mehrerer Personen gleichzeitig, es gibt simultan wahrgenommene Sekundärphänomene bei Entführungen oder sogar simultan wahrgenommene »Entführer«. All dies zeigt uns im Grunde die Komplexität des Phänomens, das sowohl auf der *physischen* wie auf der *psychischen* Ebene agiert bzw. dazu in der Lage ist, beides auf solch bizarre Weise miteinander zu vermischen, daß man weder als Betroffener noch als von außen kommender Forscher dieses Durcheinander entwirren kann. Aber auch das ist selbstverständlich ein Aspekt, den wir bei einer weit fortgeschrittenen Intelligenz und der Durchführung ihrer Aktionen erwarten sollten.

Wie kann man, wenn das so ist, eigentlich zwischen einem gewöhnlichen Alptraum und einer möglichen tatsächlichen Entführung bzw. einem solch induzierten Entführungserlebnis unterscheiden? Welche Methoden müßten entwickelt werden, um Gewißheit zu erlangen?
Wir bewegen uns hier in einem noch ziemlich luftleeren Raum. Es hat ja bislang kaum eine sinnvolle Datenerfassung gegeben, ganz zu schweigen von dem Versuch, dem Phänomen mit *wissenschaftlichen* Methoden auf die Schliche zu kommen. Was wir bislang machen konnten, ist folgendes: mit wissenschaftlich-statistischen Erhebungen Gemeinsamkeiten und Unterschiede in den Berichten herauszufiltern und Gemeinsamkeiten und Unterschiede bei den Betroffenen festzustellen. Dabei hat sich zum ei-

nen gezeigt, daß es sowohl eine erstaunliche *zeitliche* Kontinuität des Phänomens gibt (rückverfolgbar über Jahrhunderte) als auch eine erstaunliche *räumliche* Identität (verbreitet über die gesamte Erde, *unabhängig* von sozialer, religiöser, nationaler oder ethnischer Zugehörigkeit). Hinsichtlich der Betroffenen konnte keine spezielle Gruppe erkannt werden, auch dies ist ein wichtiger Hinweis darauf, daß ein *realer* Hintergrund vorliegen muß. Die Frage, die sich stellt, lautet also: Welcher Art ist dieser Hintergrund, bzw. mit welcher Art von Realität haben wir es überhaupt zu tun? Wir werden also völlig neue Methoden entwickeln müssen, um diese Realität begreifen zu können.

Ist Hypnose ein taugliches Instrument?
Hypnose ist sicherlich ein Aspekt dabei, aber kaum der »allein selig machende«. Wichtig ist meines Erachtens, daß wir uns zunächst einmal *bewußt* machen, daß das Phänomen überhaupt existiert – dann können wir versuchen, Möglichkeiten und Lösungen zu entwickeln, die uns (vielleicht) eines Tages auch weiterbringen.

Die soziale Realität innerhalb der »Ufo-Szene« sieht heutzutage aber noch ganz anders aus. Man hat manchmal den Eindruck, daß es sich um einen völlig »zerstrittenen Haufen« handelt. Da gibt es religiöse Eiferer, die in den Außerirdischen »die Befreier« sehen. Andere, die in die Aliens ihr eigenes Feindbild projizieren, und Leute, die mit dem Thema Geschäfte machen. Wieder andere wollen sogar selbst von der Venus stammen, und dann gibt es Menschen, die all dies miteinander vermischen und noch das eine oder andere Quentchen Esoterik und New Age hinzufügen. All das sind nicht gerade ideale Voraussetzungen dafür, ernst zu nehmende Wissenschaftler für die Untersuchung des Jahrhun-

dertphänomens zu gewinnen. Wie sehen Sie das Problem?
Und warum beschäftigen Sie sich dennoch damit?
Weil es an der Zeit ist, daß sich überhaupt Forscher, die
eine *wissenschaftliche* Ausbildung abgeschlossen haben,
damit auseinandersetzen und vielleicht eine Vorreiter-
rolle übernehmen. Ich bin sicher, daß auch die etablierte
Wissenschaft früher oder später nicht mehr darum her-
umkommen wird, sich intensiv mit dem Ufo-Phänomen
auseinanderzusetzen, aus dem einfachen Grund, weil es
nun einmal in unserer Realität *existiert*, auch wenn es
seine Wurzeln vermutlich in einer anderen hat. Daß damit so viel Unfug getrieben wird, wie es seit Beginn des
»Ufo-Zeitalters« der Fall ist, ist zwar bedauerlich, gehört
aber letzten Endes auch zu diesem ganzen verwirrenden
Komplex und ist im Grunde schon ein integraler Bestandteil davon. Ich könnte mir sogar vorstellen, daß es mit zur
Taktik der Fremden gehört, denn dies sichert ihnen eine
weitgehende Narrenfreiheit und gibt ihnen andererseits
genügend Zeit, im kollektiven Unbewußten der Menschheit die Erkenntnis ihrer Existenz und Anwesenheit zu
festigen. Dies dürfte auch notwendig sein, sollte es eines
Tages zu einem »offiziellen« Kontakt kommen.

Was sagen Sie den Kritikern, die in der Ufo-Frage nur eine
Art Ersatzreligion erblicken? Und wer sind diese Kritiker,
die mit einem derartigen Argument kommen?
In der Regel hört man es von Vertretern der beiden großen Kirchen, also Gemeinschaften, die offensichtlich in
der beständigen Angst leben, durch kirchenfremde Strömungen in der Gesellschaft an Boden zu verlieren. Dabei
ist das in diesem Fall so unnötig wie unsinnig, denn das
Ufo-Phänomen hat *nichts* mit Religion oder Glaubensan-
gelegenheiten zu tun. Es ist ein Phänomen wie der tägliche Aufgang der Sonne oder das Glitzern der Sterne am

Himmel, das man in früheren Zeiten auch nicht verstanden hat. Trotzdem liegen ihnen, wie wir inzwischen gesehen haben, vollkommen natürliche Ursachen zugrunde. Mit dem Ufo-Phänomen ist es nicht anders. Auch dieses hat eine natürliche Ursache in dem Sinne, daß es von uns begriffen werden kann, sofern wir bestimmte Kenntnisse erworben haben. Das ist im Moment noch nicht der Fall, aber es steht für mich außer Frage, daß dies grundsätzlich möglich ist.

Glauben Sie an Gott, Herr Fiebag?
Wie gesagt, das Ufo-Phänomen hat nichts mit Religion zu tun, auch wenn der eine oder andere dies so sehen mag, sondern einfach mit einer Erweiterung unserer Kenntnisse hinaus in bislang unzugängliche Bereiche. Völlig losgelöst davon sehe ich die Frage nach *Gott*, die ich mit »Ja« beantworten möchte. Mein Gottesglaube resultiert aber weniger aus irgendwelchen altertümlichen und dem Verständnis der damaligen Menschen entsprechenden angeblichen Wundererscheinungen und Offenbarungen, als vielmehr aus der Tatsache, daß wir und das Universum überhaupt existieren. Viele der physikalischen Grundkonstanten des Universums sind so perfekt aufeinander eingestellt, daß ich mir beim besten Willen nicht vorstellen kann, dies sei allein durch Zufall geschehen. Hier liegt eine Planung vor, die vom allerersten Moment unseres Universums bestanden haben muß. Deswegen glaube ich an Gott.

Herr Fiebag, gestatten Sie mir abschließend noch eine Frage an den Ufo-Entführungsspezialisten: Verspüren Sie manchmal ein Unbehagen bei dem Gedanken, eines Tages vielleicht selbst »Opfer« einer Entführung von »oben« zu werden?
Ich will ehrlich sein: Ich möchte niemals erleben müssen,

was andere Betroffene zuweilen erleben. Für viele von ihnen ist es im wahrsten Sinne des Wortes »die Hölle«, und ich bewundere Menschen, die Derartiges durchmachen und dennoch nicht daran zerbrechen. Was ich mir hingegen wünschen würde, wäre ein direkter Kontakt unter gleichberechtigten Partnern, ein Kontakt, der ohne Angst vor den Möglichkeiten der »Anderen« vonstatten gehen sollte. Aber dies wird wohl in absehbarer Zeit kaum möglich sein.

Noch eine Zusatzfrage: Wohin können sich Hilfe suchende Entführungsopfer aus Österreich, der Schweiz und Deutschland wenden?

Wir haben in den vergangenen Jahren ein Netz unter den Betroffenen aufgebaut, gewissermaßen eine *Selbsthilfegruppe.* Einmal pro Jahr kommen wir zu einem großen Treffen zusammen.

Darüber hinaus hat sich auf meine Initiative hin eine kleine, lose zusammenarbeitende Gruppe von Ärzten, Psychologen und Psychiatern gebildet, die sich Betroffener annehmen können, die in seelischer Not sind. Kontakte können, dank Ihres Entgegenkommens, über Ihren Verlag und Reinhard Habeck aufgenommen werden.

Fremde aus dem Schattenreich

Ufo-Entführte Maria Struwe und ihre unglaublichen
Erlebnisse mit Besuchern aus einer anderen Welt

> *»Wir haben es hier mit Menschen aus allen Teilen der Vereinig-*
> *ten Staaten, ja der ganzen Welt zu tun, die unter intensiven*
> *Emotionen von Begegnungen mit humanoiden Wesen berichten,*
> *die sie in eine Art geschlossenen Raum führen und sie dort einer*
> *Reihe von Untersuchungen und Prozeduren unterziehen, von*
> *denen einige verstörend und traumatisch sind, ihnen aber auch*
> *Informationen über das Schicksal der Erde geben. Diese Erfah-*
> *rungen haben einen starken Einfluß auf sie, wenn sie sie be-*
> *wußt erleben oder sich wieder an sie erinnern. Die Konsistenz*
> *all dieser Erfahrungen von Menschen, die nie miteinander in*
> *Kontakt kamen – zumindest bis vor kurzem – machte es mir*
> *klar, daß hier etwas vor sich geht, das sich außerhalb der Fan-*
> *tasie der Zeugen ereignet.«*

Harvard-Professor Dr. John E. Mack, Psychiater,
in *Magazin 2000*, Heft 107, November 1996

Meldungen über *Entführungen* durch Ufos häufen sich in
aller Welt. Menschen berichten, daß sie von fremden
Wesen in raumschiffähnliche Gefährte verschleppt wurden. An Bord seien sie entwürdigenden Prozeduren unterworfen worden und später nicht selten mit Operationsnarben zurückgekehrt in unsere Welt. Meist kommen
erst in *Hypnose*-Rückführungen Details der unglaublichen Kontakterlebnisse wieder in Erinnerung. Solche
»Begegnungen der vierten Art« (Entführungen und Untersuchungen durch Außerirdische) gehören zu den beun-
ruhigendsten Elementen in der Ufo-Forschung. Die Berichte über derartige Vorfälle sind meistens so fantastisch, daß man geneigt ist, sie als Alpträume oder

Bild 24: Wird immer wieder von fremden Wesen heimgesucht: Ufo-Entführte Maria Struwe.

Halluzinationen abzutun. Doch in vielen Fällen gibt es
Umstände, die das nicht ohne weiteres erlauben, wie zum
Beispiel bei einer der ersten bekannt gewordenen Ent-
führungsfälle aus unserer Zeit.

Er betrifft das Ehepaar *Betty* und *Barney Hill*, das im
September 1961 auf einer Fahrt im Osten der Vereinigten
Staaten, in *New Hampshire*, ein seltsames Licht beobachtete. Beide bemerkten, daß es immer näher kam, größer
und heller wurde. Als die Lichterscheinung nur noch
dreißig Meter von ihnen entfernt war und das Ehepaar
eine Gestalt erblickte, ergriffen Betty und Barney die
Flucht. In diesem Moment ertönte ein »seltsamer elektro-
nischer Impuls«, das Auto begann zu vibrieren, und die
Hills wurden von einer lähmenden Schläfrigkeit erfaßt.
Als sie wieder zu sich kamen, befanden sie sich im fah-
renden Auto sechzig Kilometer weit von ihrem vorigen
Standort entfernt. Dem Ehepaar fehlte die Erinnerung an
volle zwei Stunden. Die Hills litten seither unter Schocksyndromen und hatten noch Monate später darunter zu

leiden. Sie entschlossen sich daher zu einem Besuch beim Psychiater. Dieser hypnotisierte Betty und Barney getrennt voneinander und konnte feststellen, daß beide »Erinnerungen« an die fehlende Zeit einander ergänzten. Das Ehepaar erzählte in der Rückführung, daß sechs Gestalten in dunklen Anzügen, mit riesigen, haarlosen Schädeln und metallisch aussehender Haut medizinische Untersuchungen an Barney durchführten. Proben von Haaren und Fingernägeln wurden gemacht, dann brachte man beide wieder in ihr Auto, wo sie nach einem neuerlichen Piepton wieder erwachten.

Nach diesem Muster verlaufen viele der Entführungen, wenn auch dieser Fall wegen der übereinstimmenden Aussagen der Betroffenen sowie jener unabhängigen Zeugen, die die Lichterscheinung ebenfalls sahen, und die sogar von der Radaranlage eines nahegelegenen Flugplatzes registriert wurde, als besonders authentisch gilt.

Zu den ungewöhnlichsten Berichten aus jüngster Zeit zählen die Erlebnisse einer Berlinerin. **Maria Struwe** heißt die Frau, die ebenso normal ist wie Sie und ich. Nachts aber, da hat sie Begegnungen der vierten Art: Außerirdische suchen sie heim und untersuchen die fröhliche, lebensbejahende und hübsche Frau. Maria Struwe, Jahrgang 1955, lebt heute in Brandenburg, ist geschieden, selbständig und Mutter dreier Kinder, 26, 24 und 9 Jahre alt. Der jüngste Sproß *Sebastian* scheint ebenfalls vom »Besucherphänomen« betroffen zu sein. Frau Struwe selbst sieht sich nicht als »Ufo-Opfer«, ging aber in verschiedenen Fernsehsendungen, darunter Talkshows wie u. a. in *»Schreinemakers«*, *»Arabella«*, *»Schäfer«*, *»Hans Meiser«* sowie *»Schiejok täglich«*, an die Öffentlichkeit. Ihr einziger Beweggrund: auf die Problematik aufmerksam zu machen und vor allem andere Betroffene, die vielleicht an Leib und Seele gezeichnet sind, zu

Bild 25: Während ihrer Entführung sah sich Maria Struwe selbst auf dem Tisch liegen und die seltsamen Wesen um ihren Körper stehen.

ermutigen, zu ihrer Erfahrung zu stehen. Ihre unheimlichen Erlebnisse schildert sie offenherzig und ohne religiöse Frömmelei oder kosmische Heilsbotschaften.

Frau Struwe, Sie haben mehrmals in verschiedenen TV-Sendungen über Ihre mysteriösen Begegnungen mit fremden Wesen berichtet. Können Sie uns noch einmal in Erinnerung rufen, was Sie erlebt haben?

Da muß ich Sie gleich ein wenig berichtigen, Herr Habeck. Diese Erlebnisse betrachte ich *keineswegs* als mysteriös. Es sind Bruchteile von Erinnerungen an Realitäten, die in ihrer Bedeutung uns Menschen noch weitgehend unbekannt sind. Begegnungen mit den »Besuchern« sind nie wirklich verständlich. Ich habe im Laufe der Jahre eine Fülle von Informationen und Erfahrungen erhalten. Falls ich alle Vorgänge richtig einordne, habe ich fünf verschiedene Arten von Wesen wahrgenommen. Erst vor kurzem durfte ich erleben, daß auch Außerirdische existieren, die in etwa dem Aussehen von uns Menschen gleichen.

Welche Handlungen oder Manipulationen haben die Fremden bei Ihnen durchgeführt? Hat man Sie medizinisch untersucht, wie das von vielen Ufo-Opfern behauptet wird?
Ich habe bestimmte Vorgänge an meinem Körper wahrgenommen, aber niemals habe ich dabei Schmerzen empfunden, daher fühle ich mich nicht als Opfer. Mein Sohn *Sebastian* und ich sind nach wie vor wohlauf; was gemacht wurde, kann ich nicht genau beurteilen. Ich habe daran keine detailgetreue Erinnerung. Die letzte Tätigkeit, an die ich mich noch erinnere, ereignete sich im Oktober 1996. Ich merkte, wie meine Nasenschleimhaut am Rand der Nasenlöcher von den fremden Wesen hochgeklappt wurde. Was dann weiter geschah, entzieht sich meiner Erinnerung. Merkwürdig war jedoch die Tatsache, daß ich die Nase selbst aus der Position des Operateurs wahrgenommen habe.

Ein Empfinden, das an Astralreisen denken läßt?
An den unbekannten Orten, wo ich mich ab und zu befinde, mußte ich tatsächlich feststellen, daß während einer Untersuchung an mir durch die »Anderen« sich mein *Astralleib* außerhalb des Körpers befindet. Diese Bruchstücke der Wahrnehmung, daß ich mich an fremden Orten aufhalte und irgend etwas mit mir geschieht, ereignet sich nach meinem Gefühl immer kurz bevor ich von den »Anderen« wieder ins Bett zurückgebracht werde.

Und umgekehrt? Was empfinden Sie beim Beginn einer Entführung?

Sekunden bevor der ganze Vorgang beginnt, spüre ich, daß etwas Ungewöhnliches geschieht. Eine unbekannte Energie erfaßt meinen ganzen Körper. Selten kann ich noch klar miterleben, wie diese Strömungen und Kräfte mich zum Fenster meines Schlafzimmers ziehen. Ab diesem Zeitpunkt habe ich keine Erinnerung darüber, was weiter geschieht. Während ich am Anfang der Geschehnisse vor einigen Jahren diesem Vorgang ängstlich entgegensah, ist es heute so, daß ich dieser Unternehmung zwar noch mit gemischten Gefühlen begegne, aber trotzdem neugierig bin. Bisher ist es mir nicht gelungen, den ganzen Ablauf einer sogenannten Entführung bei vollem Bewußtsein zu beobachten und im Gedächtnis zu bewahren.

Was macht Sie so sicher, daß diese Vorgänge nicht doch nur Träume sind?
Meine Erlebnisse sind ganz gewiß nicht »nur« irgendwelche bösen Alpträume! Ich versichere Ihnen, daß die Erlebnisse mit den »Besuchern« genauso *real* sind, wie Sie und ich hier und heute leben.

Wissen Sie noch, wann Ihre Entführungserlebnisse begannen? Gab es bei Kontakten mit den »Anderen« Zusammenhänge mit Ihrer Schwangerschaft? Ist Ihr Sohn ebenfalls vom »Besucher«-Phänomen betroffen?
Das Erlebnis von 1986, das auch gleichzeitig meine erste Erinnerung an die »Besucher« ist, betraf in der Tat meine Schwangerschaft zu dieser Zeit. Ich bin davon heute überzeugt, daß *Hybridwesen* zwischen Mensch und Außerirdischen auf hohem geistigen Niveau geschaffen werden. Das heißt, der irdischen Frau werden Eizellen entnommen und künstlich befruchtet, um dann wieder in die Plazenta der Frau eingepflanzt zu werden. In der embryonalen Entwicklung wird die Frucht später wieder

von den Fremden aus der Plazenta entnommen. Nach diesem Erlebnis aus dem Jahre 1986 hatte ich erst 1994 weitere Erlebnisse ähnlicher Art. In den weiteren acht Jahren hatte ich also, zumindest bewußt, keine Erfahrungen mit fremden »Besuchern«. Aber ich erinnere mich deutlich an einen Vorfall, der wieder zu einer Konfrontation mit den »Anderen« führte. Das war 1991, als mein Sohn eine Zeichnung anfertigte. Sebastian malte ihre Köpfe und ihre überdimensionalen mandelförmigen Augen. Im Schlaf sprach er von Monstern mit großen Augen. Heute ist er neun Jahre alt und nach wie vor vom Phänomen betroffen.

Es gibt viele Entführungsopfer, die von merkwürdigen Operationsnarben oder Implantaten berichten. Haben auch Sie solche »Markierungen«?
Es gibt an den Körpern vieler Betroffener seltsame Narben und Markierungen. Je nach Beschaffenheit der Haut des Entführten sind diese Merkmale unterschiedlich in ihrer Intensität. Offenbar wird eine Paralysierung des betroffenen Körperteils durch diese Markierung erreicht. Ich selber habe zur Zeit 16 solcher Markierungen.

Ihre Meinung zu den Ufos? Haben Sie unabhängig von Ihren Begegnungen mit fremden Wesen schon ein Ufo beobachten können? Sehen Sie Zusammenhänge mit Ihren Entführungen in unbekannte Lichtphänomene?
Ja, ich habe bisher dreimal Ufo-Erscheinungen gesehen. Da ich diese Ufos im *wachen* Zustand und bei vollem Verstand beobachten konnte, ist es nahezu unmöglich, die Realität dieser Objekte zu ignorieren. Es besteht für mich kein Zweifel, daß meine Ufo-Sichtungen mit den sogenannten Entführungen zusammenhängen. Diese Erscheinungen sehe ich als Gruß von den »Anderen«. So un-

glaublich sich das auch anhören mag. Zum Jahreswechsel 1993/94 hatten mein Sohn Sebastian und ich die erste derartige Sichtung, die sich direkt am Himmel vor unserem Dachgeschoßfenster ereignete. Dieses Ereignis hat uns beide natürlich sehr geprägt. Die Intensität der Sichtung, die Verweildauer am Himmel und die mächtige Erscheinung dieses Ufos können wir nicht mehr aus unserem Leben verbannen. Im folgenden Jahreswechsel 1994/95 und ebenso zum Wechsel 1995/96 hatten wir wieder jeweils eine Sichtung. Gemeinsam mit unseren Gästen konnten wir das Ufo beobachten. Leider waren diese Sichtungen nicht so spektakulär und nicht von so langer Dauer wie jene von 1993/94.

Da beide Beobachtungen immer zum Jahreswechsel stattfanden, drängt sich die Frage auf: Wäre es nicht denkbar, daß es sich lediglich um Silvesterraketen gehandelt haben könnte?
Herr Habeck, glauben Sie mir, ich würde die Sichtungen nicht erwähnen, hätte ich auch nur den geringsten Zweifel daran, daß es sich bei den gesichteten Objekten jeweils um ein Feuerwerk gehandelt haben könnte.

Nun gibt es aber sicherlich Leute, die Ihre und auch andere Erlebnisse mit fremden Wesen als Geschäft oder Hysterie abtun. Was sagen Sie diesen Skeptikern?
Die Menschen, die mir wichtig sind, würden hinter meiner Geschichte weder Geschäft noch Hysterie vermuten. Das Geld, das man bei Fernseh-Talkshows erhält, zwischen 250 und 500 DM, kann die Schwierigkeiten und den Ärger, die nach der Ausstrahlung einer solchen Sendung auf mich warten, bei weitem nicht aufwiegen. Wir Menschen neigen dazu, alles, was wir glauben wollen, nur durch harte Fakten belegen zu müssen. Sicher gibt es

aber für die Wissenschaft heute noch viele Bereiche, die im Verborgenen liegen, die einfach noch nicht erforscht wurden, weil man nie Notiz von ihnen genommen hat oder sie einfach ignoriert. Ich möchte hierzu nur folgendes bemerken: »Jene verstehen sehr wenig, die allein nur das verstehen, was sich erklären läßt.« Das sind nicht meine Worte, sondern die der österreichischen Dichterin *Marie von Ebner-Eschenbach*. Sie war eine sehr weise Frau!

Frau Struwe, ist es für Sie beunruhigend oder beängstigend, zu wissen, daß Sie einer von vielen Menschen sind, die von fremden Wesen entführt wurden? Haben Sie Angst davor, daß sich die Vorgänge jederzeit wiederholen könnten?
Beunruhigt, daß mein Sohn und ich in dieses »Besucherphänomen« einbezogen sind, bin ich nicht. Dafür schon eher *beruhigt*, weil ich durch diese ungewöhnlichen Erlebnisse heute *weiß*, daß wir Menschen in diesem gewaltigen und unendlichen Universum nicht allein und nicht der Mittelpunkt sind.

Spiritistische Dimensionen

Medium Lotte Ingrisch und ihr Kanal zum Kosmos

> »Es gehört zu unserem leicht beschränkten Größenwahn, daß
> wir glauben, wir seien in dem Unternehmen Kosmos tatsäch-
> lich die Einzigen. Pin-up-Girls allerdings scheints in Eiswüsten
> anderer Galaxien kaum zu geben. Denn die würden sich ver-
> kühlen. Wie tief ist der Mensch gesunken, daß er meint, die
> Geisteswesen des Alls seien Gespenster. Für William Shake-
> speare gab es Feenreiche und für uns, die Europäer, immer En-
> gel. Und für mich den Atem, der auf seiner Seelenreise Äther
> wird um uns . . .«

Prof. O. W. Fischer, Philosoph und Filmschauspieler, in
einem Fax an den Autor vom 12. September 1996

Fantastische Phänomene werfen viele Fragen auf: Woher
kommen wir? Wohin gehen wir? Lebt der Mensch nach
dem Tode weiter? Gibt es andere geistige Wesenheiten?
Können wir mit ihnen in Kontakt treten?

In den zwanziger Jahren versuchte der Elektrotech-
niker und »Glühbirnen«-Erfinder *Thomas Alva Edison*
(1847–1931) mit verstorbenen Geistwesen in Verbindung zu treten. Er baute ein Gerät, das »von Wesen
in anderen Existenzsphären bedient werden« sollte:
Edison wollte den Erforschern psychischer Phänomene
ein Instrument schenken, das sie bei ihren Studien
ebenso unterstützt wie etwa ein Mikroskop die Mediziner. Edison scheiterte damals, doch 1959 gelang es
dem Schweden *Friedrich Jürgenson*, mit einem Ton-
bandgerät Stimmen von verstorbenen Freunden aufzunehmen. Heute sind viele Menschen davon überzeugt,
mit Kassettenrekordern, Computern und Videokameras

eine Verbindung zu überirdischen Wesen herstellen zu können.

Völlig verdutzt war der Apollo-14-Astronaut *Edgar Mitchell*, als sich immer wieder unbekannte Stimmen in den Sprechfunkverkehr zwischen der Raumkapsel im All und der NASA-Zentrale auf der Erde einmischten. »43 000 Kilometer lagen zwischen uns«, berichtete Mitchell. »Das waren Stimmen aus anderen Welten.« Unklar bleibt, ob es sich bei derlei Botschaften tatsächlich um Verstorbene handelt. In den letzten Jahren ist vor allem das Phänomen »Channelling« aufgekommen. Ein Medium dient als irdischer Empfangskanal. Diesem werden von Dahingeschiedenen, einem Engel oder einem unbekannten, nicht-menschlichen »höheren Wesen« Botschaften übermittelt, sei es schriftlich, mündlich oder durch technische Hilfsmittel wie dem Tonband. Um am besten als Vermittler dienen zu können, neutralisiert das Medium seine Persönlichkeit vorübergehend und versetzt sich häufig in Trance oder in einen halb bewußten Zustand. Somit übernimmt das Medium eine Funktion, die man von Erzählungen früherer Schamanen, Propheten oder Orakelpriestern der griechischen Geschichte her kennt.

Doch nicht nur das Altertum, auch die Neuzeit hat ihre Medien. »Es gibt unendlich viele Welten, sie sind räumlich nicht voneinander getrennt. Nur, die meisten tragen Scheuklappen, Mützen und Schals, um durch die Schneestürme des Lebens zu kommen«, erklärt das bekannte Wiener Medium **Lotte Ingrisch**.

Die Witwe des im Jahre 1996 verstorbenen weltbekannten Komponisten *Gottfried von Einem (»Dantons Tod«)* hat offenbar bei ihrer Geburt ein paar Mützen und Schals zuwenig bekommen. Wie sonst ist es zu erklären, daß ihr immer mehr als nur eine Wirklichkeit in Auge, Ohr und Mund gerät? Dennoch: »Ich bin dadurch mehr

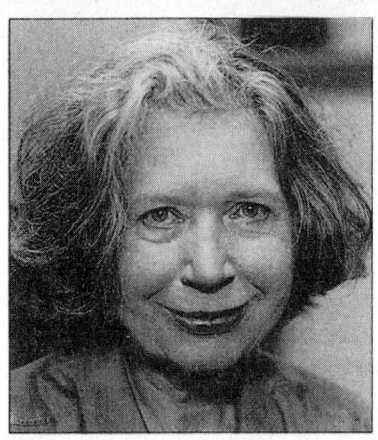

Bild 26: Hat einen besonders guten Draht ins Jenseits und zum Kosmos: Medium Lotte Ingrisch.

preisgegeben«, weiß Lotte Ingrisch, »aber mittlerweile gern bereit, auch noch die letzte Mütze vom Kopf zu ziehen!« Ihre Berufung als Schriftstellerin hilft ihr dabei. Unzählige Theaterstücke, Prosa und Libretti hat sie verfaßt, darunter die Fernsehspiele *»Vanillekipferln«* oder *»Teerosen«* mit *Maria Schell* und *O. W. Fischer.* Auch ihre Romane wie *»Amour noir«, »Die Pestsäule«* oder *»Reiseführer ins Jenseits«* wurden große Publikumserfolge. Die meiste Aufmerksamkeit erregte die Ingrisch aber durch ihre Jenseitskontakte. Berühmt wurde ihr *»Donnerstagsbuch«* und der Fortsetzungsband *»Herr Jacopo reitet«.* Darin enthalten sind Begegnungen mit dem Wiener Schriftsteller und Politiker *Dr. Jörg Mauthe.* Als dieser sterbenskrank darniederlag, hatten beide vereinbart, an Donnerstagen die Plätze im Diesseits und Jenseits zu tauschen und miteinander Kontakt aufzunehmen. Inzwischen hat die Dichterin das Tor zum Jenseits weiter geöffnet und steht ihren Aussagen nach den großen Geistern

Giordano Bruno, Teilhard de Chardin, Pythagoras, Plato
und natürlich auch mit ihrem Ehemann *Gottfried von Einem* in kosmischer Verbindung.

»Ich habe mich ein Leben lang mit dem Tod befaßt und weiß nun, daß es ihn gar nicht gibt«, betont Lotte Ingrisch und ist sich gewiß: »Hinter dem Spiegel des Lebens beginnt keine andere Welt, sondern eine andere Wahrnehmung. *Der Tod ist eine andere Wahrnehmung der Welt.*« Diese andere Wahrnehmung lehrt sie in Seminaren über das Sterben, den Tod und die jenseitigen Welten. Zu diesem Zweck gründete sie 1993 die *Schule der Unsterblichkeit.*

Seit sieben Jahren wohnt Lotte Ingrisch nun im Dienstbotentrakt der Wiener Hofburg. Neben ihren vielen Katzen scheinen sich auch Wesen aus anderen Welten im Wohnquartier der Ingrisch heimisch zu fühlen. Es geistert!

Frau Ingrisch, geistert es bei Ihnen in der Hofburg wirklich?
Schon in der ersten Nacht, die ich in der Hofburg schlief, gab es eine ungewöhnliche Erscheinung. Ich hörte eine Männerstimme, die Kriegsnachrichten verlas. Ich wachte auf und sah zu meinen Füßen einen sterbenden Soldaten in grauer Uniform. Er beteuerte immer wieder, er wäre unschuldig und hätte der Krankenschwester keine Gewalt angetan. Dies ereignete sich um halb fünf Uhr früh. Ich habe mir das Erlebnis sofort aufgeschrieben. Meine Nachforschungen am Vormittag ergaben, daß die Hofburg während beider Weltkriege auch als Lazarett benützt wurde. Also hat der Mann offenbar keine Ruhe gefunden. Ich habe ihm versichert, daß ich ihm glaube.

Solche Erscheinungen ängstigen Durchschnittsmenschen.

*Haben Sie einen besonderen »Draht« zum Kosmos? Wie
funktioniert eine Verbindung ins Jenseits?*
Die Inhalte meiner jenseitigen Kommunikationen sind in
meinem im September 1996 erschienenen Buch *»Das Leben beginnt mit dem Tod«* nachzulesen. Es gibt seriöse
Tonbandaufzeichnungen mit Stimmen Jenseitiger. Ich
vermute, daß sie sowohl animistisch als auch spiritistisch
deutbar sind oder daß es beide Deutungen überschrei-
tende Erklärungen dafür gibt.

*Haben wir alle die Möglichkeit, mit anderen Welten in Kon-
takt zu treten? Wie kann man zum Kanal nach »Drüben«
werden?*
Wir stehen wahrscheinlich alle mit anderen Welten in
Kontakt, doch wird dieser Kontakt nur denjenigen, die einen defekten oder gar keinen Filter haben, bewußt. Darüber wurde und wird vielleicht noch immer an der *Sor-
bonne*, der philosophischen Fakultät der Universität Pa-
ris, geforscht. Tatsache ist, daß wir nur den geringsten
Teil aller bei uns einlangenden Informationen annehmen.
Was in unsere derzeitige Identität nicht integriert werden kann, wird abgeblockt. Wer die Grenzen der Wirklichkeit nicht allzu eng zieht, kann zum Medium werden.

*Böse Zungen werden vielleicht sagen, die Frau Ingrisch muß
in ihrem früheren Leben wohl eine Hexe gewesen sein. Ihre
Vorstellung von Wiedergeburt?*
Es gibt keine Hexen, sie sind eine Erfindung der Kirche
und anderer Institutionen der Dummheit und Macht. Da
es – falls Relativitätstheorie und Quantenphysik sich
nicht irren – tatsächlich parallele Universen, also auch
parallele Individuen, zu geben scheint, haben wir viele
gleichzeitige Biographien. Gleichzeitig, weil lineare Zeit,
nach alter Mystik und neuer Phsyik, nur in unserem Be-

wußtsein und nirgendwo außerhalb von ihm existiert. Was den Tod betrifft, so halte ich ihn für eine andere Wahrnehmung der Wirklichkeit, einen anderen Grad unseres jeweiligen Bewußtseins. Da es Zeit an sich nicht gibt, sind wir gleichzeitig lebendig und tot.

Glauben Sie an außerirdische Intelligenzen? Wird der Mensch weiter in den Weltraum vordringen? Werden wir eines Tages den »Mann vom anderen Stern« kennenlernen?
Ich glaube, im Sinne *Giordano Brunos* und des großen *Paracelsus*, daß die Welt in Raum und Zeit *eins* ist, daß alle Universen zusammen ein einziges, bewußtes, beseeltes und selbstverständlich intelligentes Universum sind. Der Mensch – weit davon entfernt, die Krone der Schöpfung zu sein – hat schon diese Erde befallen wie eine Krankheit. Es bleibt also zu wünschen, daß er diese Krankheit, somit sich selbst, nicht auch auf andere Gestirne überträgt.

Wenn der Mensch besser »daheim« bleiben sollte, wäre es umgekehrt vorstellbar, daß die »Anderen« intergalaktische Raumfahrt betreiben und vielleicht uns besuchen? Wie denken Sie über Ufos?«
Da die Erde wohl kaum der einzige bewohnte Planet sein dürfte, spricht die Wahrscheinlichkeit *für* die Existenz unbekannter Flugobjekte.

Bei den Ufos ist es ähnlich wie mit den paranormalen Erscheinungen. Sie verschwinden in einer anderen Wirklichkeit. Gibt es eine verborgene Wirklichkeit?
Was Wirklichkeit ist, wissen wir nicht. Ich persönlich halte sie für einen Prozeß, ein Spektrum, ein Medium, in dem wir uns entwickeln wie Föten.

Was sagen Sie den Leuten, die »Gespräche mit Toten«, »fremde Intelligenzen« und »Ufos« für Unsinn oder Fantasterei halten?
»Unsinn« und »Fantasterei« sind bloß Schilde, mit denen unerfahrene Menschen ängstlich ihre kleine Identität zu schützen versuchen. Menschen, die sich in der beständigen Wiederholung geborgen fühlen. Ich selbst bin eine neugierige Grenzgängerin und schrecke vor keinerlei Informationen zurück.

Wenn Sie einen Blick in die Zukunft werfen, was erwartet die Menschheit nach der Jahrtausendwende?
Die sogenannte Zukunft wird den Menschen entweder als Irrtum der Evolution aussterben lassen oder neu programmieren. Aber es müßte schon eine Mutation gewaltigen Ausmaßes sein, die den Menschen für die Erde selbst und alle auf ihr lebenden Arten erträglich macht.

Frau Ingrisch, was wäre Ihr größter Wunsch?
Mein größter Wunsch ist, die beiden Zustände meines Seins, den dies- und den jenseitigen, zu verbinden. Für mich und alle, die unter Angst und Trauer leiden.

Das fantastische Bermudadreieck

Sensationsautor Charles Berlitz und das »Fenster zum Kosmos«

»Beide Kompasse funktionierten nachts über der Florida-Straße falsch. Die Nadel des Erdanzeigers flatterte hin und her. Das Ziffernblatt des Flüssigkeitskompasses rotierte ohne anzuhalten. Konnte keine Sterne durch den dichten Dunst erkennen. Stellte bei Tagesanbruch Position mit fast 450 Kilometer Kursabweichung über den Bahamas fest. Das Zifferblatt des Flüssigkeitskompasses hörte erst auf zu rotieren, als meine Maschine (›The Spirit of St. Louis‹) die Küste Floridas erreichte.«

Flieger Charles Lindbergh, überflog im Alleinflug den Atlantischen Ozean, Notiz in seinem Bordbuch vom 13. Februar 1928

Das Gebiet zwischen den Bahamas und Puerto Rico, der Südküste Floridas und den Bermudainseln, auch *Teufelsdreieck* genannt, ist seit Jahrhunderten einer der verrufensten Flecken der Erde. Davon hat offenbar bereits der englische Dramatiker *William Shakespeare* im 16. Jahrhundert »Wind« bekommen. Denn in seinem Stück *»Der Sturm«*, 1. Akt, 2. Szene, heißt es: ». . . allwo du einst um Mitternacht mich aufriefst, Tau zu holen von den beängstigenden Bermudas . . .«, erinnert der Dichter an das berüchtigte Meeresgebiet. Und weiter auf das mysteriöse Verschwinden von Menschen und Schiffen anspielend: ». . . Keine Seele, die nicht ein Fieber gleich den Tollen fühlte, und Streiche der Verzweiflung übte. Alle bis auf das Seevolk, sprangen in die schäum'ge Flut. Und flohn das Schiff . . .«

Obwohl die Sensationsmeldungen aus dem *Bermuda-dreieck* in jüngster Zeit ausgeblieben sind, bleibt ein Faktum, daß hier etliche hundert Schiffe, Flugzeuge und mehr als tausend Menschen auf eigenartige Weise verschwanden. Nie hat man Rettungsboote, Wrackteile oder Ölflecken gesichtet. Alles verschwand scheinbar spurlos im »Nichts«. Was aber hat das mit dem Ufo-Phänomen zu tun? Sehr viel. Das Bermudadreieck zählt nämlich zum beliebtesten Ausflugsziel der unbekannten Flugobjekte. Kaum woanders ist eine solche Konzentration von Ufo-Schwärmen zu beobachten. Dies mußte auch der Abenteurer *Thor Heyerdahl* erfahren, als er in den Anziehungsbereich der berüchtigten »Todeszone« kam. Während seiner *»Ra«*-Expedition über den Atlantik wurden Heyerdahl und seine Sonnenbootmannschaft Ufo-Zeugen. In seinem Buch *»Expedition Ra«* berichtet der Forscher über den ungewöhnlichen Vorfall, der sich südöstlich von Puerto Rico kurz nach Mitternacht zugetragen hat: »Auf der Backbordseite, im Nordwesten, stieg über dem ganzen Horizont eine runde bleiche Scheibe auf, die nie ganz aus dem Wasser kam, aber wie ein gespenstischer, aluminfarbener Riesenmond, der halb verborgen vom Küstenrand aufsteigt, immer weiter wuchs. Wie ein kompakter Sternennebel, heller als die Milchstraße und kreisrund, nahm es die Ausmaße eines stiellosen Pilzes an; es schien direkt auf uns zuzukommen, indem es sich ständig weiter über dem Himmel ausbreitete. Der Mond stand auf der anderen Seite, es war sternenklar, keine einzige Wolke bedeckte den Himmel. Mein erster Gedanke: Reflex am feuchten Nachthimmel eines mächtigen Scheinwerfers hinter dem Horizont. Mein zweiter Gedanke: ein Atompilz, durch menschliches Versagen verursacht – oder ein Nordlichtphänomen. Aber das Gefühl, es sei ein leuchtender Regen von

Bild 27: Hat selbst mehrmals Ufos beobachtet: der amerikanische »Bermudadreieck«-Autor Charles Berlitz. Er glaubt, daß elektromagnetische Felder
vor der Küste Floridas Flugzeuge und Schiffe gelegentlich zum Verschwinden bringen.

fremden Objekten, die aus dem Universum zu uns gekommen sind, gewann die Oberhand, bis die Licht-
scheibe ungefähr dreißig Grad des Himmels bedeckte.
Da wuchs sie plötzlich nicht weiter, löste sich beinahe
unmerklich auf und verschwand. Wir blieben ohne Erklärung zurück.«

Die Berichte über rätselhafte Geschehnisse aus dem
Bermudadreieck bewirken offenbar eine starke Faszination auf die Gemüter der Menschen. Da ist von außerirdischen Kidnappern die Rede, von Begegnungen mit Mee-
resungeheuern und Relikten aus der Zeit des sagenhaften, versunkenen Kontinents *Atlantis*. Nebelwolken hat
man gesichtet, die Schiffe verfolgten, geheimnisvolle
weiße Wasser, aus denen es keine Rückkehr mehr gab,
elektromagnetische Instrumente und Kompasse von Flug-

zeugen spielten plötzlich verrückt und ließen selbst erfahrene Piloten die Orientierung verlieren.

Einer, der sich seit vielen Jahren mit den mysteriösen Vorkommnissen im Teufelsdreieck beschäftigt, ist der in New York geborene Sensationsautor **Charles Berlitz**. Er ist der Enkel des deutschen Begründers der »Berlitz School of Languages« und spricht 25 Sprachen. Wie *Heinrich Schliemann*, der Entdecker von *Homers* sagenhaftem Troja, ist Berlitz seit Jahren auf der Suche nach realen Grundlagen mythischer Überlieferungen oder scheinbar unerklärlicher Phänomene. Seine Bücher, darunter *»Das Bermuda-Dreieck«*, *»Das Atlantis-Rätsel«*, *»Spurlos«*, *»Der Roswell-Zwischenfall«* oder *»Das Drachen-Dreieck«* machten ihn zum weltberühmten Bestsellerautor. Charles Berlitz will sich auch weiterhin den Geheimnissen des Atlantiks widmen, es sei denn, der Auflagenmillionär verschwindet selbst eines Tages spurlos im Bermudadreieck. »Das habe ich nicht vor«, schmunzelt der Amerikaner, dessen Wohnsitz auf Fort Lauderdale in Florida einen günstigen Blick ins »Fenster zum Kosmos« ermöglicht. Während einer Europatournee, die ihn auch zu einem Kurzgastspiel nach Wien führte, hatte ich Gelegenheit, Charles Berlitz persönlich kennenzulernen.

Sie beschäftigten sich mit den Phänomenen des Bermudadreiecks und haben viele Bücher darüber geschrieben. Sie schildern darin jede Menge kühner Theorien, eine abenteuerlicher als die andere. Welche Erklärung scheint Ihnen für das Verschwinden von Schiffen und Flugzeugen am vernünftigsten?

Wie Sie richtig sagen, gibt es *verschiedene* Vermutungen und Theorien über die rätselhaften Vorgänge in dieser Gegend. Wenn Sie meine persönliche Meinung darüber wissen wollen, so halte ich es für sehr wahrscheinlich, daß innerhalb des Bermudadreiecks gelegentlich *elektromagnetische* Felder auftreten. Diese Felder bewirken, daß Objekte, die in deren Einflußbereich geraten, ihren Molekularbestand verändern, sich also auflösen. Dies erklärt das mysteriöse Verschwinden von Schiffen, Flugzeugen und Menschen, ohne die geringste Spur zu hinterlassen.

Welche Rolle spielen dabei die Ufos? Könnten diese Himmelsphänomene außerirdischen Ursprungs sein?
Wenn Ufos tatsächlich aus dem Weltraum kommen, was bis heute in keiner Weise bewiesen ist, so gibt es für sie mit Sicherheit eine Wegabkürzung in unsere Welt. Es wäre aber durchaus vorstellbar, daß Ufos aus einer anderen Dimension kommen. In meinem Buch *»Das Philadelphia-Experiment«* wies ich auf die Möglichkeit und auf Wechselbeziehungen dieser Art hin. Es bleibt jedenfalls eine Tatsache, daß gerade das Phänomen der Ufos besonders im Bermudadreieck beobachtet wird.

Herr Berlitz, haben Sie selbst schon Ungewöhnliches erlebt?
Ja, ich hatte mehrmals die Gelegenheit, Ufos zu beobachten, dabei sind mir sogar Aufnahmen geglückt, die bisher nicht veröffentlicht wurden. Seltsames habe ich erlebt: Ufos, die aus dem Wasser stiegen und wieder eintauchten – während sie sich an meinem Schiff vorbeibewegten, setzten Strom und Motor an Bord aus. Auf meinen Vorträgen traf ich mit vielen Menschen zusammen, die gleichfalls versichern, Ufos gesehen zu haben.

Sie vermuten die Überreste des legendären Atlantis in den Tiefen des Bermudadreiecks. Nur eine vage Theorie, oder gibt es handfeste Beweise dafür?
Man muß nur die Augen öffnen. Ziemlich beweiskräftige

Hinweise für die Existenz von Atlantis liefern unzählige archäologische Funde und Ruinen, die sich allesamt unterhalb der Meeresoberfläche im *Bimini*-Gebiet befinden. Sämtliche entdeckte Bauten, gigantische Straßen, Wälle und Hafenanlagen befinden sich innerhalb der Bermudazone, so daß der Verdacht nahe liegt, Atlantis hätte etwas mit den rätselhaften Vorgängen in diesem Gebiet zu tun. Ob hier die Lösung des Geheimnisses zu finden ist, bleibt vorderhand aber noch offen.

Werden Sie weiter versuchen, das Rätsel zu lösen?
Wir wissen, daß vor der amerikanischen Küste etwas Merkwürdiges passiert. Meine Konsequenz aus dieser Erkenntnis ist, daß ich nie aufhören werde, auf diese Phänomene hinzuweisen. Mit meinem Freund, dem Tiefseeforscher und Ozeanographen *Dr. Manson J. Valentine*, habe ich vor, noch einige Male forschend ins Bermudadreieck aufzubrechen. Ich bin davon überzeugt, daß die Lösung einiger seltsamer Geschehnisse kurz bevorsteht.

Besucher aus der Parallelwelt

Bewußtseinsforscher Ernst Meckelburg und das
Jahrtausendprojekt »Zeitreisen«

*»Erzähle mir die Vergangenheit, und ich werde die Zukunft er-
kennen!«*

Konfuzius (um 479 bis 551), chinesischer Philosoph

Jetzt haben wir es schwarz auf weiß. Der nach *Albert Einstein* weltweit größte Physiktheoretiker *Professor Stephen
Hawking* vom Department of Applied Mathematics &
Theoretical Physics, Cambridge (England), eröffnete am
2. Oktober 1995 einer verblüfften Fachpresse, daß *Zeitreisen* – »Ausflüge« in die Vergangenheit und in die Zukunft – grundsätzlich möglich seien, ohne die Kausalität,
ohne unsere gewohnte Weltordnung auf den Kopf zu stellen: »Wir können«, so versicherte Hawking, »bei unserer
Geburt zuschauen, uns im Kindergarten spielen sehen.
Wir können unsere Urahnen besuchen oder vielleicht sogar Kleopatra beim Baden in Eselsmilch überraschen. Der
Zeitreisende könnte sogar in die Vergangenheit eingreifen, ein Unglück verhindern.«

Diese Prognose eines kompetenten Fachgelehrten –
sein jüngstes Buch *»Eine kurze Geschichte der Zeit«* begei-
sterte Millionen Leser in aller Welt – unterstreicht einmal
mehr die Aktualität und das Interesse am Vorstoß in neue
Dimensionen. Existieren demnach Löcher oder Risse in
andere Welten? Haben fremde Wesen bereits Mittel und
Wege gefunden, die Mauer der Zeit zu durchbrechen?
Kann die vierte Dimension manipuliert werden, und haben Ufos damit zu tun? Sind die Ufo-Erscheinungen wo-

möglich nichts anderes als »Zeitmaschinen« aus der Zukunft, gesteuert von unseren eigenen Nachfahren, die sich in die Vergangenheit projizieren? Das sind gewiß fantastische Gedanken, die aber durch überzeugende Logik auch in wissenschaftlichen Kreisen zunehmend Beachtung finden.

Ein Spezialist auf diesem Gebiet ist der in Hanau lebende deutsche Zeit-Theoretiker und Erfolgsautor **Ernst Meckelburg**. Schon seit vielen Jahren stellt der bekannte Wissenschaftsjournalist die Zeitreisethematik in den Mittelpunkt seiner Forschung. Ernst Meckelburg schrieb unzählige Fachartikel und Sachbücher, darunter die Bestseller »*Besucher aus der Zukunft*«, »*Zeittunnel*«, »*Zeitschock*«, »*Transwelt*«, »*Traumsprung*«, »*PSI-Agenten*« und »*Hyperwelt*«. Im folgenden Interview macht uns der vielbeschäftigte Zukunftsdenker mit dem Phänomen Zeit vertraut. Schön, daß sich Ernst Meckelburg dafür Zeit genommen hat . . .

Herr Meckelburg, welche Erklärung haben Sie für das Ufo-Phänomen?
Meine Theorie besagt, kurz gefaßt: Ufos sind *Zeitmaschinen* – Projektionen aus der Zukunft – und keine E.T.s aus fernen Welten, wie sie uns unter anderem in dem Science-Fiction-Reißer »*Independence Day*« vorgegaukelt werden, sondern *Außerzeitliche* bzw. *Parallelweltler*. Es sind unsere Nachfahren aus einer parallel zur Jetztzeit bereits existierenden irdischen Zukunft, die sich mit Hilfe einer unglaublich weit fortgeschrittenen Hochtechnologie in ihre Vergangenheit projizieren, um diese »vor Ort und Zeit« zu studieren.

Stichwort »Zeit«. Ich habe das Gefühl, je älter ich werde, desto schneller vergeht die Zeit. Sie läuft mir gewisserma-

Bild 28: Bewußtseinsforscher Ernst Meckelburg erkennt in den Ufo-Erscheinungen »unsere Nachfahren aus einer parallel zur Jetztzeit bereits existierenden irdischen Zukunft, die sich mit Hochtechnologie in ihre Vergangenheit projizieren«.

ßen durch die Finger davon, so auch bei der Fertigstellung dieses Ufo-Manuskriptes. Können Sie uns erklären, was Zeit eigentlich bedeutet?

Das Phänomen »Zeit«, als Abfolge des Geschehens, das wir als Vergangenheit, Gegenwart und Zukunft, am Entstehen und Vergehen aller Dinge erfahren, beschäftigt jeden von uns – gewollt oder ungewollt – in irgendeiner Weise. Doch jeder deutet den Begriff »Zeit« bei verschiedenen Gelegenheiten auf seine Weise ganz unterschiedlich. Einige Wortbildungen und Redewendungen sollen dies belegen: »Ich habe keine Zeit«, »Ich habe viel Zeit verloren«, »Zeit ist Geld«, »Du stiehlst meine Zeit«, »Zeitnot«, »Zeit sparen«, »Die Zeit verging wie im Fluge«, »Meine schönste Zeit«, »Der Zahn der Zeit« usw.

Mit diesen Aussagen charakterisieren wir aber mehr

unbestimmte Zeitabläufe oder Zeitspannen. Zeit, im Sinne von Uhrzeit, läßt sich hingegen nur in einem physikalisch-meßtechnischen Bezugssystem einwandfrei bestimmen. Das *Zeiterlebnis* (Zeitbewußtsein) ist von der Zeitordnung als geschichtliche Zeiteinteilung und von der Zeit im physikalischen Sinne zu unterscheiden. Ihm kommt nicht nur im Alltag, wenn es um die Einteilung wichtiger Termine geht, sondern auch bei der Definition der Relativität von *Raum und Zeit* besondere Bedeutung zu.

Könnten Existenzen aus anderen Zeiten oder Dimensionen in unsere Welt eingreifen? Ist das physikalisch überhaupt vorstellbar?

In der Physik wird seit *Einstein* die Zeit als »*vierte Dimension*« bezeichnet. Die drei bekannten Dimensionen – Länge, Breite und Höhe – bilden das, was wir als *Raum* bezeichnen, das heißt, alle materiellen Objekte (Körper) – gleich welcher Gestalt – sind *dreidimensional*. Und diese Objekte bewegen sich zwangsweise in der vierten Dimension, der Zeit (Zeitdauer). Einstein nannte dies »den Raum in der Zeit« oder kurz *Raumzeit* – ein typischer Begriff der *Relativitätstheorie*. Raum und Zeit werden hier zu einer unauflöslichen Einheit zusammengefaßt.

In der modernen Quantenphysik geht man noch ein paar Schritte weiter und bezieht das geistige Prinzip, das *Bewußtsein*, mit ein, was bedingt, daß unser physikalisches Weltbild und etliche »weiche« Dimensionen (Koordinaten) *erweitert* werden muß. Das von dem deutschen Physiktheoretiker *Dipl.-Physiker Burkhard Heim* entwikkelte neue »Weltbild« sieht einen »Hyperraum«, auch »Überraum« genannt, aus *zwölf Dimensionen* vor, der nicht nur sogenannte paranormale Phänomene und jenseitige Existenzformen, sondern auch Projektionen aus der Zukunft (Zeitreisen) erklärt. Ufos könnten demnach ohne weiteres »*Projektionen*« aus der, gemäß Einstein, bereits bestehenden Zukunft sein, die sich in unserer Gegenwart als Erscheinungen im weitesten Sinne oder auch quasimateriell manifestieren und sogar materielle Spuren hinterlassen.

Aus keinem der von wissenschaftlichen Vordenkern entwickelten Weltmodelle wird die Zuordnung des menschlichen Bewußtseins so übersichtlich dargestellt wie in der hier erwähnten 12-Dimensionen-Konzeption. Von der *vierdimensionalen Raumzeit* ausgehend, baut Heim seine mehrdimensionale *Transwelt* auf. Zwei dieser Transdimensionen (er spricht mehr mathematisch von Koordinaten) – die fünfte und sechste Dimension – bezeichnet er als *Strukturraum*. Zwei weitere (die siebente und achte Dimension) bilden den sogenannten *Informationsraum*. (Vielleicht ließe dieser sich, stark vereinfacht, mit dem heute vielfach gebrauchten Begriff *Cyperspace* gleichsetzen.)

Das aus diesen acht Dimensionen entstehende unvorstellbare »Etwas« ist wiederum in ein aus vier Dimensionen gebildetes System eingebettet, das von Heim als *Überraum* bezeichnet wird: eine mathematisch perfekte, unüberschaubare Konzeption. Und dennoch offenbar harte Realität.

Gibt es Berührungen von unserer in andere Realitäten?
Ich gebe Ihnen ein Beispiel aus eigener Erfahrung. Eine Erinnerung an eine gewaltige Explosion, die die Stadt erschütterte und ein unbeschreibliches Chaos auslöste. Vernichtung in höchster Potenz – der Overkill. Und ich befand mich mitten in diesem Inferno, in dieser Gluthölle, umgeben von einem Flammenmeer, aus dem es kein Entrinnen gab. Weit und breit keine Fluchtinsel. Weltun-

284

tergang. Ich habe ihn erlebt – so realistisch, wie man die ultimative Katastrophe eben nur *selbst* erleben kann. Mein erster Gedanke: Jetzt haben die (wer immer das auch sein mochte) es endlich fertig gebracht, die Erde mit allem, was auf ihr lebt, was je auf ihr geschaffen wurde, in die Luft zu jagen. Oder war es ein galaktischer Holocaust? Hatten Wahnsinnige durch unverantwortliches Experimentieren mit schwer zu beherrschenden Kräften eine Art Supernova ausgelöst? Ich *dachte* und *empfand*. Ergo lebte ich noch, obwohl die an mir hochzüngelnden Flammen meinen materiellen Körper schon längst verzehrt haben mußten. Offenbar hatte sich mein *Bewußtsein* – mein eigentliches »Ich« – vom Körper ganz gelöst und in eine höhere, unzerstörbare Existenzebene hinübergerettet. Ich war tot und lebte dennoch – ein »Untoter«, eine Art feinstofflicher Zombie.

Plötzlich wurde mir bewußt: Dies alles war ein *Traum* – ein schrecklicher Traum, der einen das Grauen lehren konnte. Aber diese Explosion? Ich hatte sie als so erschreckend realistisch, so niederschmetternd brutal empfunden, daß ich heute noch nicht begreife, wie man so etwas träumen kann. Hatte ich etwa in unsere eigene irdische Zukunft geschaut oder dies in einer anderen Realität, in einer *Parallelwelt* erlebt? War dort tatsächlich eine Parallel-»Ausgabe« der Erde oder gar des Universums mit einem Schlag vernichtet worden?

Herr Meckelburg, können Sie sich noch erinnern, wann Sie dieses ungewöhnliche Traumerlebnis hatten?
Sogar ganz genau, weil ich mir danach eine Notiz gemacht habe. Es war Donnerstag, der 10. September 1992, 4.30 Uhr früh. Eine halbe Stunde nach diesem aufregenden Traumerlebnis konnte ich wieder klare Gedanken fassen und das »Vorgefallene« protokollieren. Mein *kör-*

perliches »Ich« in der Realität des Weltuntergangs gab es jetzt wohl nicht mehr. Doch mein *geistiges*, feinstoffliches Double – mein Bewußtsein – existierte immer noch. Die Superexplosion muß es in unsere vierdimensionale Welt zurückgeschleudert haben – zurück in die irdische Gegenwart, in meinen hier unversehrten, grobstofflichen Körper. Mein jüngstes Erlebnis könnte bedeuten, daß wir – wie viele Physiktheoretiker schon seit langem vermuten – in unendlich vielen parallelen Welten *gleichzeitig* existieren.

Wenn ich mir vorstelle, daß ich womöglich in vielen verschiedenen Universen gleichzeitig existiere, stellt sich die Frage, was eigentlich »Leben«, »Welt« und »Zeit« dann ist? Ihr Landsmann, der verstorbene österreichische Journalist und Autor *Gerhard R. Steinhäuser*, erwähnt in einem seiner Bücher die Geschichte eines biederen bayrischen Dorfschmieds, der in mehreren aufeinander folgenden Träumen seine frühere Existenz als Raubritter *mit-* bzw. *nach*erlebt haben will. Die von ihm als sehr realistisch empfundenen Traumerlebnisse führten ihn schließlich zu der Burg, von der aus er seine Raubzüge unternommen hatte. In Chroniken aus jener Zeit fand er seine Träume, seine Zweitexistenz selbst in Details bestätigt. Leben scheint somit nichts Einmaliges und Tod nichts Endgültiges zu sein. Unser Bewußtsein ist anpassungsfähig, vermag offenbar zu unterschiedlichen Zeiten gleichzeitig zu operieren. Steinhäuser nannte solche Mehrfachexistenzen *»Zeitvarianten«*.

Wie kann man sich das Leben in zwei Welten vorstellen? Auch dazu ein Beispiel. Der Amerikaner *Philip K. Dick* (1928–1982), ein profilierter Romanschriftsteller, behauptete von sich, über einen Zeitraum von zwölf Monaten gleichzeitig in zwei »Welten« gelebt zu haben. Seine Doppelexistenz begann im Februar 1974, als er eines Tages an heftigen Zahnschmerzen litt und sich von einer Apotheke Schmerztabletten schicken ließ. Die Überbringerin der Tabletten trug ein goldenes Amulett am Hals – ein Fischmotiv christlicher Symbolik. Dieses blendete ihn und versetzte ihn in einen tranceartigen Zustand, in dem er sich augenblicklich in eine frühere Existenz zurückgeführt fühlte, genaugenommen ins Jahr 45 n. Chr. Seine damalige Persönlichkeit schien im Jahre 1974 zu neuem Leben erwacht zu sein. Für Dick überlagerten sich Gegenwart und Vergangenheit – ein geradezu schizophrener Zustand, der sich auf seine schriftstellerischen Aktivitäten sogar positiv auszuwirken schien. Als einer der »ersten Christen« will er in Roms Katakomben von Wächtern gewürgt worden sein. Das Merkwürdige dabei: Als Fünfjähriger litt Dick unter Schluckbeschwerden, die ihn an den Rand einer Unterernährung führten. Es ist nicht auszuschließen, daß zwischen Dicks Kindheitsbeschwerden und seinen »frühchristlichen Erfahrungen« Zusammenhänge bestehen. Denn: Von einer höherdimensionalen Warte aus schrumpfen zeitliche »Abstände« gegen null, herrscht in gewissem Sinne *Gleichzeitigkeit*.

Sind wir alle »Mehrfachexistenzen«, ohne es bewußt zu merken? Ist das in der Medizin bekannte Phänomen der »Persönlichkeitsspaltung« ein Indiz dafür?
Nach der von Physiktheoretikern hofierten Parallelwelt-Konzeption könnten wir alle solche Zeitvarianten sein. Und keine dieser durch die Zeit vagabundierenden Existenzen wüßte von den anderen. Psychiater haben herausgefunden, daß unser Bewußtsein »teilungsfähig« ist, daß es aus mehreren Einzelpersönlichkeiten, sogenann-

ten multiplen Persönlichkeiten, bestehen kann, die, jede für sich, über unterschiedliche psychische und sogar physiologische Charakteristika verfügten. An einem Schwerverbrecher, mit dem amerikanische Psychiater längere Zeit »experimentieren« konnten, hat man bis zu 20 Einzel- und Unterpersönlichkeiten festgestellt. Allergien, die sich in einem seiner Persönlichkeitszustände ganz erheblich bemerkbar machten, traten in einer anderen, durch Hypnose hervorgelockten Unterpersönlichkeit erst gar nicht auf. Da Bewußtsein aufgrund seiner nicht physikalischen Beschaffenheit *raum-* und *zeitungebunden* ist, wäre es nur allzu verständlich, wenn sich diese autonomen Persönlichkeitskerne verselbständigten und in anderen, parallelen Realitäten bzw. Zeitperioden andere Leben führten. In der Welt unserer Vorstellungen spielen Raum und Zeit keine Rolle.

Jeder kann sich mit seinen Gedanken, seinem Bewußtsein, augenblicklich in vergangene oder fiktive zukünftige Zeiten und Realitäten, an jeden beliebigen Ort in unserem Universum versetzen, sofern er eine Vorstellung von diesem hat. Und im Zustand des Verweilens in einer jener unendlich vielen immateriellen Welten – im Traum, in Trance oder Meditation – können sich dort wenige irdische Sekunden zu Tagen, Wochen und mehr ausweiten.

Läßt sich Zeit manipulieren? Kann man in die Vergangenheit reisen und in die Gegenwart zurückkehren? Was geschieht mit einem Menschen, der diese Erfahrung durchlebt? Das Bewußtsein eines in der Zeit Versetzten wird den Ablauf der Ereignisse ganz real erleben. So widerfuhr es einem Collegestudenten, der im Jahre 1975 beim Überqueren der Golden Gate Bridge in San Francisco plötzlich in einen tranceartigen Zustand verfiel und das Schicksal eines ihm völlig fremden Menschen, eines japanischen Mönches, vor Hunderten von Jahren erlebte – teils als unmittelbar Beteiligter, teils »gerafft« als Beobachter: »Ich hatte das Gefühl, daß mein ganzer Körper bebte. Die Trägerkonstruktion der Brücke verblaßte, schien nicht länger aus Metall zu bestehen. Da war nur ein alter Holzsteg. Erstaunt stellte ich fest, daß ich Sandalen trug und einen langen ockerfarbenen Umhang. In der einen Hand führte ich einen hölzernen Stab mit mir, während ich gemächlich über den Steg schritt.

Ich hatte das Empfinden, in fortgeschrittenem Alter zu sein. Mitten auf dem Steg blieb ich stehen und ließ meinen Blick über die Reisfelder schweifen . . . Während ich da so stand, versetzte ich mich in tiefe Meditation. Ich hatte das Empfinden, daß die unter mir dahinfließenden Wasser auch in mir flossen. Mein materieller Körper schien sich aufzulösen, und in den Tiefen meines Seins spürte ich das Wirken des Göttlichen. Schließlich kehrte ich ins Kloster zurück. Meine Zelle war sehr eng und einfach ausgestattet. Da eine Matte zum Schlafen, dort ein Holztischchen zum Schreiben, mit Feder und Tinte. Im Winkel gegen Osten hin stand am Fenster ein kleiner Tisch für meine Meditation . . . Vor meinen Augen spielten sich wichtige Szenen aus meinem Leben ab. Ich sah meine Eltern und erlebte meine Kindheit in einer Provinz im Süden Japans. Ich war Zeuge meiner Weihe als junger Mönch bei einem Roshi. Ich durchlebte meine Jahre der Meditation im Kloster, und ich sah auch, wie ich dieses verließ und in die Welt hinausging.

Ich verliebte mich in ein hübsches Mädchen, mit dem ich einige Jahre verbrachte. Wir wohnten an einem Fluß, der wie Musik in unseren Ohren klang, wenn die Strömung das Wasser über die Steine spülte . . . Schmerzlich erlebte ich den Tod meiner Frau und meine Rückkehr ins

Kloster. Und dann bemerkte ich plötzlich, daß all die Jahre, die ich seit damals mit Meditation und damit verbracht hatte, andere den Weg des Zen zu lehren, als Vorbereitung für diesen Tag dienten. Heute war der Tag, an dem ich aus dieser in die *andere* Welt hinübergehen würde. Die Vision zuvor auf dem Steg sollte mir meinen bevorstehenden Tod ankündigen.«

Schließlich kehrte das Bewußtsein in die Realität des Studenten zurück: »Das Traumbild verblaßte, und ich fand mich wieder in die Gegenwart zurückversetzt. Irgendwie hatte ich während der Vision wieder zu gehen begonnen und näherte mich nun dem anderen Ende der ›Golden Gate‹. Ich hatte das Gefühl, tagelang woanders gewesen zu sein. In Wirklichkeit aber hatte das Ganze nur ein paar flüchtige Sekunden gedauert.«

Kann das Bewußtsein in unsere Träume eingreifen?
Die Einflußnahme des Bewußtseins auf die Zeit, seine Unabhängigkeit von den Vorgängen in einem vierdimensionalen Universum, ist aus gewissen Traumerlebnissen klar erkennbar. Manche Eskapaden des Bewußtseins im zeitneutralen Traumzustand vermitteln den Eindruck, als ob unsere Bewegungen in der Zeit immer langsamer oder gar erstarren würden. Wir glauben zu schweben, uns zeitlupenartig fortzubewegen – von den Fesseln der Zeit befreit. Träumen bedeutet demnach das Abkoppeln des Bewußtseins vom zeitabhängigen, materiellen Leib, das Dahingleiten in einer Welt, in der die Kausalität – das Ursache-Wirkungs-Prinzip – aufgehoben scheint. In diesem Zustand bewegen wir uns durch die gesamte Raumzeit, durch alle Vergangenheiten, Zukünfte und Möglichkeiten. Jeder Traum bedeutet die Wahrnehmung einer anderen Realität, die gleichzeitig mit der unsrigen existiert.

Müssen wir unsere Vorstellung von der Wirklichkeit ändern?
Im wachen Zustand erscheint die Zeit fest und unnachgiebig. Wir sehen in ihr eine unüberwindliche Barriere, einen Ordnungs- und Stabilisierungsfaktor. Ihr »Jetzt« trennt das »Vorher« vom »Nachher«, verhindert Vor- und Rückwärtsbewegungen und sorgt dafür, daß die Kausalität in unserer Welt im großen und ganzen gewahrt bleibt.

Aufgrund der unauflösbaren Verflochtenheit von Raum und Zeit, die in der Vierdimensionalität des Universums wurzelt, besteht wenig Hoffnung, daß wir unsere einseitige, jetztbezogene Vorstellung vom Wesen der Zeit schon in allernächster Zeit korrigieren werden. Dies gilt natürlich nicht für veränderte Bewußtseinszustände, wie man sie im Schlaf, in Trance, unter dem Einfluß von Narkotika oder bei bestimmten psychischen Störungen erlebt. Unter diesen Bedingungen kommt es immer wieder zu einer subjektiven Beschleunigung oder Verlangsamung von Erlebnisabläufen, zu Fehleinschätzungen und damit zu einer indirekten Überwindung der Zeitbarriere.

Schafft sich unser Bewußtsein seine eigene Realität?
Daß wir aufgrund der raumzeitlichen Ungebundenheit unseres Bewußtseins auch parallel zu unserem Universum existierende Welten besuchen können, daß wir in diesem Zustand vielleicht Erlebnisse haben, die sich in einer für uns in Wirklichkeit nie real werdenden Zukunft oder in einer nicht real gewordenen Vergangenheit abspielen, erscheint gar nicht so abwegig. Manche Träume wirken aufgrund ihrer Intensität und Plastizität wesentlich realer als unsere gewohnte, alltägliche Realität. Schon deshalb sollten wir die Möglichkeit unseres Bewußtseins nicht unterschätzen und krasse Unterschei-

dungen zwischen »real« und »irreal« möglichst vermeiden.

Während seiner nächtlichen Exkursionen vollbringt unser Unbewußtes oft erstaunliche *paranormale* Leistungen. Er erfaßt auf seinem Weg durch die Zeit im voraus so manches Geschehen, das später tatsächlich eintritt. Die Formen, in denen sich *Hellsehen* (sogenannte Fernwahrnehmung) und *Präkognition* (Vorauswissen) dem Träumenden darbieten – ob symbolisch versteckt oder dem späteren Geschehen auch in Details entsprechend –, sollte kein Wertmaßstab sein. Was zählt, ist allein die Tatsache, daß durch die nachgewiesene Existenz der Präkognition die Zeitunabhängigkeit unseres Bewußtseins, sein akausales Verhalten bewiesen wird. Und nicht nur das allein. Wenn wir heute schon von Ereignissen Kenntnis erhalten, die erst viel später eintreten, dann *müssen* auch die Zeitpunkte, zu denen diese Ereignisse stattfinden »werden«, bereits irgendwo und irgendwie *real* sein. Daraus ließe sich folgern, daß alle vergangenen und zukünftigen Ereignisse in der Zeit nebeneinander existieren, daß alles *gleichzeitig* geschieht oder ist.

Der Vergleich mit der Anordnung von Zwiebelschalen in einer Superzwiebel drängt sich auf. Jede der Schalen wäre eine unabhängige, parallele Welt, eine Realität für sich. Alles wäre demnach von einer höheren Warte aus gespeichert oder vorprogrammiert wie auf Disketten, die unsere Computer mit »Leben« erfüllen.

Wird uns das Bewußtsein bewußt, oder ist doch alles Illusion?
Der amerikanische Psychologe *Lawrence LeShan* meinte einmal, daß man mit seinem Bewußtsein nichts als Prozesse wahrnehme, ja, daß dieses selbst »in Form eines Prozesses« existiere. Ähnlich definiert der ehemalige

NASA-Mitarbeiter und Buchautor *Jacques Vallée* das Bewußtsein als »einen Prozeß, durch den informationelle Vorstellungen beschafft und querverbunden werden«. Er ist der Auffassung, daß die Illusion von Raum und Zeit nur Nebeneffekte des Bewußtseins sind, wenn dieses zwischen besagten Vorstellungen vermittelt.

Nicht meßbare Qualitäten wie das Bewußtsein lassen sich in unserer 3-D-Welt nicht lokalisieren. Daher erscheint es unzulässig und geradezu unsinnig, den »Sitz des Bewußtseins« im Gehirn zu vermuten – ein Faktum, mit dem sich die meisten Menschen – voran die Mediziner – auch heute noch schwer tun.

»Visitenkarten« aus dem Multiversum

»Ufo-Baron« und Bestsellerautor Johannes von Buttlar im
Wirbel der Kornkreise

> *»Bei seinem Weizenfeld sah der Bauer zu seiner Verblüffung,
> daß das Getreide geschnitten war . . . Doch der Teufel hatte es
> nicht in der üblichen Weise gemäht, sondern in Kreisen, und je-
> den Strohhalm legte er mit solch einer Genauigkeit, daß es für
> Sterbliche ein Menschenalter gedauert hätte, zu bewerkstelli-
> gen, was er in einer Nacht getan . . .«*
>
> Historisches Dokument aus England anno 1678,
> Stichtag 22. August

Seit Jahren sorgen sie für beträchtliche Aufregung,
machen die Bevölkerung nervös: Immer zur Sommer-
zeit werden mysteriöse geometrische Muster flach ge-
drückter Getreidehalme in Kornfeldern sichtbar. Bevor-
zugter Erscheinungsort: die sagenumwobene Grafschaft
Wiltshire in Südengland. Wie von Geisterhand geschaffen, bilden sich über Nacht riesige Kreisstrukturen und Liniensysteme. Läßt sich dieses Phänomen mit
außerirdischen Aktivitäten in Verbindung bringen?
Handelt es sich um »Visitenkarten« aus einer anderen
Welt?

Der englische Ingenieur und Buchautor *George Sassoon*
kann sich durchaus mit dem Gedanken anfreunden, wonach das Kornkreisphänomen nichts anderes sei als ein
außerirdischer Intelligenztest an uns Menschen. Im »Red
Lion«, einem gemütlichen Pub in Heytesbury bei Warminster, ließ mich Sassoon wissen, daß »die Kreise eines
Tages wieder verschwinden könnten – vielleicht verbun-

den mit einem neuen, größeren und noch viel unfaßbareren Rätsel . . .«

Gibt es denn keine andere vernünftige Erklärung für dieses Phänomen? Wie und durch wen werden die Kreismuster immer wieder angelegt? »Ein Studentenulk!« unterstellte Sassoon. »Ein Studentenulk?« fragte ich zweifelnd. »Ja, ja«, bekräftigte Sassoon augenzwinkernd. »Ein Studentenulk der Technischen Universität München . . . Jahrgang 2500!«

Skeptiker bevorzugen eine irdisch-logische Erklärung, halten alles für einen Lausbubenstreich. Tatsächlich wurden viele Muster inzwischen als Betrug entlarvt, und publikumswirksame »Fälscherwettbewerbe« erfreuen sich großer Beliebtheit. Dennoch gelang es damit nicht, die Gesamtheit des Phänomens schlüssig aufzuklären. Woher die unheimlichen Zeichen stammen könnten, was sie bedeuten sollen – darüber hat man sich trotz aller Bemühungen bislang vergeblich den Kopf zerbrochen.

Zu den führenden Kornkreis-Forschern zählt der in Berlin geborene Esoterikexperte und Bestsellerautor **Johannes Freiherr Treusch von Buttlar-Brandenfels**. Der »Ufo-Baron«, wie von Buttlar gerne in den Medien tituliert wird, kann auf eine abenteuerliche Jugend zurückblicken. Er war Elitesoldat im Koreakrieg, Taxifahrer in Barcelona und Schafhirte im glühend heißen Buschland Australiens. Ohne Zweifel ist Johannes von Buttlar ein Draufgängertyp wie sein Ahnherr *Prinz Löwenherz:* Vollbart, stahlblaue Augen, sonnengebräunt, sportlich drahtige Figur. Der Herr Baron kann es sich leisten, »standesgemäß« auf einem Schloß zu wohnen, wechselt aber seinen Wohnsitz gerne, wie andere die Hemden. Zuletzt hat der Autor seinen Standort von Deutschland nach Österreich verlegt, nach Kärnten in der Nähe des roman-

Bild 29: Historische Dokumente wie dieses aus dem 17. Jahrhundert belegen: Das Phänomen der platt gedrückten Kornkreise reicht weit in die Vergangenheit zurück.

tischen Nationalparks »Nockberge«. Wie lange wird sich
der rastlose Kosmopolit dort aufhalten? Von Buttlar, offenbar gedanklich bereits wieder am Sprung in andere
Welten, darauf angesprochen: »In dieser herrlichen Gegend fühlt man sich wunderbar. Doch im Grunde meines
Herzens bin ich Reisender. Sie könnten mich heute in ein
Raumschiff setzen und zu einem Lichtjahre entfernten
Planeten schicken – da sag ich okay, das mach ich.« Vielleicht liegt in dieser Sehnsucht die Ursache darin, weshalb der »Ufo-Baron« so gerne »in die Luft« geht. Johannes von Buttlar ist nämlich begeisterter Hobbyflieger und
erreicht hinter dem Steuerknüppel genau das, wovon
seine Bücher handeln: *höhere Dimensionen.* Der schrei-
bende Zukunftsdenker hat sich in seinen Büchern vieler
unerklärlicher Phänomene angenommen und sie zu Bestsellern gestaltet. Johannes von Buttlar zählt heute zu den

erfolgreichsten, aber auch umstrittensten Sachbuchautoren. Von mittlerweile weit über 20 veröffentlichten Büchern wurden weltweit mehr als 25 Millionen Exemplare in 18 Sprachen verkauft.

Zu seinen literarischen »Rennern« gehören *»Schneller als das Licht«*, *»Das Ufo-Phänomen«*, *»Leben auf dem Mars«*, *»Supernova«*, *»Drachenwege«*, *»Zeitriß«*, *»Adams Planet«*, *»Gottes Würfel«*, *»Die Wächter von Eden«*, *»Die Methusalemformel«* oder *»Terraforming«*. Im letzten Jahr überraschte der Freiherr mit dem Alienmegaseller *»Die Außerirdischen von Roswell«*. Und für das ZDF drehte der Vielschreiber von Buttlar den Film *»Es steht geschrieben – Auf der Suche nach der Weltformel«*.

Bei Recherchen für mein mit *Peter Krassa* verfaßtes Phänomene-Buch *»Die Palmblattbibliothek«*, traf ich den »Ufo-Baron« im Schloß *Longleat House* bei Warminster. Johannes von Buttlar feierte dort mit einer neugierigen Reisegruppe von Kornkreissuchern ein esoterisches Fest, begleitet von Sphärenmusik und Meditation. Während die Teilnehmer in einen der schönsten Parks Englands geschickt wurden, um mit den Bäumen zu reden und die »Geburt ihres neuen Bewußtseins« zu erleben, stand mir der deutsche »Herr der Ringe« bereitwillig Rede und Antwort.

Herr von Buttlar, stimmt es, daß Sie der erste waren, der über das Phänomen der »Kornkreise« berichtete?
Ja, das stimmt. Ich war wirklich der erste, der im deutschsprachigen Raum auf die seltsamen Bodenmuster aufmerksam machte. Eine Illustrierte druckte dazu vor etwa zehn Jahren einen großen Bericht von mir. Damals gab es nur einfache Strukturen, Kreise, die in verschiedenen Gruppen auftraten. Es wurde nur wenig Notiz von dieser merkwürdigen Erscheinung genommen. Später

habe ich darüber geschrieben, und schließlich haben die Medien das Thema aufgegriffen.

Was haben Ihre jüngsten Untersuchungen erbracht? Können Sie das Geheimnis der unheimlichen Zeichen für unsere Leser lüften?

Ich habe eine Reihe von Strukturen entdeckt und gemeinsam mit Wissenschaftlern untersucht. Wir sind zur Überzeugung gelangt, daß eine Vielzahl der Kreise und Piktogramme *authentisch* sind, das heißt, sie wurden nicht von Menschen hergestellt. Und das ist ja das eigentliche Rätsel. Das Phänomen ist nur dann interessant, wenn ein Rest übrigbleibt, der authentisch ist und nicht einfach orthodox wegerklärt werden kann. Und das haben Ufos und diese Kornmuster gemeinsam.

Bleiben wir gleich bei den Ufos. Könnten die Muster durch Ufos entstanden sein? Wäre es denkbar, daß fremde Intelligenzen mit uns Kontakt aufnehmen wollen?

Ich habe das Rätsel nie mit Ufo-Landespuren in Verbindung gebracht. Was ich allerdings festgestellt habe ist, daß bei einigen dieser Fälle Beobachtungen am Himmel registriert wurden, seltsame Lichtobjekte gesichtet wurden, die man als Ufos bezeichnen muß, solange man ihre Identität nicht geklärt hat. Ich habe auch nicht behauptet, wie mir von einer Zeitung unterstellt wurde, daß die Kreisstrukturen durch die Antriebskraft von Ufos erzeugt würden. Wohl aber habe ich die Möglichkeit eingeräumt, daß unbekannte Flugobjekte immer wieder hier auftauchen, an prähistorischen, neolithischen Plätzen. Und daß fremde Intelligenzen in den Flugmaschinen, falls es sich um solche handelt, irgendeine Art von Energie besitzen, um die Kreismuster zu manipulieren. Vor allem seit dem Zeitpunkt, als die Formationen komplizier-

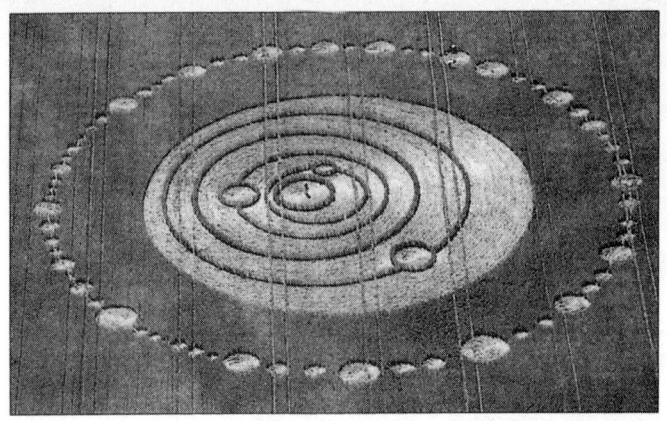

Bild 30: Muster im Korn: »Visitenkarten« aus einer anderen Welt oder nur ein Studentenulk?

ter wurden und man feststellen mußte, daß ein meteorologisches Phänomen als Erklärung kaum in Frage kommen kann.

Haben Sie einen Verdacht, wie und von wem die Kornkreise angefertigt werden?
Ich habe den Eindruck, daß die Zeichen ganze Sonnensysteme darstellen und wir mit einer Art *Bilderschriftsprache* konfrontiert sind, ausgelöst von einer unbekannten Intelligenz. Es wäre denkbar, daß hier eine *morphogenetische Resonanz* ins Spiel kommt und alte Symbolik, alte Muster, die in der Vergangenheit schon einmal existierten, durch irgendeinen Umstand aktiviert werden. Die Frage ist also, ob inzwischen etwas auf der Erde passiert ist, vielleicht eine Bewußtseinsveränderung, die diese vergangenen Informationen »wieder belebt« und Kreismuster entstehen läßt. Es ist problematisch, hier immer nur von Ufos zu sprechen. Das ist zu einfach und zudem

eine zu banale Erklärung. Es gibt Piktogramme, die unter Stromleitungen liegen, wo man sich nicht vorstellen kann, daß dort ein Fluggerät heruntergekommen sein soll. Außerdem gibt es Abdrücke im Korn, wo überhaupt kein Ufo-Phänomen registriert wurde. Wir haben uns mit einem wesentlich komplizierteren Rätsel auseinanderzusetzen, als einfach nur mit einer Metallscheibe, wo eventuell jemand drinnen sitzt.

Könnten es Kontaktbemühungen von »drüben«, aus einer anderen Dimension, sein?
Ja, das wäre eine Möglichkeit. Ich habe sie in meinem Buch »*Drachenwege*« und zuvor schon in »*Zeitriß*« behandelt. Wahrscheinlich existieren »Parallelwelten«. Die Astrophysik spricht ja von zehn oder 26 Dimensionen. Das *Multiversum* ist eine Modellvorstellung, die vermutlich zutreffen wird. Nach diesem Modell wäre es denkbar, daß Intelligenzen aus anderen Daseinsebenen *Projektionen* verursachen, durch die Dimension hindurch, um sich sichtbar zu machen oder eine Botschaft zu hinterlassen. Diese Überlegung muß man in Augenschein nehmen, ehe man sich auf die herkömmliche Ufo-Therapie versteift. Auch die Ufos sind ein wesentlich komplexeres Thema, als vermutet wird. Und genauso verhält es sich mit diesen Kornkreiswundern und ihrer Entstehung.

Und wenn das Ganze doch nur ein Schabernack, ein Studentenulk ist?
Natürlich muß man sich darüber im klaren sein, daß eine Reihe dieser Muster gefälscht werden. Ich habe mit der Polizei gesprochen, vor allem mit jenen Leuten, die hier in Hubschraubern patrouillieren. Ihre Aufgabe besteht momentan darin, festzustellen, wann und von wem die Formationen möglicherweise gefälscht werden. Es darf

nicht verwundern, daß dieses Phänomen inzwischen viele Nachahmer gefunden hat, wie auch Kornkreisfälschungen aus Norddeutschland belegen. Doch mit Sicherheit ist damit das gesamte Rätsel nicht erklärt. Wenn eine »höhere Intelligenz« für die mysteriösen Bodenmuster verantwortlich ist, haben wir zwei Möglichkeiten. Entweder eine *unbekannte Lebensform* hat hier eine Botschaft hinterlassen und läßt diese immer komplexer werden, immer aussagekräftiger. Eine Intelligenz also, die *will*, daß viele Menschen davon Notiz nehmen. Dann wird das Phänomen weitergehen. Oder diese Intelligenz hat versuchsweise damit angefangen, und jetzt, wo immer mehr Menschen sich dafür zu interessieren beginnen, beendet sie ihr Experiment. Aber woher wollen wir das wissen? Vor 15 Jahren tauchte ein Dutzend dieser Kreise auf, dann vierzig, dann zweihundert und nun nahezu tausend. Es häufen sich die Muster von Jahr zu Jahr, tauchen auch in anderen Ländern wie Kanada, Deutschland, Ungarn, Rußland oder Österreich auf. Einige sind gefälscht, andere wiederum sehen echt aus. Das Korn ist nicht gebrochen, es ist verflochten im Uhrzeigersinn und dagegen. Wir haben Piktogramme, wo keine Traktorspuren hinführen.

Die Polizei hat bestätigt, daß es solche Kreisformationen gibt, wo das Korn nur leicht heruntergedrückt ist, ohne daß es auf dem Boden liegt. Das heißt, der mutmaßliche Fälscher hätte praktisch *schweben* müssen. Diese Umstände sprechen für die Echtheit eines Kornmusters. Ich nehme an, daß wir weiterhin mit neuen Formen von Piktogrammen rechnen können. Allerdings mit dem Problem verbunden, daß etliche davon gefälscht sein werden. Wahrscheinlich sind die authentischen Formationen meist komplexer als im Jahr zuvor. Dazu kommt ein weiteres Phänomen. Wenn ein Piktogramm

Bild 31: Kornkreissucher Johannes von Buttlar (rechts) beim Interview mit Reinhard Habeck

entsteht, geschieht es immer häufiger, daß die »Kreismacher« (wer immer das auch sein mag) zu einem späteren Zeitpunkt zurückkommen und das Muster verändern. Das heißt, »irgend etwas« gestaltet die Kreise, ist damit vielleicht nicht zufrieden, kehrt zurück und erweitert die Formation durch neue Muster. Die Kreisphänomene interessieren nicht nur die Ufo-Forscher. Meteorologen, Chaosforscher, Esoteriker und viele andere sind ebenso fasziniert. Vielleicht löst sich das ganze Rätsel in Wohlgefallen auf und man sagt, es war gar nichts Besonderes. Ich vermute, wie gesagt, daß eine »höhere Intelligenz« dahinter steckt. Ich glaube auch nicht, daß es eine Intelligenz ist, die wir ohne weiteres begreifen können. Das wäre eine zu eindimensionale Anschauung. Ich bin nicht davon überzeugt, um das nochmals festzustellen, daß diese seltsamen Kornmuster von Ufos erzeugt werden.

Ich bin der erste, der sich darüber freuen würde, weil es eine Bestätigung für das Ufo-Phänomen wäre. Ich meine aber, bei den Kornmustern steckt etwas anderes dahinter, etwas, das unser Universum wesentlich faszinierender macht. Es zeigt, daß hier eben noch mehr vorhanden ist: andere Dimensionen, andere Welten, andere Lebensformen.

Sehen Sie Verbindungen zu den Theorien Ihres Bestsellerkollegen Erich von Däniken?
Ich habe die Theorie vom Besuch aus dem All immer ernst genommen. Ich schätze *von Däniken* sehr. Er hat sehr viel dazu beigetragen, daß diese Thematik aufgegriffen wird und sich viele Menschen dafür interessieren. Ich mag ihn als Person, ich finde ihn sympathisch, und er ist ein Organisationstalent. Er darf nur nicht Angst haben vor der Konkurrenz, das hindert einen in seiner Entwicklung. Man muß zusammenarbeiten. Gerade wo wir eigentlich das gleiche Interesse verfolgen, bestimmte Bereiche aufdecken, um zu sehen, welche Ursachen dahinterstecken. Gibt es außerirdisches Leben? Gab es Zivilisationen, die in der Vergangenheit schon einmal Raumfahrt betrieben haben? Das sind Themen, die mich besonders interessieren. Viele Anregungen von Dänikens sind ernst zu nehmen, andere hingegen kann ich nicht akzeptieren. Aber das ist umgekehrt sicher genauso. Jeder von uns wird auf seine Art weiterforschen. Däniken hat mit seinen »Astronauten-Göttern« ähnliche Probleme wie ich mit meinen »Kornkreisen«. In dem Moment, wo man sich unerklärlicher Phänomene annimmt, kommen sofort die Neider und Kritiker und versuchen einen schlecht zu machen. Wir sitzen in dieser Angelegenheit im gleichen Boot.

Halten Sie die außerirdische Hypothese für die Lösung des Ufo-Rätsels?

Ich gehöre zu den »Muttern- und Schrauben«-Leuten, das heißt zu jenen, die hinter dem Phänomen einen *realen* Kern erkennen. Es gibt Forscher, die Ufos als *parapsychologische* oder überhaupt nur als *psychologische* Erscheinung betrachten. Die Untersuchungen, die mir bekannt sind, sprechen eindeutig *gegen* diese Annahme. Viel wahrscheinlicher erscheint mir, daß wir es tatsächlich mit einem *physikalischen* Phänomen zu tun haben. Natürlich kenne ich auch die von *Ernst Meckelburg* und anderen verbreitete Theorie, daß Ufos *aus der Zukunft* kommen. Schon lange vor Meckelburg habe ich darüber geschrieben, obwohl auch ich nicht der erste war, der diese Hypothese als Denkanstoß ins Spiel brachte. Es ist eine Theorie, die ich selbst lange vertreten habe und in mancher Hinsicht auch heute noch tue. Obwohl sich hier zweifellos physikalische Diskrepanzen ergeben. Eine theoretische Zeitreise mit konstanter Beschleunigung ist nur dann möglich, wenn unsere Nachfahren nie auf der Erde landen und ein Energiefeld um ihr Raumschiff wirken lassen. Dieser Schutzschirm wäre deshalb notwendig, weil die Besatzung sonst einen Sprung in ihre Eigenzeit machen würde. Es ist eine These, mehr nicht. Sie wollen wissen, wie ich über den Ursprung der Ufos denke? Ich bin in dieser Frage doch eher sehr konservativ und orthodox. Ich behaupte einfach, daß vieles für die Annahme spricht, daß Ufos entweder bemannte oder unbemannte Raumschiffe sind, deren Herkunft in den Tiefen des Alls zu finden ist.

Wenn Sie sich selbst in die Rolle eines E.T. versetzen, der auf der Erde strandet – was würden Sie tun?

Käme ich als Außerirdischer auf die Erde, vielleicht als

Wissenschaftler, dann würde ich bestimmt nicht in diese sozial gespaltene Gesellschaft eingreifen. Ich würde aber immer wiederkommen, um zu sehen, was die Erdlinge so alles treiben. Auch Bodenproben würde ich mitnehmen, um festzustellen, ob sich die Welt biologisch verändert. Als Außerirdischer sollte ich natürlich auch an den Umweltproblemen wie am Waldsterben, der Verschmutzung der Flüsse, den Smoggefahren und ähnlichem mehr interessiert sein. Dann würde ich das Radio- und Fernsehprogramm »anzapfen« usw. Ich bin überzeugt, daß derartige Beobachtungen tatsächlich stattfinden, nicht nur bei uns, sondern ebenso auf vielen anderen Planeten.

Solche Behauptungen sind wohl kaum beweisbar. Liegt darin der Grund, weshalb die Wissenschaft die Ufo-Frage bisher nicht wirklich ernst genommen hat?
Die Wissenschaft geht leider von bestimmten Erfahrungsbereichen aus, die sich nach bekannten Gesetzmäßigkeiten richten. Die Wissenschaft gibt nicht freiwillig Geld für Projekte aus, bei denen der Ausgang einer Untersuchung völlig ungewiß ist. Parapsychologie und Ufo-Forschung werden deshalb gerne unter den Teppich gekehrt, weil sie nicht in den Erfahrungsbereich passen. Würde heute bei Ihnen in Wien vor dem Stephansdom ein Ufo landen, bin ich sicher, daß Wissenschaftler aus vielen Teilen der Welt es nicht glauben werden. Das darf einfach nicht sein, werden die meisten bekräftigen, sei es wegen den Entfernungen oder der notwendigen Technologie. Jene Ufo-skeptischen Wissenschaftler sollten aber nicht vergessen, daß aufgrund längst überholter Gesetzmäßigkeiten zum Beispiel der Bau der *Saturn*-Rakete vormals als unmöglich betrachtet wurde. Selbst das *Apollo*-Raumschiff zum Mond wurde als eine »Ausgeburt der Fantasie« bezeichnet, nur weil die Eingeborenen Neugui-

neas es auch noch nicht gebaut haben. Es ist Mode geworden, alles Unfaßbare abzulehnen. Starke Skepsis beruht meiner Ansicht nach in mangelnder Information. Ich kenne kaum einen Kritiker, der sich der Mühe unterzogen hat, Ufo-Zeugen zu befragen, Radaraufzeichnungen zu prüfen oder Landespuren zu analysieren.

Darf man denn alle Ufo-Beobachter ernst nehmen? Nachweislich gibt es viele Täuschungen bis hin zum bewußten Betrug.
Sieht jemand nur einen Lichtpunkt am Himmel, so kann man nur spekulieren. Hier muß man, da gebe ich Ihnen Recht, sehr vorsichtig bei der Beurteilung sein. Es kommt leider allzuoft vor, daß Leute, die einer Ufo-Sichtung »zum Opfer fielen«, in Wirklichkeit nur die *Venus* gesehen haben. Es gibt jedoch einen Prozentsatz wirklich hochqualifizierter Ufo-Zeugen, unter ihnen Astronauten, Piloten, Radartechniker, Fluglotsen und Astronomen. Sorgfältige Analysen bestätigen, daß qualifizierte Menschen tatsächlich »unbekannte Flugobjekte« beobachtet haben.

Stimmt es, Herr von Buttlar, daß Sie selbst Ufos gesehen haben?
Ja, ich habe in meinem Leben mehrmals die persönliche Erfahrung mit einem Ufo gemacht. Im Jahre 1962 beobachtete ich in Australien eine silberne Scheibe. Sie verharrte ziemlich hoch am Horizont. Mehrere Menschen konnten das seltsame Ding mit mir etwa zehn Minuten lang verblüfft beobachten, bis es plötzlich blitzschnell davonschoß. Ich sage nicht, es war ein außerirdisches Raumschiff, sondern nur, daß ich ein unbekanntes fliegendes Objekt gesehen habe – ein Ufo also. 1965 hatte ich, während einer Autofahrt mit meiner Frau im Norden Englands, ebenfalls ein merkwürdiges Ufo-Erlebnis. Es

war früher Mittag, der Himmel strahlend blau. Da bemerkten wir ein unbeweglich am Himmel stehendes Objekt, klein, rund und silbrig. Wir stiegen aus und beobachteten das Ding. Nach einer Viertelstunde schoß auch dieses Ufo plötzlich davon – weg war es. Seit diesen Zwischenfällen beschäftigt mich der rätselhafte Ursprung dieser Luftphänomene.

Was darf der interessierte Leser in Zukunft vom »Ufo-Baron« Johannes von Buttlar erwarten? Werden Sie mit einem neuen Sensationsseller überraschen?
Sicherlich! Schon deshalb, weil ich mich bis zu meinem Tode für die Ufo-Frage engagieren werde: Das Phänomen fasziniert mich sehr. Meiner Ansicht nach ist es wichtig, daß man sich der Ufo-Problematik und ihren Facetten ernsthaft widmet. Will die Menschheit überleben, und ich nehme doch an, daß sie das gerne möchte, müssen wir den Sprung zur *interstellaren* Raumfahrt schaffen. Die Probleme der Überbevölkerung machen es notwendig, nach neuen Welten im Universum zu suchen. Derzeit befinden wir uns in einer Art Übergangsphase, einer Welt der Mikroelektronik, die für viele Menschen enthumanisierend wirkt.

Erst müssen die großen Umweltfragen, die biologische Zerstörung der Erde, gelöst werden. Wenn wir diese schwierige Phase überstanden haben, muß als nächstes großes Menschheitsprojekt die »interstellare Weltraumfahrt« realisiert werden. Dies darf aber nicht im militärischen Sinn verstanden werden. Die *friedliche* Nutzung des Weltalls sollte unser aller Ziel sein. Ich bin optimistisch, daß es eines Tages dazu kommen wird . . .

Irre Lichter aus dem Inneren der Erde

Komponist und Phänomeneforscher Oliver Stummer über mysteriöse geologisch-atmosphärische Leuchtprozesse

»Ich habe anfänglich die Ufo-Erscheinungen als Unfug und Hirngespinste abgelehnt. Meine total negative Meinung hat sich aber angesichts der Raumfahrt und anderer Errungenschaften der Technik ein klein wenig geändert. Ich bin bei der Beurteilung dieser Phänomene jetzt etwas vorsichtiger. Ich selbst hatte ja leider nie das Vergnügen, ein Ufo zu beobachten. Solange keine hundertprozentigen Beweise für die Existenz oder Nichtexistenz dieser Objekte vorliegen, kann man über den möglichen Ursprung nur spekulieren. Außerirdische in ›Untertassen‹ halte ich jedoch für einen Unsinn. Sollte es Ufos geben, dann gibt es meiner Meinung nach eine natürliche Erklärung dafür. Außerdem würde ich allgemein raten, doch eher eine kritisch distanzierte Haltung gegenüber solchen Erscheinungen und deren Beobachter einzunehmen.«

Dr. Bruno Kreisky (1911–1990), ehemaliger österreichischer Bundeskanzler, in einem Brief vom 6. März 1979 an den Autor

Mysteriöse Lichterscheinungen haben seit jeher die Menschen gefesselt. Lange bevor der Begriff »Ufo« geprägt wurde, wissen wir von Berichten über rätselhafte Irrlichter im Moor, geheimnisvolles Meeresleuchten, das kalte Elmsfeuer, gespenstische Himmelslichter: Solche Erscheinungen haben auch in Sagen und Legenden ihren Niederschlag gefunden. Können diese Leuchtphänomene mit dem modernen Ufo-Mythos in Zusammenhang gebracht werden? Verbergen sich hinter vermeintlichen überirdischen Mächten lediglich bislang noch unerforschte Naturphänomene? Gibt es geomagnetische Prozesse, die

Leuchterscheinungen in der Atmosphäre auslösen können? Woher kommen die seltsamen »Erdbebenlichter«, von denen Augenzeugen berichten?

Im Rahmen einer kürzlich gegründeten wissenschaftlichen Untersuchungsstelle »zur Erforschung ungewöhnlicher atmosphärischer Leuchtprozesse« (Z.E.U.S.) im Raum Österreich, will man auch diese Fragen klären. Der Begriff »Ufo« wird wegen seiner unterschwelligen Gleichsetzung mit »Außerirdischen« peinlichst vermieden. Das Geophysikalische Institut, die Sternwarte, die Flugsicherung und diverse Wissenschaftler wollen vorurteilsfrei eine geophysikalische Annäherung des Ufo-Phänomens versuchen. Projektkoordinator ist der Wiener Forscher **Oliver Stummer**.

»Das Thema ist in den letzten Jahrzehnten zunehmend in den Brennpunkt des öffentlichen Interesses gerückt«, begründet Stummer seine Initiative, »und somit als eine seriöse Auseinandersetzung auch im Sinne der Volksbildung durchaus zu begrüßen.« Menschen, die ein ungewöhnliches Leuchtphänomen beobachtet haben, sollen wissen, an welche Stelle sie sich wenden können. Dies sei eine »Voraussetzung für exakte Untersuchungen«, es müsse eine »zentrale Sammelstelle für Ufo-ähnliche Sichtungen« geben, erklärt Stummer und bringt die Sache auf den Punkt: »Schon aus Gründen des Datenschutzes ist es unerläßlich, eine *offizielle* Institution mit dieser Aufgabe zu betrauen, zumal Privatinitativen für wissenschaftliche Analysen wertlos sind, da sie sich einer Objektivitätskontrolle entziehen.«

Oliver Stummer hat seit 1989 das Diplom zum »Audio Engineer«, geprüft an der *School of Audio Engineering*; heute ist er freiberuflich als Tonmeister und Komponist für ORF und private Produktionsfirmen im Dauereinsatz.

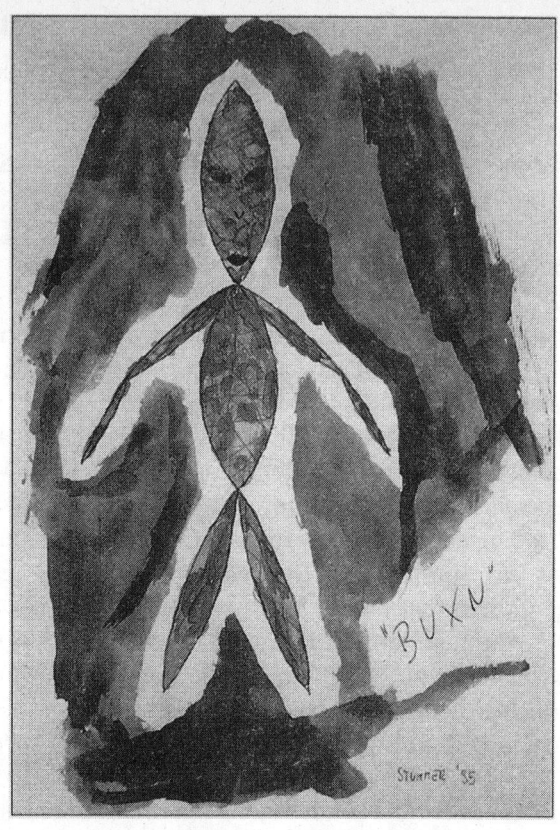

Bild 32: Im Kindesalter träumte Oliver Stummer von dem Wesen »Buxn«. Die Beschreibung entspricht optisch durchaus jenen Geschöpfen, die man bei Ufo-Entführungen als »kleine Graue« kennt.

1990 folgte sein aktiver Einstieg in die »Ufo-Forschung« mit dem Schwerpunkt *Leuchtphänomene*. Stummer unternahm außerdem in Sachen »Kornkreise« diverse Studienreisen nach England und gründete 1993 das »*Project Earth-Link*« zur grenzüberschreitenden Untersuchung geophysikalischer Randprozesse. 1994 folgte die Publikation des »*Konzeptes zur Untersuchung Ungewöhnlicher Atmosphärischer Leuchtprozesse im Raum Österreich*«, das schließlich 1995 zur Gründung von Projekt Z.E.U.S. (zur Erforschung Ufo-ähnlicher Phänomene in Österreich) führte. Seit 1995 ist der engagierte Wiener auch Student der Geophysik und Meteorologie. Oliver Stummer berichtet zum Thema in Fernsehen, Radio, Printmedien und Büchern. Wie er über Ufos denkt und welche Ziele seine Studiengruppe verfolgt, erfahren wir im folgenden Interview:

Herr Stummer, was steckt hinter dem Projekt Z.E.U.S.? Warum wurde die Studiengruppe gegründet?
Projekt Z.E.U.S. (Zentrale Erfassung Ungewöhnlicher Sichtungen; *Postfach 96, A-1180 Wien*) wurde im Jahre 1995 auf private Initiative gegründet. Anlaß dazu waren Hinweise, daß sich inter manchen der sogenannten Ufo-Sichtungen seltene *geophysikalische* Prozesse verbergen könnten, die spezielle Erkennungs- und Untersuchungsmethoden erfordern. Die Aufgabe dieser Arbeitsgemeinschaft besteht zunächst einmal in der Sammlung und Archivierung von Berichten, die auf irgendeine vermeintliche Anomalie (Ufos, Monster, Geister, Kugelblitze und ähnliches) auf österreichischem Bundesgebiet hindeuten könnten. Im Zuge der Erfassung durch einheitliche Fragebögen wird weiter geklärt, inwieweit die vorliegenden Beschreibungen für *wissenschaftliche* Untersuchungen überhaupt geeignet sind (mögliche Spuren, Dokumentationen, Wechselwirkungen, mehrere Zeugen usw.) oder eher als Anekdote zu verstehen sind. Ein Großteil des nachvollziehbaren Materials läßt sich bereits mit wenigem Aufwand erklären, wobei nur etwa einer von zehn Fällen intensivere Bemühungen rechtfertigt. In dieser engeren Auswahl finden sich für etwa 90 Prozent der Anga-

ben einigermaßen plausible Ursachen, das heißt, nur jeder *hundertste* Bericht darf – zumindest vorübergehend – als eigentliche Ufo-Sichtung bezeichnet werden; lediglich jede *tausendste* Meldung besitzt hierzulande schließlich das Potential für einen internationalen »Klassiker«. Das bedeutet allerdings noch nicht, daß es sich dabei unbedingt um ein Raumschiff handeln muß. Überhaupt ist der Begriff »Ufo« immer nur eine momentane Verlegenheitsdefinition und sollte zu keinem Zeitpunkt einer Studie als endgültig betrachtet werden.

Welche Fachkräfte arbeiten am Projekt mit? Welche Ziele verfolgt die Z.E.U.S.?
Die Koordination des Projektes obliegt einer Handvoll skeptischer, wenn auch durchaus aufgeschlossener Freiwilliger, die dafür sorgen, daß Informationen nicht wie bisher irgendwo im Papierkorb landen oder sonstwo versanden, sondern an dafür kompetente öffentliche Institutionen und Forscher weitergeleitet werden. Dazu gehören Polizei, Gendarmerie, Militär, zivile Luftraumüberwachung, Piloten, Ballonfahrerklubs, Blitzortung, Astronomen, Meteorologen, Geophysiker, Biologen, Chemiker, Psychiater, Ärzte usw.

Merkwürdige Beobachtungen können eine Vielzahl an Ursachen haben und müssen dementsprechend geprüft werden. Im Prinzip ist jeder Fall nur so gut wie die Qualität der anschließenden Untersuchungen. Ziel all dieser Bemühungen ist es, herauszufinden, ob in unserem Land nachweisbare, ungeklärte Phänomene auftreten bzw. ob sich dieselben an gewissen Orten zu gewissen Zeiten häufen. Dies wäre die Voraussetzung für sogenannte *Feldstudien*, bei denen Material unter kontrollierten Bedingungen gesammelt werden könnte. Es bestehen mehrere Hinweise, daß seltene, Ufo-ähnliche Entladungsprozesse auch in Mitteleuropa im Zusammenhang mit *geologischen Verschiebungen* auftreten können. Dies wäre eine mögliche Erklärung für einige der *Kugelblitz*-ähnlichen Leuchtphänomene.

Sie meinen, Ufos kommen aus dem Inneren der Erde? Welche Belege gibt es für die Annahme, daß Ufos ein geophysikalisches Phänomen darstellen?

Belege dafür, daß ein Teil der Ufos aus dem Inneren der Erde kommen könnten, sehe ich in einer Reihe mehr oder minder bekannter Feldstudien, die dokumentieren, daß sich derlei seltsame Erscheinungen nicht zufällig (wie z. B. Meteoriten) über den Erdball verteilen, sondern – eventuell über Jahrhunderte hinweg – in dafür berüchtigten Gebieten konzentrierten. Zudem verfügt Z.E.U.S. über ein Archiv von über 350 historischen Berichten über Vulkanausbrüche und massivere Erdbeben (bis hin zu katastrophalen Zerstörungen wie jene der japanischen Stadt *Kobe* 1995), bei denen Ufo-artige Phänomene als unmittelbare Vorboten oder Begleiter beobachtet, fotografiert oder sogar gefilmt worden sind. Daß es sich dabei um *keine* Aliens gehandelt haben kann, entnehme ich deren Art zu verschwinden: Sie *explodierten, verblaßten* oder fuhren einfach in den Erdboden. Optisch hingegen entsprachen sie bis ins letzte Detail einem Ufo – mit allen Eigenschaften und Facetten, die wir als eben »typisch« betrachten.

Gibt es wissenschaftliche Studien über derartige irdische Leuchtprozesse?

Zu den bekanntesten wissenschaftlichen Feldstudien vor Ort (im Gegensatz zu »Project Blue-Book« der amerikanischen Luftwaffe, das sich darauf beschränkte, Zeugenaussagen auszuwerten) zählen:

YAKIMA: Zwischen 1971 und 1984 fanden im Yakima-Naturreservat (wo auch *Kenneth Arnold* am 24. Juni 1947 seine legendäre Sichtung hatte) Untersuchungen im Auftrag des *Washington Department for State Geology* statt, wobei zu deren Abschluß 186 Fotografien von möglichen Ufos vorlagen.

Project IDENTIFICATION: wurde unter der Leitung des Physikers *H. Rutledge* von der *Southeast Missouri State University* innerhalb des Zeitraumes von 1973 bis 1980 ins Leben gerufen. Dabei sammelten 620 Helfer, die auf 158 mobile Beobachtungsstationen verteilt waren, über 700 Bilder von 157 Leuchtphänomenen im Gebiet des Clark Mountain/Missouri.

Project STARLIGHT INTERNATIONAL: setzte sich zwischen 1973 und 1981 ausschließlich mit texanischem Areal auseinander und wurde von dem Physiker *R. Stanford* von der *Universität Austin* koordiniert. Ihm gelangen 1978 sogar mehrere minutenlange Filmsequenzen.

MARFA: Auf diesem ebenfalls in Texas befindlichen Gebiet konnten (laut Folklore) über Jahrhunderte merkwürdige Ufo-Erscheinungen beobachtet werden, wobei es in jüngerer Vergangenheit als Zentrum diverser Feldstudien fungierte. 1973 filmten die Geologen *Kenney* und *Wright* diese Phänomene, im März 1989 gelang dies dem Team um den Physiker *Y. Ohtsuki* von der *Waseda Universität/Tokio*, und schon im Juli darauf vermochte auch der Chemiker *A. Rangra/Sul Ros University* ähnliche Erfolge zu erzielen.

Projekt HESSDALEN: Untersuchungen in diesem Tal in Norwegen begannen schon 1982, wobei es zu einer Zusammenarbeit von norwegischen, schwedischen, finnischen und englischen Forschern kam, die von den *Universitäten Oslo, Bergen* und *Trondheim* sowie vom zuständigen Wissenschaftsministerium und der Verteidigungseinrichtung *NDRE* unterstützt wurden. Vom 21. Januar bis zum 26. Februar 1984 erfolgte während einer Feldstudie die Erfassung von 188 seltsamen Leuchtphänomenen, von denen zumindest 53 als nachweislich *ungewöhnlich* eingestuft werden mußten. Zur Zeit wird in diesem Tal an einer aufwendigen, vollautomatischen Beobachtungsstation gearbeitet.

Weitere Feldstudien wurden von dem englischen Forscher *P. Devereux* durchgeführt, dessen Arbeiten mittlerweile zur Gänze vom amerikanischen *Fetzer-Institut* finanziert werden. Zuletzt konnte er Ende 1995 in Australien während einer Studie Ufo-ähnliche Erscheinungen auf Video dokumentieren. Auch geophysikalisch orientierte Gruppierungen wie z. B. *»VESTIGIA«* (Texas) oder *»TORRO«* (England/Japan) vermochten wiederholt Leuchtphänomene bei ihren Experimenten in freier Natur zu filmen.

Zu welchen Ergebnissen gelangten die Studien?
Ein Schluß, zu dem jene diversen Feldstudien kamen, ist zunächst einmal jener Umstand, daß *objektiv nachweisbar* merkwürdige Vorgänge an unserem Himmel zu beobachten sind, die Erklärungsbedarf haben. Außerdem verdichteten sich die Hinweise, daß derlei Prozesse in gewissen Gebieten gehäuft auftreten. Dieses Faktum ist insofern bedeutungsvoll, als es Ufos zu bedingt prognostizierbaren und damit wissenschaftlich erfaßbaren Ereignissen macht. Bisher verhinderte die »klassische« Sichtweise der zufälligen Besucher aus dem All jegliches Forschungsvorhaben, da man dabei ja nie wissen konnte, wo die E.T.s als nächstes zu landen gedachten. Alle weiteren Erkenntnisse muß man als eher hypothetisch betrachten, da sie sich zumeist am Weltbild der jeweiligen Untersucher orientierten. Angesichts der lokalen Vertei-

lungsschwankungen und der Sichtungen im Zusammenhang mit seismischen Ereignissen böte sich jedoch eine
geologisch-atmosphärische Hypothese an, deren statistischer Nachweis allerdings noch auf schwachen Beinen
steht.

Steht die Konzentration auf bestimmte Gebiete im Zusam-
menhang mit alten Kultstätten und »Orten der Kraft«?
Neben den obengenannten Gebieten gibt es auch in
Österreich Zonen, die immer wieder durch interessante
Beobachtungen auf sich aufmerksam machen. Oft wurde
bereits in örtlichen Sagen auf merkwürdige Erscheinungen hingewiesen, die in früheren Zeiten fast ausschließlich *mythologisch* gedeutet wurden. Das flammende
Schwert des *heiligen Michael*, die feurigen Drachen, der
nächtliche Tanz der Elfen, die leuchtenden Augen des
Teufels und vieles mehr waren nicht selten Anlaß zur Errichtung von Bauwerken, die entweder der Verehrung
oder dem Bann übernatürlicher Mächte dienen sollten.
Vor allem Wallfahrtsstätten haben des öfteren ihre Gründung einer wundersamen Erscheinung zu verdanken.
Der Zusammenhang mit *»Orten der Kraft«* (damit meine
ich auch simple, geodynamische Kräfte) erscheint dabei
durchaus denkbar.

Wie erklären Sie sich das scheinbar intelligente Verhalten
beobachteter Leuchtphänomene?
Das Gerücht der intelligenten Reaktion von Leuchtphänomenen auf Gedanken oder Handlungen der Beobachter
ist äußerst problematisch. Ich kenne diese Behauptungen
von zu vielen ernst zu nehmenden Wissenschaftlern, um
sie pauschal als Humbug vom Tisch zu wischen. Trotzdem sollte uns klar sein, daß der Mensch eine fatale Nei-
gung hat, in zufällige Bewegungsabläufe Intelligenz hin-

einzuinterpretieren. Dieser Umstand ist nicht zuletzt in *psychologischen* Experimenten nachgewiesen worden.

Wenn ein Blitz genau in jenen Bauern fährt, der während eines Wolkenbruches fluchend seine Sense von der Almwiese holt, wenn ein Kugelblitz eine Person oder ein Auto verfolgt, wenn ein Irrlicht einem Verfolger ständig ausweicht, so weiß man mittlerweile, daß einfache *physikalische Gesetze* dafür verantwortlich sind. Bis vor kurzem dachte man darüber allerdings noch anders. Nichtsdestotrotz muß ich mich immer wieder mit Fällen auseinandersetzen, bei denen es Leute scheinbar schaffen, seltsame Phänomene »heranzumeditieren« und auch zu dokumentieren. Forscher wie *Paul Devereux* vertreten mittlerweile die Hypothese, die Erde sei – vor allem in menschenleeren Regionen – mitunter von *quasi-intelligenten* Wesen bevölkert, die anders als jenes Leben, das wir kennen, auf rein *energetischer* Basis existieren würden. Kugelblitzartige Kreaturen, die es schafften, unser Unterbewußtsein anzuzapfen, wobei sich deren Verhalten an den Erwartungen oder Befürchtungen der Beobachter orientierten. Ich weiß, daß das »starker Tobak« ist, trotzdem wird Devereux für seine Arbeiten offiziell bezahlt. Er erfüllt bei den Untersuchungen strengwissenschaftliche Kriterien und hat Argumente für seine Theorie, die nicht ohne weiteres zu entkräften sind. Ähnliche Gedankenmodelle sind übrigens auch von Anhängern der »*Orgon*«-Hypothese von *Wilhelm Reich* konstruiert worden. Solche Aussagen kann ich nur wertfrei zur Kenntnis nehmen, da mir in Österreich zwingende Beweise für diese Schlüsse fehlen. Hinter dem Großteil derartiger Behauptungen steckt zweifelsohne Selbsttäuschung, dies konnte Z.E.U.S. zumindest hierzulande problemlos nachweisen. Trotzdem bleibt ein kleiner Prozentsatz unerklärt, der zur Vorsicht mahnt. Die eigene

Überzeugung steht der Erkenntnis manchmal bis zuletzt im Wege.

Können auch in der Atmosphäre noch unbekannte Leucht- oder Blitzphänomene existieren, die für Ufo-Beobachtungen verantwortlich zeichnen?
Nicht nur in unmittelbarer Erdnähe, auch in unserer Atmosphäre existieren tatsächlich noch Vorgänge, die aufgrund ihrer Kurzlebigkeit oder Seltenheit laufend neu entdeckt werden. Prominent wurden jüngst jene Bilder, die eine über einem Gewitter im Mittleren Westen der USA tiefrot aufflammende riesige »Leuchtqualle« zeigten, gefolgt von springbrunnenartigen Entladungen, die kurzerhand »Sprites« und »Jets« getauft wurden. Diese Aufnahmen wurden per Zufall von einer Hochgeschwindigkeitskamera gemacht, die eigentlich auf der Jagd nach aufwärts strebenden Blitzen war. Mehrere Piloten hatten zuvor auf diese und andere Phänomene aufmerksam gemacht, ohne jedoch ernst genommen zu werden. Man braucht nur einen kurzen Blick in das *»Handbook of Unusual Natural Phenomena«* von *William Corliss* zu werfen, um einen Eindruck zu bekommen, was da noch alles auf seine Entdeckung wartet.

Kann man eine geophysikalische Leuchterscheinung künstlich im Labor erzeugen? Hat man solch einen Versuch schon einmal unternommen?
Die Tatsache, daß es wiederholt gelungen ist, Ufo-ähnliche Erscheinungen in Miniaturformat im Labor zu kreieren, ist sicher eines der zugkräftigsten Argumente für eine *geophysikalische* Annäherung an diese Thematik. Bereits in den frühen siebziger Jahren entstanden unter dem amerikanischen Geologen *B. Brady* Filmaufnahmen von seltsamen Leuchtphänomenen, die in komplexen

Flugbahnen einen Felsbrocken umkreisten, der unter starken Druck gesetzt worden war. Bis zuletzt wurden diese Experimente mit unterschiedlichen Gesteinsarten von zahlreichen Geowissenschaftlern wiederholt, wobei die Ergebnisse stets verblüfften, ohne jedoch in irgendein gängiges Erklärungsmuster zu passen. In Fachkreisen bekannte Prozesse wie *Piezo-, Thermo-* oder *Triboluminiszenz* reichten jedenfalls nicht aus, um *alle* offenen Fragen zu beantworten. Derlei Effekte sind in massiverer Größenordnung in der Natur zu erwarten, wo ganze Felsschollen miteinander kollidieren – bei Beben. Leider ist noch immer nicht wirklich klar, welche Faktoren dabei eine zusätzliche Rolle spielen, denn Leuchtphänomene erscheinen offensichtlich nicht bei jedem Erdstoß. Zwar vermutete man wiederholt Zusammenhänge mit der *Sonnenfleckenaktivität*, mit Sicherheit jedoch dürften die vorherrschenden Wetterbedingungen einen ebenso wesentlichen Einfluß auf das »Ausschwärmen« der Ufos ausüben wie die Beschaffenheit des Gesteins. Die Produktion von Kugelblitzen im Labor ist mittlerweile auf vielerlei Arten gelungen, wobei man sich berechtigterweise fragen darf, welche davon die »echten« sind. Einige der angewandten Methoden, wie z. B. *Ohtsukis Plasmabällchen*, wurden durch Mikrowelleneinfluß erzeugt, der auch bei brechendem Gestein auftreten kann. Hier verwischen sich leider die Grenzen von diversen, vielleicht sogar unnatürlichen Prozessen.

Der Geophysiker John Derr wies in seiner Studie darauf hin, daß Dutzende Ufo-Sichtungen aus den Jahren 1951 und 1952 im Radius von 100 Kilometern um das Epizentrum von drei Erdbeben in Santa Fé lagen. Was halten Sie davon? Wie bereits angesprochen, gibt es massenhaft Berichte und Dokumentationen von Ufo-artigen Erscheinungen *vor* oder *während* mancher Erdbeben. Das Problem nachträglicher statistischer Auswertungen, wie sie *Derr* oder *Persinger* lieferten, liegt allerdings darin, daß hier oft ungefiltert alle möglichen Arten von Sichtungen in einen Topf geworfen wurden, die möglicherweise gar nichts Besonderes waren. Außerdem ist es ausgesprochen schwierig, zu bestimmen, bis zu welcher Entfernung eines Bebens (bzw. wie lange davor oder danach) scheinbar zufällige Ereignisse in Verbindung gebracht werden dürfen. Der Vorwurf, daß hier so lange »zurechtgebogen« wurde, bis es paßte, ist nicht ganz von der Hand zu weisen. Ufo-Forschung steht und fällt mit der Qualität der Sichtungen, und lediglich kontrollierte Feldstudien können diesen Unsicherheitsfaktor einigermaßen ausräumen. Hoffen wir daher, daß es gelingt, auch in Österreich ein besonders Ufo-freudiges Gebiet zu entdecken.

Was halten Sie von den berühmt gewordenen Kreisstrukturen in Kornfeldern. Können diese Muster mit geophysikalischen Phänomenen in Zusammenhang gebracht werden? Oder handelt es sich bei dem Phänomen nur um einen Schwindel, wie das von den Medien und Skeptikern sehr oft behauptet wird?

Das *Kornkreis*-Phänomen ist für mich ein typisches Beispiel, wie anfällig unsere Gesellschaft (vom gläubigen Esoteriker bis zum Schulwissenschaftler) für Mythenbildung ist. Die Diskussion wurde von Anfang an von Befürwortern wie Gegnern ausgesprochen emotionell und unsachlich geführt. Um eine ehrliche Aufarbeitung der Materie waren nur Einzelpersonen bemüht, deren Beiträge allerdings von beiden Parteien und den Medien in seltener Einmütigkeit lächerlich gemacht oder ignoriert wurden. In den zahlreichen Sommermonaten, die ich in England verbringen durfte, gelangte ich zu einer Sichtweise, die zwar nicht unbedingt die »letzte Wahrheit« in dieser Angelegenheit repräsentieren muß, aber doch schon einiger guter Argumente bedarf, um mich vom Gegenteil zu überzeugen: Simple Kornkreise (eventuell auch Ringe) in Feldern, auf Wiesen und in anderer Vegetation sind Erscheinungen, die seit Jahrhunderten um den Globus herum bekannt sind. Die ländliche Bevölkerung sah darin traditionell das Werk seltener *Wirbelwinde* und zollte ihnen daher nur mäßige Aufmerksamkeit. Dies änderte sich zu Beginn der Achtziger unseres Jahrhunderts dramatisch, als plötzlich immer komplexere Muster auftraten. Diese sogenannten *Piktogramme* galten lange Zeit als unfälschbar, bis ein Wettbewerb 1992 das Gegenteil bezeugte bzw. *Doug Bower* und *Dave Chorley* ausposaunten, zumindest 200 davon in Nacht und Nebel selbst fabriziert zu haben – ich persönlich halte ihre Beweise für absolut stichhaltig. Doch was ist mit den restlichen Tausenden? In all den Jahren hatte ich die Möglichkeit, mit mehreren Fälschergruppen in Kontakt zu treten, die mir mitunter mitteilten, welche Formation sie als nächstes zu trampeln gedachten. Nicht nur das, sie erklärten mir auch zu wievielt, mit welchen Mitteln, in welcher Zeit und mit welchen – teilweise verblüffend einfachen – Tricks sie zu Werke gehen wollten. Es handelte sich dabei um die faszinierendsten und größten Formationen der Kornkreisgeschichte, wobei mehrere Gruppen aus unterschiedlichster Motivation heraus miteinander konkurrierten. Ein Volkssport hauptsächlich für Jugendliche hatte sich entwickelt. Manche wurden in flagranti ertappt, konnten allerdings nicht verurteilt werden, da der Streitwert vor Gericht zu gering war; andere wurden gegen Bezahlung von den Farmern selbst beauftragt (auch *Tim Carson*, Besitzer des legendären »*East-Fields*«, wo die ersten Piktogramme der Welt erschienen waren, wurde nachträglich schwer belastet), da sich die Eintrittsgelder als einträgliches Nebengeschäft entpuppten.

Trotzdem: Bis zum Jahr 1995 gab es weltweit 76 Augenzeugen, die behaupteten, die Entstehung einer »echten« Kornfigur beobachtet zu haben. Bemerkenswert daran ist allerdings, daß alle davon nur von *simplen* Kreisen sprachen, dessen Entstehung von einem merkwürdig pfeifenden, massiven Windstoß begleitet worden war, wobei keiner von ihnen die Gegenwart eines Ufos beobachtet hatte, obwohl ein Großteil der Sichtungen bei Tageslicht erfolgt war. Diese Information muß zu denken geben, zumal sie von niemand anderem als *Colin Andrews* selbst, Kornkreis-Guru und Pionier in Sachen »Was wollten uns die E.T.s damit sagen?«, stammt. Es gibt definitiv einige Behauptungen in der Kornkreisszene, die ich schlichtweg als *Wahrheitsverzerrung* bezeichnen muß:

Erstens, daß Piktogramme unfälschbar sind.

Zweitens, daß es eine verläßliche Methode gäbe, um »echte« von »gefälschten« zu unterscheiden. (Die von dem Biochemiker *Levengood* postulierte Zellstrukturänderung ist leider auch in einfachen Windbrüchen festzustellen; die radioaktiven Isotope erwiesen sich als einmaliger Meßfehler; Rutengänger versagten im Test.)

Drittens, daß man noch nie einen Fälscher ertappt hätte.

Viertens, daß Fälscher niemals einen ordentlichen Kornkreis reproduzieren konnten.

Fünftens, daß die Halme in Kornkreisen gebogen sind und keinesfalls gebrochen. Genauso falsch sind allerdings auch die Behauptungen von Skeptikern, das Phänomen wäre eine moderne Erfindung, oder es gäbe diesbezüglich keinen einzigen unerklärlichen Fall. Die Indizienkette spricht dafür, daß auch heute noch alljährlich eine Handvoll ungefälschter, einfacher Kreise im sommerlichen England (und anderswo) auftauchen, die vermutlich eine andere Ursache haben als menschliche Kreativitätsausbrüche. An alle restlichen beeindruckenden Formationen kann ich jedoch nach meinen bisherigen Erfahrungen nicht mehr glauben, würde mich jedoch darüber freuen, eines Tages eines Besseren belehrt zu werden.

Im Umfeld von Kornkreisen wurden des öfteren Leuchterscheinungen wahrgenommen. Können Lichtbälle oder Wirbelwinde intelligente Muster ins Korn zaubern?

Abgesehen von Augenzeugen gibt es tatsächlich einige Foto- und Filmdokumente, die kugelblitzähnliche Phänomene in einem Gebiet zeigen, in dem danach Kornkreise gefunden wurden. Dieser Umstand war der Anlaß für den englischen Meteorologen *T. Meaden*, zusammen mit japanischen Wissenschaftlern ein Modell zu entwickeln, bei dem sogenannte *Plasmawirbel* als Ursache für das Kreisphänomen angenommen wurden. Derlei Leuchterscheinungen würden dieser Theorie nach bei stabilen Wetterlagen in Luftwalzen an der windabgewandten Seite auffälliger Hügel entstehen. Durch ständige Reibung in den Walzen entstünden stark geladene, rotierende Lichtbälle, die bei Annäherung einer Front zu Boden sinken und sich dort entladen würden. Obwohl er hervorragende Argumente für diese Theorie hatte, machte Meaden den Fehler, vor laufender Kamera jene Piktogramme als unfälschbar und echt zu bezeichnen, die ihm danach auf Filmaufnahmen als künstliche Machwerke präsentiert werden konnten. Schließlich zog sich T. Meaden zurück, obwohl seine Hypothese immer noch einen wichtigen Beitrag für die Ufo-Forschung darstellt. Wäre er bei simplen Kreisen geblieben, wozu ihm viele Kollegen rieten, so hätte er heute vielleicht sein eigenes Institut.

Es gab schon Kornmuster in Gegenden, wo man es nicht ver-
muten würde, beispielsweise sorgte 1996 in Niederöster-
reich eine große Kornstruktur für Aufregung. Haben Sie
diese Bodenstruktur untersucht?
Selbstverständlich hat Z.E.U.S jene Kornkreise untersucht, die 1995 und 1996 in Feldern Niederösterreichs
aufgetaucht sind. Wenn Menschen Kornkreise fabrizie-
ren, hinterlassen sie zumeist auch spezifische Spuren. So
auch bei jenen Exemplaren in *Gebmanns* und *Flandorf*.
Unter jenem Korn, das mit Planken oder Rollen niederge-
walzt wurde, fanden sich *Trampelpfade*, die bei den vorbereitenden Maßnahmen zur Konstruktion der Figur entstanden waren. Nach der Art jener Pfade wage ich den
Schluß, daß es sich in beiden Fällen um die gleichen Tä-
ter, zwei oder drei Leute, gehandelt haben muß. Ein mit
der Kornellipse von Gebmanns in Verbindung gebrachtes
Ufo-Foto, das in den Printmedien veröffentlicht wurde,
ist eher als Bubenscherz zu betrachten. Es hielt nicht einmal den Eingangsuntersuchungen stand, außerdem
paßte das Geschehen weder räumlich noch zeitlich (ca.
ein Monat Unterschied) zusammen.

Gibt es einen Ihnen bekannten Ufo-Fall, der nach bisherigen
Studien zu dem Schluß führte, es handle sich hierbei tat-
sächlich um ein unidentifizierbares Flugobjekt?
Ja, so ein Fall bahnt sich gerade an. Seit einem Jahr versucht Z.E.U.S. alle möglichen Hebel in Bewegung zu setzen, um einen Vorgang aufzuklären, der sich Mitte August über *Eisenstadt* zugetragen hat. Damals gelang es
einem Zeugen, eine silberne Scheibe zweimal zu fotografieren, die – relativ gesehen – größer als der Vollmond erschien. Sollten die abschließenden Untersuchungen am
Institut für digitale Bildverarbeitung in *Graz* ausräumen
können, daß es sich dabei um Manipulation oder ein Mo-

dell gehandelt hat, ist dies in der Tat ein außergewöhnliches Dokument. Ich muß zugeben, daß dieses Objekt *nicht* unbedingt wie ein natürlicher Entladungsprozeß aussieht.

Was dann? Ein Raumschiff?
Das nicht gerade. Aber ich kann trotz allem nicht ausschließen, daß es sich dabei um eine irdische, militärische Entwicklung (wenn auch nicht aus Österreich) handelt, wie sie z. B. jüngst in einer Ausgabe des *»New Scientist«* beschrieben wurde. Darin wurde auf Unterlagen verwiesen, nach denen zumindest Japan, Großbritannien, Frankreich, Rußland und die USA schon seit den frühen siebziger Jahren mit Fluggeräten (*»Spikes«*) experimentieren, die ausgesprochen Ufo-ähnlich sind und mit einem Antrieb gesteuert werden, der kurz *MHD* (Magneto-Hydro-Dynamic-Propulsion) genannt wird. Ob dies nur Gerüchte sind, kann ich nicht beantworten; Faktum ist allerdings, daß Japan damit bereits *offiziell* ein Unterseeboot ausgestattet hat.

Wenn man die »geophysikalische Annäherung« als Ufo-Erklärung heranzieht, bleiben Fragen offen, die in den Mittelpunkt der Ufo-Forschung gerückt sind: Welche Lösung gibt es für das Besucher- oder Ufo-Entführungs-Phänomen? Welche Erklärung finden seltsame Radaraufzeichnungen und elektromagnetische Spuren bei sogenannten Landungen?
Die geophysikalische Annäherung ist selbstverständlich nur *eine* von *vielen* plausiblen oder exotischen Erklärungsmöglichkeiten. So wie Fehlidentifikationen auf etwa dreißig Hauptursachen (und noch zahlreichere Einzelursachen) zurückzuführen sind, so werden auch viele nachvollziehbare Ufo-Phänomene verschiedentlich ge-

deutet werden müssen. Wichtig ist dabei, daß man sich auf möglichst wenige Annahmen stützt und eine Hypothese wählt, die man gegebenenfalls auch widerlegen kann. Es ist in der Wissenschaft keine Schande, sich geirrt zu haben, sofern man stets nur einen Schritt vor den anderen gesetzt hat. Wenn wir also beweisen wollen, daß wir Besuch vom Weltraum bekommen, so sollten wir zuerst ausschließen, daß diese Erscheinungen *irdischen* Ursprungs sind – und dazu brauchen wir die *Geophysik*.

Und was ist mit den Leuten, die behaupten, von Ufos entführt worden zu sein?
Ja, sogar die merkwürdigen Entführungen können mit dem geophysikalischen Zweig der Wissenschaft in Verbindung gebracht werden. Bei diversen Feldstudien wurde festgestellt, daß in der Umgebung von Ufo-ähnlichen Phänomenen massive *elektromagnetische* Felder auftreten können. Derlei Felder wurden hauptsächlich in Kanada bei klinischen Tests an Patienten erprobt, wobei sich zeigte, daß unser Gehirn ab einem individuell variablen Schwellwert mit der Produktion *halluzinatorischer Muster* (dunkle Kreise, Ovale etc.) einsetzt. Wenn man die empfindliche *Temporallappenregion* im Gehirn direkt stimulierte, kamen Verzerrungen des Raum-Zeit-Empfindens, Entkörperungseindrücke, Sprachschwierigkeiten, Lähmungserscheinungen, religiös besetzte Visionen und Euphorie hinzu. Diese Ergebnisse lösten eine Diskussion über angebliche *Nahtod-Erlebnisse* aus, die im weiteren auf die Ufo-Thematik ausgedehnt wurde. Egal, ob Erdbebenlicht oder fremdes Raumschiff, die in der Nähe von Ufos dokumentierten elektromagnetischen Felder würden unsere Wahrnehmung in traumartige Sphären katapultieren. Was auch immer wir dabei erfahren sollten,

kämc chcr aus unserem Innersten als von fremden Welten.

Läßt sich damit die Gesamtheit des Entführungsphänomens erklären? Was ist mit den mysteriösen Narben, die bei Ufo-Opfern festgestellt wurden?

Ich sage nicht, daß man damit alle Entführungen erklären soll, denn auch hier – wie bei der restlichen Ufo-Thematik – scheint es *mehrere* Ursachen zu geben. Die meisten Fälle, die ich untersuchen durfte, waren eindeutig auf *psychosoziale Spannungssituationen* irdischer Natur zurückzuführen. Die seltenen Indizien für die Realität des Entführungsphänomens erschienen mir stets von ausgesprochen feinstofflicher Natur. Sollten sich allerdings auf einer immateriellen Ebene tatsächlich derartige Kontakte abspielen, so wird eine schulwissenschaftliche Beweisführung nie wirklich greifen können. Die angeblichen Narben halte ich in der Mehrzahl für gewöhnliche und alltäglich auftretende Symptome, obwohl wir spätestens seit den mittelalterlichen Stigmata wissen, daß auch nicht objektivierbare Kontakte grausame Spuren hinterlassen können.

Zum Thema *Implantate* habe ich bis jetzt nur fragwürdige und unvollständige Beschreibungen gefunden, in Österreich fehlen sie bis jetzt vollständig. Zudem hat mir *Dr. Helmut Lammer* von der *Uni Graz* eindrücklich geschildert, daß er bei seiner internationalen Suche nach nachvollziehbaren Fällen auf die untrüglichen Spuren von militärischen »Mind-Control«-Experimenten in Amerika gestoßen sein könnte, wobei mitunter bewußt der Alienmythos zur Vertuschung mißbraucht worden wäre. Inwieweit seine Informationen von Relevanz sind, kann ich nicht abschätzen, man sollte jedoch darüber diskutieren. Ich kann auch nicht sagen, warum weltweit plötzlich Allergien massiv ansteigen, warum Panikattakken überhand nehmen oder warum die Wälder Europas auf einmal um 40 Prozent schneller wachsen. Es gibt offensichtlich globale Entwicklungen, die kollektiv auftreten können, um schließlich wieder still und leise zu verschwinden. Von alledem haben wir noch reichlich wenig begriffen. Die *Außerirdischen*-Hypothese hinkt meiner Meinung nach in vielen Punkten noch gewaltig, obwohl ich mir ziemlich sicher bin, daß etwaige Lebensformen irgendwo dort draußen existieren.

Können Sie sich selbst an ein Erlebnis oder eine Beobachtung erinnern, für das Ihnen bis heute jede vernünftig-logische Erklärung fehlt, Herr Stummer?
Zwischen 1973 und 1983 konnte ich bei meinen Sommerurlauben in Griechenland zusammen mit meinen Eltern wiederholt im Zickzack rasende Lichtpunkte am nächtlichen Firmament beobachten, die ich bis heute nicht zu erklären vermochte. Einmal war auch bei Tageslicht eine merkwürdig grünlich leuchtende Erscheinung über eine Stunde lang zu verfolgen, die wie eine spielende Kaulquappe Kreisbahnen zog. Alle diese Phänomene dürften jedoch mehrere Kilometer von mir entfernt gewesen sein.

Ich erinnere mich an noch eine weitere Begebenheit. Im Alter von etwa sieben Jahren träumte ich wiederholt von einer eigenartigen Figur, die ich »*Buxn*« nannte. Dieses Wesen entsprach optisch durchaus den heutigen »Greys«, also den »kleinen Grauen«, die von angeblich in unbekannte Lichter entführte Menschen beschrieben werden. Es holte mich meist aus meinem Kinderzimmer ab und führte mich unter anderem in einen Raum, wo ich lange Zeit stillsitzen mußte, während es in eine Art Fernseher glotzte. Ich langweilte mich fürchterlich und wollte manchmal seinetwegen nicht einschlafen. Die

»Buxn«-Erlebnisse fielen in eine Phase häufiger Alpträume von Hexen, Dämonen, Zauberern und anderen Fabelwesen, wobei sie sich qualitativ kaum voneinander unterschieden. Deswegen ziehe ich auch heute die Erklärung vor, daß ich damals keineswegs real entführt worden bin, sondern eine *psychische* Entwicklungsstufe durchlebt habe, die man als Teil des *»magischen Weltbildes«* bezeichnet. Diese Phase hatte einstmals die gesamte Menschheit geprägt, und auch noch gegenwärtig ist dies ein wesentlicher Teil unserer aller Persönlichkeit; ein Teil, der es nicht leicht hat, in einer vom Rationalismus geprägten Gesellschaft zu überleben. Es hat keinen Sinn, das Rad der Zeit zurückzudrehen und sich mit Haut und Haar wieder dem Mystizismus zu verschreiben. Trotzdem fühle ich mich in der selbstgefälligen Rolle des »bedingungslosen Aufklärers« nicht mehr unbedingt wohl, da in einer Welt, wo Assoziationen zu regieren scheinen, Gesetze von Ursache und Wirkung jegliche Bedeutung und Berechtigung verloren haben. Sollten solche Ebenen in und um uns tatsächlich existieren, so wird wohl auch die kausal orientierte Schulwissenschaft, wie wir sie kennen, auf einigen Gebieten noch einmal ganz von vorne beginnen müssen – und ich mit ihr.

Fliegende Schilder und ein Gesandter des Alls

Germanist und Paläo-SETI-Forscher Dipl.-Hdl. Peter Fiebag über mögliche außerirdische Kontakte im Mittelalter

>*»Alle Geheimnisse liegen in vollkommener Offenheit vor uns. Nur wir stufen uns gegen sie ab, vom Stein bis zum Seher. Es gibt kein Geheimnis an sich, es gibt nur Uneingeweihte aller Grade.«*

Christian Morgenstern (1871–1914), Schriftsteller und Dramaturg

Sichtungen über rätselhafte Himmelskörper beschränken sich keineswegs nur auf die letzten Jahrzehnte. 1557 wurden sowohl über der heutigen österreichischen Bundeshauptstadt *Wien* als auch über *Polen* verschiedene leuchtende Objekte wahrgenommen, die als »grüne« und »rote Sonnen« beschrieben wurden. Und 1697 will man eine »hell leuchtende, kreisförmige Maschine mit einer Kugel in der Mitte« beobachtet haben, die zahlreiche norddeutsche Städte, darunter auch *Hamburg*, überflog.

Schilderungen ähnlicher Vorfälle finden wir in der mittelalterlichen Literatur bis hin ins 20. Jahrhundert. Darf man daraus ableiten, daß Ufo-Erscheinungen keine »Erfindung« der Neuzeit sind? Zeigt sich das Phänomen in allen Epochen der Menschheitsgeschichte? Von diesem Faktum überzeugt ist der deutsche Schriftsteller und Dipl.-Handelslehrer **Peter Fiebag** aus Northeim.

Er studierte Philologie, Wirtschafts- und Kommunikationswissenschaften und lehrt als Studienrat an einer Wirtschaftsschule. Sein Interesse an der Möglichkeit außerirdischer Eingriffe besteht sein Beginn der siebziger Jahre. Linguistische Fragen führten ihn in den wissenschaftlichen Bereich der Entschlüsselung von *Maya*-Hieroglyphen. Zahlreiche Reisen nach Mittelamerika machten es Peter Fiebag möglich, auch an weitgehend unzugänglichen Stätten dem Mythos der Indianerkulturen nachzuspüren. Seine Entdeckungen und faszinierende Indiziensuche hat der Forscher 1995 in dem spannenden Sachbuch *»Der Götterplan – Außerirdische Zeugnisse bei Maya und Hopi«* veröffentlicht.

Mit seinem Bruder *Dr. Johannes Fiebag* brachte er den Anthologieband *»Aus den Tiefen des Alls«* heraus, in dem erstmals 30 Wissenschaftler aus aller Welt die Thesen der Prä-Astronautik durchaus positiv beurteilen. In *»Zeichen am Himmel«* beschäftigt sich das Brüderpaar mit den sogenannten *Mutter-Gottes-Visionen*, die in vielen Belangen deutliche Gemeinsamkeiten mit den Ufo-Erscheinungen aufweisen. Große Beachtung fanden beider Studien im Zusammenhang mit den Geheimnissen um die biblische *Bundeslade* und den mittelalterlichen *Templerorden*. Sie verbanden ihre Forschungen mit den Untersuchungen des britischen Autorenduos *George Sassoon* und *Rodnay Dale*, die in ihrem Buch *»Die Manna-Maschine«* ein Modell nach altjüdischen Texten kreierten. Peter und Johannes Fiebag folgten der Spur dieses Nahrung spendenden Heiligtums und stießen dabei auf ungewöhnliche Parallelen in der mittelalterlichen *Parzivallegende*. Nach Meinung beider Autoren ist der »Heilige Gral« mit der kabbalistischen »Manna-Maschine« *identisch*. Die Fülle verblüffender Indizien haben die Gebrüder Fiebag erstmals

Bild 33: Seltsame schwarze Kugeln über Basel, anno 1566.

1983 ihrem Leserpublikum in »*Die Entdeckung des Heiligen Grals*« vorgestellt. Peter Fiebag ist ein Sprachspezialist. Er widmete sich mehrere Semester lang dem Studium der *Mediävistik* (das ist die Erforschung der mittelalterlichen Literatur) und stieß dabei auf erstaunliche Ufo-Dokumente von anno dazumal. Von ihm wollte ich nun wissen, wie es um die Darstellung *historisch* dokumentierter Ufo-Fälle im Mittelalter wirklich steht. Darf man solche alten Quellen ernst nehmen? Sind die Überlieferungen aus vergangenen Jahrhunderten überhaupt glaubwürdig? Peter Fiebags Antwort lautet eindeutig: »Ja!« Im Gespräch brachte mir der deutsche Schriftsteller seine Auffassung über »die Geschichte der fliegenden Scheiben« näher. Sie stützt sich auf eigene, gewissenhafte Recherchen.

Herr Fiebag, glauben Sie an Ufos?

Nein, Herr Habeck, ich *glaube* nicht an Ufos. Denn »glauben«, das ist etwas, das in den Bereich der Religion gehört. Und religiös sollte das Problem »Ufo« auf keinen Fall gesehen werden. Vielmehr erscheint mir eine objektive, *wissenschaftliche* Untersuchung des Phänomens dringend notwendig. Einmal abgesehen von der Frage, was Ufos eigentlich sind und woher sie kommen – sie existieren!

Es ist ganz einfach falsch, zu behaupten, die Ufos seien ausgerechnet zu einer Zeit als »Heilsbringer aus dem Kosmos« erschienen, da eine gequälte Menschheit sich angeblich nach einem neuen Erlöser zu sehnen begann. Vielmehr ziehen sich solche Ufo-Berichte durch die *gesamte* Geschichte des Abendlandes!

Die Ufos sind demnach kein Phänomen unserer Tage?

Von vielen Skeptikern wird heute behauptet, bei diesen Erscheinungen handle es sich lediglich um eine *moderne Psychose*, die als Reaktion zahlreicher Menschen auf die Gefahren unseres hochtechnisierten Zeitalters eingetreten sei. Tatsache ist jedoch, daß uns Ufo-Schilderungen aus der gesamten Menschheitsgeschichte vorliegen. Als Germanist sitzt man oft stundenlang in ehrwürdigen Bibliotheken, zwischen uralten Manuskripten und Chroniken längst vergangener Zeiten. Und plötzlich stößt man dann auf einen Bericht wie diesen:

»Vil großer schwarzer kugelen in lufft gesehen worden, welche für die sonnen/ mit großer schnelle und geschwinde gefaren/ auch widerkert gegen einander gleichsam die streyt führten/ deren etlich roht und fhürig worden/ volgendes verzeert und erloschen.«

Dieser Text stammt aus dem Jahre 1566. Er beschreibt die Sichtung einer Gruppe schwarzer und runder Scheiben über *Basel* und wurde von *Samuel Coccius* aufgezeichnet. Fünf Jahre zuvor, am 14. April des Jahres 1561, wurden im Luftraum über *Nürnberg* »schwarze, weiße, rote und blaue Scheiben« sowie zwei spiralförmige Gegenstände gesehen. Beide Berichte ähneln erstaunlich denen, die wir aus der heutigen Zeit kennen und die allgemein als Ufo-Sichtungen bekannt sind. Von beiden Erlebnissen existieren darüber hinaus Zeichnungen, und auch sie erinnern an Darstellungen »moderner« Ufos. Ich meine, daß diese auffälligen Übereinstimmungen nicht bloß als Zufälle abgetan werden können.

Sind Ihnen noch weitere historische Aufzeichnungen über seltsame Flugobjekte aus früheren Jahrhunderten bekannt?
Es gibt eine Menge solcher Beispiele. So berichtet uns der Chronist *Lycosthenes* aus dem Jahre 1250 von einer merkwürdigen Erscheinung am Himmel: »Ein wundervoller heißer Lichtstrahl von großem Ausmaß fällt bei *Erfurth* plötzlich vom Himmel herab zum Boden und verwüstet manche Stelle. Dann dreht er sich und steigt himmelwärts, worauf er eine runde Form annimmt.«

Über eine weitere seltsame Begebenheit erzählt die »*Pugersche Chronik*«. In *Feldkirchen* sei am Dienstag vor Ostern des Jahres 1344 ein, so wörtlich, »schrecklicher *feuriger Klotz* . . . auf die Martgasse gefallen, welches Wunder das zu laufende Volk mit großer Bestürzung gesehen . . . aber dieser feurige Klotz, nachdem er ziemlich lang also brennend gelegen, ist im Angesicht aller von dannen wiederum von *selbst* in die Luft und Wolken gefahren.«

Aus dem 16. Jahrhundert liegen uns zahlreiche Schilderungen von fremdartigen Objekten und Phänomenen vor. Die Explosion einer »flammenden Kugel« soll sich

Bild 34: War das Universalgenie Leonardo da Vinci ein Gesandter des Alls?

1548 über *Thüringen* ereignet haben. Dabei, so wird berichtet, habe sich eine Substanz gebildet, die geronnenem Blut geglichen und zur Erde herabgeregnet sei. 1557 beobachteten die Einwohner von *Nürnberg* »fliegende Drachen« und »glühende Scheiben«. Und im Rathaus der Stadt *Zürich* sind die Drucke des Kupferstechers *Wieck* zu sehen, die die Vielzahl beobachteter Ufo-ähnlicher Erscheinungen aus der Zeit von 1547 bis 1558 zum Motiv haben.

Wie hat damals die Kirche solche »Zeichen am Himmel« gedeutet?

Da sich im 12. und 13. Jahrhundert Sichtungen fliegender Scheiben und ähnliches häuften, verboten die Päpste sowie die verschiedenen Fürsten kurzerhand die Verbreitung solcher Berichte über derartige Erscheinungen. Die offizielle Geheimhaltung dieser Ufo-ähnlichen Zwischenfälle ist also keineswegs eine »Erfindung« unseres Jahrhunderts. Andererseits (und dies sollte all jenen zu denken geben, die die Hypothese vom möglichen außerirdischen Ursprung der Ufos nur deswegen ablehnen, weil diese Anschauung mit ihren religiösen Vorstellungen über den Kosmos und den Menschen als »Krone der Schöpfung« nicht übereinstimmt) gelangte die Kirche damals zu einem interessanten Postulat: Da Gott *allmächtig* wäre, so wurde ursprünglich argumentiert, sei es ihm natürlich möglich, andere bewohnte Welten im Universum zu schaffen. Deshalb bezeichnete die Kirche 1277 (!) die »Irrlehre von der Erde als einzig bewohnte Welt im Kosmos« als Ketzerei!

Gab es in vergangenen Jahrhunderten schriftliche Hinweise, wonach die damaligen Erscheinungen als mechanische Fluggeräte angesehen wurden?

Dazu ein Beispiel: »Ich hoffe, Eure Durchlauchtige Hoheit wird nicht für Übel befinden, daß ich mir die Ehre gebe, Ihnen anzuzeigen, daß eine einer großen *Rakete* ähnliche Erscheinung am 22. ungefähr um sechs Uhr morgens über dem See erschien, die sich sehr langsam fortbewegte und ein starkes Leuchten sogar für kurze Zeit in den Unterkünften verbreitete. Sie zog anfangs von

Norden nach Süden, das heißt bis in die Nähe der Festung, danach wandte sie sich von der Spitze des Ravelins Nr. 3 über die Bastion Nr. 2 bis zu der Bastion Nr. 1, in dem sie auf der Höhe der Wetterfahne des Wilhelmsteines beinahe der Kette folgte. Schließlich nahm sie ihren Weg nach Landwehr, wobei sie ein dem einer Rakete ähnliches Geräusch von sich gab. Es wird versichert, daß diese Erscheinung ungefähr zur selben Zeit an mehreren anderen Orten beobachtet wurde.«

Nun, auch dieser Text stammt nicht aus unserem Jahrhundert, dem Jahrhundert der Raketen und der Raumfahrt, sondern wurde am 22. Dezember 1772 in einer Soldatenunterkunft am *Steinhuder Meer* in Norddeutschland niedergeschrieben.

Schon vor Jahrhunderten gab es Menschen mit fantastischen Ideen und genialer Erfindergabe. Vielleicht haben damals schon Genies raketenähnliche Flugkörper entwickelt, wobei sich allerdings die Frage stellt: Woher kam der zündende Funke für derartige Glanztaten?

Der Begriff des »*Genies*« ist eines der Kernwörter deutscher Ideologie. Seit *Immanuel Kant* wird über die »vermögenspsychologische Strukturierung des Geniebegriffs« und seine »transzendentalphilosophische Fundierung« spekuliert. Philosophen wie *Herder, Fichte, Schelling* und *Schopenhauer* haben wesentlich zu einem Genie-Paradigma beigetragen, das uns *Shakespeare, Goethe, Einstein* oder *Leonardo da Vinci* als Urheber eines Genie-Ideals erscheinen lassen. Doch die Frage, *woher* ein einzelner Mensch wie Leonardo, der an der Schwelle vom Mittelalter zur modernen Welt stand, all seine »genialen« Erkenntnisse bezog, blieb bis heute ungeklärt. Er war eben ein Genie. Das sagt alles und doch nichts.

Könnte ein Universalgenie wie Leonardo da Vinci kosmische Ideenhilfe erhalten haben?

Auf die Gefahr hin, ein wissenschaftliches Sakrileg zu begehen, wage ich folgende *Arbeitshypothese*: Leonardo da Vinci erhielt möglicherweise durch *außerirdische* Besucher oder *Zeitreisende* einen Teil seines Wissens. Dies mag wie eine Provokation gegen die Größe menschlichen Geistes klingen, doch gebe ich folgendes zu bedenken:

Schon um Leonardo da Vincis Geburt ranken sich Rätsel; sein Vater hatte vor Leonardos Zeugung eine Vision, daß sein Sohn durch einen *gleißenden Funken* in die Welt kam. Leonardos früheste Erinnerung – als er noch in der Wiege lag – war, daß ihm ein entfernter schwarzer Punkt erschien, der zu einem *gewaltigen Vogel* heranwuchs und, über ihm schwebend, mit seinen ausgebreiteten Schwingen sogar die Sonne verdeckte. Dann öffnete der Vogel den Mund und schlug ihm zwischen die Lippen. Mit diesem seltsamen Vogel identifizierte er sich sein Leben lang. Auch die moderne Ufo-Literatur (ebenso wie zahlreiche Sagen sowie die Bibel) kennt solche Berichte. Bei den sogenannten *Entführungsfällen*, in deren Verlauf allem Anschein nach Außerirdische Menschen zu Untersuchungszwecken mit an Bord ihrer Ufos nehmen, liegen ähnliche Deckerinnerungen vor, die ihr Geheimnis erst unter Hypnose freigeben.

Wurde Leonardos Bewußtsein von himmlischen Wesen manipuliert?

Ein Blick auf sein Leben könnte bestätigen, daß der Mann aus Vinci hier ein Initialerlebnis hatte. Leonardo, der lediglich die Ausbildung eines armen Florentiner Jungen erhalten hatte, die sich auf die Disziplinen Rechnen, Lesen und Schreiben beschränkte, wurde später zu einem ausgesprochenen *Zukunftsdenker:*

Da war der *Künstler* in ihm. Perfekt zeichnete er kurz nach der »Entdeckung« perspektivischer Malerei später weltberühmte Gemälde: die *»Mona Lisa«*, die *»Anghiari-Schlacht«*, die *»Felsgrottenmadonna«*, *»Das letzte Abendmahl«*. Er rüttelte am statisch-figurativen Aufbau und leitete so einen bedeutenden Wendepunkt der Kunst ein.

Da war Leonardo als *Ingenieur, Techniker* und *Erfinder*. Durch ein Zwei-Stock-Getriebe gelang es ihm erstmals, eine dauernde Drehbewegung in eine hin- und hergehende umzuwandeln. Er erfand Gelenkketten, wie wir sie von Motorradketten kennen, moderne Spinnräder, Hebewerke, Zahnräder und automatische Uhren. Er machte sich Gedanken über ein Automobil mit Federgruppen; Technikern von heute gelang es nach kurzer Betrachtung der Aufzeichnungen, ein Modell zu fertigen, das mit gleichmäßiger Bewegung funktionierte. Die Massenproduktion des 18. Jahrhunderts war seine Idee ebenso wie die Feilenhaumaschine, deren offizieller Erfinder erst 200 Jahre später lebte. Schließlich existiert die Zeichnung eines modernen Fahrrades mit Tretpedal und Zahnrad.

Er kam der Dampfmaschine *James Watts* sehr nahe, konstruierte Mörserbomben mit Steuerflossen, einen funktionsfähigen Panzer, ein Maschinengewehr (wie es erst viel später im amerikanischen Bürgerkrieg eingesetzt wurde) und sogar Raketengeschosse. Im 15. Jahrhundert entwickelte er ein U-Boot, das mehrere Stunden abtauchen konnte, dazu einen Taucheranzug, Schnorchel und tragfähige Wasserschuhe. Und er führte Flugstudien durch, konstruierte aus Därmen Ballons, erkannte das Prinzip des Gleitfluges und zeichnete einen flugfähigen Helikopter mit einer spiralförmigen Luftschraube, dazu Fallschirm und Flugneigungsmesser. Über einen stromlinienförmigen Körper schrieb er: »Die Rakete wird von der Kugel mehr als drei Meilen gezogen, und man sieht ständig hinter der Rakete eine Flamme von mehr als einer halben Meile.« Eine Notiz legt sogar den Verdacht nahe, er habe seinen Traum vom Fliegen wahr gemacht.

Da war der *Biologe*, der *Anatom*, der die Funktion der Bänder der Herzkammer belegte, der *Bildhauer*, der perfekte Figuren schuf, der *Geologe*, der die Formung der Erdoberfläche erkannte, der *Kartograph*, welcher die ersten Landkarten von einer angenommenen Höhe in der Draufsicht zeichnete, der *Philosoph*, der *Hydrauliker*, der *Botaniker*, der auf jedem dieser Gebiete erstaunlichste Leistungen vollbrachte.

Auf dem Gebiet der Astronomie soll Leonardo ebenfalls erstaunliche Kenntnisse besessen haben, stimmt das?
Ja, ganz richtig! Er war *Astronom*, *Physiker* und *Chemiker*, der *Newton* weit voraus war, der ein Jahrhundert vor *Galilei* Teleskope anfertigte und postulierte: »Die Sonne bewegt sich nicht.« Die Sonne war für ihn auch kein Lichtloch in der Himmelsschale, sondern ein glühender Körper, der sich um seine eigene Achse dreht. »Die entfernten Sterne«, schrieb er, »erscheinen zwar klein, sind aber doch größer als unsere Erde.« Und rätselhaft mag er auf seine Herkunft hingewiesen haben, als er schrieb: »Lies mich, Leser, wenn ich dir Freude mache. Denn nur selten kehre ich zu dieser Welt zurück.« Und: »Wer an einen Stern gebunden ist, kann nicht umkehren.« Umkehren von der Erde? Wohin? War Leonardo ein Gesandter des Alls?

Es wäre also wert, sich genauer mit dem Wissen des alten Meisters zu beschäftigen? Könnten vielleicht neue Erkenntnisse aus seinen Aufzeichnungen gewonnen werden?

»Ob in mir alle diese Eigenschaften vorhanden waren oder nicht, darüber werden die hundertzwanzig Bücher ein Urteil des Ja oder Nein geben.« Das sagte er über sich selbst. Ich persönlich halte es für dringend notwendig, mit neuen Sichtweisen diesem größten »Universalgenie« der Menschheit forschungsmäßig auf den Grund zu gehen. Auch wenn uns nur der geringere Teil seiner Arbeiten bekannt ist, da viele verlorengingen, könnten moderne Techniken vielleicht weitere Aufschlüsse in die eine oder andere Richtung geben. So oder so: Wir sollten uns auf Überraschungen einstellen, wenn es um Leonardo da Vinci geht.

Landeten Außerirdische im Mittelalter?
Beweise dafür gibt es nicht, aber es muß erlaubt sein, über diesen kühnen Gedanken zu spekulieren. Es gibt tatsächlich Chronisten, die einen solchen Verdacht bejahen. Ich möchte einen Bericht herausgreifen, der sich im Jahre 1790 in der französischen Ortschaft *Alencon* zutrug und von dem Pariser Polizeibeamten *Liabeuf* aufgezeichnet wurde. Demnach beobachteten am Morgen des 12. Juni mehrere Bauern eine große Kugel (nach Liabeufs Angaben hätte ein Fuhrwerk darin Platz gehabt), die von Flammen umgeben zu sein schien und mit großer Geschwindigkeit und pfeifendem Geräusch auf eine Hügelkuppe stürzte, dabei die gesamte Hangvegetation entwurzelte und dermaßen große Hitze ausströmte, daß Büsche und Gras in Brand gerieten. Gegen Abend, als sich bereits eine Menschenmasse, unter ihnen viele lokale Autoritäten, zum Ort des Geschehens begeben hatte, öffnete sich plötzlich eine Art Türe in der Kugel, und eine Gestalt in seltsamer, eng anliegender Kleidung stieg heraus, um sogleich fluchtartig im nahen Gehölz zu verschwinden. Kurz darauf erfolgte eine lautlose Explosion,

die die Kugel zerriß. Die Trümmer, welche in alle Richtungen hin verstreut wurden, pulverisierten sich kurz danach. Von dem fremdartigen Mann hingegen fand sich keine Spur. Der Bericht wurde an die französische *Akademie der Wissenschaften* weitergeleitet, wo man über die Angelegenheit jedoch nur spottete, da, so wörtlich, es für Lebewesen »unmöglich sei, auf solche Weise zur Erde zu kommen«. Damals wie heute wurden und werden Beobachter sogenannter Ufo-Erscheinungen gerne ebenso lächerlich gemacht, überhaupt nicht ernst genommen oder zumeist als Schwindler diskreditiert.

Der Lächerlichkeit preisgeben – ein moderner Scheiterhaufen?

Eines stimmt sicher: Hätten unsere heutigen Zukunftsdenker ihre Thesen im Mittelalter verbreitet, sie wären garantiert auf dem Scheiterhaufen gelandet und dort verbrannt worden. Oder man hätte sie, wie den großen italienischen Philosophen *Giordano Bruno*, hingerichtet, weil er es vor rund 400 Jahren gewagt hatte zu behaupten, die Erde sei nicht der einzige Planet, auf dem Leben möglich wäre. Ufo-Zeugen hätte man sicher ebenso zum Widerruf gezwungen wie vormals *Galilei*. Heute, an der Schwelle zum 21. Jahrhundert, ist diese Möglichkeit nicht mehr gegeben. Heute versucht man sowohl Augenzeugen als auch Ufo-Forscher einzuschüchtern oder überhaupt mundtot zu machen. Ich bin aber sicher, genauso wie Galileis Lehre wird sich auch die Existenz »unbekannter Flugobjekte« letztendlich bestätigen. »Einer Wahrheit ist nichts schädlicher als ein alter Irrtum«, sagte *Goethe* einmal, und auf unsere heutige Situation bezogen, erscheint mir dieser Satz durchaus angebracht. Ich bemerkte eingangs, daß ich nicht an Ufos *glaube*. Aber daß es sie gibt, dafür sprechen eine Menge guter Gründe.

Die bestehen nicht nur in der Einbildung einiger Fantasten, sondern als *reales* Phänomen, das es wert ist, genauer und wissenschaftlich intensiver untersucht zu
werden.

Das verborgene Wissen der Welt

TV-Journalist und Moderator Dr. Hans Christian Meiser
über die »spirituelle Anthropologie«

> *»Zu Ihrer Anfrage, die ich in ihrer Komplexität aus Zeit- und
> Energiemangel nicht beantworten kann, möchte ich Ihnen ein
> kleines Bonmot von mir zum Themenkreis Übersinnliches zitie-
> ren: Stimmts oder stimmts nicht? In Sachen Glaubwürdigkeit
> bin ich ein bißchen versucht. Denn mein ganzes Leben lang er-
> zähle ich schon die Geschichte, daß einer von uns vor 2000 Jah-
> ren von den Toten auferstanden sein soll. Und wenn die Leute
> mich nach Beweisen fragen, sage ich: Wissen Sie, persönliche
> Erfahrung, und ich habe die besten Zeugen dafür. Also, wenn
> jemand mit einer merkwürdigen, unglaublichen Ufo- oder PSI-
> Geschichte zu Ihnen kommt, lachen Sie ihn nicht gleich aus. Es
> könnte ja sein, daß Sie zu früh lachen.«*

Jürgen Fliege, TV-Talkshow-Moderator, in einem Brief an
den Autor vom 2. Dezember 1996

Die *Mystik* hält wieder Einzug in unserem Leben. Nach
Jahrhunderten der rationalen Erklärungen durch die etablierten Wissenschaften beschäftigen wir uns heute wieder mehr mit dem nicht Erfaßbaren und Übersinnlichen.
Die Esoterik und das Ufo-Thema boomen, vor allem die
Frage nach verborgenen Welten, okkultem Wissen und
Wesen, die nicht von dieser Welt stammen. Noch nie ist
in der Geschichte unseres Fernsehens so viel Geheimnisvolles, Paranormales und Außerirdisches über den Bildschirm geflimmert. Fantastische Serien, Talkshows und
Berichte zu diesen Themen haben sich im Programm fest-
gesetzt. Beobachter sprechen von einem neuen Esoterik-
trend – bei den TV-Produzenten ebenso wie bei seinen

Konsumenten. Was gibt es hierfür für Gründe? Woher kommt die nunmehrige Faszination an allem Übernatürlichen und Rätselhaften?

Einer, der sich schon viele Jahre, ebenfalls via Bildschirm, eingehend diesen Fragen widmet, ist der deutsche Philosoph, Schriftsteller und Übersetzer **Dr. Hans Christian Meiser**.

Der Münchner ist auch Herausgeber zahlreicher Anthologien und von Buchreihen wie *»Atlantis«*. Er schrieb das dokumentarische Theaterstück *»Zum Beispiel Dachau«* (Bayerisches Staatsschauspiel) und hat eine besondere Vorliebe für ungewöhnliche Orte und ebensolche Menschen, die er auf seinen journalistischen Reisen in aller Welt besucht. Zu seinen erfolgreichsten Büchern gehören *»Die wilden 80jährigen«* (1988 und 1994), *»Diagnose Anarchist — Über den Umgang mit Knigge«* (1995), die mit *Stephan Lermer* verfaßten Werke *»Lebensabschnittspartner«* (1991 und 1994), *»Der verlassene Mann«* (1992 und 1995) und *»Gemeinsam bin ich besser«* (1994). Weitere Meiser-Bücher sind *»Madonna trifft Herkules«* (1994) gemeinsam mit *Michael Görden* sowie *»Ich bin mein Schicksal«* (1993) in Autorenschaft mit *Penny McLean*.

Wie sein prominenter Namensvetter und Moderatorkollege bei RTL, *Hans Meiser*, lockt auch Hans Christian Meiser Millionen Zuschauer vor den Bildschirm. Der Weltenbummler und Vielschreiber entwickelte zahlreiche erfolgreiche TV-Projekte. Zuletzt drehte er für den Privatsender ARTE die großen Dokumentationen *»Der Erbe des Lebens«* und *»Im Schatten der Finsternis«*. Drei Jahre lang war er Gastgeber der beliebten Fernsehshow *»Menschen-Kunde«*, die u. a. auch Themen wie »Ufo-Glaube« oder »Gibt es Schutzengel?« zum Inhalt hatte. Seit Januar 1997 moderiert er die Sendereihe *»Atlantis —*

Das verborgene Wissen der Welt«. Das führt mich gleich zu meiner ersten Frage:

Herr Meiser, wie beurteilen Sie den jüngsten Esoterik- und Ufo-Boom? Noch vor zehn Jahren wäre es undenkbar gewesen, daß man so offen und vorurteilsfrei über Ufos, Poltergeister oder Kornkreise im TV diskutieren kann. Auch in Ihren Sendungen kommen öfter ungewöhnliche Ereignisse und übersinnliche Themen zur Sprache. Liegt das Geheimnisvolle und Übersinnliche sozusagen im Trend?

Das sogenannte Geheimnisvolle und Überirdische wurde erst durch den Einfluß der *patriarchalen* Religionen sowie durch die *Aufklärung* und die *industrielle* Revolution in den Bereich des Verbotenen, Absonderlichen, Absurden und Unwissenschaftlichen verbannt. Unsere Ahnen sowie einige (noch heute existierende) Naturvölker und -stämme gingen mit diesen Themen weitaus vernünftiger um, als wir das heute zu tun pflegen. Man denke nur an den Ahnen-»Kult« der *Aborigines* Australiens oder an das erstaunliche astronomische Wissen der *Dogon* im westafrikanischen Mali, die ihre Abstammung ja bekanntlich auf himmlische Lehrmeister zurückführen. Für die Dogon-Priester besteht kein Zweifel: Sie glauben daran, daß in grauer Vorzeit amphibische Wesen von einem Planeten des *Sirius*-Systems auf der Erde gelandet sind und Eingeweihten diese Informationen gegeben haben, die bis heute von Generation zu Generation überliefert worden sind. Sie nennen die fremden Fischmenschen *»Nommo«* und verehren sie als »Wächter des Universums und Väter der Menschheit«. Es gibt viele ähnliche Beispiele. Die Tatsache, daß all diese Themen heute Gegenstand diverser Veröffentlichungen sind, zeigt also, daß eine Art Rückbesinnung auf unsere Wurzeln stattfindet und daß in der Gesellschaft ein großes Bedürfnis nach neuen Inhalten existiert; Inhalte, die offenbar etablierte Kirchen und politische Systeme nicht mehr zu vermitteln in der Lage sind.

Gab es anfänglich Schwierigkeiten, übersinnliche Themen in den Sendungen zu behandeln? Hat man Sie belächelt? Können Sie uns einen Blick hinter die Kulissen vermitteln? Und was sagen Sie den Kritikern, die hinter den Diskussionen um Esoterik und Außerirdische nur finanzielle Überlegungen oder Hirngespinste wittern?

In der von *Radio Bremen* produzierten Fernseh-Sendereihe kamen von Anfang an Themen zum Tragen, die im weitesten Sinne mit dem zu tun haben, was ich *»Spirituelle Anthropologie«* nenne. Wir versuchten aber immer, auf einer Metaebene zu diskutieren, um keine Emotionen ins Spiel zu bringen und die Phänomene möglichst wertneutral beurteilen zu können. Die Zuschauer waren von der Arbeit begeistert, weniger freilich die Kollegen aus den Medien. Aber Januar 1997 heißt die Sendung *»ATLANTIS – Das verborgene Wissen der Welt«*, genauso wie die von mir bei einem großen Verlag in Bergisch Gladbach herausgegebene Buchreihe. Was soll man den Kritikern sagen? Vielleicht nur, daß sie es sich nicht so einfach machen sollten und gut daran täten, nachzuforschen, welche Bewandtnis es mit dem gesamten Themenkreis hat. Warum werfen diese Kritiker nicht der katholischen Kirche vor, Geschäfte mit dem Überirdischen zu betreiben? Alles Neue (selbst wenn es auf uralten Traditionen beruht) wird anfangs stets belächelt bzw. verfolgt, das ging den etablierten Kirchen, die sich ja aus »Sekten« entwickelt haben, nicht anders.

Ihre Vorstellung von der Wirklichkeit? Gibt es eine andere, eine Realität, die uns bislang verborgen blieb?

Mit Sicherheit ist das, was wir »Wirklichkeit« nennen, nur *eine* von *vielen* Wirklichkeiten, die uns entweder für immer verborgen bleiben oder die wir möglicherweise eines Tages entdecken werden. Die Astrophysiker sprechen heute von (mathematisch möglichen) 28 Dimensionen, alte buddhistische Texte berichten sogar von 64. Und immer mehr stellt sich die Frage, ob wir überhaupt die erste Menschheit auf diesem Planeten sind. Die Astro-Archäologie sowie die Paläontologie, beide liefern uns täglich neue Beweise, daß es vor uns andere »Zivilisationen« gegeben haben *muß*. Und wenn erst das *Hubble*-Weltraumteleskop noch weiter ins All vordringt, wird unser gängiges Weltbild und jede Art von Evolutionstheorie gehörig ins Schwanken gebracht werden.

Sind wir allein im All? Außerirdische Intelligenzen, gibt es die? Wäre ein Kontakt vorstellbar? Und, was wäre, wenn . . .? Ihre Vorstellung von einem möglichen Besuch aus dem All?

Immer mehr Menschen nehmen an, daß wir nicht alleine im All sind. Ob es humanoide Wesen »da draußen« gibt, Parallelwelten oder Zeitreisende aus unserer eigenen Zukunft – darüber muß man nach wie vor spekulieren. Zumindest regt es aber die Fantasie an. Was wäre, wenn? Sicherlich müßte das gesamte Menschenleben neu geordnet werden. Denn der Mensch wäre dann *nicht* mehr die »Krone der Schöpfung«. Vielleicht würde die Schöpfung an sich auch in Frage gestellt werden. Die Folge: Religionskriege und Sinnentleerung. Eine andere mögliche Folge durch einen Kontakt mit einer außerirdischen Intelligenz könnte aber auch ein Bewußtseins-Quantensprung sein, der uns deutlich macht, daß wir mit der Erde und ihren Bewohnern nicht länger so umgehen können wie bisher.

Was sagen Sie zu den umstrittenen Ufos? Besucher aus dem All? Wären andere Erklärungen vorstellbar? Spirituelle Wesen? Unsere Urenkel in Untertassen? Abkömmlinge von Atlantis? Unbekannte Naturphänomene? Haben Sie sich schon einmal Gedanken darüber gemacht, was hinter diesen Phänomenen stecken könnte?

Wichtiger als die Frage, ob es Ufos gibt oder nicht, scheint mir die Überlegung, warum es sie eigentlich *nicht* geben soll. Wer hat etwas davon? Wie zuvor schon angedeutet, ist das Wissen um kosmologische Zusammenhänge immer eng an die Frage nach der *Macht* und die des Machtinhalts gekoppelt. Alle Mächtigen dieser Erde haben beispielsweise etwas davon, sollte es keine Ufos geben, was immer diese auch sein mögen. Da es bei der gesamten Diskussion aber immer auch um Fragen des Technologie-Vorsprungs geht, hat sich bis heute die *Verschwörungstheorie* gehalten, möglicherweise sogar zu Recht.

In einer Folge Ihrer Sendereihe »Menschen-Kunde« war der deutsche »Ufo-Baron« Johannes von Buttlar zu Gast. Damals haben Sie so nebenbei von einer persönlichen Ufo-Erfahrung gesprochen. Können Sie uns Ihre Sichtung noch einmal kurz in Erinnerung rufen? Und was haben Sie dabei empfunden, als Sie das seltsame Objekt gesehen haben?

Meine persönliche »Sichtung« ereignete sich vor einigen Jahren auf der Atlantikinsel *Porto Santo* und wurde von weiteren Augenzeugen bestätigt. Sie ist allerdings nicht spektakulär, da sie alle »klassischen« Elemente wie ungeheure Geschwindigkeit, plötzlicher Stillstand, rasender Weiterflug, grün-oranges Licht usw. enthält. Als ich das seltsame Objekt am Himmel erblickte, dachte ich nur: Wie schön, da seid ihr also!

Ist es wert, sich weiter mit der Ufo-Frage und der Möglich-
keit fremder Intelligenzen zu beschäftigen? Ein Institut oder
ein Lehrstuhl für Ufo-Forschung, wäre das sinnvoll?
Wissenschaftler täten sicher gut daran, objektiv das Phänomen zu untersuchen. Denn egal, worum es sich dabei
handelt, es existiert – zumindest als Phänomen. Meines
Wissens gibt es an der Universität von *Vilnius* in Litauen
den ersten und bislang einzigen Lehrstuhl für »Ufologie«.

Eine kleine Scherzfrage: Angenommen, Sie hätten einen au-
ßerirdischen Studiogast in Ihrer Sendung. Was würden Sie
ihn fragen?
Käme ein Gast aus den Tiefen des Alls in meine Sendung,
so wäre dies zunächst ein Problem der Wahrnehmung.
Denn kein Zuschauer würde es glauben. Seit dem Golf-
krieg erscheint alles als eine Form *virtueller* Realität. Dennoch würde ich meinen kosmischen Gast fragen, weshalb
Erdenmenschen nicht davon ablassen können, anderen
Erdenmenschen Schaden zuzufügen.

Wenn demnächst eine neue Weltraumsonde ins All ge-
schickt wird, mit Informationen über Erdlinge und unsere
Planeten, was würden Sie beilegen oder beifügen?
Diese Sonden gibt es ja bereits. Vielleicht aber wäre die
Zusatzinformation »Diesen Planeten besser meiden, solange seine Bewohner sich gegenseitig umbringen« sinnvoll gewesen.

Ist das Leben für Sie Schicksal oder Zufall? Wie denken Sie
über Gott, Tod, Wiedergeburt und Zukunft der Menschheit?
Und was wäre Ihr größter Wunsch, Herr Meiser?
Mein größter Wunsch wäre, daß die Fragen nach Schicksal oder Zufall, Gott, Tod, Wiedergeburt und Zukunft der

Menschheit auf einer Ebcne zu beantworten wären, die weder Gegner noch Neider noch Verfechter auf den Plan ruft. Erst dann wird Friede sein.

Kontroverse mit der Kirche

Paläo-SETI-Autor und Bibelforscher Walter-Jörg
Langbein über Spuren und Pläne der
»Astronautengötter«

> »Wenn sich freilich eines Tages herausstellen sollte, daß es auf
> anderen Planeten tatsächlich Leben gibt, dann täten wir uns
> als Kirche schon sehr schwer. Denn wir gehen davon aus, daß
> wir Menschen die einzige Kreatur auf dieser sichtbaren Welt
> sind, die Gott um seiner selbst willen schuf. Erdenbürger, die
> an Ufos glauben, sind aber deshalb keine Sünder, solange sie
> damit keinen Schaden anrichten . . .«

Dr. Kurt Krenn, Bischof von St. Pölten, in *News*, Ausgabe 39
vom 26. September 1996

Die kirchliche Obrigkeit in Wien hatte wenig Verständnis
dafür, daß ich sie mit dem Ufo-Thema konfrontierte. Sie
war zu keiner Auskunft bereit. Gesprächiger zeigte sich
der beliebte österreichische Fernsehpater *Dr. Berthold
Mayr*. Seiner Ansicht nach ist der Mensch im Universum
nicht das einzige intelligente Wesen. Berthold Mayr sieht
aber dadurch keine Probleme für die Kirche oder Theologie, wenn er feststellt: »Die Erlösung, die durch *Jesus* geschehen ist, trifft ja nicht nur uns auf diesem winzigen
Planeten, sondern die Erlösung ist, für mich jedenfalls,
kosmisch, d. h., sie hat eine Bedeutung für die gesamte
Geschichte im Kosmos. Ob andere Intelligenzen eine Offenbarung besitzen, können wir nicht beurteilen, das
könnten nur diese außerirdischen Wesen mitteilen.« Und
zu den Ufos bekennt er mißtrauisch: »Darüber habe ich
Bücher gelesen und sogar mit Menschen gesprochen, die
an solche Erscheinungen glauben oder die eine ›fliegende

Untertasse‹ gesehen haben wollen. Für mich ist weithin diese ganze Ufo-Frage ein *Religionsersatz*. Denn wenn Sie die Bücher, die da herauskommen, genau studieren, werden Sie im eigentlichen Kern des Ufo-Komplexes eine religiöse Frage finden.«

Dr. Mayrs Standpunkt ist umstritten, da selbst die Heilige Schrift für zahlreiche mysteriöse Vorkommnisse verantwortlich zeichnet. Der britische Forscher *Brinsleyle Poer Trench* behauptet provokant in seinem Buch »*Mysterious Visitors*«, daß »die *Bibel* wirklich das größte aller Bücher über fliegende Untertassen« sei. Tatsächlich eröffnet sich dem aufmerksamen Leser des Alten Testaments eine Welt voller Seltsamkeiten: Da ist von Boten des Himmels die Rede, »*Götter*« genannt, die in donnernden Luftschiffen auf die Erde herniederfuhren. Moderne Gelehrte verstehen solche Textpassagen keineswegs als Visionen oder biblische Dichtkunst, sondern erkennen darin ganz nüchterne Tatsachenberichte. Der Präsentator der TV-Serie »*Fragen des Christen*« sah sich deshalb sogar zu der lakonischen Bemerkung veranlaßt: »Kennen Sie den Unterschied zwischen einem Missionar und einem modernen Theologen? – Der Missionar macht die Wilden fromm, und der moderne Theologe macht die Frommen wild.«

Walter-Jörg Langbein ist einer dieser modernen Theologen. Er ist Kenner der Heiligen Schrift, hat die biblischen Urtexte studiert und nach moderner Sicht *technologisch* interpretiert. Die Erkenntnisse seiner hebräischen Übersetzungen faßte Langbein in seinem Sachbuch »*Astronautengötter – Versuch einer Chronik unserer phantastischen Vergangenheit*«, 1995 als Taschenbuch in überarbeiteter und aktualisierter Form neu aufgelegt, zusammen. Ständige Diskrepanzen im Kollegenkreis veranlaßten Langbein, sein Theologiestudium aufzugeben. Heute arbeitet der deutsche »Bibel-Rebell« als freier Journalist und Buchautor im romantischen Dorf Lüdge-Niese bei Bad Pyrmont. Seine Erfolgstitel *»Die großen Rätsel der letzten 2500 Jahre«*, *»Das Sphinx-Syndrom«* und *»Bevor die Sintflut kam«* lösten im In- und Ausland heftige Diskussionen aus. Was der deutsche Schriftsteller über Ufos, Außerirdische und Kirche zu sagen hat, vermittelte mir Langbein im folgenden Interview. Seine Thesen sind faszinierend und provokant zugleich.

Herr Langbein, Sie sind ein Spezialist im Übersetzen hebräischer Schriften. Stimmt es, daß Sie biblische Belege für den Besuch außerirdischer Intelligenzen gefunden haben?
Biblische, wie religiöse Texte überhaupt, wurden nie zweckfrei übersetzt. Ziel der Verfasser wie der Übersetzer war die Bestätigung theologischer Meinungen. Zur Verherrlichung »Gottes« wurden vermutlich ältere Texte übernommen, in denen zum Beispiel von den gewaltigen Himmelsschiffen der Götter die Rede war. Technische Details wurden dabei im Laufe der Zeit umgedeutet, verfälscht, da unsere Altvorderen nicht mehr die entsprechenden Kenntnisse besaßen. Was theologisch nicht in den Kram paßte, wurde ebenfalls verändert. Beispiel: Aus den *Göttern* (Elohim) des Schöpfungsberichtes wurde *»Gott«.* Ergebnis meiner Arbeit: Nur der Originaltext kann herangezogen werden, wenn die Frage nach technischen Hintergründen beantwortet werden soll. Dabei können die »harmlosesten« Informationen neu übersetzt fantastische Details offenbaren. Hinweis bei Genesis 4,25 (wörtlich): »Und er erkannte, *Adam*, erneut seine Frau und sie gebar einen Sohn und rief seinen Namen *Schet* (= Setzling), denn gesetzt haben mir die Elohim fremden Samen für *Häbäl* (Abel), denn er erschlug ihn, *Kajin*.«

Bild 35: Forschungsreisender Walter-Jörg Langbein zeigt auf eine der kilometerlangen Linien von Nazca. Von wem wurden sie angelegt? Zu welchem Zweck?

Gibt es Urtexte, die bisher nicht übersetzt worden sind?
Alle entdeckten *semitischen* Schriften sind meines Wissens nach übersetzt. Erforderlich ist aber eine *neue* Übersetzung aller dieser Texte, wobei eine technische, fantastische Vergangenheit im Sinne *Erich von Dänikens* zumindest in Betracht gezogen werden muß. Ich bin davon überzeugt, daß es weitere Bestätigungen für die Astronautengötter-Theorie geben wird, dafür spricht die simpelste Wahrscheinlichkeitsrechnung: Wenn schon die begrenzte Zahl von Texten, die ich übersetzte, neue Indizien brachte, dann ist es in gesteigertem Maße von der Flut der übrigen Aufzeichnungen zu erwarten. Nebenbei: Querverbindungen zwischen Raumfahrttechnikern und Bibelübersetzern sollten ebenso selbstverständlich werden wie zwischen Sprachforschern unterschiedlicher Richtungen. So tauchen einige Worte aus dem Hebräi-

schen in der Sprache der Osterinsulaner auf. »*Manna*« bedeutet auf osterinsulanisch soviel wie »Kraft/Hilfe von den Göttern«. Oder »*tabu/tapu*«: Darunter wird ein bestimmtes Gebiet auf der Osterinsel verstanden, das von Menschen nicht betreten werden darf. »*Kain-ka*« steht auf der Osterinsel für »Mörder« und erinnert frappant an »Kain« aus der Bibel. Da drängen sich Fragen auf. Etwa: Wurden die Osterinsulaner und die Israeliten von den gleichen fliegenden Göttern besucht?

Ihr kühnes Bestreben, biblische Überlieferungen technologisch zu deuten, wird bestimmt nicht unwidersprochen bleiben.
Auffallend ist eine gewisse Heiterkeit, die stets aufkommt, wenn ich im Rahmen von Vorträgen vom *Cargo-Kult* berichte. Immer wieder können sich Zuhörer ein Kichern nicht verkneifen, wenn sie vernehmen, daß sogenannte primitive Völker heutige Technik nicht verstehen, beispielsweise einen Hubschrauber für ein Furcht einflößendes Monster halten.

Die Heiterkeit verschwindet aber meist dann, wenn ich bewußt provokant formuliere: »Vielleicht stellen *wir* uns heute *genauso* an? Gewiß, für uns hat ein Hubschrauber nichts Mythologisches an sich. Aber vielleicht landeten vor Jahrtausenden Ufos im alten Israel, Raumschiffe oder Zubringerschiffe, gingen in die Schriften des Alten Testaments ein – und wir erstarren in der Kirche vor Ehrfurcht, wenn der Pfarrer diese biblischen Ufo-Berichte religiös interpretiert und dazu ein möglichst frommes Gesicht macht. Ich denke dabei an die von *Ezechiel* beschriebene Begegnung mit Außerirdischen. Sehen Theologen heute die Ezechieltexte genauso falsch wie sogenannte Primitive zum Beispiel Hubschrauber als Mythenwesen fürchteten? Ich meine, wir müssen alles tun, um uralte technische Texte – wie die des Ezechiel – von frommer Verehrung zu befreien. Und das gilt für alle biblischen Texte. Wir dürfen bei Ezechiel nicht Halt machen!« Und wenn ich so spreche, siehe da, dann wird da und dort Empörung laut. Wie kann man es wagen, das zu vergleichen? Hier, auf der einen Seite: der Primitivling, ein wahrer Tölpel. Hält einen Hubschrauber für ein Tier mit eisernen Schwingen und gläsernen Glotzaugen. Dort: der andächtige, zivilisierte Fromme. Da fabuliert beispielsweise *Hiob* (Kapitel 37, Vers 22): »Von Norden kommt *goldener Schein*, um Gott her *ist schrecklicher Glanz*.« Nicht minder Furcht einflößend geht es bei *Jesaja* zu (66,15). Da ist »Gott« ausgerüstet mit Wagen, die als *»wirbelnder Sturm«* beschrieben werden. Ich erinnere: Hubschrauber – wirbelnder Sturm? Und selbst wenn das Furcht einflößende Moment fehlt, bleiben die Wagen, etwa in Psalm 104 (Verse 3 und 4): »Du fährst auf den Wolken wie auf einem Wagen und kommst daher auf den Fittichen des Windes und machst Winde zu deinen Boten und Feuerflammen zu deinen Dienern.«

Wer garantiert, daß Ihre Neudeutung der Bibelschriften richtig ist? Wer kann mit Sicherheit behaupten, daß in den alten Texten tatsächlich von Außerirdischen die Rede ist? Gewiß, es wurde in Kreisen der *Prä-Astronautik* manches übertrieben, mancher legendäre, mythologische Text wurde als präzise Beschreibung ausgegeben, ohne daß es für eine solche Umdeutung wirklich greifbare Belege gab. Aber meiner Meinung nach kann es *keinen* Zweifel geben: Die von mir zitierten Passagen aus dem Alten Testament sind Erinnerungen an Begegnungen mit Außerirdischen, sind Reste von Beschreibungen, die wir heute Ufo-Berichte nennen würden. Nur daß moderne Ufo-Erlebnisse kaum in der Kirche verlesen und theologisch gedeutet

Bild 36: Raumschiff-Rekonstruktion nach den Beschreibungen des Bibel-
propheten Ezechiel.

werden. Nehmen wir an, ein Gebraus ertönt am Himmels-
zelt, Wolken tun sich auf, das Gebraus schwillt mächtig
an – ein Ufo erscheint. Kein heutiger Christ wird mehr sagen, da erscheine Gott. Aber wie viele heutige Christen
würden sich dann an Psalm 104 erinnern, wo von »Gott«
die Rede ist, der auf Wolken fährt, auf den Fittichen des
Windes daherkommt, der die Winde zu seinen Boten
macht, die Flammen zu seinen Dienern? Die technischen
Fakten übersteigen heute noch das Fassungsvermögen eines Durchschnittsmenschen, der biblische Zeuge ver-
schwendete auf Technika gar keinen Gedanken. Für ihn
war das Ufo am Himmel Gott. Für ihn konnte es nur Gott
in seinem Fahrzeug sein, das Feuer ausstieß und Wind
erzeugte. Denn wer anders als Gott hat Einfluß auf die
Naturgewalten?

Stichwort »moderne Ufos«: Was halten Sie davon?
Daß es Ufos gibt – unbekannte fliegende Objekte –, halte ich für bewiesen. Was die Dinger sind – ich weiß es nicht mit Sicherheit. Aber eines ist bemerkenswert: Vor Jahrtausenden griffen Beobachter zu Vergleichen mit der Natur, um Ufos zu beschreiben. Bei dieser Methode sind auch jene Wissenschaftler geblieben, die bis heute Ufos ablehnen. Ufos sind demnach keineswegs Raumschiffe aus den Tiefen des Weltalls, sondern Kugelblitze, Sterne oder Planeten, die nur in der Fantasie der Beobachter jene bekannten Ufo-Flugbewegungen ausführen. Ist es nicht irgendwie beschämend, daß zwar Jahrtausende verstrichen sind seit den biblischen »Ufos«, die Vergleiche aber dieselben geblieben sind? Es ist doch an der Zeit, daß wir von heutigem Wissen, unserem technischen Background, Gebrauch machen. Wir kennen feuerspeiende Antriebsdüsen von Raketen, wir wissen, daß da kein Gott, sondern eine Rakete gen Himmel startet, daß da ein Antrieb »läuft« und kein »Gott« Blitze sich zu Boten macht.

Würde eine Bestätigung außerirdischer Besuche in der Vorzeit Probleme für Kirche und Theologie bringen?
Die Kirche hat einen großen Magen, sie verdaut alles. Früher wurden Andersdenkende gefoltert und verbrannt. *Giordano Bruno* etwa sprach von unzähligen bewohnten Welten im All – er wurde am 17. Februar 1600 in Rom verbrannt.

Als im August 1996 heftig diskutiert wurde, ob denn Marsmeteorit ALH-84001 tatsächlich beweise, daß es zumindest primitive Lebensformen auf dem Roten Planeten gegeben hat und vielleicht noch gibt . . . als vermeldet wurde, daß Raumsonde »Galileo« Eis auf Jupitermond »Europa« geortet habe, woraus zu schließen sei, daß es sehr wahrscheinlich auch auf dem Jupitermond zumindest primitive Lebensformen gibt . . . da hielten sich Kirchenvertreter seltsam bedeckt oder machten Witze.

So spottete *Hannes Schoeb*, Sprecher der Evangelischen Kirche Deutschlands: »Wir haben, was den Umgang mit Außerirdischen angeht, noch nicht debattiert. Doch sobald das erste grüne Männchen vor der Kirchentür steht, holen wir das nach!« Schon bei einem früheren Interview, das Sie 1979 mit mir führten, Herr Habeck, sagte ich: »Ich bin davon überzeugt, daß die Kirche die Außerirdischen in ihr Schöpfungsbild einbauen, sie als andere Geschöpfe Gottes bezeichnen wird.« Im August 1996 ließ der Sprecher der Deutschen Bischofskonferenz, *Rudolf Hammerschmidt*, verlautbaren, die Kirche habe ja gar nichts gegen Außerirdische. Ihre Aufgabe sei es, der Erbsünde sozusagen entgegenzuwirken. Die Kirche gebe es, weil die durch den ersten Menschen, *Adam*, in Sünde gefallene Menschheit erlöst werden mußte und weiterhin erlöst werden muß. Und *»Der Spiegel«* faßte in seiner Ausgabe 34/1996 zusammen: »Unstrittig ist inzwischen nicht nur unter Theologen und Kirchensprechern, sondern sogar für den gestrengen Glaubenswächter *Johannes Paul II.*, daß Leben im Weltall, wo immer es existieren mag, der Christenlehre nicht widerspricht. Denn, so die simple theologische Argumentation: Da Gott das gesamte Weltall erschaffen hat, ist alles, was dort irgendwo kreucht und fleucht, auch von ihm gemacht und mithin gut.« Für meinen Geschmack zuviel um den heißen Brei herumgeredet: Wenn die Erbsünde ein biologischer Rückfall war, eine Paarung von Menschen mit nicht von den Göttern gentechnisch mutierten Artgenossen, dann fällt die »Leere« von der Erbsünde in sich zusammen. Ein Opfertod Christi wird unsinnig. Übrigens: Was ist das für ein allwissender Gott, der den Menschen macht und da-

Bild 37: Noch voller Geheimnisse: die Osterinsel.

bei weiß, daß er Sünden begehen wird, um ihn dann zu bestrafen und zu verfluchen. Schließlich will dieser Gott auch noch, daß sein eigener Sohn stellvertretend für die Menschheit grauenvoll am Kreuz stirbt?

Was müßte sich alles ändern, damit wir unsere Vergangenheit besser verstehen lernen? Haben Sie ein Erfolgsrezept parat?
Es ist endlich an der Zeit . . . erstens, daß uralte biblische und sonstige heilige Schriften auf Technika überprüft und durchforstet werden. Religiöses Schrifttum wird um so imposanter erscheinen, je mehr es von falsch verstandenen Technika befreit sein wird. Es ist . . . zweitens . . . an der Zeit, daß Vergleiche angestellt werden zwischen Ufo-Berichten von heute und solchen, die vor Jahrtausenden aufnotiert wurden. Es ist . . . drittens . . . an der Zeit, daß Theologen ernsthaft darüber nachdenken, wel-

361

che Konsequenzen gezogen werden müssen, wenn tatsächlich in Teilen biblischer Schriften *nicht* Gott, sondern Ufos beschrieben werden. Ich bin davon überzeugt, daß sich diese Erkenntnis in der Öffentlichkeit durchsetzen wird. Die Kirche gab schon einmal ein unrühmliches Bild ab, als sie auf der Scheibengestalt der Erde beharrte. Sie schadet sich selbst, wenn sie falsche Traditionen aufrechterhält. Denn wenn einmal die Öffentlichkeit akzeptiert hat, daß in der Bibel Ufos beschrieben werden, wird man die Theologen fragen: Warum habt ihr uns das verschwiegen? Warum habt ihr uns belogen? Theologen sollten Mut zur Erkenntnis beweisen, sich aktiv forschend mit den »Astronautengöttern« auseinandersetzen. Die Kirche hat die Blamage mit der falschen Lehre von der Erde als Scheibe überlebt. Ob sie eine zweite, mindestens ähnliche Blamage heute überstehen wird? Ich wage es zu bezweifeln. Die Kirche hat viel von ihrer Autorität verloren, die Zweifel an ihr sind in der Bevölkerung groß.

Herr Langbein, stimmt es, daß Sie ursprünglich selbst Priester werden wollten? Heute suchen Sie nach Spuren der »Astronautengötter«. Wieso der Sinneswandel? Weshalb ist Ihre Theologenlaufbahn gescheitert?
Als Kind bewunderte ich unseren Dorfpfarrer, ich wollte gern auch so klug sein wie er . . . vorgab zu sein. Später las ich Däniken und war begeistert. Ich wollte selbst forschen, überprüfen, ob in der Bibel tatsächlich von Ufos und Außerirdischem die Rede ist. Ich wollte die Originaltexte übersetzen können . . . und studierte Theologie. Je länger, je gründlicher ich das tat, desto klarer wurde mir, daß ich mich zusehends von den Lehren der Kirche entfernte. Ich konnte kein Pfarrer werden, weil ich nicht Dinge von der Kanzel predigen wollte, an die ich nicht

glaubte. Gläubige Menschen, die in frommer Andacht ihre Kirche aufsuchen, müssen sich darauf verlassen können: Der Pfarrer auf der Kanzel glaubt wirklich selbst, was er uns da erzählt. Meine Theologenlaufbahn scheiterte, weil ich grundlegende Lehren der Kirche nicht mehr nachvollziehen konnte.

Was sagen Sie den Kritikern, die hinter Ihren Bucherfolgen nur ein Geschäft vermuten? Wie wird man Bestsellerautor?
Wäre ich nur aufs Geschäft aus gewesen, hätte ich mein Studium abgeschlossen und bis an mein Lebensende ein schönes Salär eingestrichen. Ich wurde statt dessen Schriftsteller, weil ich mich intensiv mit den großen Geheimnissen unseres Planeten auseinandersetzen wollte. Das war eine riskante Entscheidung – nicht zuletzt auch deshalb, weil niemand sagen kann, wie man Bestsellerautor wird. Da gibt es kein Patentrezept. Denn wenn es eines gäbe, wären alle Schriftsteller Erfolgsautoren. Ich lebe von meinen Büchern, genauso wie der Pfarrer von seinem Gehalt lebt . . . oder der Bäcker und der Mann von der Müllabfuhr. Daran ist doch nichts Ehrenrühriges.

Glauben Sie an Wunder?
Ja und nein. Was uns heute noch als Wunder erscheinen mag, werden wir morgen rational erklären können. Wunder widersprechen nicht wirklich den Naturgesetzen. Das scheint nur manchmal so zu sein, weil wir noch nicht in der Lage sind, die Naturgesetze wirklich zu verstehen.

Was steckt Ihrer Meinung nach hinter den Mutter-Gottes-Visionen von Fatima?
Ich bin davon überzeugt, daß diese Erscheinungen einen sehr realen Hintergrund haben. Sie sind Kontakte zwi-

schen Menschen und einer außerirdischen Intelligenz. Religiös eingestellte Menschen neigen noch heute dazu, das scheinbar Wundersame und Unbegreifbare religiös zu interpretieren. So könnte die religiöse Deutung der Ereignisse von Fatima auf Mißverständnissen beruhen. Denkbar ist aber auch, daß außerirdische Besucher bewußt in den Gehirnen der Menschen vorhandene religiöse Bilder benutzen, um Kontakt aufzunehmen, vielleicht weil die betroffenen Menschen dann das Erlebte besser und leichter verkraften können.

Warum wird das dritte Geheimnis nach wie vor im Vatikan unter Verschluß gehalten? Gibt es dafür plausible Gründe?
Wie Sie wissen, forderte ja die »Erscheinung« selbst, daß auch das *dritte* Geheimnis öffentlich gemacht werden soll. Das ist nicht geschehen. Offensichtlich glaubt also die Kirche selbst nicht daran, daß sich in Fatima die Mutter Gottes zeigte. Sie würde sich doch sonst nicht ihren Befehlen widersetzen. Vermutlich widerspricht das dritte Geheimnis von Fatima so grundlegend den fundamentalen Lehren der Kirche, daß der Papst es nicht wagt, die Botschaft zu verkünden.

Es gibt viele religiöse Reliquien. Nicht immer sind sie echt. Der gläubige Sinn liegt dennoch tiefer. Eine der berühmtesten Reliquien ist das Turiner Grabtuch. Ihre Meinung dazu?
Meiner Meinung nach wurde verfrüht verkündet, das Grabtuch sei nicht echt. Inzwischen ist bekannt, daß Bakterien und Pilze auf Textilien die Ergebnisse von Datierungen mit der C-14-Methode extrem verfälschen können. Das Tuch kann also sehr wohl aus der Zeit Jesu stammen. Der Umgang mit dem Grabtuch zeigt, daß die Kirche nicht wissen, sondern glauben will. Das Grabtuch

könnte beweisen, daß Jesus die Kreuzigung überlebte. Dann wäre die Auferstehungsgeschichte nur ein frommes Märchen. Konsequenz: Das Grabtuch kann nicht echt sein, darf nicht echt sein. Ich traue es der Kirche zu, daß sie manipuliert hat, um die Reliquie als falsch erscheinen zu lassen. Mitte August 1996 machten die englischen Autoren *Paul Schellenberger* und *Richard Andrews* weltweit Schlagzeilen mit der Behauptung, Jesus Christus sei nicht auferstanden, sein Leichnam sei in Frankreich begraben worden. Wie reagiert die Kirche auf diese Theorie? Superintendent *Wolfgang Glade* aus Essen: »Quatsch. Wir glauben nicht an einen Leichnam, wir glauben an einen Auferstandenen.« Diese Haltung ist typisch: Glauben hat Vorrang vor Wissen. Da wundert es mich nicht, daß es massenweise zu Kirchenaustritten kommt.

In den alten Mythen und Legenden wimmelt es von »Monstern«, »Mischwesen«, »Riesen« und »Fabeltieren«. Manche Fachgelehrte meinen, solche Beschreibungen bezögen sich auf Sagen und Naturmythen ohne realen Hintergrund. Andere sehen darin »erlebte Wirklichkeiten« und erinnern an die Genforschung, die gerade dabei ist, »moderne Mischwesen« zu erzeugen. Wiederholt sich Geschichte?

Herr Habeck, da sprechen Sie einen entscheidenden Punkt an. Ich gehe davon aus, daß sich in der Tat Geschichte wiederholt. Irgendwann in grauer Vorzeit schufen außerirdische Wissenschaftler den intelligenten Menschen auf der Erde. Sie kehrten immer wieder zurück, um den Fortgang ihres Experiments zu überwachen. Sie begnügten sich nicht mit dem Produkt Mensch, sie erzeugten – wie wir von ägyptischen Historikern wissen – auch monströse Mischwesen, wohl auf gentechnischem Wege. Das machte sie in den Augen der damaligen

Menschen zu Göttern. Aus zahlreichen Überlieferungen wissen wir, daß die Außerirdischen versprachen, sie würden wieder zur Erde zurückkehren. Und genau das ist in unseren Tagen geschehen. Sie sind wieder da. Sie experimentieren wieder. Sie entführen Menschen, sezieren Tiere zu Tode – vermutlich um Genmaterial zu gewinnen. Wozu? Nach übereinstimmender Aussage vieler von Ufos entführter Menschen hat so etwas wie eine neue Schöpfung begonnen, die Kreation neuer Adams und Evas steht bevor.

Was wird dann aus uns, den »alten« Adams und Evas?
Darüber kann man nur spekulieren! Ich denke, daß die außerirdischen Besucher uns Menschen erst dann als gleichberechtigte Gesprächspartner akzeptieren werden, wenn wir uns als halbwegs intelligente Wesen benehmen. Davon sind wir aber noch weit entfernt. Wir »lösen« Konflikte immer noch mit Gewalt, durch kriegerische Auseinandersetzung, wir verpesten, vergiften aus plumper Habgier unseren Planeten, als hätten wir noch mindestens eine Ersatzerde in petto. Wir begehen im Namen der Wissenschaft schlimmste Grausamkeiten. Und so manche »Wissenschaftler« haben gegen Ende des 20. Jahrhunderts, wenn es um die Frage nach außerirdischem Leben geht, eine ähnliche Haltung wie die heilige christliche Inquisition vor rund 400 Jahren. Nach Spuren außerirdischer Präsenz suchen sie nicht, da es derlei ihrer Überzeugung nach nicht geben kann, nicht geben darf. Kurz, der Mensch dürfte den Besuchern aus dem All kaum als geistig hochstehendes, intelligentes Wesen erscheinen.

Zum Abschluß noch eine grundsätzliche Frage: Warum ist es Ihrer Meinung nach wichtig, zu erfahren, ob unser Planet

Erde vor Jahrtausenden von Außerirdischen besucht wurde?
Die Erde wird seit Jahrtausenden von Außerirdischen besucht. Wenn wir wissen wollen, was wir »morgen« von ihnen zu erwarten haben, müssen wir versuchen herauszufinden, wie sie sich »gestern« uns Menschen gegenüber verhielten.

Stolpersteine und Lösungskisten

Computerfachmann Dipl.-Bibliothekar Ulrich Dopatka
und die Chancen in der Technologie

> *»Die ungelösten Probleme erhalten einen Geist lebendig und
> nicht die gelösten.«*
>
> Erwin Guido Kolbenheyer (1878–1962), Dramatiker und
> Schriftsteller

Die Mythen und Legenden verschiedenster Kulturkreise
erzählen vom Besuch der *»Götter«*, die einst vom Himmel
gestiegen sind. Wer waren diese überirdischen Wesen?
Geister? Dämonen? Oder waren diese als »Götter« verehrten Geschöpfe in Wahrheit *Astronauten* fremder Pla-
netensysteme? Erhielt die Erde tatsächlich in prähistorischen Zeiten Besuch aus dem Weltall?

Provokante Fragen, die durch die Bücher *Erich von
Dänikens* und anderer kühner Autoren an Popularität
gewonnen haben. Kaum ein anderes Thema hat die Fantasie der Menschen seither mehr beflügelt. Viele verbannen den Besuch der »Astronautengötter« dennoch
ins Reich der Utopie. Andere dagegen suchen nach
stichhaltigen Indizien und verweisen auf uralte Überlieferungen und Aufzeichnungen, die »Raumfahrtelemente« enthalten. Rätselhafte archäologische Funde und
Bauten werden ebenso in die Indizienkette aufgenommen wie erstaunliche Kenntnisse und seltsame Rituale
von Eingeborenen. Die geografische Globalität der »mysteriösen, kulturellen Phänomene« ist dabei nur *eine* Dimension. Auch quer durch die Jahrhunderte bis hin zur
Gegenwart werden ähnliche Geschichten von »überna-

türlichen Mächten« und »kosmischen Besuchern« er-zählt.

Die Suche nach Beweisen für mögliche außerirdische Impulse in grauer Vorzeit lassen sich unter dem Begriff *Prä-Astronautik* oder *Paläo-SETI-Forschung* zusammen-fassen. Einer der profundesten Kenner und Vertreter die-ser Fachrichtung ist der Schweizer Diplombibliothekar **Ulrich Dopatka**.

Er ist heute international als selbständiger Berater für Bibliothekarsysteme sowie als EDV-Spezialist bei der Uni-versitätsbibliothek Bern tätig. Dopatka verfaßte ver-schiedene Sachbücher, zuletzt fungierte er als Herausge-ber der Anthologie *»Sind wir allein?«*. Dopatka ist auch Mitautor bei verschiedenen Lexika, darunter *»Lexikon der Pseudonyme«* und *»Man soll es nicht für möglich hal-ten«*. Seit 1970 hat er in zahlreichen Publikationen mitge-holfen, Spuren für die von Erich von Däniken etablierte Theorie zu sammeln, in der Vorzeit seien menschenähnli-che »Sternengötter« auf der Erde gelandet und hätten die alten Kulturen beeinflußt. In einem Düsseldorfer Verlag begründete und editierte er die populärwissenschaftli-che Sachbuchreihe *»Ulrich-Dopatka-Dokumentation«*. Pe-nibel genau recherchierte er auch im Online-Fundus des rasch wachsenden Internets Material zu vielen Indizien. Parallele Bereiche wie die Ufo-Diskussion und grenzwis-senschaftliche Forschungen wurden dabei nie aus dem Auge gelassen. Schon 1979 erschloß der literarische »Ufo-Detektiv« dieses Indiziengeflecht lexikalisch im *»Lexikon der Prä-Astronautik«* (Neuauflage 1992, *»Lexi-kon der außerirdischen Phänomene«*) und aktualisierte es 1995 auf einer interaktiven CD-ROM (*»Kontakt mit dem Universum«*) mit sogenannter *Hypertext-Methodik*. In sei-nem jüngsten Lexikon *»Datei X – Online zu den ungelösten Rätseln dieser Welt«* dokumentierte Dopatka 1996 die

Bild 38: »Lexikonreif«: Bibliothekar Ulrich Dopatka.

weltweiten Internet-Zugänge zu neuen, parawissenschaftlichen Informationsquellen. Welche Rolle hierbei die Ufos unserer Tage spielen und ob die neuen Computertechnologien Fluch oder Segen bringen, erklärt uns der Autor im folgenden Interview.

Herr Dopatka, was versteht man unter dem Begriff »Prä-Astronautik« oder »Paläo-SETI«?
Seitdem *Erich von Däniken* für die Popularisierung der Theorie seiner »Götterastronauten« sorgte, fragten sich die Leser seiner Bücher und viele Experten, unter welchem Begriff man die »Von-Däniken-Theorie« in der Forschung etablieren könnte. Es ging und geht im Prinzip um Weltraumfahrt der *Vergangenheit*, um Astronautik also in der Vorzeit. Die lateinische Vorsilbe »prä«, zum Beispiel bei »Prä«historie, ist der breiten Öffentlichkeit geläufig. Noch heute hat sich deshalb der Begriff »*Prä-*

Astronautik« als allgemein verständliche Umschreibung erhalten, und man kann getrost populäre Literatur unter diesem Begriff zusammenfassen. Parallel dazu wurde in der modernen Astronomie das von der NASA geförderte Projekt »SETI« (Search for Extraterrestrial Intelligence – Suche nach außerirdischen Intelligenzen) gegründet. Radioastronomen suchten und suchen dabei nach gegenwärtigen Signalen und Beweisen für die E.T.s.

»SETI« wurde in der wissenschaftlichen Welt zum Begriff. Verbunden mit der altgriechischen Vorsilbe »paläo«, die auch »vor« bedeutet, stufen wir heute wissenschaftliche Veröffentlichungen und Forschungsprojekte in diesem Sektor unter dem Begriff »Paläo-SETI« ein. Der Naturwissenschaftler *Dr. Johannes Fiebag* war der erste, der diesen Terminus gebrauchte. Jahre vorher etablierte sich durch mein »Lexikon der Prä-Astronautik« der populäre Begriff. Im Grunde geht es bei beiden um das *gleiche*. Und das ist auch wichtig. Sowohl Laien wie auch geistes- oder naturwissenschaftlich orientierte Forscher sollen sich bemühen, mehr Fakten und Indizien für die »Götterastronauten« zu sichten. Beiden Gruppen gibt die 1973 durch den in Chicago lebenden Anwalt *Dr. Gene M. Phillips* gegründete »Ancient Astronaut Society« (übersetzbar mit »Gesellschaft zur Erforschung der Vorzeitastronauten«) die Möglichkeit, ihre Entdeckungen und Forschungen zu veröffentlichen. Kooperation ist angesagt.

Wie kann sich der interessierte Laie an der Suche nach außerirdischen Hinterlassenschaften beteiligen?
Am besten wendet er sich direkt an die »Ancient Astronaut Society«, heute eine weltweite Organisation, die ihrem Status nach ohne Profit arbeiten muß und bereits mit einer etwa zehntausend Mitglieder umfassenden

deutschsprachigen Sektion aufzuwarten vermag. Entweder schreibt man an »*AAS, Postfach, CH-3803 Beatenberg, Schweiz*« oder sendet ein Fax an die Nummer *Schweiz/33841-2081.* Von immer wichtigerer Bedeutung wird seit kurzem die eMail-Adresse der AAS *(aasworldwide@access.ch),* an die man auch in deutscher Sprache schreiben kann! Bitte aber immer die Postadresse angeben. So erhält man weitere Informationen, wie man mithelfen kann, das wohl größte Rätsel der Menschheit zu lösen.

Zu den Geheimnissen dieser Welt zählen die sogenannten Cargo-Kulte. Sie haben sich mit diesem Phänomen beschäftigt. Was versteht man darunter, und warum werden diese Kulte als Belege für eine außerirdische »Visite« angesehen?
Die Cargo-Kulte sind ein Riesenthema: *Mißverstandene Technologie*, Fremde, die plötzlich auftauchen, werden fehlinterpretiert und − dank ihrer Waffentechnik, dank ihrer Medizin, dank ihrer Erscheinung zum Beispiel in fliegenden Fahrzeugen und Maschinen − als *Götter* interpretiert. Geschieht der Besuch nur sporadisch, so hinterläßt er Spuren in der Erzähltradition, in der Mythologie. Dies ist ein zentrales Geschehen in der Geschichte der Menschheit: Pizarro, Cortez, Captain Cook, die Südseekontakte der US-Soldaten im letzten Weltkrieg und vieles mehr. Alles Zeitzeugen. Und: Warum nicht genauso in der fernen Vergangenheit? Wer bildete die Mythologien, die Religionen?

Herr Dopatka, haben Sie bei Ihrer Spurensuche Verbindungen zwischen Prä-Astronautik und Ufo-Forschung finden können?
Selbstverständlich! Lassen Sie mich zunächst etwas noch deutlich unterstreichen. Wie kaum eine andere For-

schung ist die Paläo-SETI-Forschung *interdisziplinär*. Das bedeutet, daß Spuren aus der Mythologie, aus Sagen und Legenden vorliegen, aber auch archäologische Fakten geprüft werden müssen. Die Völkerkunde, die Ethnologie, steuert ebenfalls ihre Erkenntnisse bei. Rätselhafte Vorgänge aus der Astronomie müssen aber genauso berücksichtigt werden wie seltsame Erkenntnisse der Genforschung, Abstammungslehre, der Paläontologie und vieles mehr. Werden die Erkenntnisse dieser Wissenschaften weltweit gesammelt, gibt es auch in der Zeit keine Beschränkung. Vernünftigerweise – einfach um der Masse an Indizien Herr zu werden – setzte ich für das *»Lexikon der Prä-Astronautik«* auch in der neuen CD-ROM-Ausgabe *»Kontakt mit dem Universum«* die Grenze 1500 nach Christus an und konzentrierte mich auf Funde *vor* diesem Zeitpunkt. Aber auch in den Jahrhunderten *nach* dem Mittelalter gab es ständig Berichte von seltsamen Himmelskörpern, von bizarren Begegnungen mit fremden, menschenähnlichen Wesen. Selbst *Johann Wolfgang von Goethe* schildert eine solche Sichtung in *»Dichtung und Wahrheit«*. Lückenlos geht es weiter in die Gegenwart. Oft sind die Berichte religiös gefärbt, und man hat den Eindruck, als passe sich der Himmelsspuk dem Zeitgeist an. Dr. Johannes Fiebag baut darauf seine Theorie vom *»Mimikry«*-Verhalten außerirdischer Mächte auf. In der Gegenwart spitzen sich die Ufo-Berichte zu. Rein quantitativ zu viel, als daß ich sie überblicken könnte. Aber ich würde mich über einen, über einen einzigen echten Ufo-Beweis außerordentlich freuen. Denn wenn dieser Beweis geführt werden würde, würden automatisch auch die Paläo-SETI-Forschungen in ein anderes Licht gesetzt. Das gleiche gilt umgekehrt – wenn wir beweisen, daß E.T.s in der Vergangenheit auf der Erde waren, könnten sie auch jederzeit wiederkehren. Die Mythen kennen dieses Wiederkehrversprechen der »Götter« aus dem All.

Bleiben wir gleich bei den Ufos. Hirngespinste oder Tatsachen?
Ich denke da an sehr konkrete Fälle. Ufos wurden nicht nur von mehreren Personen, sondern sehr oft von vielen Menschen gleichzeitig gesehen, von Soldatenkompanien, von Besatzungen und Passagieren von Flugzeugen usw. Außerdem sind diese Sichtungen auf Radarschirmen festgehalten – diese Dinger lügen nicht. Andere Wissenschaftler, allen voran der Harvard-Psychologe *Professor John E. Mack*, schwören darauf, daß Aberhunderte von Berichten sogenannter Entführter auf *Realität* beruhen. Was verwundert ist, daß von offizieller Seite – Militär, Politik, Wissenschaft – keine Bestätigungen kommen. Oder müssen wir da genauer hinsehen und hinhören? Neuerdings eskaliert die sogenannte *NEO-Forschung.* NEOs (Near-Earth-Objects = Nah-Erd-Objekte) werden genauer unter die Lupe genommen und ihre zum Teil gar nicht wie Meteoriten erscheinenden Flugbahnen per Computer dokumentiert.

Sie gehen davon aus, daß Ufos aus dem Weltraum kommen?
Herr Habeck, an was denken Sie denn? Daß die Chinesen, Ghadafi oder Saddam Hussain Ufos bauen?

Das nicht gerade. Es gibt aber eine Reihe ernst zu nehmender Forscher, die zur Hypothese tendieren, daß Ufos aus einer anderen Dimension oder einer Parallelwelt kommen könnten. Auch unerforschte Naturphänomene werden als Erklärung angeboten. Oder kugelblitzartige Erscheinungen. Vermutungen gibt es hier jede Menge. Könnte es sogar mehrere Lösungen für das Ufo-Rätsel geben?

Bild 39: Finden in allen Mythen und Legenden ihren Niederschlag: himmlische Wesen, die mit feurigen Schlangen oder Drachen zur Erde herab stiegen. Waren es außerirdische Besucher?

Schön, daß Sie das erwähnen. Die Welt, in der wir leben, ist schon eine der verrücktesten. Oder sollten wir sagen, der »relativsten«? Was ich meine ist, daß wir, egal in welcher Epoche oder auf welcher Stufe der Evolution wir leben, die Welt immer mit den jeweiligen, den *momentanen* Sinnen erfassen. Hier und da gibt es »Kurzschlüsse«, passieren Sachen, die außerhalb unserer Begriffswelt stehen. Was denkt ein Eingeborener, wenn er plötzlich, buchstäblich aus dem Dschungel gerissen, in einem Flugzeug über den Ozean fliegt, den er vorher nie gesehen hat? Da setzt der Verstand aus. So erginge es uns, wenn wir etwa mit Wesen konfrontiert werden würden, die imstande wären, sich zu materialisieren und zu entmaterialisieren. Eine scheinbare Geisterwelt. Und doch keine Einbildung.

Was noch fehlt, ist ein handfester Beweis für den Besuch vom fremden Stern. Gibt es ihn überhaupt?
Mehrere, davon bin ich restlos überzeugt. Allein Erich von Däniken hat in seinen zig Büchern eine Kette dieser »Perlen« aufgereiht.

Ist ein Kontakt zwischen Menschen und außerirdischen Zivilisationen in Zukunft vorstellbar?
Das ganze Weltall ist ein Mosaik, eine Art gigantisches Puzzle. Überall gibt es die »lautlosen« Explosionen, und auch die Ausbreitung einer intelligenten Rasse im Kosmos gehört dazu. Wie das? Ganz einfach. Man spricht von exponentiellen Systemen, wenn sich – wie in der Biologie – Ableger bilden. Die Modelle sind längst bekannt und von der Weltraumfahrt akzeptiert: Wird ein einziger Stern erreicht (zum Beispiel mit einem Generationenraumschiff) und wird dort eine Tochterzivilisation geschaffen, die ihrerseits wieder Expeditionen mit dem Ziel der Gründung von Tochterzivilisationen startet, sind mit eins, zwei, vier, acht, sechzehn usw., wie im Märchen von den Reiskörnern auf dem Schachbrett, bald Abertausende und Millionen erreicht. Unser Sonnensystem ist eines der *zweiten* Generation, wie die Astronomen sagen. Andere könnten das »Spiel« schon längst begonnen ha-

ben. Oder wir beginnen es. Mit dieser Methode sind die Unendlichkeiten von Raum und Zeit »besiegbar«. Es wird, das ist sicher, zum Kontakt mit »den Anderen«, wie Dr. Johannes Fiebag sie nennt, kommen. Das ist sicher.

Sehen Sie den Sprung ins All als eine Notwendigkeit?
Ich bin überzeugt davon, daß sowohl Neugier als auch die Suche nach neuen Rohstoffen Grundlagen für die Erforschung des Weltalls sind.

Was, wenn uns die politische und wirtschaftliche Lage keine Chance läßt, nach den Sternen zu greifen?
Sie meinen, die Verhältnisse auf der Erde werden so katastrophal, daß, salopp gesagt, die »Kiste« explodiert? Daß wir uns selbst vernichten, bevor wir in der Lage sind, den Sprung in die Weiten des Kosmos anzutreten?

Kann man das ausschließen? Die Saurier sind auch ausgestorben.
Da bin ich sehr zuversichtlich, daß dieses Horrorszenario *nicht* eintreffen wird. Freilich, Katastrophen hat es immer gegeben und wird es auch weiterhin geben. Das ist kaum auszuschließen. Obwohl wir natürlich diese bekämpfen müssen, auch zu verhindern versuchen sollten – ausschließen, völlig unterdrücken läßt sich Derartiges nicht. Was notwendig wäre, ist eine *neue*, eine *grundsätzlich* neue Ethik und Philosophie, die auch die Technik an sich als *natürlich* betrachtet. Technik – egal ob Waffentechnik, Verkehrstechnik, Informationstechnik, aber auch Physik, Chemie etc. – wird zu Unrecht verteufelt. Dabei gehört sie zum Leben, es sind unsere verlängerten Sinne, unsere »Körperteile«. Gegen Kleidung hat niemand etwas – sie schützt (auch als eine Art Technik) unseren Körper vor der Witterung. Ein Raumschiff ist auch

»Kleidung«, schützt uns wie der Panzer einer Schildkröte vor der Weltraumkälte oder vor der Gefahr von Meteoriten. Technik *ist* Natur, behaupte ich. Und Technik läßt sich nicht zurückdrehen. Soll auch gar nicht sein. Ein Schornstein raucht, der Dampf qualmt, giftige Gase werden frei. Deswegen die Fabrik abreißen? Im Gegenteil, Technik ist verlangt, Filtertechnik vielleicht oder andere Produktionsmethoden! Vielleicht zusätzlich die Kombination von der Umleitung des Dampfes zur Heizung.

Sind mit der Entwicklung fortschreitender Technologie nicht auch Probleme verbunden, wenn man etwa an die Beseitigung des Atommülls denkt?
Probleme? Mit genügend *Fantasie* gibt es diese nicht. Fantasie schafft neue Wege. Warum schießt man Atommüll nicht in die Sonne, wo er ungefährlich verpufft? Ich glaube, Erich von Däniken war es, der einmal gemeint hat, die ganze Welt bestünde aus Kisten. Problemkisten und Lösungskisten. Über die einen wird ständig gestolpert und geredet. Zu selten sieht oder gar öffnet man auch einmal die Lösungskisten. Vielleicht sollten wir von den Ufos und der Spitze des Eisberges, den wir bis jetzt von außerirdischen, intelligenten Wesen wissen, lernen. An Ideen und Fantasie mangelt es mir und vielen anderen Zeitgenossen nicht. Und, auch deshalb bin ich optimistisch, die Öffentlichkeit denkt um. Ufos und das »Undenkbare« werden langsam zur Selbstverständlichkeit.

Ist nur zu hoffen, daß die Technik den Menschen nicht völlig überrennt.
Noch einmal: Wir *sind* die Technik . . .

Und wohin steuert die Evolution?
Gemäß der Fachliteratur scheint sich – auch dank inte-

grierend wirkender Informationstechnologie – eine Art *Überorganismus* zu entwickeln. Also kein Ameisenstaat. Mehr eine Art *Gehirn*.

Wenn schon nicht offiziell auf der Erde, im Internet sind die Ufos heimisch geworden. Wie sehen Sie diese Entwicklung?
Herrlich! Ich bin begeistert! Mehr davon! Und außerdem werden die Gleichgesinnten miteinander in Verbindung stehen. Wie in meinem Buch »Datei X« beschrieben.

Für die Cyberwelt nicht letztlich zur Vereinsamung des Menschen?
Nein, auf keinen Fall. Ich freue mich jetzt schon auf die Partys in der virtuellen Welt.

Wie steht es dann mit Traum und Wirklichkeit? Verschwimmen denn nicht diese Begriffe zunehmend ineinander? Wird man in Zukunft weiterhin zwischen Fantasie und Realität zu unterscheiden wissen?
Realität in jeder Form ist und bleibt »das Größte« – nur in der Realität setzt man Ideen und Kontakt »real« um. Die »Traumwelten« sind Anregungen, fantastische Anregungen. Spielplätze, ähnlich wie in unserem Kopf »künstliche Welten« ablaufen. Während einer konzentrierten Arbeit kann sich das Gehirn durchaus das leckere Abendessen oder was danach kommt, vorstellen. Ich sehe keinen Widerspruch. Ganz im Gegenteil.

Viele Menschen haben bei der Vorstellung von »denkenden Maschinen« ein ungutes Gefühl. Sind solche Roboter gefährlich?
Denkende Maschinen? Her damit! Ich freue mich auf eine Auseinandersetzung. Und bitte keine Panik: Wir bleiben die Chefs.

Es gibt eine These, die uns Menschen als eine Art Gefangene in einer künstlichen Cyberwelt glaubt. Was halten Sie als EDV-Spezialist von dieser Idee?

Das müßte ein wirklich tolles Programm sein, das hier abläuft. Ähnlich wie beim bekannten Disney-Kinofilm, der dies zum Thema hatte, möchte ich gerne den Programmierer kennenlernen. Vorstellbar ist grundsätzlich alles, und ausschließen darf man nichts. Ratschlag von mir an die anderen »künstlichen« Erdlinge: Forschung *intensivieren*. Vielleicht geht es uns wie einem Programm, das sich selbst einen Virus programmiert und damit den »Big Boss« auf den Plan ruft.

Zum Schluß noch eine Frage an den Computerfachmann: Wenn Sie, Herr Dopatka, einen Supercomputer vor sich hätten, der alle Fragen des Universums beantworten könnte, was würden Sie ihn fragen?

Was glaubst du, was ich dich fragen werde, lieber Supercomputer?

Donnervögel im alten Indien

Sanskritgelehrter Prof. Dr. Dileep Kumar Kanjilal und die heiligen Bücher seiner Ahnen

>*»Die Sternenwelt ist mit Wesen übersät, die uns dermaßen überlegen sind, daß wir sie in Hinblick auf die von Göttlichkeit gehegte Vorstellung als Götter bezeichnen können.«*
>
> François-Marie Voltaire († 1778), französischer Schriftsteller und Philosoph

Wissenschaftler in Indien schütteln den Kopf, können es nicht fassen, daß in der klassischen *Sanskrit*literatur die Mechanik und der Gebrauch »fliegender Maschinen« beschrieben wird. Aber genau das ist in den ältesten indischen Überlieferungen, die bis 4000 vor Christus zurückreichen, aufgezeichnet worden. »Manchmal stand es am Boden, dann flog es am Himmel, dann wieder verharrte es kurz auf dem Gipfel eines Berges, um gleich darauf wieder auf der Oberfläche des Wassers zu erscheinen«, erfährt man in der Sanskritschrift *Simad Bhagavatam*. »Das wundersame Gefährt«, so heißt es weiter, »bewegte sich am Himmel wie ein Glühwürmchen im Wind – es blieb keine Sekunde lang am gleichen Ort.« Ebenso lesen wir im *Rigveda* von »fliegenden Streitwagen«, *ratha* genannt. Oder im *Yajurveda* von »vogelähnlichen Flugwagen«, die man als *Vimana* bezeichnete. Es gibt unzählige solcher Textstellen. Erzählen diese Mythen von Ufo-Erlebnissen aus der Vorzeit?

Der Sanskritgelehrte **Professor Dr. Dileep Kumar Kanjilal** aus Kalkutta kennt die altindischen Originaltexte, hat sie untersucht und überprüft. Er ist davon überzeugt, daß die vorhandenen Fakten Wissenschaftler in aller Welt zum Nachdenken zwingen werden. Er hat an mehreren Universitäten unterrichtet und ist zur Zeit Professor am »West Bengal Senior Educational Service«. Kanjilal zählt zu jenen Wissenschaftlern, die jene in den prähistorischen Quellen entdeckten *Raumfahrtelemente* nicht länger belächeln. Vielmehr sei es notwendig, so der Schriftgelehrte, die alten Legenden *technisch* zu filtern.

Bei unserem Interviewtermin im Züricher Hotel Nova-Park machte mich der indische Sanskritexperte mit der wahren Bedeutung der mythischen »Donnervögel« vertraut. Dabei erfuhr ich von einer spektakulären Ufo-Erscheinung, bei der Prof. Kanjilal selbst Augenzeuge gewesen war.

Herr Professor Kanjilal, gibt es in der Sanskritliteratur tatsächlich Beweise für technologisches Wissen im alten Indien? Welche Belege können Sie für eine außerirdische Visite vorlegen?
Einen handfesten Beweis kann ich Ihnen nicht anbieten, wohl aber eine Anhäufung konkreter Indizien in zahlreichen Überlieferungen. Hinweise, die wir einfach nicht länger ignorieren dürfen! In den ältesten indischen Schriften, den *Veden*, wimmelt es nur so von Beschreibungen über »fliegende Apparaturen«. Zwei Beispiele aus dem *Mahabharata*-Epos, da heißt es: »Auf Ramas Befehl stieg der herrliche Wagen mit gewaltigem Getöse zu einem Wolkenberg empor.« Und an anderer Stelle: »Bhima flog mit seiner *Vimana* auf einem ungeheuren Strahl, der den Glanz der Sonne hatte und dessen Lärm wie das Donnern eines Gewitters war.« Meiner Ansicht nach sind das, so unfaßbar das für manche Menschen

auch klingen mag, tatsächlich Schilderungen einer prähistorischen Raumfahrt.

Die in den alten Texten beschriebenen »Vimanas« sind demnach raumschiffähnliche Gefährte?
Wenn man den alten Texten Glauben schenkt, ich jedenfalls sehe keinen Grund daran zu zweifeln, dann muß es sich wirklich um technische Geräte gehandelt haben. Im *Samarangana Sutradhara* werden die Vimanas deutlich als Maschinen beschrieben, »mit deren Hilfe Menschen in die Lüfte fliegen und himmlische Wesen auf die Erde kommen konnten«. Ein Sanskrittext des *Drona Parva* schildert es noch präziser, dort lesen wir: »Vimanas, die fliegenden Maschinen, hatten kugelähnliche Gestalt und flogen durch die Luft dank dem Quecksilber, das einen heftigen, vorwärts treibenden Wind erzeugte. Die Männer, die in Vimanas saßen, konnten so große Entfernungen in wunderbar kurzer Zeit zurücklegen. Der Steuermann konnte die Vimana nach seinem Willen lenken; er konnte von unten nach oben, von oben nach unten, vorwärts und rückwärts fliegen.« Und im *Ramayana* ist schriftlich festgehalten: »Das Vimana ist unbehindert in seiner Bewegung, von gewünschter Geschwindigkeit, unter völliger Kontrolle, dessen Bewegung ständig dem Willen desjenigen unterworfen ist, der es fliegt, ausgestattet mit Fenstern in den Gemächern und vorzüglichen Sitzen.«

Erinnern diese Fluggeräte an Ufo-Erscheinungen?
Nein, ganz bestimmt nicht! Die im *Mahabharata* und im *Ramayana* beschriebenen Flugobjekte sind ganz spezielle und komplizierte Apparaturen. Nicht ohne Grund bezeichnete man sie als »Donnervögel« oder »fliegende Monster«, die sich mit viel Lärm und Aufsehen in der

Bild 40: Rekonstruktion nach den Angaben altindischer Überlieferungen. So könnten sie ausgesehen haben, die Götterfahrzeuge aus der Antike.

Luft fortbewegten. Die Ufos der Neuzeit haben hingegen eine andere Struktur.

Haben Sie eine Erklärung für das Ufo-Rätsel?
Daß diese Phänomene existieren, wissen wir. Was sie sind, können wir heute noch nicht mit Sicherheit sagen. Übrigens war ich im Juni 1979 selbst Augenzeuge einer außergewöhnlichen Himmelserscheinung. Im Norden von Bengali sah ich ein seltsames Objekt, das sich mit unglaublicher Geschwindigkeit bewegte und wirklich dem Aussehen typischer Ufo-Beschreibungen glich. Später erfuhr ich, daß das unbekannte Flugobjekt beinahe eine Katastrophe verursachte. Der durch das Ufo entstandene

Luftdruck riß beim Überfliegen eines Schulgebäudes das gesamte Hausdach herunter. Verletzt wurde aber zum Glück niemand.

Gibt es für diesen Ufo-Zwischenfall noch andere Augenzeugen?
Ja! Es gab viele Zeugen, die voller Verblüffung das Ufo gesehen haben. Auch die Medien, Tageszeitungen und Fernsehen, brachten ausführliche Berichte über den Vorfall. Allerdings mit dem mageren Ergebnis, daß man bis heute eben nicht weiß, was das Ufo war, woher es gekommen ist und welchen Auftrag es hatte. Ich weiß es leider ebensowenig, kann aber mit Bestimmtheit behaupten, so etwas nie zuvor in meinem Leben gesehen zu haben.

Soll man das Phänomen weiter erforschen?
Ich gehe sogar weiter und sage: Die Suche nach Beweisen für außerirdische Götter im Altertum sollte auch die Erforschung der Ufos beinhalten. Gewisse Zusammenhänge in beiden Forschungsbereichen sind erkennbar. Auch wenn es unterschiedliche Beschreibungen der Flugkörper gibt, so spricht in beiden Fällen vieles dafür, daß wir es mit einer fremden Intelligenz zu tun haben, die hinter diesen Phänomenen steckt. Beides ist wert, näher überprüft zu werden, weil daraus neue Erkenntnisse für die Wissenschaft und unsere Zukunft erbracht werden könnten.

Eine Frage muß ich noch stellen, Herr Professor: Sie haben in Sanskrittexten Beschreibungen von »Göttern« und ihren Fluggeräten gefunden, die Ihren Studien zufolge außerirdischen Ursprungs sein könnten. Was sagen Ihre Kollegen zu dieser fantastischen Interpretation?
Eine interessante Frage, Herr Habeck. Sie ist eng mit dem

nationalen Glauben und der Religion Indiens verknüpft. Ich möchte aber doch sagen, daß die Mehrheit der indischen Wissenschaftler meinen Theorien sehr aufgeschlossen gegenübersteht. Das liegt vor allem daran, daß ich die prähistorischen Schriften kenne, sie studiert habe und imstande bin, alte Mythen zu übersetzen. Als ich begonnen hatte, die Sanskriterzählungen *technologisch* auszulegen, sprang der Funke auch auf andere Wissenschaftler über. Sie studierten die alte Literatur mit Begeisterung. Inzwischen haben sich auch mehrere Techniker der Thematik angenommen und sind meinen Erklärungen durchaus nicht negativ eingestellt. Freilich gibt es Wissenschaftler, die nur den Kopf schütteln, denen die Worte fehlen oder die perplex sind. Das sind aber auffallenderweise immer jene, die keine Informationen über den Inhalt der Sanskritliteratur besitzen. In Indien gibt es in der modernen Wissenschaft einen Wechsel, viele ändern ihre ablehnende Meinung, nachdem sie meine Übersetzungen geprüft haben. Faßt man alle bisherigen Erkenntnisse über Technologie, die Mythen, die Sanskrittexte und die Kritiken zusammen, muß der nüchterne Betrachter zu der Überzeugung gelangen, daß die »Götter« nicht irdischer Herkunft sind, sondern vor Jahrtausenden von den Sternen zur Erde gekommen sind. Das ist uns schriftlich überliefert. Wir sollten es endlich zur Kenntnis nehmen!

Kosmische Geheimnisse im Reich der Sonnengötter

Forschungsreisender Wolfgang Siebenhaar in den Fußstapfen von Riesen und andere Seltsamkeiten

»Das schönste Glück des denkenden Menschen ist, das Erforschliche erforscht zu haben und das Unerforschliche ruhig zu verehren.«

Johann Wolfgang von Goethe (1749–1832), Dichter und Naturwissenschaftler, in »Maximen und Reflexionen« (Nachlaß)

»Ich bin immer neugierig gewesen«, sagt *Dr. Maria Reiche*, die deutsche Mathematikerin und Astronomin, die mehr als ihr halbes Leben damit verbracht hat, hinter die Geheimnisse der Scharrbilder von *Nazca* zu kommen. Die Linien und Tierbilder auf der Hochebene Perus haben gewaltige Ausmaße, die nur aus der Luft betrachtet in ihrer gesamten Struktur erkennbar sind. Maria Reiche, die große alte Dame von Nazca, deutet diese Figuren als astronomischen Kalender. »Natürlich werden wir niemals alle Antworten kennen«, schränkt sie ein und ergänzt schmunzelnd, »und so gehört sich das auch für ein ordentliches Rätsel.« Was sind und was bedeuten diese ungewöhnlichen Darstellungen? Wer hat sie angefertigt, wann, wie und warum? Seit *Erich von Dänikens* Bestseller *»Erinnerungen an die Zukunft«* spekulieren angelockte Besucherströme über angebliche Landebahnen für Außerirdische. Tatsächlich sehen die vielen Figuren und schnurgeraden Linien, vom Flugzeug aus betrachtet, wie ein gigantischer Flughafen aus. Die mystischen Bodengravuren sind aber nicht die einzigen ungelösten Rätsel in dieser Region. In Süd- und Mittelamerika, dem untergegangenen Reich der Maya, Inka, Azteken und Tolteken, begegnet man einer Fülle archäologischer Geheimnisse, für die bis heute selbst von wissenschaftlicher Seite plausible Erklärungen fehlen. Verlassene Ruinenstädte, gewaltige Steinmonumente, Pyramidentempel, Götterkulte, mysteriöse Schädeldeformationen oder die Steine von *Ica* mit ihren ungewöhnlichen Motiven beflügeln die Fantasie und erfreuen das Forscherherz.

Beim Gedanken, daß die sagenumwobenen Goldländer nach wie vor in unzugänglichen Gebieten, überwuchert vom Regenwald, viele ihrer Rätsel wahren, schlägt das Herz des Weltenbummlers **Wolfgang Siebenhaar** besonders hoch. Der gemütliche Berliner, im bürgerlichen Beruf Verwaltungsangestellter, ist seit langem in der Paläo-SETI-Forschung tätig. Er veröffentlicht die Ergebnisse seiner Studienreisen in diversen Zeitschriften, schreibt Artikel und Anthologiebeiträge in Büchern, darunter *»Das Rätsel der Piri-Reis-Karte«*, *»Gesichertes Wissen und Realitätstunnel«* oder *»Geheimnis um Oak Island«*. Siebenhaar ist redaktioneller Mitarbeiter des Fachmagazins *»G.R.A.L.«*, einer Zeitschrift, die sich den archäologischen Geheimnissen und Rätseln dieser Welt widmet. Außerdem wirkte der Globetrotter an Ulrich Dopatkas *»Lexikon der außerirdischen Phänomene«* mit. Sein besonderes Interesse gilt den Rätseln des vorkolumbianischen Südamerika. Ein Buch über die »Sonnengötter«, so verrät mir Wolfgang Siebenhaar, ist in Vorbereitung und soll demnächst erscheinen. Um 1800 wußte schon sein Landsmann *Matthias Claudius*: »Wenn jemand eine Reise tut, so kann er was erzählen.« Mancher Zeitgenosse ist schon froh, wenn er vom Reisen die heile Haut nach

Hause bringt. Wolfgang Siebenhaar begnügt sich nicht damit, ist vielmehr darum bemüht, den Schleier des Geheimnisvollen zu lüften.

Ihre Leidenschaft heißt »Südamerika«. Was interessiert Sie als Kenner so besonders an diesem Kontinent?
Mich fasziniert an Südamerika das noch immer unbekannte Land. Denn trotz aller Forschungen und gegenteiliger Behauptungen sind bis zum heutigen Tag große Teile des Kontinents weiterhin unerforscht. Man nimmt immer an, daß sich unter den grünen Weiten nichts Aufregenderes als vielleicht unbekannte Tierarten befinden. Doch da täuscht man sich meines Erachtens gewaltig. Ebenso ist die symbolische und mythologische Bedeutung zahlreicher Funde unklar.

Gibt es in südamerikanischen Legenden und Überlieferungen Indizien, die auf einen Besuch aus dem Weltall schließen lassen?
Ja, die gibt es. Neben vielen Legenden über die vom Himmel gestiegenen »Götter« gibt es auch konkrete sichtbare Spuren. Denken Sie nur an die Ebene von Nazca. Auf einem Areal von über 520 Quadratkilometern findet man seltsame, oftmals über 100 Meter große Figuren und kilometerlange Linien, die eben nur vom Flugzeug aus, betrachtet aus luftiger Höhe, in ihrer Gesamtheit gesehen werden können und wohl auch nur für Besucher vom Himmel gedacht waren. Etliche dieser Linien, die sich schnurgerade durch den trockenen Boden ziehen, lassen sich meiner Ansicht nach tatsächlich als *Landebahnen* deuten. Andere kuriose Erklärungen, wie »Wege für Langstreckenläufer«, haben mich nicht überzeugt. Darüber hinaus existieren viele rätselhafte Bauwerke, besonders aus der Vor-Inka-Zeit, die in ihrer Perfektion so ein-

malig sind, daß für mich Kontakte zu einer höheren Lebensform logisch erscheinen. Wir dürfen nicht vergessen, daß man den südamerikanischen Kulturen vor Kolumbus, also jene von Chavin, Tiahuanaco, Huari, Chimu, Moche, Recuay und Nazca, den Besitz der Schrift abspricht. Das ist aber geradezu lächerlich, wenn man sich die Präzision und astronomisch-mathematischen Kenntnisse bei bestimmten Bauwerken vor Augen führt, deren Errichtung ganz ohne schriftliche Aufzeichnungen geradezu unmöglich gewesen wäre. Überlieferungen berichten zwar von einer alten Schrift, die aber werden von orthodoxen Gelehrten nicht ernst genommen. Was für eine Arroganz!

Was macht Sie so sicher, daß es sich bei den Mythen um etwas tatsächlich Erlebtes gehandelt hat und nicht etwa um fantasievolle Märchen oder Naturmythen? Was sagen Sie den Kritikern, die hinter den Außerirdischen nur Hirngespinste erblicken?

Die südamerikanischen »Völker der Sonne« und Kulturen lebten mit diesen Überlieferungen. Sie waren ganz selbstverständlich Bestandteil ihres Lebens. Naturmythen geben kaum präzise und sinnvolle Anweisungen über den Umgang der Menschen miteinander und darüber, wie man *technische* Probleme löst. Und was die Kritiker angeht, die hinter alldem nur Hirngespinste sehen, so sollten diese einmal versuchen, ihren eigenen Hirngespinsten und Wahnvorstellungen zu entkommen, kurz gesagt aus ihrem Realitätstunnel zu fliehen, den sie sich selbst geschaffen haben.

Wenn es außerirdische Eingriffe auf der Erde gegeben haben sollte, warum hat man dann nie einen außerirdischen Gegenstand gefunden? Oder eine außerirdische Mumie?

Es kommt darauf an, ob Außerirdische, die in vorgeschichtlichen Zeiten die Erde besucht haben, überhaupt
ein Interesse hatten, etwas zurückzulassen, was wir
einwandfrei als außerirdisch identifizieren könnten.
Selbst wenn dies so wäre, wie will man das erkennen?
Würde sich ein außerirdischer Gegenstand überhaupt
deutlich von einem irdischen unterscheiden? Nur spezielle Gegenstände, etwa »Götter«-Fahrzeuge oder waf-
fenähnliche Relikte, könnte man wohl einwandfrei
identifizieren, doch Derartiges wird kaum irgendwo
schutzlos auf irgendeinem Ruinenhügel herumliegen.
Solche Hinterlassenschaften wären bestimmt an einem
sicheren Ort aufbewahrt worden. Wenn nicht, dann
wären sie sicherlich schon längst von irgendeiner Kultur »beschlagnahmt« oder vernichtet worden. Es gibt
allerdings Forscher, die zum Beispiel in der chileni-
schen *Atacama*-Wüste angeblich auf Mumien gestoßen
sind, die sie für nicht irdisch halten. Doch solange
diese Mumien nicht der Öffentlichkeit zugänglich sind,
muß ihre außerirdische Herkunft reine Spekulation
bleiben.

*Gibt es bei den alten Legenden Südamerikas Verbindungen
zur modernen Ufo-Forschung? Wie denken Sie über das Ufo-
Phänomen?*
Ob es eine direkte Verbindung von den alten Überlieferungen südamerikanischer Kulturen zur modernen Ufo-
Forschung gibt, ist derzeit noch nicht eindeutig zu beantworten. Ich persönlich halte es aber für wahrscheinlich. Das heutige Ufo-Phänomen nehme ich sehr ernst. Es
ist doch die logische Fortführung dessen, was wir schon
seit Jahrtausenden erleben. Nämlich, daß uns eine oder
mehrere (vielleicht sogar konkurrierende) Intelligenzen
beobachten und zu bestimmten Zeiten auch in ihrem

Sinne *manipulieren*, jedenfalls auf die Entwicklung der Menschheit einen entscheidenden Einfluß nahmen und nehmen. Beunruhigend für mich ist dabei der in letzter Zeit explosionsartig ausgeweitete Aktionsradius dieser fremden Intelligenz. Ich denke in diesem Zusammenhang an das Phänomen der Entführungen durch Ufos und die mögliche Schaffung von *Hybrid*wesen. Entführte, die mit fremden Wesen in Berührung kamen, erzählten davon und erhielten gewisse Andeutungen von ihren Entführern. So heißt es beispielsweise, daß »die Menschheit unfruchtbar werden wird«. Wenn man die Aussagen der Ufo-Opfer ernst nimmt, stellt sich die Frage, ob damit vielleicht in Kürze eintretende negative Ereignisse für die Menschheit angedeutet werden sollen? Vorerst bleibt aber auch dies reine Spekulation.

Haben Sie bei Ihren Reisen oder sonst einmal eine Ufo-ähnliche Beobachtung gehabt?
Zweimal hatte ich eine Erscheinung am frühen Morgenhimmel, für die ich keine Erklärung finden konnte. Ein Ufo, also ein unbekanntes fliegendes Objekt eben, nicht mehr und nicht weniger. Dabei handelte es sich jeweils um einen rötlich scheinenden Flugkörper, den ich vom Zug aus am Rande des Horizontes beobachtete, der den Zug mit einer für mich subjektiv irrsinnigen Geschwindigkeit minutenlang begleitete. Was es war, weiß ich bis heute nicht, ich war auch nicht besonders aufgeregt, als ich den Flugkörper erblickte, nur eben interessiert und neugierig. Das Objekt war jeweils viel zu weit entfernt. Eine verläßliche Aussage über den möglichen Ursprung kann ich daher nicht machen.

Einigen Legenden zufolge soll es einst Riesen gegeben haben. Es gibt auch Indizien dafür, daß es bereits zur Zeit der Sau-

rier Menschen gab, entdeckte man doch menschliche Fußspuren neben solchen von Sauriern.

Im *Paluxy River* bei Glen Rose in Texas gibt es in der Tat
Fußspuren, die denen von Menschen ähneln. Allerdings
haben sie Riesenausmaße. Sie verlaufen teilweise parallel
zu *Saurierspuren* und sind 140 Millionen Jahre alt. Die
Saurierfährten gelten nachweislich als echt. Ich selbst
habe mir die Fußspuren angesehen und mit einem sehr
alten Einwohner gesprochen, der mir bestätigte, daß die
ersten *menschenähnlichen* Fährten um die Jahrhundert-
wende entdeckt wurden, als eine große Flut Gesteins-
schichten wegriß, die bisher die Abdrücke vor der Entdeckung geschützt hatten. Da kamen Saurierfährten *und*
menschenähnliche Abdrücke zum Vorschein. Wie die
menschenähnlichen Abdrücke zu interpretieren sind,
kann noch nicht mit Sicherheit gesagt werden, daß es
sich dabei um Fälschungen handelt, halte ich aber für
ausgeschlossen. Ob es sich hierbei tatsächlich um Abdrücke von ehemaligen Riesen handeln könnte, müssen
weitere Untersuchungen klären. Sicher gibt es auch andere Erklärungsmöglichkeiten, obwohl indianische Mythen die Existenz von Riesen beschreiben.

*Auf uralten Ica-Steinen finden sich Gravuren mit Menschen
und Sauriern. Was halten Sie davon? Können das nicht alles
plumpe Fälschungen sein?*
Ich habe sie gesehen, die *Steine von Ica* aus Peru. Hier
wurden Hunderttausende Steine in verschiedenen
Sammlungen zusammengetragen, die größte und interessanteste von *Prof. Dr. Javier Cabrera*. Ein hoher Anteil
der Steingravuren sind moderne Fälschungen. Doch bestimmt gibt es auch viele echte, die nicht aus unserer Zeit
stammen und die keiner bisher bekannten Kultur zuge-
ordnet werden können. Sie zeigen, und das macht sie in

den Augen vieler eben so unglaubwürdig, Szenen mit modernen Geräten. Da sind Menschen mit Lupen abgebildet, sie haben Fernrohre in den Händen, man erkennt komplizierte Operationen, aber auch Menschen, die offenbar neben Sauriern zu sehen sind. Woher die Künstler ihre Motive hatten, bleibt unklar. Warum aber sollen sich nicht vielleicht einige wenige überlebende Riesenechsen bis in geschichtlich faßbare Zeiten herübergerettet haben? Obwohl ich den echten Steinen ein geschichtlich gesehen hohes Alter zubillige, sind die Steingravuren ganz bestimmt nicht Millionen von Jahren alt, wie uns einige Fantasten weismachen wollen, denn dann wäre von den Gravuren wohl nichts mehr zu erkennen. Die Steine von Ica können daher leider nicht als Beleg für die Echtheit der Abdrücke im Paluxy River herhalten, sondern nur für eine uns unbekannte, möglicherweise technisierte Zivilisation.

Gibt es Hinweise darauf, daß im Amazonasdschungel noch vergessene Relikte auf ihre Entdeckung warten? Schätze aus Eldorado? Alte Pyramiden? Glauben Sie, daß der Beweis für kosmische Eingriffe dort irgendwo zu finden sein wird?
Das Amazonasgebiet ist im archäologischen Sinne nahezu jungfräulich. Außer den Spuren verschiedener Indianerstämme glaubt man auch nicht viel mehr finden zu können. Ich halte das für einen großen Irrtum! Denn gerade hier gibt es deutliche Hinweise dafür, daß es im Amazonasdschungel eine hohe Zivilisation gegeben hat, von deren Ursprung wir so gut wie nichts wissen. Das reicht von der Legende des sagenhaften *Eldorado* bis hin zu Berichten der ersten spanischen Amazonasbefahrer, die uns von Städten berichten, die sie in Modelldarstellungen gesehen hätten. In verschiedenen Dörfern sollen die Spanier solche Beschreibungen von Städten vorgefunden ha-

ben. Den Einheimischen zufolge sollen diese unbekannten Städte den Beherrschern des Landes gehören.

Es gibt aus dem 18. Jahrhundert den detaillierten Bericht einer portugiesischen Expedition, in der die Entdeckung einer solchen Stadt anschaulich beschrieben wird. Wiederentdeckt wurde sie bis heute nicht. Und im Zusammenhang mit dem »deutschen« Indianer *Tatunca Nara* sind auch Gerüchte aufgetaucht, daß es im Grenzgebiet zwischen Brasilien und Venezuela riesige Pyramiden geben soll. Brasilianische Archäologen haben sich auch schon auf die Suche gemacht. Und ich kenne einen Menschen, der eine solche Pyramide, wenn auch aus großer Entfernung, selbst gesehen hat. Es besteht für mich überhaupt kein Zweifel: In Südamerika ist noch mit vielen Überraschungen zu rechnen. Da diese unbekannten Siedlungen oftmals mit überirdischen *Göttern* in Zusammenhang gebracht werden, halte ich es für wahrscheinlich, daß man hier eines Tages auch handfeste Beweise für kosmische Eingriffe finden wird. Vorausgesetzt, man ist auch bereit, danach zu suchen.

Intelligenz von den Sternen

Exobiologin Dr. Martina Steinhardt und die Rückkehr
des Doktor Mabuse

> »Allein in unserem Milchstraßensystem gibt es über eine Milli-
> arde Sonnen, die nach heutigem Stande der Wissenschaft von
> Planeten begleitet sein können, die unserer Erde ähnlich sind.
> Weiter hat man auch mehrere Milliarden ähnliche Welteninseln
> seln wie unsere Milchstraße entdeckt. Es könnten also im Uni-
> versum theoretisch mehrere Trillionen Menschheiten entstehen
> oder entstanden sein. Wieviel eine Trillion ist, kann man sich
> ungefähr klarmachen, wenn man bedenkt, daß eine Trillion to-
> ter Flöhe einen Haufen gäbe, der höher als das Matterhorn ist.
> Es ist also beim heutigen Stande unseres Wissens keineswegs
> auszuschließen, daß es irgendwo im Weltall noch denkende
> Wesen gibt. Ob man uns selbst dazu rechnen soll, ist ja mehr
> oder weniger Definitionssache.«

Prof. Dr.-Ing. Hermann Oberth (1894–1989), »Vater der
bemannten Weltraumfahrt«, in einem Brief an den Autor
vom 15. Dezember 1983

Eine Frage, die bislang unbeantwortet blieb, ist die nach
den Ursprüngen der menschlichen Intelligenz. *Warum*
wurde der Mensch intelligent? Weshalb begann er Werk-
zeuge herzustellen, während andere Affenarten die Entwicklung nicht mitmachten und heute noch auf Bäumen
sitzen? Wurde am Stammbaum unserer Vorfahren manipuliert? Gab es eine *Intelligenzmanipulation* von außen?
Eine künstliche Beeinflussung der Intelligenz bestimmter
Lebewesen ist im Prinzip möglich. Die Forschung über
Eingriffe in die Erbmasse wird wissenschaftlich vorange-
trieben. Es muß daher die Frage erlaubt sein, inwieweit
prähistorische Raumfahrer in unseren Genen gewirkt ha-

ben könnten. Heißt es doch in nahezu allen Schöpfungsmythen der Erde, allen voran in der Bibel: »Lasset uns
Menschen machen, nach unserem Ebenbilde.« – »Wie
reagieren wir«, fragt Götterforscher *Erich von Däniken*,
»wenn Genetiker feststellen, daß die ältesten Pharaonen
Ägyptens genetisches Material enthalten, das nie und
nimmer von der Erde stammt?« Ist ein genetischer Eingriff aus dem All überprüfbar? Gibt es Spuren, die Außerirdische in der Erbmasse hinterlassen haben könnten?

Kühne Gedankengänge, die nur ein Experte beantworten kann. Die Biologin **Dr. Martina Steinhardt** ist eine
solche Spezialistin. Sie studierte Zoologie, Anthropologie
und Medizin an der Universität Wien, widmete sich vor
allem der Fachrichtung Genetik und Gerontologie (Lehre
vom Altern) und arbeitete am Ludwig-Boltzmann-Insti-
tut für Altersforschung. Für das Dept. of Biochemistry
der Victoria-Universität von Wellington untersuchte sie
verschiedene Zellkulturen. Von 1989 bis 1992 war Dr.
Steinhardt am Forschungsinstitut für Molekulare Patho-
logie (I.M.P.) als wissenschaftliche Referentin für die Öffentlichkeitsarbeit beschäftigt, und seit 1992 ist die Me-
dizinerin als Psychotherapeutin in freier Praxis und am
Wiener Allgemeinen Krankenhaus tätig. Von Dr. Steinhardt sind zahlreiche Publikationen und Artikel über
Krebs, Gentechnik und zelluläres Altern in verschiedenen Fachzeitschriften erschienen. 1980 veröffentlichte
sie ihr Buch »*Altern – Seine Ursachen und seine Biologie*«.
Dr. Martina Steinhardt ist eine sehr vielseitige Forsche-
rin. Auch parapsychologische Phänomene haben es ihr
angetan und im Besonderen das Studium der Astronomie. Daher meine erste Frage:

*Fand man Spuren, die den Schluß zulassen, daß der Mensch
im Universum kein Einzelexemplar darstellt?*

Von versteinerten Lebensspuren im Marsmeteoriten mal abgesehen etwas Grundsätzliches: Seit wir Menschen begriffen haben, daß die Millionen Sterne, von denen der Nachthimmel übersät ist, lauter eigene Welten – sonnenähnlich der unsrigen – sind, fragen wir uns, ob wir die einzige intelligente Lebensform im Weltall darstellen. Je tiefer unsere Teleskope, Meßgeräte und Sonden in den Raum vordringen, desto deutlicher kristallisiert sich heraus, wie häufig organische Moleküle im Kosmos vorkommen. In der Tat finden sich Verbindungen komplexer Natur bis hin zu den primitivsten Aminosäuren, die ja eindeutig Träger des Lebens sind, in den meisten galaktischen Materienebeln und Dunkelwolken. Selbst unter den von uns als extrem lebensfeindlich eingestuften Temperaturen in der Nähe des absoluten Nullpunktes halten sich diese Strukturen noch. Und so betrachtet besteht doch eine nicht zu unterschätzende Wahrscheinlichkeit, daß sich unter lebensfreundlicheren Bedingungen, beispielsweise eines Planeten, die Evolution zu immer komplexeren Formen vollzieht.

Muß diese Evolution zwangsläufig zu intelligenten Lebensformen und schließlich zu menschenähnlichen Geschöpfen führen?
Der uns nahe gelegene Planet *Jupiter*, dessen Atmosphäre in der Tat eine ähnliche Zusammensetzung aufweist wie die Uratmosphäre unserer Erde vor vier bis fünf Milliarden Jahren, erregt das Interesse der Menschen nicht halb sosehr wie ein ominöser Dunkelplanet der *Wega*, von dem man zwar nichts Genaues weiß, der uns aber gerade aus diesem Grunde die Illusion nicht raubt, dort könnten intelligente Invasoren von der Wega wohnen. Im Prinzip werden solche Wesen von uns immer als menschen- oder tierähnlich dargestellt, nach Vorbildern, wie wir sie von

der Erde her kennen. Ist das nun rein anthropomorphes Denken, oder muß alles, was sich als intelligent bezeichnet, menschenähnlich aussehen?

Wenn wir uns diese Frage wenigstens einigermaßen logisch beantworten wollen, müssen wir uns vor Augen halten, daß unsere Erscheinung die passendste Zweckform ist, die sich unter den gegebenen Bedingungen und dem Druck von Mutation und Selektion herausgeschält hat. Zweifelsohne bringen *andere* Umweltbedingungen *andere* Zweckformen hervor, es bleibt nur die Frage, ob sich dann nicht auch andere Gehirnfunktionen entwickeln, die uns nicht mehr als Intelligenz erkennbar sind. Denn, was *ist* Intelligenz?

Sie wissen, was Intelligenz ist, Frau Dr. Steinhardt?
Intelligenz ist leider eine durch menschliche Intelligenztests an Menschen definierte Größe. Die Schimpansen und Gorillas, zweifelsohne intelligenter und lebenstüchtiger als ein menschlicher Schwachsinniger, vermögen sich gerade noch mit Mühe und Not (und durch Erlernen menschlicher Kommunikationsmethoden wie der Taubstummensprache!) anhand solcher Tests als intelligent auszuweisen. Bei den Delphinen versagte die Methode bereits, da sie sich augenscheinlich aufgrund ihres Körperbaues nicht der menschlichen Kommunikationsmittel zu bedienen vermögen. Kommunikation indessen ist eine wechselseitige Angelegenheit – wenngleich uns die Erfindung des Fernsehers Gegenteiliges zu lehren scheint. Sie setzt den Willen zu kommunizieren auf beiden Seiten voraus, und dieser ist nicht immer gegeben! Eine intelligente, vernunftbegabte Spezies kommt vielleicht zu dem Schluß, daß eine Kommunikation sich nicht lohnt oder nicht ratsam erscheint. Oder wir werden nicht einmal als intelligent erkannt, wenn

wir diesen Begriff einmal als kosmische Größe fassen wollen!

Es ist nicht unbedingt ein Zeichen von Intelligenz, das Weltall zu bereisen und zu bevölkern, genausowenig wie es ein Zeichen von Intelligenz war, als vor 350 Millionen Jahren die Fische aus dem Wasser stiegen und das Land zu bevölkern begannen. Es scheint, als seien wir überlegungsmäßig in eine Sackgasse geraten, denn unsere eigenen Denkmodelle bezüglich dessen, was Intelligenz ist, drohen schon an rein irdischen Beispielen zu scheitern. Die Diskrepanz zwischen einer philosophischen »Intelligenz an sich« und dem, was wir Menschen als Intelligenz bezeichnen, ist nämlich ungeheuer groß.

Ist unter diesen Gesichtspunkten eine Kontaktaufnahme mit außerirdischen Intelligenzen, wie es das SETI-Programm des NASA-Lauschangriffs vorsieht, überhaupt erfolgversprechend?

Nun, da gibt es zunächst einmal das abstrakte Denken, das Denken in Zahlen, die *Mathematik.* Diese ist sicherlich eine reale Möglichkeit der Kontaktaufnahme, denn sie gilt im ganzen Universum und kann daher als *gemeinsamer* Erfahrungshorizont dienen! Ohne einen gemeinsamen Erfahrungshorizont ist keinerlei Verständigung möglich! Dafür gibt es irdische Beispiele genug. Man denke nur an die Ausrottung vieler Naturvölker durch die Zivilisation. Dem Menschen selbst sind hier Grenzen gesetzt, da er nicht in der Lage ist, über seine eigenen Denkmodelle hinweg zu abstrahieren. Als weiteres Kriterium wählen die meisten, die sich mit dieser Thematik beschäftigen, das Vorhandensein einer hochentwickelten Technologie. Doch auch dieses »Erkennungsmerkmal« ist sehr stark anzuzweifeln. Wenn wir unsere Technologie betrachten, müßten wir ehrlicherweise zugeben, daß sie nicht auf einer geistigen Entwicklung basiert, sondern ein Ausdruck unseres Strebens ist, unsere Fäuste zu vergrößern anstelle des Gehirns. Unsere Technologie ist in erster Linie eine Waffen- und Kriegstechnologie.

Die *Parapsychologie* indessen weist uns einen Zugang zu mentalen Energien von enorm hohem Potential und größter Reichweite, die wir nur nicht imstande sind zu kontrollieren. Um diese geistigen Energien zu verwenden, benötigt man jedoch nicht unbedingt Apparate der Art, wie wir sie kennen oder gerade noch zu erkennen vermögen.

Hier ergeben sich Berührungspunkte zu den Ufos. Was halten Sie davon? Sind die Berichte glaubwürdig?
Die meisten Leute, die an das Phänomen glauben, halten Ufos für Raumschiffe der Außerirdischen. Manche diskutieren sogar, ob es nicht Energieformen der Außerirdischen selbst seien, und es bestehen regelrechte Ufo-Kulte, die nahezu religiösen Anstrich besitzen. So gibt es beispielsweise einen deutschen Ufologen, der eine Gruppe Jugendlicher um sich geschart hat, mit ihnen die *Bahndaten* (Ephemeriden) der vermeintlichen Ufos ausarbeitet und auch behauptet, mit ihnen telepathischen Kontakt zu haben. Es gibt »negative« und »positive« Ufos, die hier eine Art Krieg (man beachte das begrenzte menschliche Denkvermögen!) um die Erde und die Menschen austragen. Dabei trachten die »Negativen« die Menschen zu töten, während die »Positiven« sie verteidigen. Nun, wir hatten uns auf der Bremer Sternwarte 1973 die Ephemeriden seiner »Ufos« zuschicken lassen, als dieser Ufologe in den Zeitungen von sich reden machte. Das desillusionierende Ergebnis der von uns angestellten Bahndatenvergleiche war, daß es sich bei diesen Ufos um hoch flie-

gende Linienflugzeuge, Satelliten und ausgebrannte Raketenstufen handelte. Schade.

Würde sich Ihre eher skeptische Haltung gegenüber Ufo-Meldungen ändern, falls Sie selbst in die Situation kommen sollten, eines Tages ein Ufo vor Augen zu haben? Wie würden Sie reagieren?

Wenn direkt eines vor meinen Augen landete, würde ich mich sicherheitshalber aus dem Staub machen, denn wer weiß, ob es nicht radioaktiv strahlt oder Träger fremdartiger, gefährlicher Krankheitserreger ist? Hier den Helden spielen zu wollen wäre mehr als leichtsinnig. Bei einem Besuch auf der Erde wären Außerirdische gewiß übervorsichtig im Kontakt zu den Menschen. Nicht nur wegen der Gefahr einer Einschleppung fremder Mikroorganismen, gegen die die Menschen keine Immunabwehr hätten, oder einer Selbstinfektion mit irdischen Krankheitserregern, sondern auch wegen des seelischen Effekts und weil die Menschheit generell eine sehr kriegerische, psychisch unausbalancierte Spezies ist. Die Methode, einzelne Priester und Propheten auszusuchen und mit ihnen in Kontakt zu treten, wie augenscheinlich in der Bibel beschrieben ist, ist dabei sicherlich nicht die schlechteste. Vielleicht sogar die einzige mögliche Herstellung eines Kontaktes!

Stichwort Bibel. Das führt mich zum bekanntesten Verfechter außerirdischer Eingriffe, zu Erich von Däniken. Sie kennen seine Theorie? Däniken behauptet, Geschöpfe aus dem All hätten in prähistorischen Zeiten die menschliche Intelligenz geschaffen, durch gezielte, künstliche Mutation. Wäre das vorstellbar?

Dafür gibt es leider in der Natur überhaupt keine Hinweise. Vielmehr dürfte eine solche Überlegung auf rei-nem Wunschdenken beruhen, auf dem nämlich, daß wir uns durch unsere Intelligenz weit über die Tiere emporheben. Tatsächlich scheint dieser Glaube eine Art Strohhalm zu sein, an den die Menschen sich seit *Darwins* schockierender *Abstammungslehre* klammern möchten! Wie schwer hatte es Darwin, von den Wissenschaftlern anerkannt zu werden, wie sehr hat er den Menschen entthront! Wir, die alles überragenden Superintelligenzler mit unserer Technologie und Zivilisation, wir sollen von diesen dummen, herumhampelnden und grimassenschneidenden Affen abstammen? Die wissenschaftlichen Fakten schienen gar zu erdrückend, doch abgefunden haben wir uns damit nie. Doch nun steigen die außerirdischen Götter vom Himmel herab und formen den göttergleichen Menschen aus dem ungehobelten Affen! Die Welt ist wieder in Ordnung. Hoffe nur, Herr von Däniken nimmt mir diese zynische Auslegung zu den Außerirdischen nicht übel, aber zu jeder Art der Unvoreingenommenheit gehört auch eine gehörige Portion Selbstkritik, und bezüglich unserer Herkunft sind wir Menschen ausgesprochen voreingenommen. Die Frage, ob wir Produkte außerirdischer Genmanipulationen oder Kinder dieser Erde sind, ist im Prinzip nämlich gar nicht so wichtig. Natürlich wäre es zweifelsohne ein Beweis dafür, daß Außerirdische unsere Erde besucht haben. Jedoch vermöchten wir nach so vielen Millionen Jahren diesen Beweis genausowenig zweifelsfrei zu erbringen wie jeden anderen diesbezüglichen Beweis auch. Und diese Ansicht bringt uns auch nicht weiter. Nicht nur, daß die Entstehung *natürlicher* Intelligenz (irgendwo *muß* sie ja einmal entstanden sein!) lediglich auf einen anderen Planeten verlegt würde, auch sind wir Menschen dadurch nicht besser und nicht schlechter veranlagt und stehen genauso vor der Selbstzerstörung. Und denjenigen, die noch hoffen, daß im letzten Moment die Außerirdischen wie durch ein Wunder vom Himmel herabsteigen und die alles zerstörenden Waffensysteme entschärfen, sei gesagt, daß die Außerirdischen mit uns ebenso umgehen könnten wie mit unbrauchbaren Labortieren, an denen das Experiment mißlungen ist! Da ist es mir persönlich schon lieber, ganz natürlich vom Affen abzustammen, als ein verkorkstes Labortier zu sein. Wenn ich ein Kind dieser Erde und für meinen Schwachsinn selbst verantwortlich bin, kann ich wenigstens selbst etwas tun, um eine Katastrophe zu verhindern, und es gibt keine ominösen, unbekannten Faktoren, an denen ich nichts zu ändern imstande bin.

Schließen Sie die Möglichkeit völlig aus, daß die Erde jemals Besuch aus dem Weltall erhielt?
Nein, das schließt freilich nicht aus, daß vielleicht in früheren Zeiten einmal Außerirdische die Erde besucht haben und hier seltsame Experimente und Kreuzungen durchführten, die in Tiermenschen und anderen dubiosen Gestalten resultierten. Diese Versuche mögen sehr wohl von unseren Vorfahren beobachtet und überliefert worden sein mit der Schlußfolgerung: »Aha, so macht man Menschen und Tiere, folglich sind wir *auch* so entstanden!« Eine derartige Betrachtungsweise liegt durchaus im Rahmen unseres Wissens, der Überlieferungen und Wahrscheinlichkeiten. Aber nicht mehr.

Heute beginnen wir selbst »Gott« zu spielen, manipulieren mit der Erbmasse herum, lassen Pflanzen und Tiere entstehen, die in der Natur gar nicht vorkommen, wie die Turbokuh oder die Schiege, eine Kreuzung zwischen Schaf und Ziege. Genforschung – Fluch oder Segen? Besteht die Gefahr, daß eines Tages der geklonte Dr. Mabuse Wirklichkeit werden könnte?

Die *Gentechnik* ist weder Fluch noch Segen oder beides – genauso wie das Messer. Es kommt immer darauf an, wofür man sie verwendet. Die Grenzen sind bei unserem derzeitigen Wissen nicht absehbar. Die Mischwesen aus den Science-Fiction-Romanen sind eher Horrorvisionen, denn die Genetik hat ihre Gesetze. *Klonen* hat nichts mit Genmanipulation zu tun. Klonen ist nicht nur generell möglich, sondern wird im Experiment bereits routinemäßig gemacht. Klonen heißt, einen Kern aus einer Körperzelle in eine entkernte Eizelle eines Lebewesens derselben Art einbringen, dieses Ei in ein vorbereitetes Muttertier einsetzen und ausbrüten lassen. Wissenschaftlich und technisch gesehen kein Problem bei Fröschen, Mäusen und Kaninchen (Menschen).

In dem Film »Jurassic Park« werden in einem Geheimlabor Dinosaurier zum Leben erweckt. Ist diese Vorstellung ein Hirngespinst – oder gibt es tatsächlich Möglichkeiten, ausgestorbene Tierarten »zurückzuzüchten«?

Die Rückkehr der Ungeheuer ist eher eine Utopie, denn man bräuchte für ihre Züchtung eine intakte befruchtete Eizelle. In dem Film »Jurassic Park« wurden ja Dinosauriereier gefunden. Es ist auch einmal gelungen, mit Hilfe von Kreuzungen aus heute lebenden Rindern den Auerochsen wieder zu züchten. Ob das mit den heute lebenden Echsen allerdings für Dinosaurier gelten kann, ist sehr fraglich.

In den Mythen ist von »Göttern« die Rede, die Hunderte Jahre alt gewesen sein sollen und daher im Vergleich zur irdischen Lebenserwartung als unsterblich galten. Kann man das Altern aufhalten, das Leben verlängern?

Man kann das Altern aufhalten, und es wäre sicher wünschenswert.

Wirklich wünschenswert? Wären damit nicht enorme Probleme verbunden? Wird es nicht dann zu eng auf unserem Planeten? Frau Doktor, wer zahlt meine Pension, wenn ich ein 200 Jahre alter Tattergreis bin?

Das Aufhalten des biologischen Alters hat nichts mit dem Problem der Überbevölkerung zu tun, die wir jetzt trotz Altern schon haben, da mit der biologischen Unsterblichkeit die Fertilität (Fruchtbarkeit) drastisch sinkt. Und was Ihren Ruhestand anbelangt: Lieber Herr Habeck, wenn Sie, ich wünsche es Ihnen, damit Sie noch recht viele Bücher illustrieren und schreiben können, tatsächlich 200 Jahre alt werden sollten, zahlt Ihnen sicher niemand eine Pension. Ich bin der Meinung, daß Sie besser was arbeiten – mache ich schließlich auch, oder glauben Sie, ich mache eine Psychotherapeutenausbildung um eine halbe Million Schilling, um mich dann mit 60 Lenzen aufs Ohr zu knotzen?!

Wenn ich tatsächlich mein Leben um Hunderte Jahre verlängern könnte, schaffe ich vielleicht doch die Verwirklichung meines Jugendtraums, nämlich einmal die Erde vom Weltraum aus zu betrachten. Frau Dr. Steinhardt, glauben Sie, daß der Mensch weiter ins All vordringen wird, um eines Tages mit Wesen anderer Welten in Verbindung zu treten?

Ob es für uns Menschen eine Zukunft im Weltall gibt, läßt sich zu diesem Zeitpunkt überhaupt nicht sagen. Das Star-Wars-Programm ist sicherlich kein adäquater Einstieg in das Leben im erdnahen Weltraum. Vielmehr führt ein solches Verhalten nach außen zu einer selbst verschuldeten Isolation des Menschen. Wenn wir uns schon der Spekulation über mögliche Intelligenzen im All hingeben, sollten wir einmal das Gedankenexperiment wagen, ob nicht vielleicht unser eigenes Verhalten dazu führt, daß niemand mit uns in Kontakt treten *will*! Meist sind solche Erkenntnisse recht konstruktiv und führen dazu, das Problem einmal von einem neuen Standpunkt aus zu betrachten. Die Menschheit steht gegenwärtig vor einer Existenzkrise nie gekannten Ausmasses. Es ist gewiß nicht übertrieben, zu sagen, entweder wir überleben sie nicht, oder aber wir überleben sie, dann haben wir auch eine Zukunft als *kosmische Gesellschaft* im Weltall.

Die Rätsel des Roten Planeten

Marsgesicht-Entdecker Walter Hain auf der Spur der
»Marsmännchen«

> *»Offensichtlich ist, daß das Marsgesicht in der Tat eine ein-
> drucksvolle Menschenähnlichkeit besitzt, doch endgültige Klar-
> heit würde wohl nur eine Landung von Astronauten auf dem
> Mars bringen können. Auf der Erde hat die Entwicklung des
> Lebens Milliarden Jahre in Anspruch genommen, die Mensch-
> heitsgeschichte beläuft sich auf mehrere Millionen Jahre. Da
> der Mars unser Nachbarplanet ist, wäre es dort sicher ähnlich.
> Doch hätte sich auf dem Mars überhaupt nur Leben entwickeln
> können, wenn eine ausreichende Atmosphäre und genügend
> Wasser vorhanden wären. Natürlich kämen außerirdische Be-
> sucher in Frage. Doch warum sie ausgerechnet ein solches Ge-
> sicht hinterlassen haben sollen und nicht viele andere Objekte
> dazu, ist fraglich.«*

Gerhard Peter Moosleitner, Wissenschaftsjournalist
und Zeitschriftenherausgeber, in einem Brief vom
12. Februar 1992 an den Autor

Der sensationellen Entdeckung von versteinerten Mikroorganismen in einem Marsmeteoriten könnte schon
bald eine bemannte Marsmission folgen. Und vielleicht
eines Tages auch das kühne Projekt, den Roten Planeten
bewohnbar zu machen. Hat es einst Leben auf dem Mars
gegeben? Und: Finden sich dort heute noch Spuren davon? Sind Geschichten über »Marsmännchen«, die etliche Erdbewohner in den vergangenen Jahrzehnten gesehen und gesprochen haben wollen, keine erhitzte Fantasie oder Wunschdenken kosmischer Schwärmerei?

Als Beweis für eine frühere Marskultur dienen Fotos,
die von unbemannten Marssonden gemacht wurden. Ein

NASA-Bild erregte dabei besonderes Aufsehen: ein gewaltiger Felsen mit den Zügen eines menschenähnlichen Gesichtes zwischen Kratern und Bergformationen. Wie eine riesige Maske starrt es ins All hinaus, blickt uns stumm und herausfordernd an. Zufall oder Werk intelligenter Wesen? Ein Mann, der sich seit über 20 Jahren mit dem Marsgesicht und anderen Geheimnissen des Roten Planeten beschäftigt, ist der Wiener Grafiker **Walter Hain**. Der Marsdetektiv hielt Vorträge im In- und Ausland, schrieb unzählige Zeitungsbeiträge und gilt nach eigenen Angaben als der »Entdecker des Marsgesichts«. Seine Forschungsergebnisse veröffentlichte Walter Hain in seinen Büchern »*Wir, vom Mars*«, »*Irrwege der Geschichte*« und »*Das Marsgesicht*«. Weiß Marsforscher Hain, woher eigentlich der Begriff »Die kleinen grünen Männchen vom Mars« stammt?

Das Marsgesicht wird gerne als Beleg für außerirdische Spuren genannt. Liegt der Gedanke nicht nahe, daß wir es nur mit einer Laune der Natur oder einer optischen Täuschung zu tun haben?
Aus einer Reihe von Computeranalysen der *Viking*-Marsaufnahmen kann mit Sicherheit gesagt werden, daß auf dem Mars tatsächlich eine Bodenerhebung existiert, die äußerst verblüffend einem menschlichen Gesicht ähnlich sieht. Dabei kommen eindeutig Einzelheiten wie zwei Augenhöhlen, eine Nase, ein schmaler Mund und eine Art Haaransatz zum Vorschein. Alles entspricht völlig symmetrisch einem Menschengesicht. Eine optische Täuschung kann daher weitgehend ausgeschlossen werden, schon deshalb, weil von dem Gebilde zwei gute Aufnahmen existieren, die zu verschiedenen Zeiten und unter unterschiedlichen Lichtverhältnissen gemacht wurden. Diese Tatsachen lassen darauf schließen, daß es

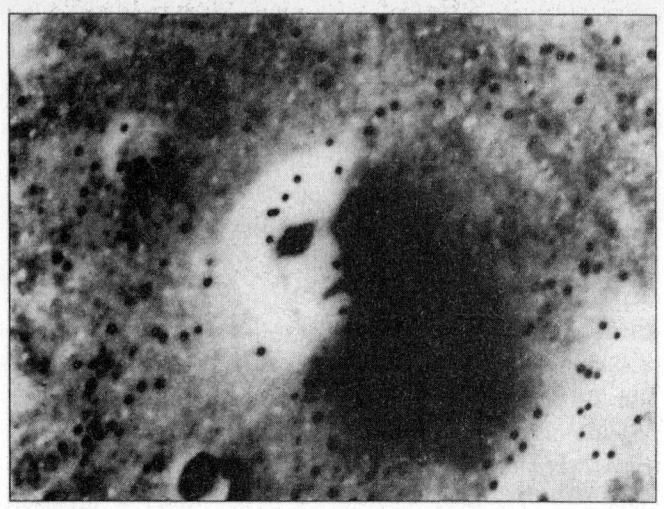
Bild 41: Starrt wie eine riesige Maske ins All: das Gesicht auf dem Mars.

sich bei diesem Objekt um ein künstliches Werk handeln könnte.

Sie gelten als »Entdecker des Marsgesichts«. Wie darf man das verstehen? Sie waren ja nicht selbst auf dem Roten Planeten. Verraten Sie uns, wie Sie das Antlitz auf dem Mars gefunden haben?
Ich habe das Marsgesicht erstmals am 15. Dezember 1976 in einem Bericht des Nachrichtendienstes des österreichischen Fernsehens gesehen und als mögliches Werk von außerirdischen Intelligenzen gedeutet. Die Aufnahme wurde erstmals am 25. Juli 1976 von der Marssonde *Viking 1* gemacht. Sie wurde im *Jet Propulsion Laboratory* (JPL) der NASA in Pasadena sofort der Presse präsentiert, doch als uninteressant zu den Akten gelegt und weitgehend vergessen. Noch 1977 konnte die dortige Presse-

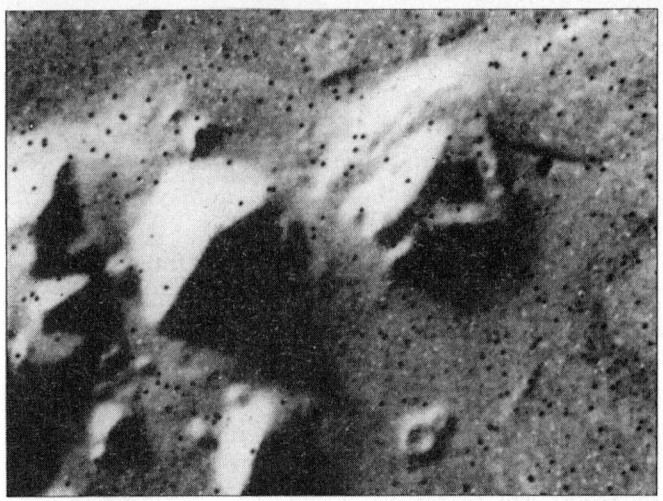

Bild 42: Seltsame Bodenstrukturen auf dem Roten Planeten erinnern an künstliche Pyramiden oder Ruinen. Gab es einst doch »Marsmännchen«?

stelle auf meine Anfrage bezüglich eines Fotos keine Aufnahme von einem »Mars face« finden. Erst am 2. März 1978 erhielt ich, auf mein erneutes Drängen hin, ein Foto davon. Zu dieser Zeit gab es kein Interesse an dem Marsgesicht, und ich war offenbar auch der einzige, der sich näher damit beschäftigte. Ich ermittelte mit Hilfe des JPL die genaue Lage auf dem Mars, nämlich 40.89 Grad Nord und 9.55 Grad West. Ebenso konnte ich die Größe von 1500 Metern in der Länge berechnen. Spätere Untersuchungen ergaben eine ungefähre Höhe von 350 Metern. Dies entspricht etwa dem Wiener Kahlenberg. Diese ersten Informationen und Forschungsergebnisse habe ich 1979 in meinem Buch *» Wir, vom Mars«* veröffentlicht. Es war das erste Buch über das Marsgesicht und mögliche frühere Zivilisationen auf dem Roten Planeten.

Untersuchungen von Meteoriten lassen auf die Existenz von »Marsmännchen« schließen, die allerdings ziemlich klein, über drei Milliarden Jahre alt und leider alle tot sind. Diese Mikroorganismen werden wohl kaum in der Lage gewesen sein, das Marsgesicht zu konstruieren. Wer ist Ihrer Ansicht nach für das Gesicht auf dem Mars verantwortlich? Welchem Zweck könnte es gedient haben?

Die neuesten Forschungsergebnisse der Untersuchungen von Marsmeteoriten haben auch meine Vermutungen von früheren Marslebewesen bestätigt. Schon 1979 habe ich die Meinung vertreten, daß das irdische Leben eigentlich auf dem Mars entstanden ist und von dort zur Erde gelangte. Das heißt, wir sind im weiteren Sinn alle *Marsianer*. Diese Hypothese wird nun auch von namhaften Wissenschaftlern vertreten. Ich bin sogar der Ansicht, daß auf dem Mars auch jetzt weit höhere Lebewesen existieren. Auf jeden Fall könnten dort Mikroorganismen gefunden werden. Solche Lebewesen wären durchaus imstande, künstliche Bauwerke zu errichten. So etwa sechseckige Bienenwaben, klimatisierte Termitentürme oder pyramidenförmige Ameisenhügel. Ob solche Wesen auch menschliche Gesichter konstruieren können, bleibt dahingestellt. Denkbar wäre auch, daß die Marsgebilde von außerirdischen Besuchern stammen – als Zeichen ihrer einstigen Präsenz.

Wenn wir, wie Sie sagen, alle »Marsianer« sind, stellt sich die Frage nach der Rückkehr zu unserem Heimatplaneten. Was wissen Sie über die Pläne einer bemannten Marslandung?

Eine bemannte Marsmission wird, wenn überhaupt, erst in einigen Jahrzehnten realisiert werden können, obwohl bereits jetzt die technischen Voraussetzungen dazu existieren. Russische Kosmonauten verbrachten bereits mehr als ein Jahr ununterbrochen in der Raumstation *Mir*. Das würde für einen Vorbeiflug am Mars ausreichen. Mit einigen *Energija*-Trägerraketen als Schubkraft könnten die Russen sogar mit der gesamten Raumstation zum Mars fliegen. Das ist jedoch vorläufig ein zu großes Risiko, und so müssen wir wohl warten, bis die internationale Raumstation *Alpha* fertiggestellt ist. Von dort könnte anschließend ein Marsraumschiff in einer Erdumlaufbahn zusammengestellt werden. Die Kosten für dieses Projekt werden voraussichtlich bei mehreren hundert Milliarden Dollar liegen. Es ist daher wahrscheinlich, daß erst nach dem Jahr 2020 Menschen das erste Mal den Mars betreten werden.

Wäre auch eine Besiedelung des Mars vorstellbar?
Unter der Bezeichnung *»Terraforming«* oder *»Planetary Engineering«* gibt es schon seit langem Pläne, fremde Planeten für den Menschen bewohnbar zu machen. In unserem Sonnensystem wäre dazu zweifellos der Mars am besten geeignet. Er könnte eines Tages zur zweiten Erde werden. Erst werden Menschen unter Glaskuppeln leben, viel später vielleicht auch unter einem menschenfreundlichen Marsklima. Dazu müßten aber globale Umwälzungen des Planeten vorgenommen werden. Es müßten riesige Sonnenspiegel in der Umlaufbahn kreisen oder atomare Reaktionen zur Schmelzung der Eiskappen ausgelöst werden. Oder man setzt Millionen Tonnen von FCKW-Gasen zur Erzeugung eines Treibhauseffektes frei. Wahrscheinlich wird man aber dadurch die Ursprünglichkeit des Planeten völlig zerstören, womit jede Marsforschung zunichte gemacht würde. Es ist daher sinnvoller, autonome, geschützte Marsstädte zu errichten.

Unbemannte Sonden haben am Mars bereits Untersuchun-

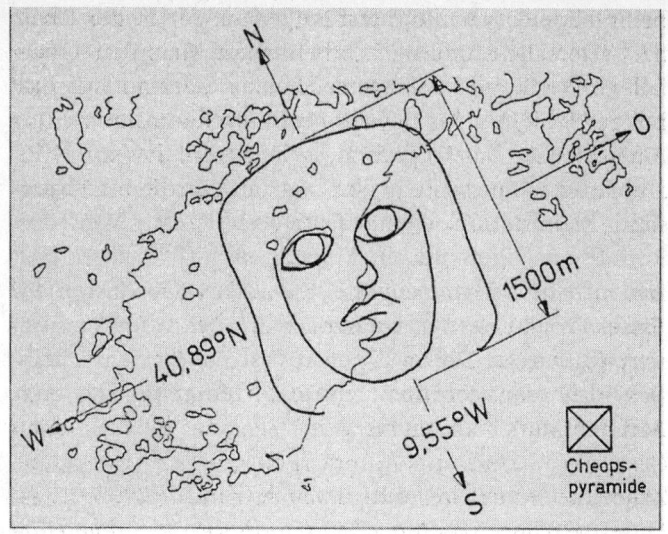

Bild 43: Von Walter Hain rekonstruiert: das Marsgesicht im Größenvergleich zur Cheops-Pyramide.

gen vorgenommen. Weshalb haben diese Analysen keine Hinweise auf Lebensspuren erbracht?

Die *Viking*-Sonden haben auf dem Mars automatische Bioanalysen vorgenommen, die etwas widersprüchliche Ergebnisse erbrachten. Erst zeigten sich Lebensreaktionen, doch dann verschwanden diese rasch wieder, so daß kein eindeutiges Zeichen von Leben entdeckt werden konnte. Vermutlich landeten die beiden Raumsonden in ungünstigen Gegenden.

Bei der Marsforschung gab es immer wieder Pannen. Zuletzt verschwand eine Sonde auf mysteriöse Weise. Sie wird doch nicht etwa im Schlund des Marsgesichts gelandet sein? Gibt es eine plausible Erklärung für das Verschwinden?

Tatsächlich sind eine große Anzahl von Marssonden

414

beim Planeten gar nicht erst angekommen, an der Oberfläche zerschellt oder aus unbekannten Gründen ausgefallen. Es könnten technische Defekte, aber auch Fehler
bei der Bodenstation gewesen sein. Vieles bleibt weiterhin ungeklärt. Auffallend ist es aber schon, daß seit 1976,
also seit der Entdeckung des Marsgesichts, keine Raumsonde mehr den Planeten erreichte.

Hat das Marsgesicht Ähnlichkeit mit berühmten Köpfen?
Erinnert es nicht ein wenig an den edlen Ritter »Prinz Ei-
senherz« mit Pagenfrisur?
Das inzwischen berühmt gewordene Marsgesicht erinnert tatsächlich an mehrere Formen von menschlichen
Gesichtern. Zum einen sind ägyptische, pharaonische
Züge erkennbar; zum anderen auch frühmenschliche, af-
fenartige Züge. Das hängt auch von der jeweiligen Betrachtungsweise ab. Vielleicht soll das Gebilde auch die
gesamte menschliche Evolution widerspiegeln. Wir wissen nicht, welchem Zweck es dient. Zuletzt scheint mir
auch eine äußerst verblüffende Ähnlichkeit mit dem Gesicht auf dem bekannten Turiner Leichentuch gegeben.
Damit stellen sich provokante Fragen: War *Christus* ein
Marsianer? Kam der pavianköpfige Gott *Thot* der Ägypter vom Mars? Waren die Götter überhaupt *Marsianer*?
Das alles sind Fragen, die nach diesen Marsentdeckungen
gestellt werden müssen. Die Antworten werden noch zu
finden sein.

Gibt es auf dem Mars noch andere mögliche künstliche
Strukturen, die auf eine frühere Marszivilisation schließen
lassen? Und haben Sie einen Verdacht, warum diese Kultur
untergegangen ist?
Auf dem Mars gibt es tatsächlich mehrere Bodenstrukturen, die wie menschliche Gesichter, aber auch wie Pyra-

miden und Ruinen aussehen. Das läßt auf eine alte Marskultur schließen. Wenn dies wirklich der Fall war, dann
könnte diese Kultur durch eine kosmische Katastrophe
oder durch Veränderungen der Marsatmosphäre zugrunde gegangen sein.

*In der Mythologie spielt der Mars eine besondere Rolle. Se-
hen Sie hier Verbindungen zum Marsgesicht und möglichen
Bewohnern?*
In der indischen Mythologie wird von den »maruts« berichtet. Das sollen Götter gewesen sein, die am Himmel
»herumfahren« konnten. Dieser Begriff steht in Zusammenhang mit anderen Namen des Mars wie »mart« oder
»martis«. Amerikanische Forscher haben eine Ähnlichkeit des Marsgesichts mit dem indischen Affengott *Hanu-
man* festgestellt.

*Eine Frage, die mich als Zeichner von Weltraumknirpsen in-
teressiert: Haben Sie eine Idee, woher der im Volksmund ge-
bräuchliche Begriff »Die kleinen grünen Männchen vom
Mars« stammen könnte?*
Wahrscheinlich stammt er von der frühen Annahme, daß
die Dunkelgebiete auf dem Mars aufblühende grüne Wiesen darstellen und daher auch die »Marsmännchen« grün
sein müßten.

Landeten einst Marsmenschen auf der Erde?
Wenn es auf dem Mars wirklich eine höhere Zivilisation
gegeben hat und wenn diese aus menschenähnlichen Lebewesen bestand, die sogar Raumfahrt betreiben konnten, dann könnten diese durchaus zur Erde gelangt sein.
Der Grund dafür könnte auch hier die Folge einer globalen Katastrophe gewesen sein.

Gibt es Gemeinsamkeiten zum Ufo-Phänomen? Glauben Sie an Ufos?

Der Mars war schon immer stark mit dem Ufo-Phänomen verbunden. Es soll dort einen Stützpunkt der Ufos geben, und einige Menschen wollen sogar zum Mars entführt worden sein. Immer wenn sich der Mars in Erdnähe befindet, scheinen sich Ufo-Meldungen zu häufen. Wenn Ufos tatsächlich außerirdische Raumschiffe sind, dann operieren sie mit Sicherheit auch auf dem Mars. Ich persönlich glaube an Ufos im Sinne von unerklärlichen Flugobjekten, habe jedoch noch keines der vielfach kolportierten Objekte gesehen.

Herr Hain, können Sie sich vorstellen, Ihren Lebensabend auf dem Mars zu verbringen? Oder ist es auf der guten »Mutter Erde« doch gemütlicher?

Ich könnte mir schon vorstellen, meinen Lebensabend auf dem Mars zu verbringen. Es müßten allerdings entsprechende Räumlichkeiten vorhanden sein, sonst friere ich mir alles ab. Ich würde mich dort natürlich der Marsforschung widmen und dabei besonders genau das Marsgesicht erkunden.

Ufos über China

Pyramidenforscher Hartwig Hausdorf und die
kosmischen Geheimnisse aus dem Reich der Mitte

> »Vor alter Zeit unter Kaiser Cheng von der Chou-Dynastie
> [1122–249 v. Chr., Anm. d. Verf.] schickte das Land der Einar-
> migen Gesandte mit Tributgeschenken. Sie saßen auf einem
> Wagen aus Federn, der vom Wind getrieben wurde. So kamen
> sie herangeflogen zum Hofe der Chou. Der Herzog von Chou
> fürchtete, daß das seltsame Kunstwerk die Bevölkerung aufre-
> gen könne, und ließ daher den Wagen zerstören.«

> »Ku yü tu«, 47. Kapitel, chinesische Aufzeichnung aus dem
> Jahre 1341

Der bekannte Südtiroler Extrembergsteiger *Reinhold
Messner* behauptet nicht nur, leibhaftig dem Yeti begeg-
net zu sein. In Begleitung seines Bergkameraden *Douglas
Scott* wollen beide während einer Himalaja-Tour in etwa
sechstausend Meter Höhe eine sogenannte Tageslicht-
scheibe gesichtet haben. So jedenfalls berichtete es der
»International Ufo-Reporter« in der Januar-Ausgabe des
Jahres 1982. »Noch auf keiner Bergbesteigung«, so bekannte Messner später, habe er »ein derartiges Phänomen
beobachtet«. Das Objekt hätte »wie ein transparenter
Apfel« ausgesehen, »etwa in der Größe des Mondes«.
Ungewöhnlich auch die Bewegung: »Es flog ostwärts,
dann nördlich, manchmal sehr langsam, dann wieder
schnell, ruckartig und sprunghaft.« Schließlich sei das
Ufo dann irgendwo über Tibet verschwunden.

Tibet, China und andere fernöstliche Regionen waren
bislang bezüglich von Ufo-Aktivitäten eher ein »weißer
Fleck« für die Erforschung dieses Phänomens. Erst in

jüngerer Zeit gelangen vermehrt Berichte in den Westen, die beweisen, daß das einstige »Reich der Mitte« von Sichtungen unidentifizierbarer Flugobjekte ebensowenig verschont wird wie andere Bereiche auf diesem Planeten. China ist jedoch noch ein zum größten Teil unerforschtes Land und birgt noch viele Geheimnisse. Seit urdenklichen Zeiten existieren auch dort Pyramiden, wie man sie sonst lediglich in Ägypten, Mexiko oder Guatemala erwarten durfte. Nur von den wenigsten dieser Bauwerke weiß man, wer sie erbaut hat, wann das geschah und was sie in ihrem Inneren verbergen.

Erstaunliche Funde lassen dabei auch auf kosmische Besucher schließen. So wurden 1938 Hunderte schallplattenähnliche Relikte aus Granit entdeckt, die in Felsgräbern des *Baian-Kara*-Gebirges verborgen waren. Die rätselhafte Rillenschrift auf den Scheiben ließ manchen Forschenden vermuten, daß vor Jahrtausenden außerirdische Zwergwesen in China gelandet sein könnten. Nur teilweise ist es bisher gelungen, diese Schriftzeichen zu entschlüsseln. **Hartwig Hausdorf** ist einer der Autoren, welche solchen geheimnisvollen, mysteriösen Artefakten und Berichten aus Ostasien seit Jahren nachspüren. Etliche Forschungsreisen in »Chinas verbotene Zonen« und eingehende Studien überzeugten den Deutschen: Hier waren *außerirdische* »Götter« am Werk! Durch Vergleiche mit modernen Ufo-Begegnungen sieht er sich in der Annahme bestärkt, daß die Nachfahren der *»Gelben Götter«* zurückkehren. Hartwig Hausdorf studierte Touristik an der Fachhochschule *München* und begann seine Laufbahn bei einem Reiseveranstalter mit Schwerpunkt China und Fernost. Heute ist er in leitender Position bei einem Reisebüro tätig. Seine fantastischen Ideen und Entdeckungen hat Hausdorf in den Büchern *»Die weiße Pyra-*

Bild 44: Eine der vielen unerforschten Pyramiden in China.

mide« (1994) und gemeinsam mit dem »österreichischen Däniken« *Peter Krassa* in *»Satelliten der Götter«* (1995) anschaulich dokumentiert. Gibt es in China handfeste Beweise für Eingriffe aus dem All? Wer waren die mythischen »Himmelssöhne«? Kamen sie auf feurigen Drachen? Kommen sie wieder? Was steckt hinter der Geschichte von den geheimnisvollen »Dropas«, die einst vom Himmel herab zur Erde stiegen? Leben noch heute ihre Nachfahren? Hartwig Hausdorf hat stets eine Antwort parat.

Herr Hausdorf, Sie gelten als China-Experte. Was war der »zündende Funke« für Ihr Interesse an den Geheimnissen aus dem Land der fliegenden Drachen?
Da war mein Wiener Autorenkollege und Freund *Peter Krassa* nicht ganz unschuldig, der schon in den siebziger und später in den achtziger Jahren Bücher über rätsel-

420

hafte Phänomene zum Thema »*Gelbe Götter*« und »*Feurige Drachen*« veröffentlichte. Das Gebiet wurde von Schriftstellern und der Forschung immer ein wenig stiefmütterlich behandelt. Eine der wenigen Ausnahmen ist *Erich von Däniken* und sein 1969 erschienenes Buch »*Zurück zu den Sternen*«, in dem er einer breiten Leserschaft die mysteriöse Geschichte von *Baian-Kara-Ula* näher brachte.

Demnach fand man bei Ausgrabungen in Felshöhlen mysteriöse Steinteller, die gewisse Hinweise über gestrandete kosmische Besucher geben könnten. Unabhängig davon begann ich mich schon deshalb für China zu interessieren, da ich mir meine ersten beruflichen Sporen in der Touristik bei einem Spezialveranstalter für China und Fernost verdiente. Durch meine Tätigkeit als Reiseleiter ist es mir jetzt erlaubt, mehrere Monate im Jahr in der Welt herumzureisen. Dabei führt mich mein Weg immer wieder nach China, einem Kulturkreis, der mich seit jeher faszinierte.

Sie erwähnen die »Steinscheiben aus dem Kosmos«, die der Legende nach mit fremden Astronauten, den »Dropas«, in Verbindung gebracht werden. Was steckt dahinter? Erlebte Wirklichkeit oder doch nur eine fantastische Science-Fiction-Story?
Die Steinscheiben-Geschichte wurde ja lange Zeit – weil es keine neuen Erkenntnisse gab – als Fantasie abgetan. Neueste Erkenntnisse deuten aber eher darauf hin, daß tatsächlich etwas dran ist. So war es unserem Freund *Peter Krassa* möglich, endlich Fotos dieser ominösen Objekte aufzustöbern – aufgenommen 1974 von einem österreichischen Ingenieur! Bei unserer Expedition im März 1994 konnten wir die unglaublich klingende Geschichte auch recherchieren und in allen Einzelheiten er-

fragen, was mit der früheren Museumsdirektorin geschah, die dem Ingenieur damals das Fotografieren der Scheiben erlaubt hatte. Außerdem fanden wir die Skizze dieser angeblich nicht existierenden Objekte in einem in China erschienenen Buch über archäologische Funde. Aber es kommt noch toller!

Da bin ich aber gespannt wie ein Regenschirm, Herr Hausdorf!
Laut den Aufzeichnungen eines englischen Wissenschaftlers besuchte dieser 1947 die zentralchinesische Provinz *Qinghai* und entdeckte einen Volksstamm mit dem Namen »*Dzopa*«, dessen Abstammung angeblich auf hier gestrandete Raumfahrer von fernen Welten zurückgeführt werden könne. In den Steinteller-Berichten war ja bekanntlich immer von »*Dropa*« die Rede. Die Ähnlichkeit dieser Namen ist mehr aus auffällig! Und jetzt die eigentliche Sensation: Kaum daß mich der berüchtigte deutsche Erzskeptiker *Rudolf Henke* in der RTL-Talkshow »*Ilona Christen*« am 3. November 1995 dieser Thematik wegen in polemischer Weise wild attackierte, erreichte uns hier eine Agenturmeldung aus China. Darin hieß es, daß dort eine Gruppe von 120 zwergenhaften Wesen entdeckt wurde, deren größte Stammesangehörige nur 1,15 Meter groß seien. Die Ende der dreißiger Jahre durchgeführte Expedition des Archäologen *Chi Pu-Tei* berichtete seinerzeit ebenfalls von Gräbern mit Skeletten dieser Größe! Meiner Ansicht nach kann dies kein Zufall sein. Und mittlerweile konnte ich einige weitere erstaunliche Hinweise recherchieren, die mich ziemlich sicher gemacht haben, daß es sich bei diesen Wesen um jene Dropa, möglicherweise die Nachfahren gestrandeter außerirdischer Raumfahrer, handeln könnte. Auf jeden Fall bleibe ich hier am Ball.

Bild 45: Eine Dogu-Statuette. Sie ist japanischer Herkunft und soll dem Weisheitsgott Hitikotunusi nachgebildet worden sein. Der Anzug erinnert an moderne Weltraumadjustierung.

Gut so. Kennt man übrigens auch in China die moderne Ufo-Problematik? Sind Ihnen Ufo-Fälle oder gar Entführungen aus dem Reich der Mitte geläufig?

Die Ufo-Thematik ist in China – wie übrigens auf der ganzen Welt – am »boomen«. In letzter Zeit erreichen mich immer häufiger Berichte, sogar von unheimlichen Begegnungen der dritten und vierten Art, wo offenbar solche fremdartigen Wesen chinesische Bürger kontaktieren. Einer meiner Lieblingsfälle aus China (ich bevorzuge übrigens Geschehnisse, die von militärischem Personal geschildert werden!) ist der einer Entführung eines Soldaten der Volksbefreiungsarmee in der Provinz *Yünnan* aus dem Jahre 1975. Dieser Vorfall ähnelt jenem von der Ufo-Entführung eines Korporal *Valdes* auf verblüffende Weise. Er ereignete sich am 25. April 1977 in Nordchile. Hier haben wir zwei räumlich und zeitlich völlig unterschiedliche Fälle mit dennoch beinahe gleichem Handlungsablauf, bei welchen der so gern geäußerte Vorwurf der »Nachahmung« nicht zutreffend ist. China hatte sich bekanntlich bis zum Tode Maos bzw. bis zur Zerschlagung der sogenannten Viererbande völlig von der übrigen Welt abgekapselt – eine Beeinflussung in der einen oder anderen Richtung scheidet somit völlig aus! Im Februar 1996 konnte ich übrigens zusammen mit dem deutschen Ufo-Experten *Dr. Johannes Fiebag* am Originalschauplatz der Valdes-Entführung neue Fakten ausfindig machen und mich mit dem seinerzeitigen Ermittler in Verbindung setzen sowie die entsprechenden Bandaufzeichnungen abhören.

Menschen, die von seltsamen Entführungen in unbekannte Lichter erzählen, erinnern sich an Begegnungen mit kleinwüchsigen Wesen mit großen Köpfen und mandelförmigen Augen, also mit insgesamt asiatischen Gesichtszügen. Sind hier Verbindungen mit chinesischen Rassenmerkmalen bzw. zur Mythologie dieses Landes festzustellen?
Ich bin sicher, daß hier kein Zufall vorliegt. Allerdings gab ich schon in meinem Erstlingswerk *»Die weiße Pyramide«* zu bedenken, daß die »gelbe Rasse« deutliche Unterschiede zu anderen Völkern aufweist: Sie ist viel innovativer und kann auf erstaunliche technische Errungenschaften und Erfindungen zurückblicken, die es dort zu einem Zeitpunkt gab, als der Westen noch keinen blassen Schimmer von derlei hatte. Deshalb stelle ich die provokante Frage zur Diskussion, ob die Vorgänger der Chinesen und der Japaner nicht von einer speziellen, aus dem

Weltraum kommenden Spezies von Besuchern abstammen könnten.

Ihre persönliche Ansicht zum Ufo-Phänomen?
Sicher lassen sich 95 bis 98 Prozent der gemeldeten Ufo-Sichtungen *natürlich* deuten. Es bleibt jedoch ein äußerst beunruhigender Rest, der so unerklärlich, dramatisch und sensationell anmutet, daß es wahrlich nicht notwendig wäre, manipuliertes Material und gefälschte Berichte in die Welt zu setzen. Die Ufo-Thematik ist *real* – denn dieses Phänomen ist uralt und reicht weit in die Geschichte und Vorgeschichte der Menschheit zurück.

Hatten Sie selbst schon einmal die Gelegenheit, ein Ufo zu beobachten?
Ich selbst sah leider noch nie ein unbekanntes Flugobjekt, also etwas, das man als klassische Ufo-Sichtung bezeichnen könnte. Trotzdem würde ich mir, nach vielen Jahren des Studiums ungezählter Fallberichte über unheimliche Begegnungen der ersten, zweiten, dritten und besonders der vierten Art, also dem sogenannten Entführungsphänomen, einfach nicht anmaßen, Zeugen derartiger unglaublicher Geschehnisse über den Kamm zu scheren und sie pauschal als Spinner, Lügner, Psychopathen oder als Sehgestörte hinzustellen. Viel zuoft haben derlei Geschehnisse körperliche, aber auch seelische Verletzungen bei den Betroffenen hinterlassen. Würde man diese Menschen auch noch der Lächerlichkeit aussetzen, so wäre dies einfach unverantwortlich. Hier ist ein tiefgreifender Wandel in unserem veralteten Weltbild längst überfällig.

China ist ein reiches Land an Sagen und Mythen. Gibt es in alten Schriften Hinweise auf Besuche von »oben«?
China ist meiner Meinung nach das einzige Land auf der

Welt, in dem sich die Spur des Ufo-Phänomens in einem weiten Bogen aus frühester Zeit bis in die Gegenwart zurückverfolgen läßt. Das beginnt in legendären Epochen, in denen von feurigen, metallenen Drachen berichtet wird, auf denen »Himmelssöhne« aus dem Weltall zur Erde herabstiegen. Viel beigetragen zu einer beinahe lückenlosen Dokumentation hat dabei eine Einrichtung im alten, kaiserlichen China: das *Ritualamt*. Dieser imperialen Behörde – sie hatte Stützpunkte an allen wichtigen Orten des Reiches – mußten seltsame Erscheinungen jeder Art mitgeteilt werden. Sämtliche ungewöhnlichen Sichtungen am Himmel, aber ebenso auch das abweichende Verhalten von Tieren. Die praktische Seite dabei waren die stets zuverlässigen Vorhersagen von *Erdbeben*. Aber auch andere mysteriöse Geschehnisse, die wir heute als Ufo-Erscheinungen klassifizieren würden, blieben in den Archiven des Ritualamtes erhalten.

Was macht Sie so sicher, daß es sich bei den alten Legenden nicht bloß um Fabeln oder Naturmythen handelt? Könnte Ihnen die Fantasie nicht einen Streich gespielt haben?
Irgendwelche Naturereignisse können zwar vom Himmel kommen, wie Blitz, Donner, Wolkenbruch, aber doch wohl kaum Gegenstände, die als *metallisch* und *Feuer speiend* beschrieben wurden, so etwa jene fliegenden Drachen mit ihrer »himmlischen« Besatzung. Auch die ausdrückliche Erwähnung jener bereits erwähnten »Himmelssöhne«, die in China als Kulturbringer agierten und das Kaisertum eingeführt haben dürften, widerspricht jeder Vorstellung von »Naturmythen«. Hat man jemals davon vernommen, daß Blitz und Donner als »kosmische Lehrmeister« auftraten und den Menschen die Grundlagen der Zivilisation vermittelten? Wer hier »Naturmythen« vorschiebt, argumentiert einfach billig!

Gibt es auch archäologische Funde, die Indizien für kosmi-
sche Eingriffe liefern?
Da gibt es mehrere Aufsehen erregende Entdeckungen,
die durchaus mit dem möglichen Einwirken von außerirdischen Besuchern in Zusammenhang stehen könnten. In
meinem gemeinsam mit *Peter Krassa* verfaßten Buch *»Sa-*
telliten der Götter« erwähne ich eine Landkarte, die in einem 2200 Jahre alten Mumiengrab gefunden werden
konnte. Ein prominenter chinesischer Archäologe meinte
dazu wörtlich: »Würde es nicht so fantastisch klingen,
müßte ich sagen, das Vorbild für diese Karte sei ein *Satel-*
litenfoto gewesen, das vor Jahrtausenden durch ein im
Erdorbit kreisendes Raumschiff aufgenommen werden
konnte.« Was will man eigentlich mehr? Oder nehmen Sie
die bronzenen japanischen *Dogu-Statuetten*. Ihr mysteriöses Aussehen, ihre an Overalls erinnernden Anzüge und
eigenartigen Gesichtsbrillen erinnern doch auffallend an
moderne Raumanzüge und ähneln keineswegs irgendwelchen Kriegsrüstungen früherer Tage.

Viele rätselhafte Funde lassen Gemeinsamkeiten mit ande-
ren Kulturen erkennen. Man denke nur an die Pyramiden-
bauten, die in Mexiko, Guatemala oder Ägypten ebenso
existieren wie in China. Sehen Sie hier Gemeinsamkeiten?
Was die möglichen Gleichklänge der chinesischen Pyramiden mit jenen aus Mittelamerika betrifft, so ist in jedem Fall eine gewisse Ähnlichkeit durch deren äußere
Form gegeben. Im Moment beschäftige ich mich gerade
mit der Behauptung eines koreanischen Archäologen,
welcher gute Gründe für die Annahme sieht, wonach ein
uralter koreanischer Volksstamm für die Pyramidenbau-
ten Chinas verantwortlich sein könnte. Wait and see!

Warum hat man so lange nichts über die Existenz von chi-

nesischen Pyramiden erfahren? Welchem Zweck dienten eigentlich diese Bauwerke? Waren sie mehr als bloß Grabstätten?

Von den chinesischen Pyramiden erfuhr man einfach deshalb nichts, weil die Gegend teilweise immer noch *Sperrgebiet* ist. Zusammen mit Peter Krassa war ich der erste Ausländer, der im März 1994 vor Ort forschen durfte; ein weiteres Mal tat ich dies im Oktober 1994. Derzeit werden keine Grabungen vorgenommen. Der chinesische Archäologe *Prof. Xia Nai* beantwortete die Frage von Peter Krassa, wann denn damit zu rechnen sei, daß die Pyramiden endlich geöffnet werden würden, stereotyp: »Damit soll sich die nächste Generation befassen!« Da hat man dann selbstverständlich gewisse Schwierigkeiten, den wirklichen Grund nach dem Zweck dieser Pyramiden herauszufinden und nachzuprüfen, ob etwa die alten Bauwerke in *Shaanxi* tatsächlich nur als Grabstätten dienten.

Gibt es Hinweise, die den Verdacht begründen könnten, wonach Chinas Pyramiden etwas mit der These von Besuchern aus dem All zu tun haben könnten?

Eine mögliche Verbindung besteht tatsächlich. Anfang des 20. Jahrhunderts sprachen zwei Handelsreisende aus Australien mit einem alten Mönch über die Pyramiden bei *Xian*. Der wußte ihnen zu berichten, daß sogar in den Aufzeichnungen seines Klosters – selbst schon vier- bis fünftausend Jahre alt – die Pyramiden bereits als »alte Bauwerke« erwähnt werden. Das ist ein beachtliches Alter und führt uns geradewegs in die Ära der mythischen Urkaiser im legendären »Reich der Mitte«. Jene Herrscher behaupteten danach hartnäckig, nicht von irdischen Vorfahren abzustammen, sondern von jenen »Himmelssöhnen«, die auf feurigen und fliegenden Drachen aus dem Weltall gekommen seien. Im übrigen stehen viele Pyramiden rund um auf diesem Globus, laut mythischer Überlieferung, in ständigem geistigen Kontakt mit den »Göttern« aus dem Kosmos.

Zuvor erwähnten Sie, daß in China bestimmte »Sperrzonen« existieren, die Ihre Forschungstätigkeit beträchtlich erschweren. Sehen Sie dennoch Chancen, an bestimmte, archäologisch interessante Orte zu gelangen? Wird sich China dem Westen noch weiter öffnen?

Nach wie vor ist der größte Teil Chinas *nicht* frei zu bereisen: Nur etwa 10 bis 15 Prozent seines Gebiets sind touristisch freigegeben. Das mag viele Gründe haben – von militärischen bis hin zu fehlender Infrastruktur. Und natürlich wollen sich die Chinesen nicht gerne in die Karten schauen lassen, verbergen immer noch viele Dinge vor dem Zugriff ausländischer Beobachter. Daß trotzdem ein Weg in diese Zonen führen kann, habe ich 1994 zweimal hinlänglich bewiesen. Und über kurz oder lang wird es für dieses riesige Land kaum noch möglich sein, sich vor dem Rest der Welt zu verschließen. Der Anfang für eine größere Öffnung ist jedenfalls gemacht. Und besonders der noch relativ junge Wissenschaftszweig der sogenannten *Prä-Astronautik* bzw. *Paläo-SETI-Forschung* wird von neuen Entdeckungen in China ganz bestimmt gehörig profitieren!

Alles in Schutt und Asche?

Mythenforscher Hans-Werner Sachmann und der »Krieg der Welten«

»Ich habe mich oft gefragt, was geschehen würde, wenn wir alle auf der Erde erfahren würden, daß wir von außen bedroht werden, von einer Macht im Weltraum, von einem anderen Planeten. Würden wir nicht alle herausfinden, daß wir keine Unterschiede aufweisen, daß wir alle menschliche Wesen sind, Bewohner des Planeten Erde, und würden wir diese Gefahr nicht gemeinsam bekämpfen?«

Ronald Reagan, ehem. US-Präsident, bei einer Versammlung vor Mitgliedern des Nationalen Strategieforums am 4. Mai 1988

Die nahende Jahrtausendwende löst bei vielen Menschen Endzeitgefühle aus. Ökologische, ökonomische und kriegerische Katastrophen verschaffen den Propheten des Weltuntergangs wieder Gehör. Botschaften des Schreckens werden uns täglich via Medien und Bildschirm vor Augen geführt. Seit der biblische *Kain* die Hand gegen seinen Bruder *Abel* erhob und ihn tötete, wissen wir von kriegerischen Auseinandersetzungen. Ist die Welt heute eine friedlichere? Hat die Menschheit aus ihrer blutigen Geschichte gelernt? Wohl kaum. Hausgemachte Umweltprobleme, das Ozonloch, der Anstieg der Weltmeere, das Artensterben und die Bedrohung vor einem Atomkrieg kamen hinzu und werden gerne mit dem Ende des Jahrtausends in Verbindung gebracht. Berechtigte Sorgen und dubiose Ängste beherrschen das Bewußtsein. Ein Nährboden für Sekten aller Art, auch etlicher »Ufo-Religionen«. Nach dem Unheil, so wissen es

Ufo-Sekten wie »*Fiat Lux*«, »*Reál*«, »*Ummo*« oder »*Sonnentempler*«, erfolgt die Erlösung durch außerirdische Engel, die in ihren Raumschiffen auf der Erde landen und den ausgewählten Teil der (Ufo-)gläubigen Menschheit abholt.

Die Angst vor der *Apokalypse* und die Furcht vor einer ungewissen Zukunft ist jedoch nicht neu, sondern beschäftigt die Menschen seit Jahrtausenden. Schon in den Mythen und Urtexten finden sich deutliche Hinweise über Weltkrisen und kriegerische Katastrophen. Den Überlieferungen nach sollen die sogenannten Götter immer wieder ihre Hand dabei im Spiel gehabt haben, besonders dann, wenn sie in ihren fliegenden Geräten auftraten und unbekannte Waffensysteme zum Einsatz kamen. Einige dieser geschilderten Konfrontationen lassen sogar an Atomkriege der Vorzeit denken. »Es war eine unbekannte Waffe«, heißt es zum Beispiel in der 4000 Jahre alten Schrift *Mausola Parva*, »ein eherner Blitzstrahl, ein gigantischer Todesbote, der alle Angehörigen der Rassen *Vrishnis* und *Andhakas* in Asche auflöste. Die verbrannten Leichen waren unkenntlich, Haare und Nägel fielen aus, das Geschirr zerbrach ohne offensichtlichen Grund, die Vögel wurden weiß, alle Speisen waren im Verlauf einer Stunde ungenießbar.«

Offenbar waren die himmlischen Wesen bei der Beseitigung ihrer Feinde nicht gerade zimperlich. Von einem »*Krieg der Götter*« ist in alten Schriften die Rede, die untereinander um die Vorherrschaft im Luftraum kämpften. Gab es schon im Altertum einen weltumspannenden Krieg und todbringende Waffensysteme? Können die biblischen Erzählungen von *Sodom und Gomorrha*, das *Gilgamesch-Epos* oder die Legende vom Untergang des sagenhaften Kontinents *Atlantis* damit in Verbindung gebracht werden? Welche Bedeutung muß den Erzählungen von Kämpfen zwischen kosmischen Engeln und Dämonen beigemessen werden? Handelt es sich um rivalisierende außerirdische Gruppierungen? Orthodoxe Altertumsforscher scheuen sich, solche Legenden als Tatsachenberichte anzusehen. Eine solche Möglichkeit ziehen hingegen Vertreter der *Prä-Astronautik* durchaus in Erwägung. Einer von ihnen ist der deutsche Kommunalangestellte, Autor und Mythenforscher **Hans-Werner Sachmann**.

In über 200 Publikationen verweist der Forscher auf Ungereimtheiten in der Geschichte, unterhält eine weltweite Korrespondenz mit bekannten Wissenschaftlern, kennt die führenden »Köpfe« der Szene und gilt als Insider in der Frage, ob die Erde in der Vorzeit Besuch aus dem Weltraum erhielt. In seinen Büchern *»In Schutt und Asche«* und *»Die Epoche der Engel«* hat sich Hans-Werner Sachmann vorrangig der Analyse mythologischer Überlieferungen gewidmet. Seiner Betrachtung nach entpuppten sich die Berichte als vorzeitliche Kontakte mit außerirdischen Wesen. Ob der Mythenforscher einen neuen »Krieg der Sterne« befürchtet? Lassen wir ihn selbst zu Wort kommen . . .

Herr Sachmann, Sie gelten als profunder Kenner der Mythen, haben Bücher über »außerirdische Phänomene« veröffentlicht, reisen um den Globus. Was war das Motiv für Ihre Forschungsarbeit? Warum Außerirdische und nicht Briefmarken?
Seit meiner Schulzeit lese ich Bücher zum Thema »Umstrittene Wissenschaft«, was mich Anfang der sechziger Jahre zur sogenannten Prä-Astronautik, oder etwas wissenschaftlicher Paläo-SETI-Forschung genannt, führte. Das genaue Motiv dafür muß wohl in meiner Kindheit liegen. Wer weiß, vielleicht bin ich erblich vorbelastet?

Ich erinnere mich, daß sich ein Onkel meines Vaters intensiv mit biblischen Geheimnissen beschäftigte.

Lassen sich in alten Texten und Legenden tatsächlich Hinweise auf außerirdische Besucher finden? Gab es damals schon Ufos?
Selbstverständlich! In den Aufzeichnungen unserer Ahnen und Vorfahren gibt es sogar einige äußerst präzise Schilderungen derartiger Einflußnahmen und fliegender Apparaturen. In meiner Heimat fanden solche Interventionen von »oben« z. B. im Jahre 776 an der *Sigiburg* (heute Dortmund-Hohensyburg) statt. Die Sachsen versuchten die von *Karl dem Großen* eingenommene Festung zurückzuerobern, wurden aber durch ein über der Kirche sichtbares feuriges Phänomen so erschreckt, daß sie die Flucht ergriffen. Offenkundig gab es damals eine »Begegnung der ersten Art«, die von Hunderten fränkischen und sächsischen Kriegern bestätigt werden könnte, würden sie noch leben. Festgehalten wurden die damaligen Ereignisse in den Annalen eines Mönchs namens *Laurencio*.

Was steht in diesen Annalen? Das müssen Sie uns schon verraten!
In der Originalchronik aus dem Jahre 776 n. Chr. heißt es u. a.: »Als die Sachsen nun merkten, daß sie nicht so recht vorwärtskamen, begannen sie ein Gerüst zu errichten, von dem aus sie die Burg stürmen konnten. Sie begannen erneut anzugreifen. Gott ist gut, aber auch gerecht, deshalb belohnte er ihren Mut. Am gleichen Tag, an dem der Angriff gegen die in dem Schloß lebenden Christen geplant war, zeigte sich die *Herrlichkeit Gottes über der Kirche*, die sich innerhalb der Festung befand. Diejenigen, die alles von außerhalb des Platzes beobach-

teten, viele von ihnen leben heute noch, sagten, daß sie das *Abbild zweier Schutzschilder* erblickten, *rötlicher Farbe und in flammender Bewegung* über der Kirche. Und als die Heiden, die da draußen waren, dieses Zeichen erblickten, waren sie plötzlich in Verwirrung gestürzt und wandten sich erschrocken in Panik zu einer ungestümen Flucht. Einige von ihnen ermordeten wahllos andere. Zitternd vor Angst warfen sie ihre Speere, die sie auf den Schultern trugen, auf die, die vor ihnen flohen. Andere wurden durch ihre eigenen Schläge gestoßen, und durch die göttliche Vergeltung wurde über sie gerichtet.«

Wenn Sie nun die neuzeitlichen Ufo-Protokolle mit dieser Schilderung vergleichen, dann werden Sie verblüffende Ähnlichkeiten feststellen. Auch heutige Ufo-Zeugen sprechen zumeist von seltsamen Lichterscheinungen am Himmel, die nicht selten »feurig« wirken, oftmals eine weiße oder rötliche Farbe aufweisen und komplizierte Flugmanöver vollziehen. Ebenso lassen sich in noch weit früheren Epochen Hinweise auf kosmische Eingriffe und bereits vorhandene Hochtechnologie finden.

Wenn es Technologien schon damals gab, müßten doch Überreste davon entdeckt worden ein? Hat man solche Relikte gefunden? Warum erfährt man von der Wissenschaft nichts davon?

Überreste antiker Technologien, die ans Fantastische grenzen, kann man sogar in modernen Museen besichtigen! Allerdings werden sie von der offiziellen Wissenschaft, ob absichtlich oder unabsichtlich sei dahingestellt, falsch interpretiert: vorzeitliche *Kristall-Linsen* im Britischen Museum (London), die sogenannten elektrischen *Bagdad-Batterien* aus vorchristlicher Zeit, *Schallwaffen* im Ägyptischen Museum (Kairo), *Zahnräder* in südamerikanischen Ausstellungen, die »*Maschine von Antikythera*« und vieles mehr. Man hat offenbar Angst vor dem Zerfall festgefahrener Weltbilder. Deshalb wird auch alles Ungewöhnliche ohne nähere Prüfung von vornherein zu Science-Fiction erklärt. Eine Generation, die heutzutage weitestgehend ohne »Wertvorstellungen der alten Schule« aufwächst und rein materialistisch erzogen wird, ist zudem nur schwer für eine Tätigkeit zu begeistern, die sich mit den Rätseln unserer Herkunft und Geschichte befaßt. Ohne den Druck aus der Bevölkerung wird sich jedoch auch unsere etablierte Wissenschaft nicht ändern. Da sehe ich schwarz!

Sehen Sie Gemeinsamkeiten zwischen den Götterwagen des Altertums und den modernen Ufo-Schilderungen?
Ja, ohne Zweifel! Die Übereinstimmungen sind zu offensichtlich, um sie als bloßen Zufall abtun zu können. Die Formen, Farben, Flugmanöver, das Verhalten der vorzeitlichen »Objekte am Himmel« im Vergleich zu heutigen Ufos lassen einfach keinen anderen Schluß zu als die Vermutung, daß es sich um *ein und dasselbe* Phänomen handelt. Die *psychologische* Deutung halte ich für eine Krücke, weil man bezüglich anderer Lösungsansätze bislang nicht weitergekommen ist. Die *Extraterrestrische Hypothese* (ETH), daß also Ufos aus dem Weltraum kommen, scheint mir persönlich immer noch am wahrscheinlichsten. Aber wie sagt der *Dalai Lama* doch so schön? »Es könnte auch alles ganz anders sein!«

Und was hat es mit den Überlieferungen von Engeln auf sich? Sind die »Boten Gottes« Ihrer Ansicht nach nur Synonyme für Außerirdische?
Die Beschreibung engelartiger Wesen deutet tatsächlich auf eine außerirdische Herkunft hin. Es handelt sich hier,

wie auch bei ähnlichen mythologischen Gestalten, um eine damalige Falschinterpretation nicht identifizierbarer (technischer) Gerätschaften und ungewöhnlicher Kleidungsstücke, Verhaltensweisen, Vorrichtungen und ähnlichem, die im Laufe der Jahrtausende weiteren Veränderungen und damit Verfälschungen unterlagen. So wurden später *Rotorenblätter* zu »Flügeln«, die *Helmlampe* zum »Heiligenschein« und *Lautsprecher-Durchsagen* zu der »Stimme des Herrn, die vom Himmel kommt«.

Können Sie uns den Unterschied zwischen »Engel«, »Gott« und »Götter« erklären?
Den Glauben an Götter und Engel kann man *gleichsetzen*, da Engel nichts anderes sind als im Monotheismus zu Nebengöttern degradierte Götter des Polytheismus. Ich bin aufgrund meiner Studien zu der Überzeugung gelangt, daß die ursprüngliche Verehrung von Wesenheiten, die vom Himmel herabgestiegen waren – egal, ob »Engel« oder »Götter« –, auf Kontakte mit Extraterrestriern zurückgeht. Dies hat im Grunde nichts mit religiösem Glauben zu tun, sondern ist erst später zu einer Religion gemacht worden. Die persönliche Glaubensvorstellung, das »Bild« von *Gott* als dem Schöpfer des Universums, bleibt von prä-astronautischen Hypothesen unberührt. Die Vorstellung von Außerirdischen, die auf der Erde gelandet sind und wegen ihrer fortgeschrittenen Technologie als »Götter« verehrt wurden, schließt somit einen Schöpfer des Universums, den wir Gott nennen, nicht aus.

In den alten Schriften lesen wir von Auseinandersetzungen zwischen den »Göttern«. Gab es schon in grauer Vorzeit einen Weltkrieg?
Viele alte Überlieferungen sprechen von einem »*Krieg der Götter des Lichts gegen die Götter der Finsternis*« (Qumran-

Rollen), dem »*Tarakamayakampf*« (Mahabharata), »*Rag-narök*« (Edda) oder dem »*Krieg am Himmel*« (Bibel). Diese kosmischen Auseinandersetzungen spielten sich teilweise auf unserem Planeten ab. Es gibt entsprechende Spuren in der Archäologie (wie durch einen Atomschlag vernichtete Städte: Mohenjo Daro, Indien), geologische Spuren (etwa Steinverglasungen in Südamerika) und Mythologie. In letzterer werden auch schrecklich wirkende Waffen, ja ganze Waffensysteme, deutlich beschrieben, wie z. B. Atomraketen, Blitzlaser, Gase, biologische Kampfmittel, aber auch Defensivtechnologie wie Energieschutzschilde.

Kann der Untergang von Atlantis mit »Götterkriegen« in Verbindung gebracht werden?
Zu *Atlantis* (und anderen abgesackten Kontinenten, wie *Lemuria, Mu* oder *Gondwana*) und dessen Untergang gibt es inzwischen Tausende Bücher und ebenso viele Theorien. Eine Verbindung zwischen diesen Kontinenten und den prä-astronautischen Götterkriegen zu ziehen, muß meiner Ansicht nach Spekulation bleiben. Aber daß es versunkene Inselreiche gab, auch von enormer Größe, davon bin ich überzeugt. Doch wo sie lagen und was aus ihnen wurde, können nur weitere Forschungen klären.

Herr Sachmann, was macht Sie so sicher, daß die alten Texte keine erfundenen Geschichten widerspiegeln? Wäre es nicht denkbar, daß die »Engel«- und »Götter«-Geschichten nichts weiter als vorchristliche Fantasystorys fantasiebegabter Dichter sind?
Die Gleichartigkeit derartiger Geschichten über Jahrtausende hinweg, Parallelen in den geschilderten Erlebnissen, die Übereinstimmungen bei vielen Beschreibungen außergewöhnlicher Dinge legen die Vermutung nahe,

daß hier seit undenklichen Zeiten etwas vonstatten geht, das einen *realen* Kern beinhaltet. Zum Beispiel werden von antiken Autoren Details beschrieben, die sich heute einwandfrei *technisch* auslegen lassen und die man damals als vorzeitlicher Laie, in dieser Hinsicht völlig unbedarft, nicht derart konkret hätte festhalten können. Es sei denn, man hätte die beschriebenen Szenen selbst *gesehen* und *erlebt.* Eingeborene, die noch nie Kontakt mit der modernen Welt hatten, träumen sicher nicht von Computern, denn sie kennen ja noch nicht einmal eine Rechenmaschine. Kritiker, die das alles für Unsinn halten, sind zumindest Leute, die sich nicht intensiv genug damit auseinandergesetzt haben. Denen möchte ich raten, stichhaltige Gegenargumente vorzulegen und nicht voreilige oder polemische Äußerungen von sich zu geben, die das Problem keinesfalls einer Lösung näherbringen.

Sie haben in den Mythen Hinweise auf »Götterkämpfe« gefunden, die sich technisch interpretieren lassen. Glauben Sie, daß ein »Krieg der Sterne« wieder unmittelbar bevorsteht? Die Zukunft der Menschen im All, wird sie friedlich erfolgen?

Wie es im Moment aussieht, stehen wir derzeit *nicht* vor einem (erneuten) »Krieg der Sterne«, obwohl eine Wiederholung der Geschichte (mit Abstrichen) grundsätzlich möglich ist. Wer aus der Geschichte nicht lernt, ist leider gezwungen, sie zu wiederholen. Niemand weiß, wie die menschliche und kosmische Zukunft aussehen wird. Davon aber hängt es ab, was Menschen in der Zukunft, sagen wir in 10 000 Jahren, über uns und die folgenden Zeitalter denken und erzählen werden. Ich meine schon, daß die menschliche Evolution und die Evolution unseres Planeten ins All hinaus führt, auch wenn sich diese Entwicklung aus finanziellen Gründen verzögern mag.

Und von einem Ende in Schutt und Asche möchte ich hier und heute nicht reden, da nur eine *positive* Lebenseinstellung dazu beiträgt, den Weg zu den Sternen begehbar zu machen.

»Der Außerirdische bin ich!«

Ein Gespräch mit dem weltbekannten Humoristen und Satiriker Ephraim Kishon

»Nie in der Geschichte wurde die Satire verfolgt, verfolgt wurde nur die in ihr enthaltene Wahrheit. Denn nur der Wahrheitsgehalt macht die Satire zur Satire, der Witz ist nur der Träger, die Rakete – vielleicht noch das Zielgerät –, der Sprengstoff aber ist die Wahrheit.«

Gabriel Laub, Satiriker, 1992 in »Unordnung ist das ganze Leben«

»Na, wie fühlen Sie sich?« fragt der Hausarzt den Ufologen, der fortwährend mit den Fingern schnippt. »Es geht mir schon ganz gut, Herr Doktor.« Danach Fingerschnippen. »Haben Sie noch manchmal Kopfschmerzen?« – »Nein.« Wieder ein Fingerschnippen. »Warum schnippen Sie denn andauernd mit den Fingern?« will der Arzt wissen. »Das ist gegen kleine grüne Alienmonster!« – »Aber ich sehe hier keine Alienmonster!« – »Na, sehen Sie, es hat schon geholfen!«

Über Besucher aus dem Weltall macht man sich gerne lustig. Das macht einerseits deutlich, daß man das Phänomen nicht wirklich ernst nimmt. Andererseits wird damit bewiesen, daß sich die Außerirdischen großer Popularität erfreuen. Berühmt geworden sind die liebeshungrigen *»kleinen grünen Männchen«* vom Mars, die der französische Karikaturist *Pat Mallet* kreierte. *Woher* aber kommen die Witze über solche *»kleinen grünen Ungeheuer«*? Analysen gelangten zur Erkenntnis, daß es nur etwa *vierzig Witzschemata* gibt, die schon vor Jahrtausenden entstanden sind. Alles andere sind lediglich endlos variierte Abhandlungen davon. Diese Merkwürdigkeit ließ auch dem Science-Fictions-Altmeister *Isaac Asimov* keine Ruhe. In seiner bereits 1956 veröffentlichten Kurzgeschichte *»Jokester«* (»Der Witzbold«) gelangt er zu originellen Schlußfolgerungen.

Die Story handelt von Computern, *Multivac* genannt, die in nicht allzu ferner Zukunft derart weiterentwickelt sind, daß es nur speziellen Superprogrammierern vorbehalten ist, mit ihnen zu kommunizieren. Aufgabe der Superdenker ist es, Fragen an Multivac vorzubereiten und Antworten zu interpretieren. Einer dieser Programmierer ist ein Witzbold, der naturgemäß eine besondere Beziehung zu Späßen hat. Er versucht über Multivac die Natur und die Wurzeln des Witzes und Lachens herauszufinden. Dabei machte er einige sehr verblüffende Entdeckungen.

Erstens: Selbst Scherzbolde, die Tausende Witze auf Lager haben, haben niemals einen selbst erfunden. Sie geben sie nur wieder.

Zweitens: Niemand kennt jemand, der sagen kann, er habe einen Witz erfunden. Asimov bezieht sich hier auf die universelle Frage: »Haben Sie einen ›neuen‹ Witz *gehört*?«

Drittens: Alle Witze sind *alt*, deshalb haben sie oft weit überholte Themen zum Inhalt, sind aber dennoch lustig.

Und *viertens*: Tatsächlich neue Scherze, die aus dem Moment heraus entstehen, sind *Wortspiele* und rufen eher Betroffenheit und Zähneknirschen hervor.

Zusammengefaßt: Original menschlicher Humor ist nicht lustig und läßt kaum ein Lachen hervorbringen.

Diese Daten (die ja die tatsächliche Situation des Phänomens Witz widerspiegeln) werden vom Programmierer in Multivac eingespeichert und mit zwei Fragen verbun-

Bild 46: Glaubt an Ufos: Ephraim Kishon.

den. Die erste lautet: Woher kommt der Witz? Darauf spuckt der Computer sogleich die Antwort heraus: *»Der Witz ist außerirdischen Ursprungs!«* E.T.s haben die Urwitze konstruiert und in die Gehirne einiger Frühmenschen gepflanzt, von wo sie, in ihrer Struktur immer gleichartig und lediglich abgewandelt, weiter- und weitergegeben werden. Was ist der Zweck dieses außerirdischen Eingriffs? Ganz einfach und simpel: *Verhaltensforschung.*

Die zweite Frage lautet: Was geschieht, wenn der Homo sapiens herausfindet, daß er wie eine Ratte in einem Versuchsirrgarten getestet wird? Darauf gibt Multivac die irrwitzige Antwort: *»Ende des Experiments.«* Und tatsächlich kann keiner der mitwirkenden Darsteller in der Asimov-Story ab diesem Augenblick über einen Witz mehr lachen.

Wir, die Leser und Freunde solcher fantastischen Erzählungen, haben hoffentlich unseren Humor *noch* nicht verloren. Wir wissen ja, daß solche Geschichten zwar gut, aber letztlich doch nur erfunden sind. Utopien und Satiren eben. Aber Moment mal: Ist es nicht zu billig, Science-Fiction als Formel für Fantasie zu werten? Was ist, wenn Science-Fiction von der Realität eingeholt wird? Hat Asimov womöglich recht? Haben Außerirdische in unseren Genen herumexperimentiert? Nichts ist fantastischer als die Wirklichkeit. Nur: Was *ist* Wirklichkeit? Fantasie und Realität verlieren manchmal ihre Grenzen. Das wissen vor allem die Satiriker und Humoristen, die mit Vorliebe zu Übertreibungen neigen. Und doch beziehen sich ihre Studien meist auf *reale* Begebenheiten. Erst die Wahrheit macht Satire zur Satire.

»Meine Geschichten schreibt das Leben«, gesteht dazu der weltbekannte Autor **Ephraim Kishon**, »ich registriere automatisch die humorvollen Dinge des Lebens. Und ich lüge dabei nur ganz selten.« Kein anderer strapaziert bis heute die Lachmuskeln der Erdenbürger mehr. Kishons Satiren, die Anfang der sechziger Jahre von *Friedrich Torberg* übersetzt und dem deutschsprachigen Leser bekannt gemacht wurden, behaupten sich ständig in den Bestsellerlisten. Nach mehr als 50 Büchern und über 70 Millionen verkaufter Auflagen hat der humorvolle Vielschreiber schon oft ans Aufhören gedacht, aber, wie sagt er selbst: »Es hilft nichts. Ich habe wieder ein neues Buch geschrieben. Ich wollte nicht, ich sträubte mich, ich kämpfte gegen meine Leidenschaft an, aber sie hat gewonnen. Na ja. Schließlich bin ich für den Besuch von Disco-Lokalen zu alt und weise, und die Beschäftigung mit Politik macht mich krank. Da schreibe ich lieber ein Buch.«

Gottlob, der heute in Tel Aviv und in der Schweiz lebende Schriftsteller wird uns weiterhin mit Witz und Charme unterhalten. Und worüber lacht Ephraim Kishon? Vielleicht über Außerirdische? Über Ufos? Meine Frage, ob der Großmeister des Humors an Ufos und außerirdische Besucher glaubt, wurde prompt beantwortet. Eines Tages flatterte eine riesengroße Postkarte ins Haus, darauf stand handschriftlich in großen Lettern kurz und bündig »*JA – Kishon*«. In einem Interview, das mein Freund und Autorenkollege *Walter-Jörg Langbein* mit ihm führte, erwies sich der israelische Satiriker als gesprächiger.

Herr Kishon, sind Sie religiös?
Nein, ich bin Humorist. Aber ich habe religiöse Menschen gern. Denn sie glauben an etwas. Sicher finden viele im Glauben die einzige Antwort auf die noch unzähligen offenen Fragen, die uns das Universum zu stellen vermag. Sehen Sie, wir leben am Rand einer Galaxie mit Sternen wie Sand am Meer, und unsere Galaxie ist wiederum nur eine von vielen. Auch Galaxien gibt es wie Sand am Meer.

Als der erste Mensch mit *Apollo 11* zum Mond startete, da war ich dabei, von der amerikanischen Regierung eingeladen. Es war wirklich ein einmaliges und unvergeßliches Erlebnis, als Apollo 11 startete. Wie sich diese gigantische Mondrakete auf einem riesigen Feuerstrahl in den Himmel erhob. Aber was ist das schon? Was ist die Entfernung von der Erde zum Mond? Ein Nichts, gemessen an der Weite des Universums! Es gibt Galaxien, zu denen ist das Licht Milliarden von Jahren unterwegs. Nicht ich, Kishon, benötige so lange mit dem Fahrrad, nein – *das Licht*! Da erscheint mir selbst die Reise zum Mond als ein Nichts.

Sie sagten eben, Sie seien Humorist und daher nicht religiös. Schließt das eine das andere aus?

Sehen Sie, es ist schwer, ja unmöglich, sarkastisch zu sein, alles Menschliche kritisch zu beschauen und das Religiöse auszusparen, zu sagen, »alles ist lächerlich«. Nur das Religiöse ist über alles erhaben. Ich habe einmal eine Humoreske geschrieben: wie ich sterbe, verschiedene Stadien des Lebens durchmache und dann verblüfft feststelle, verdammt, die alten Ägypter hatten recht, die »Götter« haben tatsächlich Tiergesichter!

Herr Kishon, in einem Ihrer Bücher, wenn ich nicht irre, war es »Abraham kann nichts dafür«, steht eine Satire, in der ein Außerirdischer die Erde sieht. Letztlich führt das Kindergezänk der Diplomaten zum atomaren Holocaust . . .

In dieser Satire »bin« ich der Außerirdische. Vieles, was gesagt wird von sogenannten bedeutenden Diplomaten, erweist sich dabei als Fassade, Quatsch und Kinderei.

Und wie ist es mit den Ufos? Alles Unsinn? Glauben Sie an Ufos?

Natürlich glaube ich daran! Aber ohne zu wissen, was wirklich hinter diesem Phänomen steckt.

Erich von Däniken hat eine Frage vor Jahren in die heißesten Diskussionen gebracht: Gibt es außerirdisches Leben im Universum? Fremde Intelligenzen auf anderen Planeten? Ist das für Sie vorstellbar?

Sicher gibt es das. Ich bin sogar sicher, daß es einmal Kontakt geben wird mit solchen fremden Wesen aus dem Kosmos. Ich glaube sogar – Sie sind ja noch ein junger Mann –, Sie werden es erleben. Wir sollten uns darüber im klaren sein, daß eine Kommunikation mit einer fremden, außerirdischen Rasse wohl das größte Ereignis in der Weltgeschichte sein wird. Dann werden eine Vielzahl von Theorien zusammenbrechen, alles Wissen wird sich als Kinderkram erweisen – und es *wird* kommen, davon bin ich überzeugt. Auch hier gilt das bereits Gesagte: Unsere Welt ist nur ein kleiner Splitter am Rande des Universums, ein winziger Bruchteil vieler Universen. Wir sind keinesfalls das Zentrum, und wir sind auch nicht allein – das wäre *unvorstellbar*.

Visionen für eine kosmische Gesellschaft

Schauspielerin und Yoga-Künstlerin Christiane Rücker über indische Luftschiffe und Selbstfindung

»Ich war mit dem Auto unterwegs vom Studio nach Hause. Es war kurz vor Mitternacht. Plötzlich sah ich vor mir auf der linken Straßenseite einen Lichtschein auftauchen, der hin- und hertanzte. Zuerst dachte ich, es sei das Licht von einem Polizeihubschrauber, aber ich hörte weder das typische Knattern des Rotors, noch sah ich irgendwelche Lichter am Himmel. Nur dieses eine Licht war da und wurde stärker und stärker. Es blendete mich so stark, daß ich anhalten mußte, weil ich die Straße nicht mehr erkennen konnte. Ich weiß nicht mehr, wie lange ich stand, während die Helligkeit des unheimlichen Lichts immer noch anstieg. Dann plötzlich gab es einen ohrenbetäubenden Knall – und das Licht war verschwunden. Ich habe lange über diese Erscheinung nachgedacht, ich bin mir sicher: Es war ein Ufo.«

Schauspielerin Linda Gray, bekannt aus der Fernsehserie »Dallas«, 1988 in der Ausgabe *Freizeit Revue Spezial – Die Welt des Unerklärlichen*

Von der Welt des Übersinnlichen fühlt sich der amerikanische Showstar *Shirley MacLaine* heftig angezogen. Der Schauspielerei hat sie inzwischen den Rücken gekehrt, heute schreibt Shirley Ratgeber über Metaphysik und Reinkarnation. Als Predigerin ihrer Ideen gewinnt sie immer mehr Anhänger. Eine Schauspielerin, die es ihr gleich tat und heute einen neuen Lebensinhalt gefunden hat, ist **Christiane Rücker**.

Ihre Karriere sieht sie rückblickend in drei Phasen.

Aus Schlesien stammend, flüchtete ihre Mutter mit der erst ein halbes Jahr alten Christiane im Rucksack zu den Großeltern nach Bayern. Die strenge Erziehung ihres Vaters empfand die Kleine als ungerecht, obwohl ihre Mutter erklärte, er sei nur deshalb so, damit »etwas aus dir wird«.

Beinahe aus Trotz wurde Christiane Rücker deshalb Schauspielerin und fand das, was sie beim Vater vermißt hatte, bei älteren Filmpartnern wie *Peter Alexander*, *Joachim Fuchsberger* oder *Curd Jürgens*. »Die Arbeit mit ihnen war für mich wie eine Gesprächstherapie«, meint sie heute freimütig. Ihr erster Filmstreifen hieß *»Holiday in St. Tropez«*. Nach der großen Kinophase faßte sie im Fernsehen Fuß und wurde eine anerkannte Bühnenschauspielerin. Wenn es ihre Zeit erlaubt, übernimmt sie immer noch Theaterrollen, so wie 1995 in Wien in dem Stück *»Sind Sie der Ehemann?«* an der Seite des ehemaligen Eislaufstars *Hans-Jürgen Bäumler*. In ihrer dritten Lebensphase, in welcher sich die Künstlerin gerade befindet, sucht sie einen Weg zur Erkenntnis. Sie widmet sich ganz besonders der *Yoga*-Meditaion und der *vedischen* Philosophie. Ihren Beruf und ihre Fähigkeiten hat sie in den Dienst der Wohltätigkeit gestellt. Christiane Rücker engagiert sich nunmehr für Hilfsprogramme in der Dritten Welt. So hob sie das Hilfswerk *»Goldener Lotus«* aus der Taufe, das Bedürftige in *Bengalen* unterstützt. Privat ist das einstige Sexsymbol mit dem Journalisten *Zarko Jeftic* aus Sarajevo verheiratet, den sie in einem Wiener Yoga-Center kennenlernte. »Wir sprechen die gleiche Sprache«, verrät sie lachend, »obwohl wir uns lange Zeit nur englisch unterhalten konnten. Gemeinsam meditieren wir morgens um vier, gehen zum Gebet, machen unsere Kung-Fu-Atemübungen und sind beide eingefleischte Vegetarier.« Was weniger bekannt sein dürfte:

Bild 47: Schauspielerin Christiane Rücker ist davon überzeugt, daß das Ufo-Rätsel mit der Frage nach außerirdischen Intelligenzen im Zusammenhang steht.

Christiane Rücker wurde schon des öfteren bei Ufo-Kongressen gesichtet. An der Seite des »Ufo-Barons« *Johannes von Buttlar* sowie des Fernsehjournalisten *Rainer Holbe* war die Yoga-Künstlerin unterwegs zu den mysteriösen Kreisstrukturen in den Kornfeldern Englands. Ihr Herz gehört aber den Menschen und der Kultur des indischen Subkontinents, dort, wo charismatische Persönlichkeiten mit außergewöhnlichen Kräften beheimatet sind. In zahlreichen Texten und Legenden der indischen Mythologie finden sich Beschreibungen von rätselhaften Himmelsfahrzeugen. Heute würde man sie als Ufos bezeichnen. Christiane Rücker weiß das und noch manches mehr.

Frau Rücker, Sie haben seit einigen Jahren einen neuen Lebensinhalt gefunden, freizügigen Film- und Fernsehrollen

den Rücken gekehrt und sich der indischen Philosophie zuge-
wandt. Nunmehr sind Sie als Yoga-Künstlerin bekannt und
haben außerdem ein Indien-Hilfswerk gegründet. Was war
der Anstoß zu Ihrer neuen Berufung?

Anstoß war jener folgenschwere Schicksalsschlag im
April 1979, der mich, nach vier Tagen Koma, als »neuen«
Menschen erwachen ließ und es mir ermöglichte, die *ve-*
dischen Schriften des alten Indien nicht nur zu lesen und
zu verstehen, sondern den darin aufgezeigten *»bhakti-*
yoga« auch auszuüben. Ich habe das alles sowie Vorgeschichte und Begleiterscheinungen in meinem Buch
»Kosmisches Theater« verarbeitet, das im Frühjahr 1997
erschienen ist. Der Begriff »bhakti« steht für Liebe und
Hingabe. Das Ziel von »bhakti-yoga« ist daher das »lie-
bende Dienen«. Aus dieser Philosophie heraus entstand
letztlich mein Engagement in der Hilfsorganisation *»Gol-*
dener Lotus, Hilfswerk Bengalen e. V.«. In deren Rahmen
bin ich bemüht, meine Popularität zu nutzen, um anderen zu helfen.

Nirgendwo auf der Welt wurde das Streben nach geistiger
Vollkommenheit und übersinnlichen Fähigkeiten mit größe-
rer Entschlossenheit verwirklicht als in Indien, dessen hei-
lige Männer und Gurus seit Jahrhunderten hohes Ansehen
erlangt haben. Wie denken Sie über übersinnliche Phäno-
mene? Welche Erfahrungen sammelten Sie in Indien?

Parapsychologische Phänomene, Erscheinungen und
Wunderheilungen sind für mich auch Bestandteil dieses
Lebens wie ebenso »reale« oder »praktische« Vorgänge
unseres Daseins. Sie sind für mich im übrigen keineswegs
an Indien gebunden, wo sie jedoch zugegebenermaßen
so alt und selbstverständlich sind wie die Menschheit
selbst. Nur wir hier im technologisch hoch entwickelten
Westen haben diese Dinge – vorläufig noch – aus den Au-

gen verloren. Aber wirklich vergessen wurde dieses Wissen über solche Phänomene letztlich nie. Mein Indien-Kontakt hat mich allerdings gelehrt, alltäglich und unverkrampft mit ihnen umzugehen, ohne irgendwelche Sensationsgier.

Kritiker sehen in Wunderheilungen, Fakiren, Ashrams und ähnlichem nur Scharlatanerie und Sektierertum. Was halten Sie diesen Leuten entgegen?

Es gibt im Dunstkreis des Okkulten, Rätselhaften und Wundersamen zweifelsfrei auch Scharlatane und Sektierer. Aber das heißt keineswegs – und schließt es ebenso wenig aus –, daß hinter allem Schein nicht auch ein Sein verborgen liegen könnte. Aber es muß sich eben jeder bemühen, dieses Sein aus eigener Kraft zu finden. Anderseits: Wer betrogen sein will, wird sicherlich betrogen werden.

Aus Indien sind auch die Palmblattbibliotheken bekannt, diese Orakel des Unglaublichen. Haben Sie eine dieser Bibliotheken aufgesucht? Es heißt, unser aller Schicksal sei dort enthalten, bis hin zu unserem Todesdatum. Glauben Sie an die Macht der Sterne?

Ich weiß um diese Bibliotheken, habe aber bis dato noch keine besucht. Aber wie ich aus autorisierter Quelle erfahren habe, müssen auch dabei gewisse Abstriche gemacht werden. Es ist nämlich von großer Wichtigkeit, *wer* diese Bibliotheken führt, also: ob der zuständige Astrologe auch wirklich qualifiziert ist, die Palmblattaufzeichnungen richtig zu interpretieren. Das ist im übrigen sehr mühsam und bedarf sehr vieler Zeit. Meine Kenntnis über diese Priester bezieht sich auf die *vedischen* Ausführungen. Ich habe die astrologischen Quellen im einzelnen nicht speziell studiert oder nachprüfen können. Aber ich habe in meinem Freundeskreis einige Spezialisten, die sich ernsthaft mit dem Themenkreis Horoskop und Wahrsagen beschäftigen und die sehr gut mit diesem Wissen umzugehen verstehen. Sie sind durchaus in der Lage, dabei »in die Sterne zu schauen«. Die dabei erzielten Ergebnisse verblüffen mich immer wieder. Die »Macht der Sterne« ist ja lediglich der Ausdruck der kosmischen All-Umfassung unseres Dasein, das durch unser Karma bis in die Mikrofasern untrennbar miteinander verbunden und verwoben ist.

Sie haben die vedischen Schriften erwähnt. In diesen alten Texten gibt es Hinweise auf fliegende Maschinen, die man heute als Ufos bezeichnen könnte. Sie waren selbst bei Ufo-Kongressen dabei, können Sie uns etwas über »Vimanas« und »Götterwagen« erzählen?

Diese »Vimanas« sind in der Tat untrennbar mit den vedischen Schriften verbunden, wo zu gegebenen Anlässen nicht nur der Erbauer eines solchen »Luftschiffes«, sondern auch der Benützer dieses Gefährts und der eigentliche Zweck desselben beschrieben werden. Da gibt es etwa Schilderungen von Vimanas in Form von Schlössern, ganzen Städten, Blumen oder Tieren, die entweder zur Verteidigung, zum Angriff oder einfach nur zur Freude und Erbauung des jeweiligen Benützers angefertigt wurden. An einer Stelle heißt es, daß Lord Shiva mit einem Vimana-Bullen durchs Universum »reist«, Lord Krishna auf Garuda, einem mythischen Riesenvogel, Lord Brahma auf einem Schwan und König Indra auf einem Elefanten. Lord Ramacanda bevorzugte nach diesen Texten einen »Blumenwagen«. Zu erwähnen wäre außerdem noch, daß die Schriften davon erzählen, jene Luftschiffe oder Vimanas seien mittels *mantras*, also entweder mittels Gedankenkraft oder Klangschwingung, angetrieben worden. Das heißt also, daß diese Vimanas keine der uns bekannten grobstofflichen Antriebe benötigten.

Das führt mich in die Gegenwart. Welche Erklärung haben Sie für die weltweite Ufo-Welle?
Wenn die Zeit für bestimmte Dinge reif ist, dann werden plötzlich Tatsachen bekannt, die bis dahin als Utopie oder Fantasie abgetan wurden, aber die plötzlich nicht mehr ignoriert werden können. Oder wie es ein Sprichwort sagt: »Große Ereignisse werfen ihre Schatten voraus.«

Denken Sie, daß das Ufo-Phänomen mit der Frage nach außerirdischen Intelligenzen im Zusammenhang stehen könnte? Und was wäre, wenn wir eines Tages tatsächlich mit Extraterrestriern in Berührung kämen? Hätte das einen Kulturschock zur Folge?
Ich bin überzeugt davon, daß das Ufo-Rätsel mit der Frage nach außerirdischen Intelligenzen im Zusammenhang steht. Wobei diese Ufonauten gemäß der vedischen Astrologie nach wie vor als »irdisch« gelten. Die vedische Berechnung unseres Kosmos ist nämlich weitaus umfassender und weitreichender als unsere neuzeitlichen Vorstellungen. Irdische Bereiche werden jedoch aufgrund von vedischen Aufzeichnungen im jetzigen Zeitalter von außerirdischen Intelligenzen nicht besucht werden. Aber das sind Spitzfindigkeiten, die das Phänomen an sich nicht wirklich berühren. Damit diese zweifelsfrei bevorstehende Konfrontation keine katastrophalen Auswirkungen auf unser Dasein hat, werden wir offenbar Schritt für Schritt bewußtseinsmäßig darauf vorbereitet. Um diesen »Kulturschock«, den ich allerdings für notwendig und für sehr heilsam halte, so tragbar wie möglich zu gestalten.

Frau Rücker, haben Sie selbst schon etwas Rätselhaftes be-
obachten können? Gab es ungewöhnliche Erlebnisse und Er-
fahrungen, die man mit dem sechsten Sinn umschreiben
könnte?
Nein, Ufo-ähnliche Erscheinungen kann ich bis heute
nicht vorweisen. Was ungewöhnliche Vorgänge anbelangt: Die gehören zu meinem täglichen Leben wie essen
oder schlafen. Und was den sechsten Sinn betrifft, bin
ich felsenfest davon überzeugt, daß wir alle ihn haben,
nur mehr oder weniger verschüttet oder nicht beachtet.

Ufos landen schon seit langem im Kino. Dennoch hat Roland
Emerichs utopischer Filmhit »Independence Day« eine neue
Ufo-Filmlawine losgetreten. Sie selbst haben ja ebenfalls
viele Filmrollen gespielt. Würden Sie gerne wieder in einem
Film mitwirken, vielleicht in einem Science-Fiction-Aben-
teuer?
Wenn jemand wie der deutsche Regisseur *Wolfgang Pe-*
terson, der durch seine fantastischen Filme wie *»Das*
Boot«, *»Die unendliche Geschichte«* oder *»Enemy mine«*
(worin ein Erdenbürger mit einem außerirdischen Ech-
senwesen Freundschaft schließt) berühmt wurde, mich
fragen würde, ob ich in einem seiner Filme spielen wolle,
würde ich ihm laut jubelnd entgegeneilen.

Ich nehme an, Sie glauben an Wiedergeburt? Können Sie
sich an Momente früherer Leben erinnern? Wenn Sie etwa
entdecken: »Moment, habe ich das nicht schon einmal er-
lebt? Kenne ich die Gegend oder Situation nicht von früher?«
Diesem hochinteressanten Thema habe ich in meinem
kommenden Buch ein ganzes Kapitel gewidmet. Solche
Situationen passieren mir selbstverständlich immer wieder. Und mit zunehmender eigener »Durchlässigkeit«
wird es mir auch mehr und deutlicher möglich, diese Er-

fahrungen und Erinnerungen zu analysieren oder einzuordnen.

*Zum Abschluß noch eine Frage. Frau Rücker, was wäre Ihr
größter Wunsch?*
Daß, und zwar so schnell wie möglich, ein *kosmisch bewußtes* Miteinander unser gegenwärtiges, irdisches Gegeneinander ablöst und sich unser Planet somit endlich
in jene spirituellen Höhen aufschwingen kann, die ihm
zustehen und gemäß den vedischen Schriften prophezeit
worden sind.

Wenn Fantasien zur Realität werden

»Perry Rhodan«-Erfinder Clark Darlton und die
Wahrheit von morgen

> *»Ein Geheimdienst lud einmal einige prominente Wissen-schaftler ein, ohne ihnen den Zweck der Einladung zu verraten. Nachdem die Wissenschaftler zusammengekommen waren, wurde ihnen eröffnet, daß sich dieser Geheimdienst über die möglichen wissenschaftlichen Fortschritte der nächsten Zeit in-formieren wolle, damit er die Auswirkungen auf seine Arbeit einschätzen könne. Ein bekannter Physiker erwiderte hierzu, man habe die falsche Gruppe von Leuten zusammengetrom-melt. Wir sind alle zu solide, sagte er, und daher konservativ. Die Leute, die sie hätten einladen müssen, sind die Science-Fic-tion-Autoren. Sie können viel besser als wir sehen, was die Zu-kunft uns bringt.«*

Prof. Dr. Francis H. C. Crick, Physiker und Biologe, erhielt
1962 den Nobelpreis für die Entdeckung der DNS-Struktur

In den sechziger Jahren brach das Weltraumfieber aus: Erstmals betraten Menschen einen anderen Himmelskör-per. Der 21. Juli 1969 ging in die Geschichte ein. Science-Fiction-Autoren hatten das längst vorausgesehen. Schon in den vierziger Jahren hatte *Arthur C. Clarke* in seiner Erzählung *»The Other Side of the Sky«* ein komplettes Sa-telliten-Kommunikationssystem beschrieben. Aus noch früherer Zeit kennen wir die Beispiele von *Kurt Laßwitz* und *Konstantin E. Ziolkowski*, die in ihren Romanen *»Auf zwei Planeten«* und *»Außerhalb der Erde«* einen weiteren Komplex der nahen Raumfahrtentwicklung vorwegnah-men. Die Kette utopischer Gedanken, die inzwischen längst zur Realität geworden sind, ist sehr lang. Solche

Utopien regten die Fantasie der Zukunftsdenker an. Die heutige wie auch die kommende technologische Realität wäre ohne fantasievolle Science-Fiction-Pioniere kaum vorstellbar.

Einer dieser vorausblickenden Zukunftsdenker ist auch der beliebte deutsche Schriftsteller **Walter Ernsting**, besser bekannt unter seinem Pseudonym **Clark Darlton**. 1955 verkaufte und veröffentlichte Walter Ernsting seinen ersten Science-Fiction-Roman *»Ufo am Nachthimmel«* auf raffinierte Weise: Weil sein damaliger Verleger Romane unbekannter deutscher Autoren ablehnte, erfand er das Pseudonym »Clark Darlton« und bot seinen eigenen Roman als angebliche Übersetzung an. Der Roman wurde prompt als beste utopische Erzählung des Jahres mit dem *»Hugo«* preisgekrönt, und der Science-Fiction-Autor Clark Darlton war geboren. Ernsting übersetzte mehr als 100 Science-Fiction-Geschichten aus dem Englischen ins Deutsche. Er selbst schrieb an die 280 Romane, die zum Teil weltweiten Anklang gefunden haben. Walter Ernsting alias Clark Darlton ist auch Mitbegründer der weltweit erfolgreichsten fantastischen Weltraum-Romanserie *»Perry Rhodan«*, die er 1961 mit seinem Kollegen *Karl-Herbert Scheer* aus der Taufe hob. Ernsting erdachte sich den Namen »Perry Rhodan« und ist sozusagen Ziehvater des Mausbibers *Gucky*, einem pfiffigen Weltraumhelden, der für den nötigen Humor bei den Leseabenteuern sorgt. In der Folge verfaßte der utopische Vielschreiber unzählige spannende Rhodan-Abenteuer.

1985 überraschte mich der Science-Fiction-Großmeister, als er mir schmunzelnd den *»Perry-Rhodan-Jubiläumsband N. 6«* mit der köstlichen Story *»Krumme Geschäfte«* in die Hand drückte. Was da schwarz auf weiß

Bild 48: »Kontaktler haben ihm den Appetit verdorben: »Perry Rhodan«-Erfinder Clark Darlton.

zu lesen war, konnte ich nicht glauben. »Habeck«, als Weltraumagent und »Rüsselmops« (meine Comicfigur, die u. a. im »*Perry-Rhodan-Report*« seit vielen Jahren ihre Bilderwitz-Abenteuer erleben darf) gemeinsam Seite an Seite mit den berühmten Perry-Rhodan-Stars. Daß Walter Ernsting gelegentlich Freunde in seine Geschichten »einbaute«, wußte ich, daß aber mir und meinem außerirdischen Freund diese Ehre zuteil wurde, war das größte Kompliment, das einem damals jungen Comiczeichner zuteil werden konnte.

Walter Ernstings Bücher wurden in viele Weltsprachen übersetzt und haben den Autor einem Millionenpublikum bekannt gemacht. Seine Erzählungen sind unterhaltsame Abenteuer zwischen Raum und Zeit. »*Attentat auf Sol*«, »*Und Satan wird kommen*« oder »*Geheimnis im Atlantik*« sind nur einige der seit Jahren vergriffenen

Werke. Lange bevor die *Prä-Astronautik*-Forschung begann, beschrieb Walter Ernsting in seinem 1957 erschienenen Roman »*Planet Lerks II.*« den Besuch von Außerirdischen in der Vorzeit mit hinterlassenen Spuren und Relikten, die erst von einer späteren technischen Zivilisation zu deuten sind.

Und in seinem erstmals 1979 erschienenen »Dokumentarroman« »*Der Tag, an dem die Götter starben*« machte er sich und Götterforscher *Erich von Däniken* selbst zu Hauptdarstellern dieses Buches. In dem amüsanten Leseabenteuer birgt eine kleine, steinerne Sphinx das Geheimnis der außerirdischen Götter, und in einer entlegenen Andenfestung enthüllt sich eine fortgeschrittene Zivilisation, die an Raum und Zeit nicht mehr gebunden ist. Erfolgsschreiber Ernsting, der mich in Aussehen und Weisheit an einen hochbetagten Indianerhäuptling mit buschigen Augenbrauen erinnert, auf die raffinierte Mischung von Authentischem und Fiktivem in seinem Roman angesprochen: »Das Buch wäre nie veröffentlicht worden, wenn die Wirklichkeit nicht längst die fantastischen Elemente meiner Geschichte eingeholt hätte. Die Höhlen in den Anden existieren wirklich – und sie sind noch mächtiger und erstaunlicher, als ich es geschildert habe. Und was die Kontrollstationen der Außerirdischen angeht: Ich würde nicht zu behaupten wagen, daß sie nicht existieren.«

Der Nestor Walter Ernsting alias Clark Darlton lebt heute zurückgezogen in seiner Wahlheimat Salzburg. Was der Spitzenautor der deutschsprachigen Science-Fiction über Ufo-Begegnungen, Raumflüge und die Wirklichkeit von morgen zu sagen hat, ist durchdrungen von der Überzeugung, daß doch etwas daran ist an jenen oft zitierten unidentifizierten Flugobjekten.

Stimmt es, daß viele in der Science-Fiction behandelte The-
men später Realität wurden?
Im Grunde ist alles realisierbar, was der menschliche
Verstand erfindet. Gäbe es nicht politische und andere
Probleme, insbesondere wirtschaftliche, so lebten wir
sicherlich schon heute in der Zukunft. Daß Utopien
Wirklichkeit wurden, ist oft demonstriert worden. *Jules
Vernes* U-Boot *»Nautilus«* und seine *»Reise zum Mond«*
sind die bekanntesten Beispiele. Aber auch die mo-
derne Science-Fiction hat Ausdrücke geprägt, schon vor
Jahrzehnten, die heute auch von der Wissenschaft be-
nützt werden. Wie etwa *Hyperraum, Gravitationssterne*
(Schwarze Löcher), andere Dimensionen und entspre-
chende Übergänge in kosmische Sphären usw. Raumflüge zu unseren Planeten wurden schon im vorigen
Jahrhundert vorausgesagt, und der Flug zum Alpha
Centauri ist auch eines Tages keine Utopie mehr.

*Werden wir bemannte Raumflüge zu anderen Gestirnen
noch erleben? Oder sind das nur Zukunftsträume?*
Die Aussichten, daß einer von uns (sieht man von ganz,
ganz jungen Menschen einmal ab) an einem Raumflug
teilnehmen kann, sind meiner Meinung nach äußerst gering, sosehr ich diese pessimistische Einstellung zu diesem Thema bedauere. Da war ich in jenen Jahren, als die
ersten Satelliten kreisten, wesentlich optimistischer. Seit
der Mondlandung geschah nicht mehr viel Aufregendes.
Erst in jüngster Zeit, durch die *Spaceshuttle*-Missionen
und die unbemannten Flüge zu unseren Planeten im Sonnensystem. Auf jeden Fall aber zuwenig für Ungeduldige
wie ich, denen nicht mehr viel Zeit »in diesem Leben«
bleibt. Ich selbst werde also unsere Erde nicht vom All
aus als Kugel sehen können, wie es einst mein Kindheits-
traum war. Ich bin jedoch froh, daß es anderen vergönnt

war und weiterhin vergönnt sein wird. Vorausgesetzt, das Raumfahrtprogramm wird nicht eingestellt und die Menschheit ist intelligent genug, sich nicht selbst zu vernichten.

Wurden manche Ihrer fantastischen Geschichten bereits von der Wirklichkeit eingeholt?
O ja, mehrere utopische Vorstellungen von mir wurden realisiert. So sagte ich 1956 im Roman *»Die Zeit ist gegen uns«* die erste Mondlandung für 1967 voraus, den ersten Satelliten für 1958 und den Marsflug durch Sonden für 1970. Sie sehen, ziemlich genau. Aber das ist nur ein Beispiel. Es gibt viele – und es wird in Zukunft noch weitere geben.

Eine Frage an das Hirn eines allwissenden Supercomputers, wie würde die lauten?
Wann wird die Lichtgeschwindigkeit überschritten?

Ihr Erstlingsroman aus dem Jahre 1955 »Ufo am Nachthimmel« machte Schlagzeilen. Wird doch darin romanhaft die Frage erläutert, ob die Rückseite des Mondes als Stützpunkt für »fliegende Untertassen« dient. Dürfen die Ufos nur für Science-Fiction-Storys herhalten? Oder steckt mehr hinter diesem Phänomen?
Ich bin überzeugt, daß es Ufos gibt, aber ich weiß nicht, was die Dinger sind. *Außerirdische*, die uns beobachten? Dafür spricht manches, aber vieles auch dagegen. Vielleicht *Naturerscheinungen* anderer Dimensionen? Dafür spricht eine ganze Menge, denn wir wissen heute noch zuwenig von überlagerten Räumen. Es könnten Durchbrüche sein, spontan und unbeabsichtigt. Sind es *Zeitmaschinen* aus der Zukunft? Klingt zu sehr nach Science-Fiction, ist aber nicht ausgeschlossen, wenn es in dieser

Zukunft entsprechende Kontaktverbote gibt. Und sonst: Der religiöse Übereifer gewisser »Ufo-Gemeinschaften« und die Gier nach Selbstdarstellung mancher »Kontaktler« haben mir ein wenig den Appetit verdorben. Leider.

Ist ein Kontakt mit außerirdischen Superzivilisationen für die Menschheit dennoch vorstellbar?
Als Science-Fiction-Autor und einer derjenigen Zeitgenossen, die davon überzeugt sind, daß auch auf anderen Welten (außerhalb unseres Sonnensystems) intelligentes Leben existiert, halte ich einen Kontakt für möglich, wenn die anderen ihn wollen. Eines sollte uns dabei zu Bewußtsein kommen: Ein Kontakt mit anderen Intelligenzen würde für den Großteil der Menschheit ein *neues* Zeitalter einleiten. Nicht für mich, denn ich rechne schon lange damit.

Ist die Erde ein Labor? Sind wir Versuchskaninchen unbekannter Intelligenzen? Ist das All für den Menschen gemacht?
Daß wir Laborratten für unbekannte Intelligenzen sind, will ich nicht gänzlich ausschließen. Das Universum ist nicht für den Menschen allein gemacht, sondern für alle lebenden Wesen, ob intelligent oder nicht. Auch Pflanzen und andere uns vielleicht noch unbekannte »primitive« Organismen *leben*.

Virtuelle Realitäten sind im Zeitalter von Daten-Highway keine Utopien mehr. Werden wir mit Hilfe der Elektronik die Wirklichkeit verlassen? Steuern unsere Gedanken in eine digitale Zukunft?
Es sieht so aus. Ich gestehe offen, es wird für mich immer schwieriger, Kontakt zur »digitalen Jugend« herzustellen und zu halten. Fast unvorstellbar, wie das in zwei bis drei

Generationen aussehen wird. Aber wer von Jugend an in diese neue Welt hineinwächst, wird es ohne Probleme schaffen und das »Heute« so sehen, wie wir »Alten« das Mittelalter.

Warum werden Außerirdische in Kinofilmen meist böse dargestellt?
Manche Autoren und Regisseure meinen, ein SF-Film könne nur dank bitterböser Außerirdischer spannend und erfolgreich sein. Ich halte das schlicht und einfach für dumm!

Herr Ernsting, wenn Sie eine Zeitmaschine hätten, wohin würden Sie reisen – und warum gerade dorthin?
In die Urzeit zu den Sauriern oder sonst wohin, jedenfalls in eine Zeit, wo die Erde noch nicht so überbevölkert war und die Natur durch den Menschen noch nicht zerstört wurde.

Hebammen vom anderen Stern

Astrophysiker Dr. Karl Grün und die mögliche Strategie
der Außerirdischen

> *»Mein liebster Tagtraum wäre, daß mich neugierige Außer-*
> *irdische kidnappen. Mich wo hinbringen, mich untersuchen,*
> *studieren und dann wieder zurückschicken. Am Schluß schen-*
> *ken sie mir ein kugelrundes Raumschiff. Da könnten wir jetzt*
> *einsteigen und kurz mal den Mars aus der Nähe ansehen.«*
>
> Ludwig Hirsch, Sänger, Schauspieler und
> Geschichtenerzähler, in *täglich Alles* vom 4. 11. 1992

Überall grassiert das Ufo-Fieber. Jeder zweite Amerikaner glaubt an Außerirdische. In Europa ist es jeder Dritte.
Seit den sechziger Jahren mehren sich die Berichte, wo
Ufos niedergingen und darauf nicht vorbereitete Personen mit deren Insassen in Berührung kamen. Viele von
ihnen sind mit Operationsnarben und Schocksyndromen
zurückgekehrt. Unabhängig voneinander erzählen sie die
gleiche Geschichte: Fremdartige, kleinwüchsige Wesen
mit überdimensionalen Köpfen, kahlen Schädeln und
dunklen, großen Augen verschleppten sie in geheimnisvolle »Lichtgefährte«, wo sie einem medizinischen Programm unterworfen wurden. Die Zahl der Ufo-Opfer geht
in die Millionen und steigt weiter weltweit.

Läßt sich derlei Unbegreifliches mit Sinnestäuschung,
Geschäft und Hysterie abtun? Oder könnte sich hinter
solchen Geschichten doch eine Wahrheit verbergen, die
jenseits unserer Vorstellung liegt? Wenn wir uns mit der
Hypothese anfreunden, daß nicht identifizierbare Ufo-
Erlebnisse die Präsenz einer uns unbekannten Intelligenz

verdeutlichen, bleiben grundlegende Fragen meist offen: Wer sind die Fremden? Woher kommen sie? Was wollen sie von uns? Meinen sie es gut mit uns? Wie sollen wir uns ihnen gegenüber verhalten? Warum landen sie nicht vor dem Weißen Haus, lassen von ihrem Flugkörper eine Rampe herunter und stellen sich mit »Grüß Gott, hier sind wir« ganz offiziell der Menschheit vor?

Es gibt Wissenschaftler, die solche Fragen ernsthaft diskutieren. Einer von ihnen ist der Wiener Astrophysiker und Diplomingenieur **Dr. Karl Grün.**

Schon in jungen Jahren entdeckte der Ufo-Forscher sein Interesse für Zukunftsfragen und die Technik von morgen, für die Möglichkeit und die Perspektiven interstellarer Raumfahrt. In seiner Diplomarbeit widmete sich Grün der theoretischen Kernphysik, insbesondere der *Kernfusion*. Auf diesem Gebiet legte der heute 33jährige seine Promotion zum Doktor der technischen Naturwissenschaften ab. Einen Forschungsaufenthalt am US-Forschungslabor *Los Alamos* im US-Bundesstaat New Mexico nutzte Grün zu einem Besuch der auf rätselhafte Weise untergegangenen *Anasazi*-Indianerkultur und ihrer Ruinenstätte. Ebenso stattete er den Ufo-Pilgerstätten *Socorro* und *Roswell* eine Visite ab, wo sich den Gerüchten nach Aliendramen und Ufo-Abstürze abgespielt haben sollen. Zur Zeit ist Grün als Sachbearbeiter am Österreichischen Normungsinstitut beschäftigt. Bei Melange und Sachertorte im Wiener »Café Museum« machte mich Karl Grün mit den möglichen Strategien der Außerirdischen vertraut.

Herr Grün, kommen Ufos aus dem Weltraum? Wie stehen Ufo-Forscher selbst zur Hypothese, daß wir es mit Brüdern im All zu tun haben könnten?

465

Geht man davon aus, daß Ufos nicht nur existieren, sondern auch von einer Intelligenz *gesteuert* werden, bieten sich etliche Erklärungsversuche an. Die wichtigsten davon möchte ich Ihnen gerne nennen. Da ist einmal die Hypothese, daß Ufonauten *Reisende aus einer anderen Zeit* sind, die aus der menschlichen Zukunft in die Vergangenheit und Gegenwart eingreifen. Nach dieser Überlegung könnten die in den alten Schriften verehrten himmlischen *Götter* Zeitreisende gewesen sein. Die Gründe für den Besuch wären vielleicht Ursachenstudien, um beispielsweise zu erfahren, was den Niedergang des Römischen Reiches verursachte. Oder sie betreiben eine Analyse der Umweltfaktoren, so wie wir etwa Tiefenbohrungen im Grönlandeis vornehmen, um über vergangene Epochen Informationen zu erhalten.

Eine andere These vermutet, daß Ufonauten *Menschen der Jetztzeit* sind, die unbemerkt von ihrer Umgebung Meilensteine in der Wissenschaft zurückgelegt haben und der konventionellen Schulwissenschaft um Jahrzehnte oder gar Jahrhunderte voraus sind. Ähnlich unbemerkt wie die Überlebenden einer in der grauen Vorzeit der Menschheit untergegangenen Superzivilisation. Hier käme der *Atlantis*-Mythos zum Tragen.

Reisende aus anderen Dimensionen werden ebenso als Lösung für das Ufo-Rätsel herangezogen. Aufgrund mathematischer Modelle in der Quantenfeldtheorie, welche die uns bekannte vierdimensionale Raum-Zeit um mehrere Dimensionen logisch erweitert, wird der Schluß gezogen, daß Leben, wohl nicht in der uns bekannten Form, auch in diesen höheren Dimensionen existieren könnte. Ufos wären demnach *Projektionen* aus diesen Hyperwelten.

In die gleiche Richtung zielt die Hypothese der *Besucher aus parallelen Welten und Universen*, die den Erkenntnissen der modernen Kosmologie gemäß parallel zu dem unsrigen existieren könnten.

Schließlich sei die wohl bekannteste Hypothese der »kleinen grünen Männchen« genannt, die eigentlich *grau* sind. Gemeint sind *Besucher von fernen Sternen* oder gar von außerhalb unserer Milchstraße, die, aus welchen Gründen auch immer, unsere Erde besuchen.

Viele Menschen schwören, sie seien bei Ufo-Erscheinungen und bei sogenannten Entführungen mit fremden Wesen in Kontakt gekommen. Welche Typen von Ufonauten wurden bei diesen Begegnungen beobachtet?

Die Vielzahl der Typen von »fliegenden Untertassen« findet sich auch in der Art der sie steuernden Besatzungen wieder. Da findet man kleine behaarte »affenähnliche« Typen, Vertreter groß gewachsener blonder Rassen oder grobschlächtiger, »Frankenstein-ähnlicher« Spezien genauso wie nicht humanoider Rassen bis hin zu Robotern. Es erübrigt sich, festzuhalten, daß die Vertreter der »Wo kommen die Ufos her?«-Hypothesen jede einzelne dieser beobachteten Rassen als Bestätigung ihrer spezifischen Hypothese ansehen. Meistens beschränkte sich eine Rasse auf ein Land oder einen Kontinent. So wurden die »kleinen Affenähnlichen« hauptsächlich in Südamerika beobachtet, während die »großen Blonden« vorwiegend im angelsächsischen Raum (USA, Großbritannien) tätig waren. Es schien bisher so, als hätten sich *»Die Anderen«* – wie der deutsche Ufo-Forscher *Dr. Johannes Fiebag* sie in seinem gleichnamigen Buch zusammenfassend nennt – die Erde wie die Kolonialmächte des 18. und 19. Jahrhunderts unter sich aufgeteilt.

Sind die Begegnungen glaubwürdig? Klingt das nicht alles sehr nach Science-Fiction-Filmen der fünfziger Jahre?

Begegnungen der dritten Art galten bis vor wenigen Jahren als die großen Exoten in der Ufo-Forschung. Das Begegnungsszenario sah entweder so aus, daß Menschen eher »zufällig« Zeugen eines gelandeten Flugkörpers waren, wo die Crew heimlich Außenarbeiten durchführte. Oder Menschen wurden in abgelegenen Landstrichen von Ufos entführt, untersucht und teilweise mit Gedächtnisverlust wieder freigelassen. Selbstverständlich gab es dann noch die Exoten unter den Exoten. Leute, die von sich behaupteten, eine »Direktleitung« zu den Außerirdischen eines bestimmten Planeten zu haben. Diese Gattung bekam den mit einem Negativimage behafteten Spitznamen »*Kontaktler*«. Zu Beginn der achtziger Jahre, verbunden mit den Publikationen »*Von Ufos entführt*« von *Budd Hopkins* und »*Die Ufo-Beweise*« von *Gansberg und Gansberg*, gab es eine Revolution in der Ufo-Forschung. Plötzlich gab es Menschen, die berichteten, daß sie von Ufonauten entführt und untersucht worden sind. Doch nicht der Tatbestand, daß solche Fälle vorlagen, schreckte die Ufo-Forscher auf. Begegnungen der dritten Art kannte man seit Jahrzehnten; es war die beunruhigend hohe Zahl der Menschen, die eine solche Begegnung gehabt haben wollen!

Diese Berichte kommen aus aller Welt, werden aber trotzdem von vielen Forschern abgelehnt. Warum?
Glaubte man anfangs, das Phänomen sei zeitlich oder regional beschränkt, mußte man bald zugeben, daß dem nicht so war. Ungleich den beobachtbaren, statistischen Ufo-Wellen in den sechziger und siebziger Jahren gibt es da eine Bewegung, die in eine Richtung führt, die so mancher »konservative« Ufo-Forscher mit Mißtrauen verfolgt. Die Zahl der von den »Anderen« Entführten geht ihn die Zehntausende. Allein in den USA zählt man

jährlich an die eine Million Entführungsfälle. Die Ablehnung der herkömmlichen Ufo-Forschung gegenüber diesem neuen Phänomen läßt sich am besten durch den folgenden Auszug aus dem Beitrag *»Die geheime Invasion«* von *Patrick Hyghe*, erschienen 1995 in der Winterausgabe der Zeitschrift OMNI, darstellen. In diesem Beitrag stellt der Herausgeber des amerikanischen MUFON-Journals, *Dennis Stacy*, eine Rechnung auf. In dieser wird von Zeugenaussagen ausgegangen, wonach im statistischen Mittel pro Entführungsfall sechs Außerirdische in einem Ufo beteiligt sind. Rechnet man die jährliche Entführungsrate in den USA von einer Million auf eine weltweite Rate von 22 Millionen hoch, so ergibt sich eine beachtliche Zahl.

Es müßten sich demnach pro Stunde 11 000 Ufos und somit 66 000 Außerirdische im irdischen Luftraum befinden. Nimmt man hinzu Personal für Logistikabteilungen, Ersatzschichten und andere, so steigt diese Zahl in das Extreme, nämlich *eine halbe Million*! Diese Zahl ist für Stacy der Beweis, daß die Entführungsfälle vielmehr irdischen – konkrekt *psychologischen* – Ursprungs sind und nicht außerirdischen.

Bei »Entführungsfällen« spielen viele Faktoren und Begleitphänomene eine Rolle. Menschen werden aus ihrem Alltag ohne Vorwarnung heraus entführt. Manche berichten von einer gewissen Vorahnung. Oft wird erzählt, daß andere Menschen, die sich in der Nähe befanden, die Entführung nicht wahrnahmen. So berichteten Entführungsopfer, daß ihr Ehepartner teilnahmslos im Nachbarbett lag. Welche Ursachen können diesem Phänomen zugrunde liegen? Was geschieht bei einer Entführung durch fremde Wesen?
Als wesentliche Entführer werden »kleine graue Männchen«, kurz »die Grauen«, genannt, mit im Vergleich zu

deren Körper überproportionalen Köpfen. Auffallend sind die großen, schwarzen Augen. Manche Entführungsopfer haben das Gefühl, daß die Gestalt der Grauen nur eine *Maske* ist. Die Opfer werden meist in einen großen Raum entführt. Berichte von »fliegenden Untertassen« sind nur eine »Nebenerscheinung« und nicht der Hauptschwerpunkt. Während der Entführung werden schmerzhafte Untersuchungen, vorwiegend der Geschlechtsteile, durchgeführt. Frauen berichten von Schwangerschaften. Der Embryo scheint jedoch bei einer Folgeentführung wieder von den »Anderen« entnommen zu werden. Auch berichten Opfer, daß ihnen bei späteren Entführungen Wesen gegenübergestellt werden, die halb Mensch und halb andersartig waren. Ein gewisses »Naheverhältnis« zu diesen Hybridwesen wird seitens der Entführten empfunden, so als scheine es sich um ihre Kinder oder Geschwister zu handeln. Nach der Entführung werden die Opfer in den meisten Fällen wieder an jenen Ort zurückgeführt, wo die Entführung ihren Ursprung nahm. Dann wird den Menschen, die sich in einer Art Trance befinden, eine Blockade des Gedächtnisses induziert. Diese Blockade kann durch eine Hypnoseregression zumindest teilweise durchbrochen werden. Dabei stellt sich während der Nachbehandlung heraus, daß eine Entführung nicht für sich alleine steht, sondern nur ein Glied in der Kette ist. Meist läßt sich das Phänomen bis in die Kindheit zurückverfolgen, und selbst Verwandte wie Eltern oder auch die Nachkommen der Opfer scheinen von dem Entführungsphänomen bereits betroffen zu sein. Selbst dem Ufo-Phänomen gegenüber offen eingestellte Skeptiker sehen in den »Abductions«, also in den Entführungen, eine Fortsetzung der Geschichten und Mythen unserer Großeltern von Feen, Zwergen und Kobolden in das 20. Jahrhundert.

*Selbst wenn die »kleinen Grauen« die Fortsetzung der Ko-
bolde vergangener Jahrhunderte sind, wäre das noch kein
wirklicher Gegenbeweis zur These vom Besuch aus dem All.
Was, wenn die Kobolde eben die zeitliche Interpretation der
»kleinen Grauen« sind? Was, wenn das Entführungsphänomen viel weiter in die Vergangenheit zurückreicht als die
moderne Ufo-Forschung, die in den vierziger Jahren ihren
Anfang nahm?*

Genau das ist der springende Punkt. Verbindungen zwischen der heutigen Ufo-Forschung und den Mythen und
Legenden von Göttern, die vom Himmel stiegen, sind seit
den Arbeiten von *Robert Charroux* und *Erich von Däniken*
bekannt. Nüchtern betrachtet könnte selbst die »unbefleckte Empfängnis« der *Jungfrau Maria* als historischer
Entführungsfall betrachtet werden.

*Existieren die »kleinen Grauen« nicht nur global, sondern
sind sie parallel mit dem Ufo-Götterastronauten seit Jahrtausenden ein Phänomen? Welchen Zweck könnte eine
Macht verfolgen, Menschen zu entführen und mit diesen Experimente durchzuführen? Wozu die Entnahme von Genmaterial, Zellproben und Embryonen?*

Bei den Entführungen denkt man unwillkürlich an einen
Wissenschaftler, der eine Ameise aus einem Ameisenhügel herausnimmt, sie untersucht, markiert und sie, möglicherweise genetisch manipuliert, wieder in den Ameisenhügel zurückgibt. Nach einer gewissen Zeit wird der
Wissenschaftler die betreffende Ameise wieder dem Haufen entnehmen und die Veränderungen aufgrund seines
Eingriffes registrieren. Bei Veränderungen des Erbmate-
rials ist es logisch, daß auch die Nachkommen der erst-
entführten Ameise in das Experiment eingebunden werden.

Sind wir Erdlinge auf dieser Welt ein gewaltiger Ameisen-
haufen? Sind wir Versuchskaninchen für »überirdische«
Wissenschaftler aus der Vergangenheit, Zukunft, parallelen
Welten oder von fernen Sternen? Werden schon seit Tausen-
den Jahren Experimente mit uns durchgeführt, ohne daß
wir es bemerken?

Arthur C. Clarke sagte, daß die Technologie einer hoch
fortgeschrittenen Zivilisation von Magie nicht mehr zu
unterscheiden ist. Angesichts der Entführungsberichte
darf jedoch bezweifelt werden, daß die »Anderen« über
eine an Magie grenzende Technologie verfügen. Dies
zeigt sich zumindest auf dem Gebiet der Medizin. Bei
den Eingriffen verspüren die Opfer tiefe, brennende
Schmerzen. Doch schon unsere Medizin verfügt über hö-
herstehende lokale Narkosetechniken. Die Einführung
von langen Nadeln in den Körper erinnern an »billige«
Science-Fiction-Filme. In Wissenschaftskreisen wird bereits über die Anwendung der Nanotechnologie – auf
Molekularbasis beruhende Maschinen – in den nächsten
Jahrzehnten spekuliert. Das Austragen von genetisch
manipulierten Embryonen im Mutterleib ist verglichen
mit irdischen Maßstäben eine Technik von heute. Doch
bereits auf der Erde wird es morgen möglich sein, Embryonen in Retorten ohne die Anwesenheit des Mutter-
leibes heranzuziehen. Ebenso ist die Gedächtnisblockade
mangelhaft. Das Ufo-Opfer erinnert sich bruchstückhaft
an das Geschehen entweder bewußt oder in (Alp-)Träu-
men. Durch Hypnoseregression ist es möglich, die Blok-
kade aufzubrechen. Mittels chemischen und physikalischen Hypnosemitteln ist es selbst irdischen Mächten
möglich, eine beständigere Gedächtnisblockade zu
schaffen. Die Entführungsopfer berichten von ihrem
Empfinden, daß etwas an den »Anderen« nicht richtig
ist. Irgend etwas scheint nicht zu stimmen. Tatsächlich

berichten einige Opfer, daß es so aussieht, als ob die »Anderen« *maskiert* wären. Auch hier verfügt die Erde über bereits fortschrittlichere Techniken. Es hat den Anschein, daß die »Anderen« uns gezielt auf diese Ungereimtheiten hinführen wollen. Es könnten bewußte Stolpersteine sein, die dem Suchenden in den Weg gelegt werden, um ihn aufmerksam zu machen auf die Markierung am Boden, die ihm sagt, welchen Weg er zu beschreiten hat.

Haben Sie eine Vorstellung davon, was den Suchenden am Ende des Weges erwarten wird? Wenn die »Anderen« versuchen, uns etwas mitzuteilen, warum kommt es dann nicht zu einem öffentlichen Auftritt?

Darüber wurde und wird natürlich in der Ufo-Forschung spekuliert. Ein interessanter Erklärungsansatz ist jener des *galaktischen Clubs.* Hier wird von einer außerirdischen Herkunft der Ufos ausgegangen. Vereinfacht besagt diese Hypothese, daß es in unserer Galaxie einen Verein für Lebewesen gibt, die den Sprung von der planetengebundenen Heimat zur Heimat im Weltraum geschafft haben. Dabei wird angenommen, daß nur solche Spezies diesen Sprung schaffen, wenn sie über gewisse *moralische* Voraussetzungen verfügen. Diese können etwa sein der Verzicht auf Habgier oder der Drang nach Macht. Finden die Vertreter dieses kosmischen Clubs einen Planeten, deren Bewohner auf dem Spurng ins All sind, so wird dieses Sonnensystem zum »verbotenen Gebiet« erklärt. Dieses Verbot erstreckt sich auf (direkte) Kontaktaufnahme. Angesichts der bekannten Ufo-Fälle wäre dieses Verbot, wenn es ein solches nun tatsächlich gäbe, bereits mehrfach gebrochen worden. Deshalb ersann man eine Variante, welche eine gezielte »Durchlöcherung« des Verbots zuläßt. Sinn eines solchen Umgehens könnte sein, daß die »Anderen« den Menschen versteckte Hinweise auf etwas geben möchten.

Was könnte dieses »Etwas« sein?

Gehen wir davon aus, daß die »Anderen« keine Menschen sind, weder Überlebende von *Atlantis* noch Besucher aus der Zukunft, so stellt sich unvermeidbar die Frage, in welcher Weise eine Vermittlung von Gedanken stattfinden könnte. In der wissenschaftlich anerkannten SETI-Forschung, also der Suche nach außerirdischem Leben, ist man bereits vor Jahrzehnten der Frage nach der »allseits verständlichen Sprache« für die Kommunikation zwischen Menschen und anderen, fremden Zivilisationen nachgegangen. Als eine der fruchtbarsten Lösungen fand man die Mathematik. Die Prinzipien dieser Wissenschaften gelten für das gesamte Universum, zumindest fand man keine Hinweise *gegen* diese Annahme. »1 + 1 = 2« könnte daher der Schlüssel für eine Verständigung sein. Die Zahlen Pi, Eulersche Konstante und andere mathematische Faktoren könnten vielleicht so etwas wie eine Übersetzungshilfe darstellen.

Entführungsopfer berichten meines Wissens nicht davon, daß sie einem Mathematikunterricht beiwohnten.

Das stimmt schon. Aber es werden ihnen von den »Anderen« Symbolbilder gezeigt, wobei dieses »Zeigen« nicht wortwörtlich zu nehmen ist.

Eine Zivilisation, die jener der Menschheit um Jahrtausende in der Entwicklung voraus ist, wird wohl eine vollständig andere, fremdartige Gedankenwelt besitzen. Tritt diese mit Vertretern der Menschheit verdeckt in Berührung, so können die Betroffenen kaum davon ausgehen, daß der Kontaktierte über ausreichende Mathematikkenntnisse oder ein naturwissenschaftliches Wissen (etwa der Astronomie) verfügt. Dies wäre aber notwendig, um den Kriterien der Verständigung, wie sie die SETI-Forscher planen, gerecht zu werden. Beobachtet jene Zivilisation die Menschheit über eine hinreichend lange Zeit, wird sie gewisse Verhaltensmuster von uns registrieren. Wie reagieren wir auf diese oder jene Szene, was assoziieren wir mit diesem oder jenem Bild. Das wäre in gewisser Weise ein »kosmischer Psychotest«. In diesem Licht könnte man die Entführungsszenarien neu untersuchen. Filtert man die Zwischenbilder der Opfer, die auf rein persönliche Erfahrungen zurückzuführen sind, mit dem Fall selbst aber nichts zu tun haben müssen, aus der Entführung heraus, so sollten gemeinsame Faktoren auftreten. Diese Faktoren können *Symbole* sein, die von den »Anderen« dazu verwendet werden, um mit uns in »versteckten« Kontakt zu treten.

Welche Symbole könnten dabei eine Rolle spielen?
Wenn das Opfer berichtet, daß die Entführung keinen Einzelfall darstellt, sondern bereits seit der Kindheit stattfindet. Wenn also der Eindruck entsteht, das Phänomen habe bereits bei den Eltern stattgefunden und hätte sich bei den Kindern fortgesetzt. Während der Entführung werden (schmerzhafte) Untersuchungen der Geschlechtsteile durchgeführt. Bei Frauen wird mit deren Embryonen manipuliert. Es werden ihnen Hybridwesen aus dem Genmaterial der Menschen und jener der »Anderen« gezeigt. Die Entführungsopfer berichten, wie schon erwähnt, daß diese Wesen den Anschein erwekken, Masken zu tragen.

Wozu die Maskerade?
Das Symbol der Manipulation mit den Geschlechtsteilen könnte auf den Moment der Geburt hindeuten, eine

Schöpfung. Die Präsentation von Wesen, halb Erden-mensch und halb Allmensch, könnte die Vermutung be-stärken, daß diese Geburt »hinaus« führt. Der Mensch steht am Rande einer neuen Epoche. Zaghaft versucht er die ersten Schritte in das Ungewisse des Weltraums. Der (bemannte) Sprung zum Mond war somit nur das Eintre-ten vom Wohn- in das Vorzimmer. Nun aber kommt der entscheidende Schritt vor die Tür, hinaus ins Freie. Gleich dem Moment der Geburt, wo das Baby aus dem warmen, geborgenen Mutterschoß hinaus muß in eine feindliche, herausfordernde Umwelt.

Spielen die »Anderen« Hebammen, um der Menschheit den Weg hinaus ins All zu ebnen?
Kann man das wirklich ausschließen? Freilich, diese Deu-tung weist noch viele Ecken und Kanten auf, die als An-satzpunkte für Hebel dienen können und auch sollen. Der Weg zur Lösung des Ufo-Phänomens ist lang und voller Hindernisse. Und wenn das endgültige Ziel auch noch lange nicht in Sicht ist, so können wir auf diesem Weg doch gerade über uns selbst viel lernen. Und um *William Blake* zu zitieren: »Könnten wir den Schleier von unseren Augen ziehen, erschiene uns alles, wie es ist – *unendlich.*«

Auf ins All – zurück zu den Sternen!

Mit Bestsellerautor und Götterforscher Erich von
Däniken zwischen Himmel und Erde

> »Da erhob ich abermals meine Augen gen Himmel und sah im
> Gesichte, wie aus dem Himmel Wesen, die weißen Menschen
> glichen, hervorkamen; einer von ihnen kam aus jenem Ort her-
> vor und drei mit ihm. Jene drei, die zuletzt hervorgekommen
> waren, ergriffen mich bei der Hand, nahmen mich hinauf an ei-
> nen hohen Ort.«

Henoch, Patriarch des Alten Testaments, in den *Apokryphen*,
Buch Henoch, 87, 2–3

Erich von Däniken. Ein Mann, eine Idee, ein Phänomen. Seitdem er vor dreißig Jahren seinen Bestseller *»Erinnerungen an die Zukunft«* veröffentlichte, macht er nur
noch eines: rund um den Globus reisen und Belege für
den Besuch außerirdischer Götter sammeln, die seiner
Überzeugung nach in grauer Vorzeit auf der Erde gelandet sind. Mehr noch: Diese fremden Wesen schufen die
menschliche Intelligenz durch gezielte, *künstliche* Mutation. Die Außerirdischen, so behauptet von Däniken weiter, veredelten die Hominiden »nach ihrem Ebenbild«.
Deshalb haben wir Ähnlichkeit mit ihnen und nicht umgekehrt. Die Erdenbesuche der unbekannten Allge-
schöpfe wurden in Religionen, Mythen und Legenden registriert und überliefert. Dies alles entspricht natürlich
nicht der geltenden Lehrmeinung und ruft Widerspruch
hervor. Doch je mehr ihn die »offizielle Wissenschaft« als
Spinner belächelt, desto mehr wird von Dänikens Ehrgeiz
geweckt. Und warum sollten die Fragen nicht gestellt

sein, die Däniken stellt? Wurde unsere Erde bereits vor Jahrtausenden von Außerirdischen heimgesucht, die überall ihre Spuren hinterließen? Warum wird in den heiligen Schriften, und zwar weltweit, von den »himmlischen Lehrmeistern« gesprochen? Weshalb hat der allmächtige *Gott* es nötig, sich mit Gebrause, Donnergrollen und Rauchschwaden auf die Erde niederzulassen?

Sind die vielen riesigen Scharrbilder und Linien von *Nazca*, die nur hoch oben aus den Himmelsregionen zu erkennen sind, nicht doch Zeiten, die die Menschen irgendwann den himmlischen Wesen widmeten, hoffend auf ihre Rückkehr? Sind die in den Mythen beschriebenen Mischwesen *genmanipulierte* Geschöpfe? Sind wir Menschen erst durch einen Eingriff der Außerirdischen intelligent geworden? Schon als Schüler am streng katholischen Gymnasium *Saint Michel* in *Fribourg* stellte Erich von Däniken unbequeme und rebellische Fragen. Inzwischen hielt der Forschungsreisende selbst unzählige Vorträge und Diskussionen in der Öffentlichkeit, an Hochschulen und Universitäten. Über seine Bücher wurden in den siebziger Jahren die Dokumentarfilme *»Erinnerungen an die Zukunft«* und *»Botschaft der Götter«* gedreht sowie Anfang der neunziger Jahre die zwanzigteilige Fernsehserie *»Auf den Spuren der All-Mächtigen«*. Erich von Däniken erhielt in den vergangenen Jahrzehnten verschiedene Honorationen, u. a. den Ehrendoktor (Dr. h. c.) der *Universidad Boliviana* 1975 und die Ehrenbürgerschaft des nicht zuletzt durch seine Theorien berühmt gewordenen peruanischen Städtchens Nazca sowie 1981 der peruanischen Universitätsstadt *Ica*. 1996 präsentierte der kühne Denker in dem für Amerika produzierten Fernsehfilm *»Außerirdische! Kommen sie zurück?«* jüngste Entdeckungen über kosmische Geheimnisse und Rätsel dieser Erde. Einige seiner Bestseller:

Bild 49: Erich von Dänikens größter Wunsch: »Es wäre gigantisch, wenn ich einmal in aller Öffentlichkeit ans Mikrofon treten dürfte und an meiner Seite stünde ein Außerirdischer.«

»Aussaat und Kosmos« (1975), *»Prophet der Vergangenheit«* (1979), *»Der Tag, an dem die Götter kamen«* (1984), *»Wir alle sind Kinder der Götter«* (1987), *»Die Augen der Sphinx«* (1989), *»Die Steinzeit war ganz anders«* (1991) oder *»Der Jüngste Tag hat längst begonnen«* (1995).

Erich von Däniken wird wohl nicht aufhören, wie besessen gegen Vorurteile und überkommene Bibeldeutungen zu schreiben. Seit 1968 legte der »Urvater der Außerirdischen« bereits 22 Bücher mit einer Fülle faszinierender Indizien vor. Mehr als 52 Millionen Bücher hat der fantasievolle Querdenker bereits abgesetzt, seine Werke wurden in 28 Sprachen weltweit übersetzt. Vor dem Hintergrund einer wachsenden Fangemeinde kann der Schweizer Weltenbummler den Angriffen der Kritiker gelassen entgegensehen. Wie immer er auch beschimpft oder verlacht wurde, seine Bücher finden nach wie vor reißenden Absatz und somit auch seine Ideen. Davon konnte ich ich selbst bei einem meiner vielen persönlichen Zusammentreffen mit dem Altmeister der »Götter-Astronauten« live überzeugen.

Schauplatz war damals das Wiener Hilton Hotel, November 1982. Eine Weltkonferenz der *»Ancient Astronaut Society«*, jener Gesellschaft, die sich mit außerirdischen Mysterien beschäftigt, war angesagt. Von allen Teilen der Welt waren sie angereist: Wissenschaftler, Forscher und Freidenker. Unter ihnen der »Göttermacher aus dem Alphörner-Land«, der dort gerade sein damals neuestes Buch *»Strategien der Götter«* vorstellte. Vor dem Konferenzsaal hatte sich eine Wiener Lokalgröße, Kommerzialrat *Wilhelm Herzog*, besser bekannt als *»Bücher-Herzog«*, mit seinem gewaltigen Büchertisch breit gemacht. Man muß wissen, der gute Herr Herzog hatte in den sechziger und siebziger Jahren die wahrscheinlich größte Buchhandlung Wiens. Dort gab es beliebte Dichterlesungen, Vorträge und Autogrammabende. *Juri Gagarin* und *Prof. Heinrich Harrer* gaben sich beim »Bücher-Herzog« ebenso ein Stelldichein wie *Toni Sailer, Robert Stolz, Johannes Mario Simmel, Erich Kästner* oder *Karl Bruckner.* Bei der »Alien«-Konferenz im Wiener Hilton flackerte der Glanz von einst wieder auf. Der neue Däniken ging weg wie warme Frühstücksbrötchen. Das Herz des Buchhändlers schlug wohl höher und höher. Noch ehe Däniken mit seinem Vortrag begann, waren seine Bücher auch schon allesamt verkauft. Ich selbst, damals noch in knabenhaftem Alter, hatte gerade ein Exemplar erstanden, war zu »Götter-Erich« geeilt, hatte mich brav in einer endlosen Warteschlange angestellt und die persönliche Widmung »für Rüsselmops Reinhard« erhalten. Inzwischen stand der gute »Bücher-Herzog« mutterseelenallein vor einem riesigen Büchertisch – doch ohne auch nur ein Buch noch anbieten zu können. Deshalb bat er mich, ich möge ihm doch mein signiertes Buch leihen, nur damit man weiß, aha, das ist der neue Däniken, den man ab sofort in der Buchhandlung bei Herzog erwerben könne. Widerwillig, aber Menschen- und Bücherfreund, der man ist, stellte ich mein »kostbares« Exemplar für Schauzwecke zur Verfügung. Nun begann die Diashow mit Erich von Däniken. 500 Kongreßbesucher stürmten mit mir in den Saal und lauschten den Worten des Götterforschers. Danach große Begeisterung, Tumult und Hektik. Als ich mich zum Büchertisch drängte, um mein literarisches Eigentum wieder an mich zu reißen, erschrak ich nicht schlecht. Hatte es doch der gute Herr »Bücher-Herzog« tatsächlich fertig gebracht, meinen ihm geliehenen Däniken, wohlgemerkt signiert und druckfrisch, ein *zweites* Mal zu verkaufen. »Wie? Was? Wo? Das war dein Buch? Geh hör auf! Ehrlich? Oje . . . oje . . .«, war aus dem Munde des Buchhändlers zu vernehmen.

Der alte Herr Kommerzialrat hat mir zwar damals die Kosten ersetzt, aber ich wollte *mein* signiertes Buch. Ich war verärgert und untröstlich. Aber irgendwie mußte auch von Däniken davon Wind bekommen haben. Vielleicht waren es seine Psi-Fähigkeiten, die dem Göttersucher gelegentlich nachgesagt werden. Wer weiß? Jedenfalls erinnere ich mich noch sehr gut daran, daß ich von Däniken am nächsten Tag im Frühstücksraum erblickte, wo er gerade von einem Journalisten bedrängt wurde. Erich von Däniken erblickte mich, unterbrach sein Interview, winkte mich zu sich, griff in seinen Koffer und drückte mir eines seiner signierten Autorenexemplare in die Hände. Das hat mich beeindruckt. Die »Geschäftsstrategie« mancher Buchhändler habe ich inzwischen durchschaut, die »Strategien der Außerirdischen« noch nicht ganz. Beim alljährlichen Meeting der »Ancient

Astronaut Society«, diesmal im Mannheimer Dorint Hotel im November 1996, traf ich Erich von Däniken wieder. Spontan erklärte sich der kosmische Globetrotter und erfolgreiche Streiter gegen verkrustete Lehrsätze und starres Schulwissen zum folgenden Interview bereit. Dänikens kühne Überlegungen spannen einen weiten Bogen von der Vergangenheit in die Zukunft.

Herr von Däniken, Sie haben unzählige Indizien für den Besuch aus dem All vorgelegt. Was noch fehlt, ist ein eindeutiger Beweis, der auch Gegner der »Astronautengötter-Theorie« überzeugen würde. Gibt es bestimmte Orte, wo eine außerirdische Hinterlassenschaft vermutet werden darf und eine gezielte Forschung beginnen könnte? Vielleicht in bisher unentdeckten Kammern der Cheops-Pyramide?

Rechts und links des *Äquators*, etwa bis zum 23sten Breitengrad, können *außerirdische* Hinterlassenschaften deponiert worden sein, ganz einfach deshalb, weil vor vielen Jahrtausenden in allen anderen Gebieten der Erde Eiszeit war, und unter diesen Bedingungen entwickelten sich kaum Kulturen. In Äquatornähe sehe ich die größten Chancen, etwas zu entdecken. Verborgene Schätze und Informationen unter den Pyramiden vermutet man schon lange, schließlich haben auch ägyptische Historiker darauf hingewiesen. Ich halte es für sehr wahrscheinlich, daß man in unbekannten Kammern Hinweise auf die »Götter« finden wird. Aber noch mehr halte ich es für vernünftig, daß man verschiedene unbekannte Objekte, die um die Erde kreisen, anfliegt und einsammelt. Unsere Astronomen stufen diese Relikte als natürliche Objekte ein, die im Orbit um die Erde kreisen. Aber einen wirklichen Beweis dafür wird man erst dann haben, wenn wir die Objekte näher untersuchen. Ich halte es für durchaus denkbar, daß Außerirdische vor Jahrtausenden eine

Sonde um die Erde geschossen haben, die von der *richtigen* Generation entdeckt werden soll, also von einer Menschheit, die die ersten Schritte ins All gesetzt hat.

Seit im Sommer 1996 auf Marsmeteoriten Spuren von versteinerten Lebensbausteinen gefunden wurden, die mit denen einfacher Meereslebewesen vergleichbar sind, steigt die Begeisterung und Akzeptanz für außerirdische Phänomene. Findet ein Wandel in unserem Bewußtsein statt?

Für Fachleute ist das ein alter Hut! Jeder Radioastronom und jeder Forscher, der sich mit dem NASA-*SETI-Programm* beschäftigt, also mit der Suche nach außerirdischen Lebensformen, weiß, daß es im Universum nur so wimmelt von Lebensbausteinen. Und dort, wo es diese Lebensbausteine gibt, wird es auch primitive Lebensformen geben müssen, primitiver bakterieller Art usw. Ich bin überzeugt davon, daß auf sämtlichen Planeten, die von der Temperatur her primitives Leben zulassen, auch solches gefunden werden wird. Für mich war die NASA-Verlautbarung überhaupt keine Sensation. Das war für mich das Selbstverständlichste, etwas, das man schon lange wußte!

Das Thema »Außerirdische« ist salonfähig geworden. Wir werden damit überall konfrontiert im Kino, in der Werbung, in der Kunst oder in der Forschung. Wie sehen Sie diese Entwicklung, etwa im Zusammenhang mit dem Kinoreißer »Independence Day«?

Es scheint jetzt so, als würde ich einen kleinen Umweg machen, aber ich komme genau auf Ihre Frage zurück: Wie ja bekannt sein dürfte, behaupte ich, die *Götter* hätten die Menschen nach *ihrem* Ebenbilde geschaffen. Wir sind zwar nach der *Evolutionslehre* durch Mutationen und Selektionen auf der Erde groß geworden, aber irgendwann in der Vorzeit gab es den ersten Besuch der Götter aus dem All. Diese Wesen haben dann durch eine gezielte *künstliche* Mutation den Menschen *intelligent* gemacht. In unseren Genen ist diese ganze Information, die sich heute explosionsartig ausbreitet, bereits enthalten. Zum Verständnis ein Beispiel: Ein sechsjähriger Junge hat noch keinen Bartwuchs und er ist noch nicht geschlechtsreif, aber die ganze Veranlagung für den Bartwuchs und die Geschlechtsreife ist in ihm bereits enthalten! Aber erst nach einer bestimmten Zeit geben die Gene das Kommando dafür frei. Ein ähnliches Kommando könnte vielleicht so programmiert worden sein, daß es erst nach vielen Jahrtausenden zum Tragen kommt. Seit dieser gezielten künstlichen Mutation haben wir »es« in uns. Und wenn die Gesellschaft und die Umwelt der Gesellschaft es zuläßt, indem man plötzlich Computer und Informationsvermehrung hat, hinausschaut in die Tiefen des Weltalls und bemerkt, daß es außerhalb unseres Sonnensystems noch andere Planeten gibt sowie die Umwelt stimmt, geht die Botschaft der Gene auf. Mich wundert die UFO-Welle nicht, die in den zivilisierten westlichen Welten, die technologisch informiert sind, boomt. Ich halte sie für die normale Entwicklung einer Evolutionsstufe, die kommen muß, sie ist bereits in uns vorprogrammiert. Und man soll sich hier ja keine Illusionen machen, daß diese Entwicklung nach der Jahrtausendwende, nach der magischen Zahl 2000, wieder zurückgeht. Die Entwicklung wird noch viel rasanter werden. Wir haben gar keine andere Wahl, als uns hinaus ins Universum zu orientieren, aus den verschiedensten Gründen. Die Evolution führt uns hinaus und zurück zu den Sternen.

Sind die in den alten Schriften erwähnten Flugschiffe der Götter identisch mit jenen Erscheinungen, die man heute als

Ufos bezeichnen würde? Sind die modernen Ufos eine Fort-
setzung der ehemaligen »Götter-Raumschiffe«? Oder müs-
sen wir doch Unterschiede setzen?

Niemand kann wirklich sagen, nicht einmal der Erich
von Däniken, *wer* vor Jahrtausenden auf der Erde gelandet ist. Ich weiß nicht, *woher* die Fremden kamen. Ich
weiß nur mit Sicherheit, dieser Planet ist besucht und die
junge Menschheit von außen beeinflußt worden, weil
einfach zu viele und zu starke Indizien dafür sprechen,
sei es in den Mythen oder durch archäologische Rätsel.
Ich kenne den Ursprungsort der »Götter« nicht. Heute
haben wir das Ufo-Phänomen. Wiederum kenne ich den
Ursprungsort nicht, auch die Ursprungszeit nicht. Es
gibt ja die Spekulation, daß Ufos von anderen Dimensionen stammen könnten. Ich kann nicht mit Bestimmtheit
sagen, wie viele intelligente Gesellschaften inzwischen
im Weltall herumschwirren und die Erde anpeilen. Ob
das dieselben sind, die vor Jahrtausenden hier waren,
oder ob neue Gruppen hinzugekommen sind? Ich weiß es
ganz einfach nicht.

Sind die Außerirdischen den Menschen wohlgesonnen?
In der Vergangenheit, das ist ja mein Spezialgebiet, waren
die Außerirdischen im wesentlichen hilfreich, sie waren
gute Außerirdische, sie haben den Menschen geholfen.
Die außerirdischen Götter haben zwar da und dort ein
Experiment gewagt, aber im wesentlichen waren es *posi-*
tive Außerirdische, die wirklich die Entwicklung des
Menschen in vernünftige Bahnen gelenkt haben. Bei den
heutigen Eingriffen bin ich mir nicht mehr so sicher.
Wenn die verschiedenen Schilderungen stimmen, von
denen Ufo-Opfer berichten, dann bin ich nicht mehr so
davon überzeugt, ob diese fremden Wesen auch alle tatsächlich positiv wirken. Wir wissen nicht, ob es viel-

leicht Gesellschaften gibt, die – gemessen an unserer menschlichen Ethik oder aus unserer moralischen Sicht her – möglicherweise »bösartig« oder auch bloß »gleich-gültig« sind. Ich hänge in dieser Frage selbst noch in der Luft und weiß nicht, was ich von manchen Ufo-Ge-schichten halten soll. Nur eines scheint inzwischen of-fensichtlich: *Irgendwer* ist wieder da! Wer dieser Irgend-wer ist, darauf kann ich zum jetzigen Zeitpunkt noch keine Antwort geben.

Sie sagen, der Mensch sei durch eine gezielte künstliche Mu-tation von Außerirdischen entstanden. Eine moderne Inter-pretation der Schöpfungsmythen soll dies deutlich machen. Die Genforschung ist gerade dabei, neue Kreaturen zu schaf-fen, die in der Natur gar nicht existieren. Wiederholt sich die Geschichte? Sehen Sie in dieser Entwicklung eine Ge-fahr?

Genforschung – Fluch oder Segen? Ich denke, sie ist eher *Segen*. Es mag hart klingen, aber es ist meiner Meinung nach so, weil verschiedene Tierarten aussterben werden, sei es durch Umwelteinflüsse, durch den Menschen selbst oder durch andere Tiere. Wenn wir uns verpflichtet füh-len, so eine Art von *Arche Noah* zu erhalten, auch für zu-künftige Generationen, wird es ohne Genforschung und ohne genetische Möglichkeit nicht gelingen. Wir könn-ten ohne sie nicht die Vielfalt aller irdischen Lebewesen auf Dauer erhalten, also müssen wir die genetischen In-formationen der Tier- und Pflanzenwelt in einer Art Mu-seum für die Nachwelt speichern, um sie bei Bedarf wie-der zu erwecken. Dies könnte später in einem zoologi-schen Garten sein oder vielleicht auf einem anderen Planeten. Außerdem: Mit Hilfe der Genforschung kön-nen Sie, wenn Sie wollen, Gutes wie Schlechtes tun. Das Gute läge in der Aufgabe, Erbkrankheiten zu vermindern, viele Millionen Menschren leiden darunter, oder Krebspatienten zu heilen. Praktisch mit jedem Ding können Sie zwei Sachen machen, nämlich Gutes oder Böses. Das wird auch in der Genforschung so sein. Ich bin trotz aller Bedenken *für* die Genforschung, weil ich glaube, daß der positive Nutzen daraus überwiegt.

In den Mythen lesen wir immer wieder von monströsen Mischwesen.
Es ist jetzt über ein Vierteljahrhundert her, seit ich *»Erinnerungen an die Zukunft«* schrieb. Schon damals habe ich davon geredet und behauptet, daß es in der Vorzeit eine gezielte künstliche Mutation gegeben hat. In *»Zurück zu den Sternen«* habe ich die in der Mythologie beschriebenen Mischwesen aufgezählt. Damals bin ich verlacht und verpfiffen worden, auch von jenen Fachleuten, die sagten, der Däniken habe doch keine Ahnung und weiß nicht, wie eine menschliche Zelle aufgebaut ist. *Crick, Watson* und *Wilkins* entdeckten am Anfang der sechziger Jahre die berühmte DNS, jene umeinander gewundenen Doppelspiralen, in denen die gesamten Erbinformationen enthalten sind. Trotzdem war man skeptisch. Es schien unmöglich, die darin enthaltenen etwa fünf bis sechs Milliarden Möglichkeiten aufzuschlüsseln, und zwar so, daß man gezielt genetisch etwas verändern könne. Für alle Zeiten würde das unmöglich sein, versicherten die Experten. Seit wenigen Jahren läuft das ehrgeizige medizinische Projekt *»Genom«*. Wissenschaftler rechnen damit, daß etwa um das Jahr 2010 der größte Teil der menschlichen Gene entschlüsselt sein wird, demzufolge hätten wir demnächst den »gläsernen Menschen«. Inzwischen weiß jeder Fachmann, im Jahre 1999 ist das Projekt abgeschlossen. Wir haben dann den ganzen genetischen Code des Menschen, jedes einzelnen

Gens, seine Funktion und was es bewirkt, restlos entschlüsselt.

Meinen Sie, daß die Entschlüsselung des menschlichen Erbgutes auch Informationen enthält, die auf außerirdische Genmanipulationen schließen lassen? Wie können Erbinformationen auf andere Planeten gelangen?

Der 1957 verstorbene Mathematiker *John von Neumann* hat die berühmte *Von-Neumann-Maschine* erdacht. Er stellte die These auf, daß es doch möglich sein müßte, einen Roboter zu konstruieren, der von der Erde starten könne, so wie eine Rakete. Nehmen wir an, diese Apparatur peilt das nächste Licht an, die nächste Sonne. Natürlich wird die »universelle Konstruktion« nicht in der Sonne landen, sondern sie wird vorher Sensoren ausfahren, die dann feststellen werden, ob um diese fremde Sonne auch Planeten kreisen. Gibt es Planeten in den richtigen Abständen, nicht zu heiß und nicht zu kalt, wird diese Apparatur dort eine weiche Landung vornehmen. Das Besondere an der Von-Neumann-Maschine: Ihr Informationsgehalt, der einem genetischen Code ähnelt, hat einen *Erinnerungsspeicher*, der dazu geeignet ist, die *Selbstvervielfältigung* der Maschine zu steuern. Der Roboter reproduziert sich gewissermaßen selbst ein zweites Mal, stellt eine Kopie seiner selbst her. Das kann vielleicht 10 000 Jahre dauern, spielt aber keine Rolle. Damals, als Prof. von Neumann diese Geschichte erdachte, hat er selbst darüber gelacht und gemeint, so eine Maschine würde es vielleicht einmal in einer zehn Millionen Jahre entfernten Zukunft geben. Inzwischen haben wir die Computerisierung und die Miniaturisierung in der Computertechnologie, und wir haben die *Nanotechnologie*. Das ist eine mikroskopische Technologie. Ein Nanometer ist gerade ein milliardstel Meter. Mit der computerisierten Nanotechnologie wird es uns möglich sein, Von-Neumann-Maschinen hinauszukatapultieren ins Weltall. Sonden, die nicht größer sind als ein Pingpongball. Die Frage ist nun, warum soll das bei der Genetik, von der wir vorher gesprochen haben, anders sein? Was ist denn der Mensch anderes als eine sich selbst reproduzierende »Apparatur«. Wir hören es zwar nicht gerne, aber wir reproduzieren uns selbst. Und die Basis dieser ganzen Reproduzierungsanlage ist die *Zelle*. Und im Inneren der Zelle ist die *DNS-Erbinformation*. Wir müßten also nur noch DNS-Informationen ins All schicken. Die DNS können Sie z. B. an der Spitze eines Laserstrahls »reiten« lassen. Wir wissen heute mit Hilfe des *Hubble-Weltraumteleskops*, wo es Planeten gibt und welche Himmelskörper die idealen klimatischen Voraussetzungen für Leben besitzen. Jetzt richten Sie einen Laserstrahl auf einen dieser erdähnlichen Planeten, und auf der Spitze des Laserstrahls haben Sie, winziger als ein Stecknadelkopf, ein paar Millionen DNS der menschlichen Art. Auf dem Planet XY startet ein Prozeß, und die Evolution beginnt sich dort zu wiederholen. Und am Ende der Geschichte haben Sie wieder *menschenähnliche* und *intelligente* Wesen. Da sie intelligent sind, werden sie Neugierde haben, und weil sie Neugierde haben, werden sie sich fragen, ob sie im Kosmos alleine sind? Wie sind wir entstanden? Gibt es da draußen noch »Andere«?

Sie werden früher oder später auf die Von-Neumann-Maschine kommen, und sie werden einsehen, mit einer hoch technisierten Raumschifftechnologie alleine werde man nicht alle Fragen lösen. Da werden sie früher oder später scharfsinnig bemerken, daß der ganze Replikationsapparat ja *in* ihnen selbst steckt, in ihrer *eigenen* Zelle. Und dann wird sich das Spiel neuerlich wiederholen. Deshalb verstehe ich manche unserer besonders klugen

Astronomen und Wissenschaftler nicht, die der Menschheit ständig einreden möchten, daß wir *alleine* im All sind, daß da draußen niemals *menschenähnliche* Außerirdische existieren können und die gewaltigen kosmischen Distanzen *unüberbrückbar* sind. Diese veralteten Ansichten halte ich allesamt für einen verdammten Schwachsinn! Dank der Entdeckung unserer DNS, der Computer-Miniaturisierung, können wir uns selbst ausbreiten, so oft wir wollen!

Eine Frage, die daran anknüpft: Wenn wir unsere Erbinformationen, wie in dem von Ihnen genannten Beispiel, auf andere Planeten schicken und dort Leben entsteht, sind dann wir die Götter? Was ist der Unterschied zwischen Gott und jenen himmlischen Wesen, die nur als göttlich verehrt wurden?

Die Fragen, die Sie aufwerfen, finde ich besonders interessant. Vor allem in Hinblick auf die Meldung höchster kirchlicher Würdenträger vor einigen Monaten. Da hat der *Vatikan* endlich eingelenkt und hält plötzlich die Evolutionslehre für möglich. Früher war diese Vorstellung etwas Satanisches, inzwischen ist es etwas Gutes. *Aber:* So wurde in Interviews verlautbart, daß die Evolution nur den *Körper*, also den Knochenbaukörper, betrifft, nicht jedoch den *Geist*. Der Geist kommt vom lieben Gott. Nichts anderes sagen Erich von Däniken und Co.! Wir sagen, ja, die Evolution hat stattgefunden, und zwar so, wie wir sie von der Wissenschaft her kennen, von der Anthropologie her. Aber irgendwann kam der Besuch von Außerirdischen, und die nahmen sich ein Exemplar der fortgeschrittensten Lebensart. Von dieser, so ein Neandertaler-Typ, wählten sie ein einziges Exemplar aus, entnahmen eine geeignete Zelle und experimentierten mit einer gezielten künstlichen Mutation. Sie manipulierten das Erbgut, die Basenreihenfolge der DNS-Moleküle wurde abgeändert, und die Zelle wurde in eine Nährlösung gelegt. Dort wuchs sie heran. Dann wurde Sperma in die Gebärmutter eines weiblichen Exemplares derselben Spezies eingepflanzt. *Künstliche Befruchtung*, das machen wir heute alles schon.

Das Weibchen wird nach einiger Zeit einem Kind das Leben schenken, das Kind hat selbstverständlich den alten Stammbaum, die Evolution stimmt, aber durch die gezielte künstliche Mutation hat das Kind jetzt einige Anlagen *mehr*, die der ganze Rest in der Verästelung des Ahnenstammbaumes nicht hat. Will man eine neue Population, so braucht man mindestens zwei Exemplare. Ein Männchen und ein Weibchen. Das ist der Zeitpunkt, wo wir bei der Legende von *Adam* und *Eva* landen. Wir kommen zurück zur Ursprungsfrage: Es ist völlig richtig, wenn man feststellt, daß sich unsere Existenz auf Evolution gründet. Wenn die Kardinäle und die Bischofskonferenz nun erkennen, Evolution habe stattgefunden, aber es sei noch ein *göttliches Element* hinzugekommen, dann kann ich dem soweit durchaus folgen. Aber so leid es mir tut, dieses göttliche Element war nie und nimmer der liebe Gott, der Schöpfer des Universums, sondern es waren vielmehr außerirdische Experimenteure.

Wenn dies stimmen würde, fragt man sich, wie sind dann diese Außerirdischen entstanden? Glaubt Erich von Däniken an einen Schöpfer?
Hier kann man nur sagen, diese wurden wiederum von anderen Außerirdischen intelligent gemacht, das pflanzt sich im Schneeballsystem so weiter fort. Aber Sie haben natürlich recht, Herr Habeck, irgendwann landet man dann am Ende der berühmten Fahnenstange, dort kommen wir nicht mehr weiter mit unserem Denken, unserer

Logik und unserer Philosophie. An diesem Punkt werden wir respektvoll erkennen oder lernen müssen, hier ist *Gott* oder hier ist *Schöpfung*. Ich befasse mich jetzt 35 Jahre mit diesen Fragen. Ich habe meinen lieben Gott nie verloren. Ich bete selbst heute noch jeden Tag. Aber fragen Sie mich bitte nicht, wie ich Gott definieren soll.

Gab es in Ihrem Leben so etwas wie ein Schlüsselerlebnis? Warum haben Sie das Thema der »Astronautengötter« zu Ihrem Lebensinhalt gewählt?

Ja, ganz eindeutig, es gab so ein Schlüsselerlebnis! Schon im Gymnasium begann ich an meiner eigenen Religion zu zweifeln, und ich fragte mich, ob sich tatsächlich alles so zugetragen hatte, wie von der Kanzel herab gepredigt wurde. Ich erinnere mich sehr gut daran, daß mich eines Tages ein katholischer Priester auf die *Apokryphtentexte*, die verborgenen Bücher der Bibel, aufmerksam machte. Ich sollte diese genauer lesen, wurde mir geraten. Ich wußte damals noch nicht, was das war, die Apokryphen. Ich ging in die Uni-Bibliothek, gleich gegenüber der Straße von unserem Gymnasium. Dort, und das ist das ungewöhnliche Erlebnis, sagte mir ein alter Bibliothekar, den ich kaum kannte, lesen Sie doch einmal das *Buch Henoch*. Jene Schriften also, in denen Henoch, einer der Patriarchen des Alten Testaments, seine Entführung in den Himmel erwähnt und sich viele schriftliche Hinweise auf Raumfahrtelemente wiederfinden. Ich frage mich heute noch, wie der alte »Bücherwurm« dazu kam, mich auf Henoch hinzuweisen. Und als ich schließlich das Buch Henoch las, da ist mir wirklich ein Licht aufgegangen, und mir wurde klar, daß das bisherige christliche Bibelbild vom allmächtigen und allwissenden Gott, so wie es die Lehrmeinung verlangt, nicht stimmen könne. Zweifellos, das war ein echtes Schlüsselerlebnis.

Gibt es in Ihrem Leben ein Ereignis, wo Sie sich fragten, was ist da eben vorgefallen? Eine unerklärliche Begebenheit? Ein übersinnliches Phänomen? Haben Sie schon einmal Erfahrung auf diesem Gebiet gesammelt, Herr von Däniken?

Ich weiß nicht, ob es wirklich mit einem übersinnlichen Phänomen vergleichbar ist, aber ich habe später im Leben immer wieder erleben dürfen, daß ich Menschen helfen konnte, sie sogar von Krankheiten zu heilen vermochte, etwa wenn es jemandem sehr schlecht ging. Es funktioniert aber nur dann, wenn ich den betreffenden Menschen gern habe, ich muß ihn mögen, ihn persönlich kennen. Bei meiner eigenen Tochter hat das geklappt, auch gelegentlich auf Reisen, wenn plötzlich irgend etwas schief lief. Beruflich würde ich aber nie zum Heilpraktiker werden, das würde ich nie tun, auch nie Fremden gegenüber. Das ist immer nur eine interne Geschichte zwischen mir und meinen Freunden.

Hatten Sie schon einmal seltsame Traumerlebnisse?

Ja, ich habe schon höchst seltsame Träume gehabt. Ich erinnere mich an einen besonders komischen. Ich konnte in diesem Traum ganze Bücher lesen, ohne sie wirklich gelesen zu haben. Ich mußte nur die Bücher an meinen Kopf halten, und schon kannte ich den kompletten Inhalt. Man könnte nun sagen, okay, ein komischer Traum, aber lustigerweise wußte ich am nächsten Tag immer noch genau, worum es in diesen Büchern ging. Das war schon höchst erstaunlich.

Ihr größter Wunsch? Was liegt Ihnen am Herzen? Ein neues großes Projekt?

Das ist natürlich ein Traum, der richtige Traum eines Glücksritters. Es wäre gigantisch, wenn ich einmal in aller Öffentlichkeit ans Mikrofon treten dürfte und an meiner Seite stünde ein Außerirdischer. Und ich könnte ihm auf die Schulter klopfen, wie einem von uns, und sagen, verehrte Damen und Herren, hier ist er nun, mein Freund, der E.T. vom Planeten Sirius B.

Was würden Sie den Sternenbesucher fragen?
Fragen hätte ich an den Außerirdischen im Ausmaß eines Telefonbuches. *Wann* seid ihr das erste Mal auf der Erde gelandet? Oder waren es eure Vorfahren? *Warum* habt ihr getan, was ihr getan habt? Die Frage nach Gott würde ich natürlich auch stellen, nach der endgültigen Antwort, ebenso die Frage nach einem Leben nach dem Tod und manches mehr. Aber das ist nur eine Seite dieser Träumerei. Die zweite Seite ist hingegen realistisch, sie ist kein Traum. Ich will, solange mir es im Leben noch vergönnt ist, innerhalb der nächsten fünf Jahre so etwas wie einen großen *Museums-Park* eröffnen, aber kein totes Museum, nichts, wo die Leute sich mühsam durch Säle quälen und auf irgendwelche Artefakte glotzen müssen. Nein, alles sollte *interaktiv* sein und *supermodern*. Ich möchte die großen Rätsel dieser Welt in die Schweiz bringen. Und zwar so, daß diese letzten Geheimnisse alle *aktiv* sind.

Aktive Geheimnisse?
Ja! Nehmen wir beispielsweise die *Ebene von Nazca*. Zu sehen ist ein riesiges Modell davon. Aber nicht nur die an Landebahnen erinnernden kilometerlangen Linien und rätselhaften Figuren werden gezeigt, sie müssen auch *topografisch* exakt stimmen. Das ist ein Gebiet für Vermessungstechniker und Luftbildvermessung, alles sehr präzise und technisch perfekt. Dann werden auf riesigen Wänden, sehr sachlich, sämtliche Theorien zu dem jeweiligen Rätsel vorgestellt. Nichts Rechthaberisches, nichts Dogmatisches soll es sein. Da sieht, hört und liest

man beispielsweise, daß *Prof. Hoimar von Ditfurth* vorschlug, bei dem Nazca-Rätsel hätte es sich um einen riesigen *Sportplatz* gehandelt. Was bedeutet, er habe vermutet, die Indios hätten die Figuren abspurten müssen.

Während dieser Theorievorstellung wird visuell gezeigt, wie Indios auf den Linien herumlaufen. Und dann kommt plötzlich ein rotes Fragezeichen. Was widerspricht dieser Theorie? Danach sehen Sie auf der Leinwand viele Figuren, die in der tatsächlichen Natur auf den Berghängen von Nazca existieren. Figuren also, die man gar nicht ablaufen kann. Oder: Frau *Maria Reiche* erklärt, die Scharrbilder und Linien von Nazca seien ein *astronomischer Kalender*. Jetzt sehen Sie die Sonne aufgehen, auf schmalen Linien, dann wieder das große Fragezeichen. Was widerspricht dieser Vorstellung? Wiederum sehen Sie auf großen Bildwänden, daß es in Wirklichkeit rund 2900 schmale Linien gibt und nur 8 (in Worten acht!) passen in die Theorie des Kalenders. Das Vorhaben ist ein gigantisches Millionenprojekt, das sehr interaktiv, sehr lebendig, die ungelösten Phänomene der Welt auf einem eigenen Gelände mit weiträumigen Außenanlagen plastisch dokumentieren wird.

Eine letzte Frage noch: Haben Sie ein Lebensmotto, Herr von Däniken?
Das hört sich vielleicht kaltschnäuzig an, es ist aber warmherzig gemeint: Ich bin, wie ich bin. Die einen *kennen* mich, die anderen *können* mich!

Die andere Wirklichkeit

Fernsehjournalist und Moderator Rainer Holbe über
unsere fantastische Zukunft

»Wissen Sie, Doktor, ich habe mich jahrelang mit der Wirk-
lichkeit herumgeschlagen, und ich bin froh sagen zu können,
daß ich sie endlich überwunden habe.«

Schauspieler Helmut Lohner als Elwood, der wegen seiner
Zwiegespräche mit einem unsichtbaren Hasen von seiner
Umwelt als verrückt erklärt wird, in dem Theaterstück
»Mein Freund Harvey« von Mary Chase, Wiener
Kammerspiele 1993/94

Mit Themen wie Telepathie, Psychokinese, Reinkarnation und anderen fantastische Phänomenen versetzt der
Journalist und Fernsehmoderator **Rainer Holbe** seine
Zuschauer in Staunen. Woher kommen wir? Wer sind
wir? Wohin gehen wir? Auf diese existenziellen Fragen
sucht der TV-Star bereits zu einem Zeitpunkt nach Antworten, als das Thema »Übersinnliches« allgemein noch
verpönt war. Heute ist die Diskussion darüber bei allen
Fernsehsendern salonfähig geworden. 1984, zu Beginn
des neuen Privatfernsehens, waren Psi-Sendungen noch
völliges Neuland. Rainer Holbe hatte bei RTL als erster
begonnen, dieses Tabu durch *»Unglaubliche Geschichten«*
zu durchbrechen. Nebenbei verbreitete er über zehn
Jahre lang in Radio RTL Luxemburg allwöchentlich
Neuigkeiten über Unerklärliches. Später fand die TV-
Reihe bei SAT 1 als *»Phantastische Phänomene«* eine moderne, auf den neuesten Stand gebrachte Fortsetzung.
Seine Laufbahn begann Rainer Holbe als Journalist bei
der *»Frankfurter Rundschau«*, ehe er für Illustrierte, Radio und Fernsehen arbeitete. Seine Show *»Starparade«*

gehörte zwölf Jahre zu den beliebtesten Sendungen des ZDF. Er moderierte Talkshows sowie das tägliche Frühstücksfernsehen. Holbe wurde mehrfach für seine Arbeiten preisgekrönt, darunter auch mit der »Goldenen Kamera«. Der »übersinnliche« Rainer Holbe ist im grenzwissenschaftlichen Bereich Autor sowie Herausgeber zahlreicher Bücher.

Zu diesen Themen veröffentlichte er u. a. die Werke »Unglaubliche Geschichten« (1985), »Neue unglaubliche Geschichten« (1987), »Bilder aus dem Reich der Toten« (1987), »Magie, Madonnen und Mirakel« (1987), »Ein Toter spielt Schach und andere unglaubliche Geschichten« (1988), »Wir von Atlantis« (1988), »Die Botschaft der Engel« (1989), »Zeitgeist« (1991), »Phantastische Phänomene« (1993), »Neue phantastische Phänomene« (1994) und »Phantastische Zukunft« (1995). Die Beschäftigung mit den Grenzgebieten der Wissenschaft begann mit der Serie bei RTL und prägt heute sein Denken, das er unter anderem auch in Seminaren weitervermittelt. Wie denkt Rainer Holbe über den Talkshowboom? Glaubt er selbst an Außerirdische und Ufos? Warum sich der Pionier der Esoterikshows nicht als »Guru« sieht und welche Chancen und Gefahren er für eine zukünftige Menschheit erwartet, erfahren wir im folgenden Gespräch:

Mit den Fernsehreihen »Unglaubliche Geschichten« und »Phantastische Phänomene« haben Sie ein Millionenpublikum begeistert und für übersinnliche Themen interessiert. Stört es Sie, wenn man Sie als »Esoterik-Guru« bezeichnet? Das höre ich von Ihnen zum ersten Mal, Herr Habeck. Ich kann mich nicht entsinnen, daß mich jemand jemals als Esoterik-Guru bezeichnet hat. Es würde mich schon stören, weil dieser Begriff eher negativ besetzt ist. Außerdem bin ich der Meinung, daß jeder sein eigener Guru,

Bild 50: Gilt als »Pionier des Übersinnlichen«: Rainer Holbe.

also Lehrer, sein sollte. Ich habe schon mehrmals erklärt, daß ich mich auch nicht als Esoteriker verstehe. Der Begriff würde mich zu sehr einengen. Ich habe schon Schwierigkeiten, mich als Mensch zu verstehen.

Als Sie das Thema »Übersinnliches« via Bildschirm den TV-Konsumenten näher brachten, gab es anfänglich Schwierigkeiten? Wurden Sie belächelt? Hat man versucht, das Thema als Humbug abzuwerten?

In den meisten Ländern der Europäischen Union haben die Menschen Schwierigkeiten mit der Idee des »großen Europa« und einer einheitlichen Währung. Dies liegt an der mangelnden und unzureichenden Aufklärung. Auch über die sogenannten Grenzwissenschaften gibt es nur wenige, wirklich ausgewogene Informationen. Wichtig ist es eben, das vielfältige Angebot nach Spreu und Weizen zu trennen.

Planen Sie eine neue TV-Reihe, die sich wieder mit den letzten Mysterien und Geheimnissen beschäftigt?
Ich schreibe gerade mein jüngstes Buch »*Phantastische Zukunft – Wie wir morgen besser leben werden*« als Fernsehdrehbuch um. Eine Realisierung auf dem Bildschirm ist Ende 1997 geplant.

Sie veranstalten Seminare zu diesem Themenbereich?
Es kommt immer wieder vor, daß ich für Vorträge an verschiedenen Instituten eingeladen werde, wo ich bemüht bin, meine Vorstellungen und mein Wissen interessierten Zeitgenossen weiterzugeben. Manchmal auf ungewöhnlichen Wegen. Im Sommer 1996 organisierte ich z. B. auf zwei komfortablen Kabinenbooten in der *Bretagne* Seminare für Manager großer Industrieunternehmen und interessierte Laien unter dem Titel »*Panta rhei – alles fließt*«, in denen ein *ganzheitliches* Weltbild diskutiert wurde und in dem Ideen oder Gesetze nicht zeitlos und unvereinbar sind, sondern sich ständig verändern. Das Seminar wird im Juli 1997 wiederholt. Mein Ziel ist es, unser Bewußtsein zu erweitern und diese Bewußtseinsveränderung im Alltag auch zu leben.

Wenn sich jemand an so einer Veranstaltung beteiligen möchte, wohin muß er sich wenden?
Am besten direkt an mein Redaktionsbüro, zu Händen Frau *Rose-Marie Kirsch*, Maison sur les collins, L-6991 Rameldange, Tel.: (0 03 52) 34 80 11, Fax.: 34 93 15.

Heute sind Berichte über Psi-Phänomene und Ufos bei den Fernsehsendern salonfähig geworden. Es gibt kaum eine Talkshow, wo nicht auch die Außerirdischen präsent sind. Wie sehen Sie den Ufo-Boom der jüngsten Zeit?
Für die Fernsehsendungen, die ich zum Thema »Ufos«

gemacht habe, hatten wir meist mehr authentisches Material, als wir senden konnten. Wer das Thema lächerlich macht, zeigt einfach, wie uninformiert er ist. Ungeklärt ist freilich nach wie vor, was sich wirklich hinter dem Phänomen der rätselhaften Lichterscheinungen verbirgt.

Sehen Sie Gemeinsamkeiten zwischen Ufos und anderen Phänomenen, wie Kornkreise, Poltergeister oder Mutter-Gottes-Visionen?
Eine der großen Philosophien dieser Zeit ist die von einem holistischen Weltbild, also einem Universum, dessen einzelne Teile sich gegenseitig durchdringen. Insofern hängt alles miteinander zusammen.

Sind unsere Vorstellungen von der Realität unzulänglich? Was ist Wirklichkeit?
Buddha hat einmal gesagt: Wir schaffen die Welt mit *unseren* Gedanken! Heute wissen die meisten Physiker, daß dies nicht nur eine philosophische Aussage ist. Unser Bewußtsein schafft sich seine eigenen, auch physischen Realitäten.

Ihre Meinung zu den fantastischen Thesen Erich von Dänikens? Hatte die Erde in vorgeschichtlichen Zeiten Besuch aus dem Weltall?
Dänikens Thesen vom Besuch der »Astronautengötter« sind bisher nicht widerlegt worden, ebenso wie es keine stichhaltigen Argumente gegen ein Leben nach dem Tod geben kann.

Glauben Sie, daß Sie früher schon einmal auf der Welt waren? Welchen Sinn hat unser Dasein? Welche Vorstellung haben Sie von Gott, Tod und Wiedergeburt?
Ich bin umgeben von einer Welt, für die ich keine Erklä-

rung habe. Was die Frage nach *Gott* anlangt: Haben Sie mindestens einhundert Seiten in Ihrem Buch für mich zur Verfügung?

Leider nicht, Herr Holbe. Ich habe schon jetzt die vom Verlag vorgegebene Seitenanzahl weit überschritten . . .
Macht ja nichts. Ich könnte Ihnen die Frage sowieso nicht ausreichend beantworten. Nur soviel: Das Modell der Wiedergeburt ist plausibel. Gott ist für mich ein Sammelbegriff für das Geheimnis unserer Existenz.

Wie sehen Sie die Zukunft der Menschheit? Haben wir überhaupt eine Zukunft? Interstellare Raumfahrt? Werden wir die irdischen Probleme von der Überbevölkerung bis hin zu Umweltzerstörung und kriegerischen Auseinandersetzungen lösen können?
Wir leben in einer »Fastfood«-Gesellschaft, in der auch die schwierigsten Fragen in leicht verdaulichen, kleinen Häppchen beantwortet werden sollen. In meinem Buch *»Phantastische Zukunft«* nehme ich zu diesem Thema ausführlich Stellung. Allein der Titel zeigt Ihnen ja, daß ich unsere Zukunft nicht unbedingt pessimistisch sehe. In den nächsten Jahren erwartet uns weder ein Horrorszenario noch eine rosarote Utopie, sondern eine Epoche, die mit keiner anderen in der Menschheitsgeschichte zu vergleichen ist. Wir stehen nicht nur am Beginn eines Jahrtausends, sondern auch am Anfang eines neuen Zeitalters. Experten prophezeien eine Welt, in der es neue Techniken, Methoden, Lebensumstände und Umweltbedingungen geben wird. Dies alles wird sowohl unser Bewußtsein als auch unser Konsum- und Freizeitverhalten völlig verändern. Freuen wir uns darauf!

Nachwort und Dank

Fünfzig Jahre modernes Ufo-Zeitalter. Ein Jubiläum. Was verbirgt sich hinter diesem Phänomen? Eine brisante und aktuelle Frage. Im vorliegenden Buch haben über fünfzig prominente Zeitgenossen und anerkannte Forscher offen ihre Meinung zu dem ebenso faszinierenden wie verwirrenden Ufo-Phänomen geäußert. Geduldig und freimütig waren sie bereit, meine Fragen zu beantworten. Befürwortende und ablehnende Argumente wurden in die Diskussion eingebracht, kühne Theorien vorgestellt und persönliche Erlebnisse wiedergegeben. Hier kann und soll aber nicht darüber befunden werden, welche Stellungnahme die überzeugendste, treffendste oder fantasievollste war. Die hier geäußerten Ansichten spiegeln jedoch das Facettenhafte dieses einzigartigen Phänomens wider. Sie liefern uns ein Stimmungsbild über eines der letzten noch ungelösten Welträtsel.

Alle jene Äußerungen und Argumente sind aber letztlich *subjektiv,* auch wenn sie für jeden einzelnen zweifellos maßgeblich sein dürften. Angesichts der Widersprüche und Hilflosigkeit, die seitens der Politik und Wissenschaft gegenüber dem »Himmelsspuk« bisher festzustellen waren, sollen die hier aufgezeigten Denkanstöße gewissermaßen als Orientierungshilfe dienen. Vielleicht konnten Sie, lieber Leser, in der Vielzahl von Aussagen und Meinungen Ihre eigene Ansicht zur Ufo-Problematik wieder erkennen? Vielleicht trugen bestimmte Äußerungen dazu bei, Ihren Standpunkt zu vertiefen? Oder es gaben manche Argumente Anlaß genug, ihre bisherige Überzeugung zu überdenken? Und sollten Sie Ihre Ratlosigkeit zu all dem Gesagten konstatieren müssen, so wäre das auch kein Grund zur Resignation. Schließlich ist der wissenschaftliche Gesamteindruck zu dieser Frage ebenfalls noch ziemlich kontraproduktiv.

Viele Lehrstuhlinhaber lehnen eine Untersuchung der Ufo-Problematik sowie anderer unerklärlicher Phänomene unüberprüft deshalb kategorisch ab, »weil bisherige Erkenntnisse ausschließen, daß solche Dinge existieren«. Aber ist eine solche Beurteilung wirklich zulässig? Wissenschaftliche Theorien ändern sich ständig und werden das auch weiter tun. Ufo-Erscheinungen liegen jenseits des als »normal« Angesehenen und Erklärbaren.

Wir wissen (noch) nicht, was Ufos sind. Sollten Wissenschaftler nicht gerade deshalb an einer vorurteilslosen Klärung dieses Komplexes interessiert sein, um Neues zu erfahren und zu wegweisenden Erkenntnissen zu gelangen?

Selbst bei einer einseitigen Betrachtungsweise, wonach sich Ufos lediglich aus dem Unterbewußten manifestieren, bleiben sie dennoch als Phänomen existent. Aber trifft diese Auslegung auch wirklich zu? Wie auch immer: Es scheint mir erstrebenswert, sich um die wissenschaftliche Klärung dieses Jahrhunderträtsels zu bemühen. Nur dadurch eröffnet sich die verlockende Aussicht, unseren Wissenshorizont entscheidend zu vergrößern ... So unwirklich und unglaublich Ufo-Sichtungen manchmal auch klingen mögen, sie werden millionenfach und weltweit bestätigt. Viele Menschen beginnen zu ahnen, daß die Wirklichkeit viel fantastischer sein könnte, als jeder Zukunftsroman dies auszumalen vermag ...

Das vorliegende Buch besitzt eine Meinungsvielfalt, wie Ähnliches sonst wohl nur selten zu finden sein dürfte. Das zeigt sich in der Art und Weise, wie meine prominenten »Wortspender« an das Ufo-Problem herangegangen sind und die Hintergründe aus ihrer Sicht analysiert haben. Mehr als fünfzig Persönlichkeiten des öffentlichen Lebens, aus den verschiedensten Bereichen und Berufen, haben sich in Interviews und brieflichen Antworten an diesem Meinungskarussell beteiligt. Jede vierte vertretene Auffassung, auch wenn wir sie nicht teilen sollten, nötigt uns Respekt ab vor jedwedem Bekenntnis und auch dem Mut, sich einem derart bizarren und umstrittenen Thema öffentlich zu stellen. Allen hier vertretenen Mitautoren gilt deshalb ein aufrichtiges und herzliches Dankeschön. Mein persönlicher Anteil am Gelingen dieses Werkes mißt sich hierbei gering, bestand er doch in der Hauptsache darin, renommierte Persönlichkeiten für dieses Buchprojekt zu gewinnen und ihnen die »richtigen« Fragen zu stellen.

Meinem Freund, Autorkollegen und »literarischen Ziehvater« Peter Krassa gilt mein besonderer Dank. Neben seiner Ufo-Stellungnahme war er der erste, der einen Blick in das fertige Manuskript werfen konnte und durch seine langjährige journalistische Erfahrung mit Ratschlägen und wohlgemeinter Kritik an der Vollendung des Buches mitwirkte.

Bei meiner Arbeit unterstützten mich viele bekannte Persönlichkeiten in großzügigster Weise. Ihnen allen sei hier nochmals gedankt. Ihre Namen nenne ich nachfolgend, alphabetisch gereiht: Hans Bauer, Charles Berlitz, Johannes von Buttlar, Erich von Däniken, Clark Darlton alias Walter Ernsting, Dipl-Bibl. Ulrich Dopatka, Rainer Erler, Viktor Farkas, Dipl.-Hdl. Peter Fiebag, Dr. Johannes Fiebag, Prof. O. W. Fischer, Jürgen Fliege, Erhard F. Freitag, Univ.-Doz. Dr. Peter Gathmann, Dr. Dipl.-Ing. Karl Grün, Waltraut Haas und Erwin Strahl, Walter Hain, Hartwig Hausdorf, Michael Hesemann, Rainer Holbe, Lotte Ingrisch, Curd Jürgens († 1982), Prof. Heinz Kaminski, Prof. Dr. Dileep Kumar Kanjilal, Dr. Alexander Keul, Dr. Rudolf Kirchschläger, Ephraim Kishon, Wolfgang Knaller, Angela Knippenberg-Uther, Hansjürgen Köhler, Dr. Bruno Kreisky († 1990), Walter-Jörg Langbein, Dipl.-Phys. Illobrand von Ludwiger, Pater Dr. Berthold Mayr, Ernst Meckelburg, Thomas Mehner, Dr. Hans Christian Meiser, Peter G. Moosleitner, Gerald Mosbleck, Prof. Dr.-Ing. Hermann Obert († 1989), Ferry Radax, Andreas von Rétyi, Christiane Rücker-Jeftic, Prof. Dr.-Ing. Harry O. Ruppe, Hans-Werner Sachmann, Wolfgang Siebenhaar, Dr. Martina Steinhardt, Dr. Franz Josef Strauß († 1988), Maria Struwe, Oliver Stummer, Werner Walter und Oberst Friedrich Wieser.

Vergessen dürfen hier natürlich auch jene nicht sein, die mir durch die Bekanntgabe von Adressen, durch schriftliche oder mündliche Informationen, Bildmaterial, Zeitungsartikel, Kritik und Anregungen sowie sonstige ideelle Mitarbeit geholfen haben: Ancient Astronaut Society, CENAP, Anke und Horst Dunkel, Franz Dürnsteiner, Alexander Elstner, Claudia Fiebag, Andreas Findig, GEP e. V., Dr. Sibylle Göller, Helmut Graf, Ingrid und Willi Grömling, Raimund Hinterbuchinger, Uschi und Karl Kovalcik, Christiane Ladurner und Johannes Ortner, *Magazin 2000*-Redaktion, MUFON-CES, Iris Portmann, *Samstag*-Redaktion, George Sassoon, Dipl.-Ing. Adolf Schneider, Jens Schneider, Ekkehard Steinhäuser, Andrea und Dr. Norbert Weiß, Z.E.U.S.

Zu guter Letzt gilt mein Dank und meine Bewunderung den umstrittenen »fliegenden Untertassen«, ohne die mein Leben vermutlich weniger aufregend und dieses Buch wohl nie geschrieben worden wäre.   R. H.

Kontaktadressen zu Organisationen und Zeitschriften:

Ist vielleicht auch Ihnen, lieber Leser, schon etwas im Leben widerfahren, das Sie zuvor für denkunmöglich hielten? Ein ungewöhnlicher Zwischenfall? Merkwürdige Träume? Seltsame Erinnerungen? Übersinnliche Erscheinungen? Begegnungen mit einem Kugelblitz? Ein Ufo-Erlebnis? Wenn Sie selbst Phänomene, wie in diesem Buch beschrieben, erlebt haben, freue ich mich, wenn Sie mir Ihre Erfahrungen schriftlich mitteilen möchten. Schreiben Sie an folgende Verlagsadresse, von wo Ihr Brief dann an mich weitergeleitet wird.

Reinhard Habeck
c/o Ullstein Buchverlage GmbH
Brieffach 80 30
D-10888 Berlin

Alle eingesandten Briefe und Unterlagen werden gewissenhaft geprüft und vertraulich behandelt. Eine Veröffentlichung in geeigneter Form erfolgt nur dann, wenn Sie damit einverstanden sind.

Weitere anerkannte Forscher und Organisationen, die sich mit rätselhaften Phänomenen beschäftigen, erreichen Sie direkt unter folgenden Adressen:

Ancient Astronaut Society
Erich von Däniken
AAS-Büro
CH-3803 Beatenberg
Zeitschrift: *Ancient Skies*

Centrales Erforschungsnetz außergewöhnlicher Himmelsphänomene
CENAP
Werner Walter
Eisenacher Weg 16
D-68309 Mannheim
Zeitschrift: *Cenap-Report*

Deutschsprachige Gesellschaft für Ufo-Forschung
DEGUFO e. V.
Reinhard Nühlen
Postfach 28 31
D-55516 Bad Kreuznach

Redaktion **esotera**
Postfach 1 67
D-79001 Freiburg

Forschungsgesellschaft Kornkreise (FGK)
Sekretariat Ulrike Kutzer
Burgstraße 31
D-76846 Hauenstein
Zeitschrift: *FGK-Report*

Gemeinschaft zur Erforschung außerirdischer Spuren e. V.
G.E.A.S.
Oliver Koch
Gartenstraße 1
D-63225 Langen
Zeitschrift: *G.E.A.S-Forum*

Gesellschaft zur Erforschung des Ufo-Phänomens
GEP e. V.
Hans-Werner Peiniger
Postfach 23 61
D-58473 Lüdenscheid
Zeitschrift: *Journal für Ufo-Forschung*

Giordano-Bruno-Gesellschaft
Nicolas Benzin
Döhlestraße 1
D-37269 Eschwege
Zeitschrift: *Mitteilungen der Giordano-Bruno-Gesellschaft und Frankfurter Briefe*

Redaktion   **G.R.A.L-Geheimnisse/Rätsel/Analysen/Lösungen**
Michael Haase
Saarstraße 18a
D-12161 Berlin

Büro **Rainer Holbe**
Informationen zu Grenzwissenschaftlichen
Seminaren
z. H. Fr. Rose-Marie Kirsch
Maison sur les Collins
L-6991 Rameldange

Independent Alien Network
Wladislaw Raab
Rumfordstraße 20
D-80469 München
Zeitschrift: *Ufo-Report*

Interessensgemeinschaft Prä-Astronautik Essen e. V.
IPE
Cornelia Brandt
Wintgenstr. 26
D-45239 Essen

Redaktion International Ufo-Reporter
Organ des J. Allen Hynek Center for Ufo Studies
2457 West Peterson Avenue
Chicago
Ill.60659, USA

Interplanetarik Austria
IPA – Ufo-Studiengesellschaft
P.O.Box 33
A-1200 Wien

Redaktionen It's a hoax und Omicron
Roth Verlag
Roland Roth
Rothwestener Straße 9
D-34233 Fuldatal-Simmershausen

Kugelblitzforschung in Deutschland
Dr. Axel Wittmann
Universitätssternwarte

Geismarlandstr. 11
D-37083 Göttingen
Aktuelle Fälle: Tel. (05 51) 39 50 45

Kugelblitzforschung in Österreich
Dr. Alexander Keul
Postfach 1 51
A-5024 Salzburg
Aktuelle Fälle: Tel. (06 62) 80 44-51 27

Magazin für Grenzwissenschaften
Herausgegeben von Walter Kelch
Verlag MG
Postfach 11 06
D-56631 Plaidt

Redaktion **Magazin 2000 plus**
Herausgegeben von Ingrid Schlotterbeck
Lupinenstraße 103
D-41466 Neuss

Mutual Ufo Network – Central European Section
MUFON-CES
Dipl.-Phys. Illobrand von Ludwiger
Gerhart-Hauptmann-Straße 5
D-83620 Feldkirchen-Westerham
Zeitschrift: *MUFON-CES-Berichte*

MUFON-CES-Sektion Österreich
Dr. Helmut Lammer
Postfach 76
A-8600 Bruck/Mur

MUFON-CES-Sektion Schweiz
Roland Keller
Postfach 16 20
CH-4001 Basel

Prisma Sky International
Postfach 15 41

D-57305 Bad Berleburg
Zeitschrift: *Prisma Newsletter*

Regionales Ufo-Forschungs-Centrum
RUFON
Gerhard Cerven
Krausestraße 57
D-22049 Hamburg

Redaktion **Ufo-Kurier**
Herausgegeben von Jochen Kopp
Kopp Verlag
Hirschauerstraße 10
D-72108 Rottenburg

Redaktion **Ufo-Nachrichten**
Werner L. Forster
Postfach 12 11
D-87630 Obergünzburg-Kempten

Ufo-Interessensgruppe Frankfurt/Oder
U.I.G.
Mario Ringmann und Sandra Grabow
Hamburger Straße 11
D-15234 Frankfurt/Oder
Zeitschrift: *Unknown Reality*

Redaktion **Wissenschaft ohne Grenzen**
Weißer Stein 11
D-07973 Greiz

Zentrale Erfassung ungewöhnlicher Sichtungen in Österreich
Z.E.U.S.
Oliver Stummer
Postfach 96
Schulgaße 43
A-1180 Wien

Literaturhinweise

Ancient Astronaut Society (Hrsg.): »Neue Beweise der Prä-Astronautik«, Rastatt 1979

Asimov, Isaac: »Jokester« aus der Anthologie »Earth is room enough«, Royal Publications, 1956

Berlitz, Charles: »Geheimnisse versunkener Welten«, Darmstadt 1973

Ders.: »Das Bermuda-Dreieck«, Wien – Hamburg 1975

Ders.: »Das Atlantis-Rätsel«, Wien – Hamburg 1976

Ders.: »Spurlos, Wien – Hamburg 1977

Ders.: »Das Philadelphia-Experiment«, Wien – Hamburg 1979

Ders.: »Der Roswell-Zwischenfall«, Wien – Hamburg 1980

Ders.: »Der 8. Kontinent«, Wien – Hamburg 1984

Ders.: »Das Drachen-Dreieck«, München 1990

Biron, Georg: »Gibt es ein Jenseits?«, Wien 1994

Bischof, Marco: »Das Ufo-Syndrom«, *Penthouse*, Ausgabe 4/87

BM f. Landesverteidigung: Brief an Dr. Karl Grün v. 25. 7. 1983

BM f. Wissenschaft und Forschung: Brief an Dr. Karl Grün, Aktenzahl 70.186/13-25/83

Bonin, Werner F.: »Lexikon der Parapsychologie und ihre Grenzgebiete«, Bern – München 1976

Buttlar, Johannes von: »Das Ufo-Phänomen«, München 1978

Ders.: »Sie kommen von fremden Sternen«, München 1986

Ders.: »Leben auf dem Mars«, München 1987

Ders.: »Zeitriß«, München 1989

Ders.: »Drachenwege«, München 1990

Ders.: »Adams Planet«, München 1991

Ders.: »Gottes Würfel«, München 1992

Ders.: »Die Wächter von Eden«, München 1993

Ders.: »Schneller als das Licht«, Neuauflage, Bergisch Gladbach 1996

Ders.: »Die Außerirdischen von Roswell«, Bergisch Gladbach 1996

Cavendish, Richard: »Die Welt des Übersinnlichen«, Wien 1995

Chase, Mary: »Mein Freund Harvey«, Programmheft zur Theateraufführung in den *Kammerspielen*, Wien 1993/94

Clarke, Arthur C. (Hrsg.): »Geheimnisvolle Welten«, München 1981

Däniken, Erich von: »Erinnerungen an die Zukunft«, Düsseldorf – Wien 1968

Ders.: »Zurück zu den Sternen«, Düsseldorf – Wien 1969

Ders.: »Aussaat und Kosmos«, Düsseldorf – Wien 1972

Ders.: »Meine Welt in Bildern«, Düsseldorf – Wien 1973

Ders.: »Erscheinungen«, Düsseldorf – Wien 1974

Ders.: »Beweise«, Düsseldorf – Wien 1977

Ders.: »Prophet der Vergangenheit«, Düsseldorf – Wien 1979

Ders.: »Die Augen der Sphinx«, München 1989

Ders.: »Der Götter-Schock«, München 1991

Ders.: »Raumfahrt im Altertum«, München 1993

Ders.: »Auf den Spuren der All-Mächtigen«, München 1993

Ders.: »Der Jüngste Tag hat längst begonnen«, München 1995

Ders. (Hrsg.): »Kosmische Spuren«, München 1988

Ders. (Hrsg.): »Neue kosmische Spuren«, München 1992

Ders. (Hrsg.): »Fremde aus dem All«, München 1995

Dionshilny, W.: Zeitschrift *Phänomen*, Ausgabe des Organisations-komitees der Assoziation für außerhalb des Bewußtseins ablaufende Vorgänge der UdSSR, 23. März 1990

Dopatka, Ulrich: »Lexikon der außerirdischen Phänomene«, Neuauflage; Bindlach 1992

Ders. (Hrsg.): »Sind wir allein?«, Düsseldorf 1996

Drake, Frank/Sobel, Dava: »Signale von anderen Welten«, Essen – München 1994

Erler, Rainer: »Die Delegation«, Neuauflage, Frankfurt a. M. – Berlin 1995

Ernsting, Walter: »Der Tag, an dem die Götter starben«, Düsseldorf 1979

Steinhardt, Martina: »Altern – Seine Ursachen und seine Biologie«, Stuttgart 1990

Ertelt, Axel/Fiebag, Johannes/Fiebag, Peter/Sachmann, Hans-Werner: »Die kosmischen Eingeweihten«, Halver 1981

Farkas, Viktor/Krassa, Peter: »Lasset uns Menschen machen«, Frankfurt a. M. – Berlin 1987

Farkas, Viktor: »Unerklärliche Phänomene«, Frankfurt a. M. 1988

Ders.: »Esoterik – eine verborgene Wirklichkeit«, Frankfurt a. M. 1990

Ders.: »Jenseits des Vorstellbaren«, Wien 1996

Fiebag, Johannes: »Die Anderen«, München 1993

Ders.: »Kontakt«, München 1994

Ders.: »Sternentore«, München 1996

Ders. (Hrsg.): »Das Ufo-Syndrom«, München 1996

Fiebag, Johannes und Peter: »Die Entdeckung des Heiligen Grals«, München 1989

Ders.: »Zeichen am Himmel«, Frankfurt a. M. – Berlin 1995

Ders. (Hrsg.): »Aus den Tiefen des Alls«, Frankfurt a. M. – Berlin 1995

Fiebag, Johannes/Sasse, Torsten: »Mars – Planet des Lebens«, Düsseldorf 1996

Fiebag, Peter: »Der Götterplan«, München 1995

Freitag, Erhard F.: »Erkenne Deine geistige Kraft«, München 1986

Ders.: »Kraftzentrale Unterbewußtsein«, München 1986

Furrer, Reinhard: Interview in *Stern*, Hamburg, Ausgabe 47/1985

Gansberg, Judith M. u. Alan L.: »Die Ufo-Beweise«, München 1979

Ginsky, Robert: »Glaubenskrieg um die Ufos«, in *Klar & Wahr*, Oktober 1978

Good, Timothy: »Jenseits von top secret«, Frankfurt a. M. 1991

Hain, Walter: »Wir, vom Mars«, Köln 1979

Ders.: »Irrwege der Geschichte«, Eigenverlag, Wien 1981

Ders.: »Das Marsgesicht«, München 1995

Hausdorf, Hartwig: »Die weiße Pyramide«, München 1994

Hausdorf, Hartwig/Krassa, Peter: »Satelliten der Götter«, München 1995

Heinrich, Ludwig: »Ich diene«, *Die ganze Woche*, Ausgabe 39/1996

Hesemann, Michael: »Ufos: Die Beweise«, München 1989

Ders.: »Botschaft aus dem Kosmos«, Neuwied 1993

Ders.: »Ufos: Neue Beweise«, Düsseldorf 1994

Ders.: »Geheimsache Ufo«, Neuwied 1994

Ders.: »Jenseits von Roswell«, Neuwied 1996

Ders.: »Kornkreise«, Neuwied 1996

Heyerdahl, Thor: »Expedition Ra«, München 1971

Hirsch, Ludwig: Interview in *täglich Alles* v. 4. 11., Wien 1992

Hoagland, Richard C.: »Die Mars Connection«, Essen – München 1994

Holbe, Rainer: »Unglaubliche Geschichten«, München 1985

Ders.: »Neue unglaubliche Geschichten«, München 1987

Ders.: »Wir von Atlantis«, München 1988

Ders.: »Phantastische Phänomene«, München 1993

Ders.: »Neue phantastische Phänomene«, München 1994

Ders.: »Phantastische Zukunft«, München 1995

Hopkins, Budd: »Von Ufos entführt«, München 1982

Hynek, Allen J.: »Ufo-Begegnungen der ersten, zweiten und dritten Art«, München 1978

Ders.: »Ufo-Report/Ein Forschungsbericht«, München 1978

Ingrisch, Lotte: »Das Leben beginnt mit dem Tod«, Wien 1996

Kanjilal, Dileep Kumar: »Vimana in Ancient India«, übersetzt und herausgegeben von Julia Zimmermann, Selbstverlag, Bonn 1991

Keul, A./Gugenbauer, A./Diendorfer, G.: »A ball lightning trace case at Perg, Upper Austria«, *Journal of Meteorology,* 18, 287–294, 1993

Keul, A./Phillips, K.: »Assessing the witness. Psychology and the Uforeporter«. In H. Evans (Ed.), *Ufos 1947–1987.* »The 40-year search for an explanation« (pp. 230–237), London: *Fortean Times,* 1987

Ders.: »The Ufo – an unidentified form of creativity?«, *Journal of Transient Aerial Phenomena,* 5, 36–45, 1988

Keul, Alexander: »Science Fiction, Psychologie und Religion«, *Communicatio Socialis,* 19, 33–46, 1986

Ders.: »Ball lightning colour photograph from Seening, Lower Austria«, *Journal of Meteorology,* 19, 10–15, 1994

Ders.: »Progress in ball lightning research. Proceedings of the interdisciplinary congress *Vizotum*«, Salzburg, Austria, Sep. 20–22, 1993. 2. Auflage, Salzburg 1994: Eigenverlag; Restexemplare beim Autor erhältlich

Ders.: »Der Kugelblitz: Ein Naturphänomen im interdisziplinären Spannungsfeld, *Grenzgebiete der Wissenschaft,* 43, 291–311, 1994

Ders.: »Ball lightning photographs – testing the limits«, *Journal of Meteorology,* 21, 82–88, 1996

Kirchschläger, Rudolf: Brief an Raimund Hinterbuchinger v. 30. 6. 1980

Krassa, Peter: »Ufo-Alarm über dem Dachstein vertuscht!«, *Kurier* v. 7. 5., Wien 1980

Ders.: ». . . und kamen auf feurigen Drachen«, München 1990

Ders.: »Gott kam von den Sternen«, Frankfurt a. M. – Berlin 1995

Ders.: »Tunguska«, Frankfurt a. M. – Berlin 1995

Ders.: »Hoch vom Dachstein her . . .«, *Samstag,* Wien, Ausgabe 33 v. 17. 8. 1996

Krassa, Peter/Habeck, Reinhard: »Die Palmblattbibliothek und andere geheimnisvolle Schauplätze dieser Welt«, München 1993

Ders.: »Das Licht der Pharaonen«, Neuauflage, Frankfurt a. M. – Berlin 1996

Kuba, Andreas/Athanasiadis, Atha/Lehmann, Oliver: »Angriff der Ufologen«, *News*, Wien, Ausgabe 39 v. 26. 9. 1996

Kupfer, Peter: »Mister Schlitzohr«, *Neue Kronen Zeitung*, Wien, Ausgabe v. 11. 1. 1979

Lammer, Helmut & Sidla, Oliver: »Ufo-Geheimhaltung«, München 1995

Langbein, Walter-Jörg: Interview mit Ephraim Kishon, Frankfurt a. M., 6. 10. 1984

Ders.: »Astronautengötter – Die Chronik unserer phantastischen Vergangenheit«, Frankfurt a. M. – Berlin 1995

Ders.: »Die großen Rätsel der letzten 2500 Jahre«, Augsburg 1992

Ders.: »Das Sphinx-Syndrom«, München 1995

Ders.: »Bevor die Sintflut kam«, München 1996

Laub, Gabriel: »Unordnung ist das ganze Leben«, München 1992

Ludwiger, Illobrand von: »Heimsche einheitliche Quantenfeld-theorie – Einblicke in den ersten Teil«, Innsbruck 1981

Ders.: »Der Stand der Ufo-Forschung«, Frankfurt a. M. 1992

Ders. (Hrsg.): »Ufos – Zeugen und Zeichen«, Berlin 1995

Mack, John E.: »Entführt von Außerirdischen«, Essen – München 1994

Meckelburg, Ernst: »Der Überraum«, Freiburg 1978

Ders.: »Besucher aus der Zukunft«, Bern – München 1980

Ders.: »Geheimwaffe PSI«, Bern – München 1981

Ders.: »Zeittunnel«, München 1991

Ders.: »Transwelt«, München 1992

Ders.: »Zeitschock«, München 1993

Ders.: »Traumsprung«, München 1993

Ders.: »PSI-Agenten«, München 1994

Ders.: »Hyperwelt«, München 1995

Mehner, Thomas: »Ufo-relevante Militärgeheimnisse in Rußland und deren Behandlung«, *Wissenschaft ohne Grenzen*, Suhl, Ausgabe 1/1996

Ders. (Hrsg.): »Das große Experiment«, Suhl 1994

Meiser, Hans Christian: »Diagnose Anarchist«, Frankfurt a. M. 1995

Meiser, Hans Christian/Görden, Michael: »Madonna trifft Herku-les«, Frankfurt a. M. 1994

Meiser, Hans Christian/Lermer, Stephan: »Gemeinsam bin ich bes-ser«, Frankfurt a. M. 1994

Meiser, Hans Christian/McLean, Penny: »Ich bin mein Schicksal«, München 1993

Merget, Rudolf: »Schweizer Sonntagsforscher Erich von Däniken wird 60«, *Salzburger Nachrichten*, Salzburg, Ausgabe v. 11. 4. 1995

Messner, Katharina: »Seine Heimat ist das Universum«, Wien, *Neue Kronen Zeitung* v. 16. 7. 1996

Mihan, Angelika: »Der wilde Göttermacher aus dem Alphörner-Land«, *Märkische Allgemeine Zeitung*, Brandenburg, Ausgabe v. 12. 4. 1995

Mittelbach, Christine: »Esoterik im Fernsehen«, Freiburg i. Br., *Esotera*, Ausgabe 7/93

Moslow, A.: »Ufo . . . und Woronesch hat es erwartet?«, *Sowjetische Kultur* v. 10. 10. 1989

Ohne Autor: »Panik in Gütersloh«, *Der Spiegel*, Ausgabe 38 v. 16. 9. 1996

Ohne Autor: »Den Ufos auf der Spur«, Artikelserie in *Samstag*, Wien 1978

Ottawa, Eva: »Die Tochter des Mohnkönigs«, Wien, *Die ganze Woche*, Ausgabe 45/1992

Rétyi, Andreas von: »Die Wahrheit hinter den X-Akten«, in *Akte X-Television*, Sonderband 1, Hille 1996

Ders.: »Wir sind nicht allein!«, München 1993

Ders.: »Das Alien-Imperium«, München 1995

Rücker, Christiane: »Kosmisches Theater«, Essen – München 1997

Ruppe, Harry O.: »Die grenzenlose Dimension Raumfahrt«, Band 1 u. 2, Düsseldorf 1980

Sachmann, Hans-Werner: »Die Epoche der Engel«, Baden-Baden 1980

Ders.: »In Schutt und Asche«, Baden-Baden 1989

Schaefer, Michael: »Alptraum Ufo-Entführung«, Freiburg i. Br., *Esotera*, Ausgabe 5/1996

Schneider, Inge und Adolf: »In Kontakt mit dem Kosmos«, Thun 1989

Schneider, Adolf: »Besucher aus dem All«, Freiburg i. Br. 1974

Schneider, Adolf/Malthaner, Hubert: »Das Geheimnis der unbekannten Flugobjekte«, Freiburg i. Br. 1976

Schreiber, Melitta: »Kobolde und Feen«, Wien, *Samstag*, Nr. 50/1990

Ders.: »Unfaßbares, Wunderbares«, Wien, *Samstag* Nr. 45/1995

Schweikhardt, Josef: »Von Science und Fiction«, *Standard,* Wien, Beilage 1993

Spencer, John: »Geheimnisvolle Welt der Ufos«, Gütersloh 1992

Spielberg, Steven: Interview in *Neuer Filmkurier,* Nr. 230/231, Wien 1978

Stemman, Roy: »Fliegende Untertassen – Rätsel im All«, Glarus, 1978

Struwe, Maria: »Erlebnisse in Berlin«, Neuss, *Magazin 2000,* Nr. 111/1996

Stummer, Oliver: »Konzept zur Untersuchung ungewöhnlicher atmosphärischer Leuchtprozesse im Raum Österreich«, Wien 1994 und 1995

TASS-Nachrichtenagentur, Woronesch, 9. 10. 1989

Voß, Jörn: »Leben im All«, Serie in *Stern,* Hamburg, 11. 1988

Walter, Werner: »Ufos: Die Wahrheit«, Königswinter 1996

Zürrer, Ronald: »Ufos – Bedrohung oder Bereicherung?«, Herrischried, *Wege & Visionen,* Ausgabe 5/1996

Quellennachweis

der persönlichen Mitteilungen, Interviewbeiträge und
Briefe an Reinhard Habeck

Bauer, Hans, Cheffluglotse: Wien-Schwechat, 10. 3. 1990. *Berlitz,
Charles:* New York, 20. 4. u. 8. 8. 1979, Wien, 21. 9. 1981. *Buttlar,
Johannes von:* Warminster, 21. 6. 1991. *Däniken, Dr. h. c. Erich von:*
Mannheim, 2. 11. 1996. *Darlton, Clark:* Salzburg, 28. 8. 1996. *Do-
patka, Dipl.-Bibl. Ulrich:* Bern, 1. 10. 1996. *Erler, Rainer:* Bairawies,
30. 8. 1996. *Farkas, Viktor:* Wien, 13. 8. 1996. *Fiebag, Dipl.-Hdl.
Peter:* Northeim, 29. 11. 1996. *Fiebag, Dr. Johannes:* Bad Neustadt,
7. 10. 1996. *Fischer, Prof. O. W.:* Vernate, 12. 9. 1996. *Fliege, Jürgen:*
München, 2. 12. 1996. *Freitag, Erhard F.:* München, 15. 6. 1979.
Gathmann, Univ.-Doz. Dr. Peter: Wien, 15. 5. 1979. *Grün, Dipl.-Ing.
Dr. Karl:* Wien, 24. 9. 1996. *Hain, Walter:* Wien, 23. 9. 1996. *Haus-
dorf, Hartwig:* Garching, 11. 10. 1996. *Haas, Waltraut, und Strahl,
Erwin:* Bonn, 25. 11. 1996. *Hesemann, Michael:* Düsseldorf, 30. 8.
1996. *Holbe, Rainer:* Rameldange, 8. 11. 1996. *Ingrisch, Lotte:*
Wien, 13. 9. 1996. *Jürgens, Curd:* Enzesfeld, 25. 6. 1979. *Kaminski,
Prof. Heinz:* Bochum, 12. 3. 1979. *Kanjilal, Prof. Dr. Dileep Kumar:*
Zürich, 20. 9. 1985. *Keul, Dr. Alexander:* Salzburg, 28. 8. 1996.
Kirchschläger, Dr. Rudolf, Österr. Bundespräsident i. P.: Wien, 13. 2.
1979. *Kishon, Ephraim:* Zürich, 8. 11. 1984. *Knaller, Wolfgang:*
Mödling, Nov. 1995. *Knippenberg-Uther, Angela* (i. Auftr. v. *Dr.
Kurt Waldheim*): New York, 5. 4. 1979. *Köhler, Hansjürgen:* Mann-
heim, 24. 10. 1996. *Krassa, Peter:* Wien, 21. 8. 1996. *Kreisky, Dr.
Bruno:* Wien, 6. 3. 1979. *Langbein, Walter-Jörg:* Lügde-Niese, 23. 8.
1996. *Ludwiger, Dipl.-Phys. Illobrand von:* Feldkirchen-Westerham,
1. 9. 1996. *Meckelburg, Ernst:* Hanau, 11. 9. 1996. *Mehner, Thomas:*
Suhl, 21. 10. 1996. *Meiser, Dr. Hans Christian:* München, 12. 11.
1996. *Moosleitner, Peter G.:* München, 12. 2. 1992. *Mosbleck, Gerald:* GEP e. V.; Lüdenscheid, 3. 9. 1996. *Oberth, Prof. Dr.-Ing. Hermann:* Feucht, 15. 12. 1983. *Radax, Ferry:* Schloß Hollenburg bei
Krems, 4. 12. 1996. *Rétyi, Andreas von:* Coburg, 10. 11. 1996. *Rük-
ker-Jeftic, Christiane:* Köln, 19. 11. 1996. *Ruppe, Prof. Dr.-Ing.
Harry O.:* München, 6. 9. 1996. *Sachmann, Hans-Werner:* Dortmund, 21. 9. 1996. *Siebenhaar, Wolfgang:* Berlin, 6. 10. 1996. *Stein-*

hardt, Dr. Martina: Wien, 9. 9. 1996. *Strauß, Dr. Franz Josef,* ehem. Ministerpräsident von Bayern: München, 5. 7. 1979. *Struwe, Maria:* Vehlefanz, 3. 11. 1996. *Stummer, Oliver:* Wien, 18. 11. 1996. *Walter, Werner:* Mannheim, 24. 10. 1996. *Wieser, Friedrich,* Oberst: Wien, 7. 12. 1979

Bildquellen

Obwohl Verlag und Autor sich bemüht haben, die erforderliche Nachdruckerlaubnis zu den benutzten Abbildungen einzuholen, ist es uns nicht in allen Fällen gelungen, die betreffenden Rechteinhaber ausfindig zu machen. Sofern diese uns in Kenntnis setzen, werden wir sie selbstverständlich gern in künftigen Ausgaben als Rechteinhaber ausweisen.

Titelseite: Chris Moore/Artbank
Buchumschlag-Rückseite: GEO, Nr. 4. 30. 3. 1992, Seite 18
Widmung: Carry Hauser/Wilhelm Herzog
Bild 1: GEP/Gerald Mosbleck. *Bild 2:* GEP/Gerald Mosbleck. *Bild 3:* GEP/Gerald Mosbleck. *Bild 4:* Archiv Autor. *Bild 5:* Erhard F. Freitag. *Bild 6:* Illobrand von Ludwiger. *Bild 7:* Walter Schilling/ Bildarchiv MUFON-CES. *Bild 8:* Alexander Keul/Schneidermann. *Bild 9:* Rainer Erler. *Bild 10:* Waltraut Haas/Erwin Strahl. *Bild 11:* Waltraut Haas/Erwin Strahl. *Bild 12:* CENAP-Bildarchiv. *Bild 13:* Archiv Autor. *Bild 14:* Archiv Autor. *Bild 15:* Thomas Mehner. *Bild 16:* Erich von Däniken. *Bild 17:* Ferry Radax. *Bild 18:* Andreas von Rétyi/Solveig Fiedler. *Bild 19:* Andreas von Rétyi. *Bild 20:* Michael Hesemann. *Bild 21:* Roswell Footage Ltd. *Bild 22:* Carlos Diaz/Michael Hesemann. *Bild 23:* Archiv Autor. *Bild 24:* Maria Struwe. *Bild 25:* Archiv Autor. *Bild 26:* Archiv Autor. *Bild 27:* Archiv Autor. *Bild 28:* Ernst Meckelburg. *Bild 29:* Fortean Times. *Bild 30:* Busty Taylor. *Bild 31:* Karl Kovalcik. *Bild 32:* Oliver Stummer. *Bild 33:* Archiv Autor. *Bild 34:* Vinci/Museo Leonardiano. *Bild 35:* Walter-Jörg Langbein. *Bild 36:* Walter-Jörg Langbein/Ing. Josef Blumrich. *Bild 37:* Archiv Autor. *Bild 38:* Archiv Autor. *Bild 39:* H.-J. Ruh. *Bild 40:* Archiv Autor. *Bild 41:* NASA/Walter Hain. *Bild 42:* NASA/ Walter Hain. *Bild 43:* Walter Hain. *Bild 44:* Peter Krassa/Hartwig Hausdorf. *Bild 45:* Erich von Däniken. *Bild 46:* Archiv Autor. *Bild 47:* Christiane Rücker. *Bild 48:* Archiv Autor. *Bild 49:* Erich von Däniken. *Bild 50:* Rainer Holbe

Bitte beachten Sie
die folgenden Seiten

Phantastisches Weltbild

Die Theorie von den
Göttern, die als
Astronauten extra-
terrestrischer Welten
unsere Erde besuchten, ist
ein plausibler Gedanke,
der das Dunkel unserer
Herkunft beleuchten
könnte und logische
Erklärungen für zahlreiche
Mythen, Legenden und
archäologische Funde zu
liefern vermag.

Luis E. Navia
**Unsere Wiege steht im
Kosmos**
283 Seiten
Ullstein TB 35783

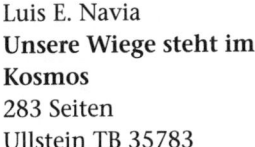

Ullstein Taschenbuch

Mysteriöse Rätsel

»Jesus starb in Kaschmir«
setzt sich mit der Theorie
auseinander, derzufolge
Jesus nicht am Kreuz
gestorben ist, sondern daß
er, auf der Suche nach den
vertriebenen israelischen
Stämmen, nach Osten
flüchtete, nachdem die
von der Kreuzigung verur-
sachten Wunden ausge-
heilt waren. So kommt er
nach Kaschmir, wo er ein
neues Leben beginnt und
in sehr hohem Alter eines
natürlichen Todes stirbt.
Sein Grab wird heute in
Srinagar, der Hauptstadt
von Kaschmir, verehrt.

Andreas Faber-Kaiser
Jesus starb in Kaschmir
283 Seiten
Ullstein TB 35785

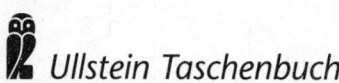

![owl logo] **Ullstein Taschenbuch**